HANDBUCH
DER
FUNDAMENTAL-
THEOLOGIE

3

HANDBUCH DER FUNDAMENTAL-THEOLOGIE

HERAUSGEGEBEN VON
WALTER KERN, HERMANN JOSEF POTTMEYER,
MAX SECKLER

3

TRAKTAT KIRCHE

MIT BEITRÄGEN VON

VICTOR CONZEMIUS, HEINRICH DÖRING,
HEINRICH FRIES, PETER HÜNERMANN,
MEDARD KEHL, KARL KERTELGE, GERHARD LOHFINK,
HERMANN JOSEF POTTMEYER, GIUSEPPE RUGGIERI,
GERHARD SAUTER, PETER STOCKMEIER

HANDBUCH DER FUNDAMENTAL- THEOLOGIE

3

TRAKTAT KIRCHE

HERDER

FREIBURG · BASEL · WIEN

CIP-Kurztitelaufnahme der Deutschen Bibliothek

Handbuch der Fundamentaltheologie / hrsg. von
Walter Kern ... – Freiburg im Breisgau; Basel;
Wien: Herder

NE: Kern, Walter [Hrsg.]

3. Traktat Kirche / [mit Beitr. von Victor Conzemius ...]. – 1986.
    ISBN 3-451-20103-8

NE: Conzemius, Victor [Mitverf.]

© Verlag Herder Freiburg im Breisgau 1986
Herstellung: Freiburger Graphische Betriebe 1986
ISBN 3-451-20103-8

INHALT

3. KAPITEL

Jesus und die Kirche
Gerhard Lohfink

4. KAPITEL

Die Wirklichkeit der Kirche im Neuen Testament
Karl Kertelge

5. KAPITEL

Kirche unter der Herausforderung der Geschichte
Peter Stockmeier

6. KAPITEL

Anthropologische Dimensionen der Kirche
Peter Hünermann

7. KAPITEL

Kirche als Institution
Medard Kehl

8. KAPITEL

Der Ursprung der Kirche aus Gottes Wort und Gottes Geist

Gerhard Sauter

9. KAPITEL

Die Frage nach der wahren Kirche

Hermann Josef Pottmeyer

10. KAPITEL
Ökumene – Realität und Hoffnung
Heinrich Döring

11. KAPITEL
Kirche und Welt
Giuseppe Ruggieri

ZUM TRAKTAT KIRCHE

Der *Traktat Kirche* schließt sich mit jener Folgerichtigkeit an den *Traktat Offenbarung* an, die sich daraus ergibt, daß die Kirche selbst theologisch als ein Moment und eine Konsequenz des Offenbarungsgeschehens zu begreifen ist. Ihr Ursprung, ihr Leben, ihre Sendung liegen im *Wort Gottes,* „das um uns und unseres Heiles willen vom Himmel herabgestiegen ist". Aus diesem Wort, das Wort der Gnade (Apg 14, 3), Wort der Versöhnung (2 Kor 5, 19), Wort des Heiles (Apg 13, 26), Wort der Wahrheit (Eph 1, 13; Kol 1, 15), Wort, in dem das Leben und die Unsterblichkeit erschienen (2 Tim 1, 10), ist, empfängt die Kirche ihre Berufung. Von daher ist ihr Wesen und ihre Wahrheit als Geschöpf des Wortes, als Gemeinde unter dem Wort, als Volk Gottes, als Leib Christi, als Bau des Geistes, als eschatologische Heilsgemeinde zu bestimmen. Daran ist aber auch ihre geschichtliche Wirklichkeit zu messen.

Mit der Frage nach der Wahrheit der Kirche und mit der Aufgabe, diese fundamentaltheologisch aufzuweisen und auszuweisen, schreibt sich der *Traktat Kirche* in die Horizonte der alten *demonstratio catholica* ein. Dies aber in einer Weise und mit Zielsetzungen, die dem gewandelten Verständnis der fundamentaltheologischen Aufgaben und Möglichkeiten einerseits und der veränderten ekklesialen und ökumenischen Situation anderseits gerecht zu werden suchen. Schon von der Traktatbezeichnung her ist es klar, daß die Ekklesiologie eines ‚Traktats Kirche' weit über diejenige einer ‚demonstratio catholica' hinausreichen und auch von erheblich anderer Art sein muß als diese. Das gilt um so mehr, wenn die ‚demonstratio catholica', wie es in den konfessionalistisch-kontroverstheologischen Engführungen einer gewissen Schulapologetik der Fall war, nur noch einen exklusiven Wahrheitsanspruch der römisch-katholischen Konfession gegenüber den übrigen Kirchentümern zu demonstrieren suchte, wobei von der kritischen Wesensfrage nach der *Wahrheit der Kirche* und nach den Bedingungen und Kriterien ihres Wahrseins („Wie ist und wird Kirche wahr?") nur noch die Disjunktionsfrage nach der *wahren Kirche* („Welche der christlichen Kirchen ist die allein wahre?") übrigblieb. Auch wenn die Frage nach der Identifizierbarkeit der *wahren Kirche* bzw. ihrer Merkmale auf dem Feld des ekklesialen Pluralismus nach wie vor berechtigt und notwendig ist, zumal dort, wo kontradiktorische Widersprüche oder konträre Gegensätze vorliegen, ist der Schwerpunkt doch vorgängig auf die kritischen Wesensfragen nach der *Wahrheit der Kirche* zu legen. In diesem Sinne hat auch das Zweite Vatikanische Konzil seine Aussagen über die Wahrheit und Identität der Ecclesia catholica gemacht, zugleich aber eingeräumt, daß einerseits entscheidende Wahrheitselemente auch in den nichtrömischen Kirchen zu finden sind und anderseits das wahre Antlitz der Kirche Gottes in der Geschichte und Praxis der römisch-katholischen Kirche vielfach verdunkelt ist.

Zum heutigen Verständnis der fundamentaltheologischen Aufgabe gehört es ferner, daß auch im Traktat Kirche eine *bloß formale und extrinsezistische Argumentation* als *ungenügend* anzusehen ist. Extrinsezistisch wird argumentiert, wenn der Anspruch der Kirche (oder einer der Kirchen), die wahre Kirche Gottes zu sein, allein aus äußeren Legitimationsmerkmalen zu begründen gesucht wird, etwa aus einem göttlichen Stiftungsakt oder aus göttlichen Beglaubigungswundern oder aus bestimmten Rechtsverhältnissen. Die extrinsezistischen Begründungsmodelle sind vorwiegend juridischer und historischer und damit formaler Art. Ihre klarste Ausbildung haben sie in der ‚via historica‘ der Schulapologetik erhalten, deren Beweisziel es war, durch den historischen Nachweis einer förmlichen Kirchengründung durch Jesus und einer darauf zurückgehenden ununterbrochenen historisch-juridischen Sukzessionskette von Jesus über die Apostel zu den Bischöfen die Legitimitätsfrage zu lösen, in der Annahme, daß eine solche Form der Kontinuität auch eine bleibende Identität gewährleiste. Das historisch-juridische Legitimationsmodell allein für sich genommen könnte indessen bestenfalls nur die äußere Legalität einer Institution, selbst über deren im Laufe der Zeit womöglich eingeschlichene qualitative Wandlungen oder Wesensverluste hinweg, begründen, nicht aber deren essentielle Legitimität und Identität an sich und hier und heute. Deshalb muß die Fundamentaltheologie sowohl für die Beantwortung der Frage, was eigentlich Kirche ist und soll, als auch in der Frage nach der Wahrheit der heutigen Kirchenrealität auf *inhaltliche* Gesichtspunkte zurückgreifen, und zwar auf jene Inhalte, die in und mit dem Wort Gottes gegeben sind. Denn das Wort Gottes, zumal in seiner inhaltlichen Auslegung durch Jesus von Nazaret, ist der eigentliche Quellgrund, die bleibende Wesensmitte und das entscheidende Kriterium der Kirche. Aus ihm ist die Natur und die Sendung der Kirche zu bestimmen; von ihm her ist auch die Wahrheitsfrage zu entscheiden.

Die Wahrheit der Kirche ist *zugleich Gabe und Aufgabe*. Das gehört zu den Spannungsverhältnissen, aus denen die Kirche theologisch erwächst und in denen sie geschichtlich existiert. Als Leib Christi ist sie ein geheimnistiefer heiliger Organismus, aber sie ist zugleich eine sichtbare, gesellschaftlich verfaßte Gemeinschaft von Menschen, deren Vollendung noch aussteht. Beide „sind nicht als zwei verschiedene Größen zu betrachten, sondern bilden eine einzige komplexe Wirklichkeit, die aus menschlichem und göttlichem Element zusammenwächst" (LG 8). Diese Spannung, die wir in der Geschichte und in der gegenwärtigen Wirklichkeit der Kirche schmerzlich, aber auch beglückend erfahren, bringt es mit sich, daß die Wahrheit der Kirche, obgleich sie im Glauben aus Gnade verbürgt erscheint, im Handeln ihrer Glieder auf dem Spiel steht und vielfachen Anfechtungen, Gefährdungen und Verdunkelungen unterliegt. Daher ist die Aufgabe der fundamentaltheologischen Ekklesiologie nicht nur eine apologetisch begründende, sondern eine elementar hermeneutische und zugleich kritische, und zwar sowohl hinsichtlich ihres theoretischen Selbstverständnisses, wie es im Ringen um die rechte Ekklesiologie zur Verhandlung steht, als auch und nicht zuletzt im Blick auf die gelebten Wirklichkeiten der Kirche.

Abgesehen von der Studie Gustave Thils' über die ‚via notarum' liegt eine umfassende kritische *Geschichte des Traktats ‚De vera ecclesia'* noch nicht vor. Die Frage, was die Kirche zur wahren Kirche Gottes macht, welches die Kriterien der wahren Kirche und der wahren Gliedschaft sind, begleitet die Geschichte der Kirche von Anfang an. Die Gliedschaftsbedingungen der Heidenchristen, wie sie auf dem sogenannten Apostelkonzil verhandelt wurden, die Klärung des Verhältnisses zu Israel und die Abwehr des Gnostizismus bringen erste Festlegungen, die sich im *Neuen Testament* niederschlagen. Einheit, Heiligkeit, Apostolizität und Katholizität stellen sich bereits in der *Kirchenväterzeit* zunehmend als jene Wesensmerkmale heraus, die zugleich Kriterien der wahren Kirche Gottes sind. Die Auseinandersetzung mit den Donatisten im 5. Jahrhundert (Augustinus), die Gregorianische Reform im 11. Jahrhundert und die Ausgrenzung der spiritualistischen Bewegungen im 12. Jahrhundert sind Stationen, die wichtige Ansätze zu einem Traktat ‚De vera ecclesia' bedeuten.

Eine erste ausführliche Behandlung der Kennzeichen der Kirche im *Mittelalter* findet sich in der Schrift „De regimine christiano" (1301–1302) des Jakob von Viterbo, die die Ansprüche Bonifaz' VIII. verteidigt. Ein apologetisch ausgerichteter eigentlicher Kirchentraktat entsteht seit dem Beginn des 15. Jahrhunderts in den Auseinandersetzungen mit den Hussiten und wird im Ringen zwischen Konziliarismus und Antikonziliarismus entfaltet. Zu nennen sind hier der „Tractatus de Ecclesia" (1431) des Johannes von Ragusa und die „Summa de Ecclesia" (1489) des Johannes von Torquemada.

Eine besondere Stellung nimmt die Verteidigungsschrift „Triumphus Crucis" (1497) des Girolamo Savonarola ein. Zum Aufweis der Wahrheit des Christentums und der katholischen Kirche geht er im Anschluß an Augustinus von den erfahrbaren gegenwärtigen Wirkungen der Kirche aus – ein *präsentisches Verifikationsmodell,* das im 19. Jahrhundert in der ‚via empirica' wieder aufgegriffen wird.

Ausgelöst durch die *Reformation* bringt das 16. Jahrhundert eine Fülle von kontroverstheologischen Schriften hervor, die sich mit der Frage der wahren Kirche befassen. Die Ekklesiologie wird zu einem Traktat der *konfessionellen Apologetik.* Innerhalb des Traktats ‚De vera Ecclesia' wird die ‚via notarum' systematisch entwickelt. Hier sind als erste die Schrift „Tractatus de notis verae Ecclesiae ab adultera dignoscendae" (1529) des Nikolaus Ferber OFM aus Herborn und die Schrift „Confessio Catholicae Fidei" (1553) des Kardinals Stanislaus Hosius zu nennen.

Melchior Cano ist in seinem Werk „De locis theologicis" (1563) einer der ersten, der sich dem Problem stellt, wie die theologische Vernunft mit der Autorität der Geschichte zurechtkommen kann. Die *Theologische Erkenntnislehre*, die sich daraus entwickelt, wird in der folgenden Zeit häufig innerhalb der ‚demonstratio catholica' geboten, in steigendem Maße aber auch als eigener Traktat neben derselben.

Es ist nicht nur die Verwickeltheit der apologetischen Glaubwürdigkeitsbeweise der ‚via historica' und ‚via notarum', die Victor-Auguste Dechamps in seinem Hauptwerk „Entretiens sur la Démonstration Catholique" (1857) einen Ausweg in der ‚*via empirica*' suchen läßt. Dieser ‚Weg' nimmt seinen Ausgang von der gegenwärtigen Kirchenwirklichkeit, wie sie sich der Erfahrung darbietet, und entdeckt an ihr Zeichen, die als moralische Wunder das beglaubigende Wirken Gottes erkennen lassen. Neben der Berücksichtigung subjektiver Faktoren bei der Glaubensgenese drückt sich in diesem Ansatz die wachsende Einsicht aus, daß die Wahrheit und Glaubwürdigkeit der Kirche als gegenwärtige Realität zu fassen und zu erfahren sein müsse.

Am Ende dieser Entwicklung umfaßt der *Themenkreis der traditionellen ‚demonstratio catholica*' im wesentlichen den Aufweis der Stiftung der Kirche durch Jesus und der Kontinuität mit der Kirche der Apostel, den Nachweis der römisch-katholischen Kirche als der wahren Kirche Jesu Christi, als welche sie vor allem als hierarchisch gegliederte und mit unfehlbarer Autorität ausgestattete in Erscheinung tritt, und die Begründung ihrer Rolle als Organ der Offenbarungsvermittlung.

Bedeutsamer als die Bestimmung und Bearbeitung der Problemfelder der apologetischen Ekklesiologie ist indes die wachsende Bemühung um eine *fundamentaltheologische Theorie der Kirche*. Ausgelöst durch die Frage des ‚iudex controversiarum' und die reformatorische Bestreitung der Autorität von kirchlicher Glaubenstradition und kirchlichem Lehramt wächst die Erkenntnis, daß dem Ursprung des christlichen Glaubens in einer geschichtlichen Offenbarung die geschichtliche und zugleich autoritative Vermittlung dieser Offenbarung durch jene Kommunikationsgemeinschaft und ihre Organe entspricht, die sich als für diese Aufgabe legitimiert ausweisen können. Diese Entwicklung verläuft parallel zur Ausbildung der Theorie der Offenbarung, wie sie in Band 2 aufgezeigt wurde, und in Abhängigkeit davon.

Die Entwicklung dieser fundamentalekklesiologischen Reflexion weist zwei Linien auf. Die eine Linie – geprägt von den Auseinandersetzungen um Konziliarismus, Gallikanismus und Febronianismus, von der Gegenreformation und den kirchenpolitischen Anliegen des 19. Jahrhunderts – engt die kirchliche Offenbarungsvermittlung immer mehr auf die Glaubensdoktrin und auf das unfehlbare Lehramt des Papstes ein; ihr Höhepunkt ist das Vaticanum I. Diese Linie ist eher die apologetische Seite einer fundamentaltheologischen Reflexion, die deutlicher in der anderen Entwicklungslinie hervortritt. Diese zweite Linie setzt mit Melchior Cano ein und hat einen ersten Höhepunkt im 19. Jahrhundert in der Tübinger Schule (J. S. Drey und J. A. Möhler) und bei Kardinal

J. H. Newman. Gefördert durch weitere offenbarungstheoretische, durch anthropologische und geschichtstheologische Reflexionen stößt diese Linie im 20. Jahrhundert auf breite Aufnahme. Sie findet ihren Ausdruck in der Lehre des Vaticanum II von der Kirche als dem Sakrament des Heils für die Welt.

Der vorliegende Band will den Wahrheitsanspruch der Kirche auf den verschiedenen Problemfeldern verantworten, die hier in Betracht kommen. Der Wandel, der sich gegenüber der alten ‚demonstratio catholica‘ inzwischen in der fundamentaltheologischen Ekklesiologie und in ihrem Umkreis vollzogen hat, wirkt sich auf doppelte Weise aus: einmal durch die den aktuellen Forschungsstand und die einschlägigen Neuansätze berücksichtigende Behandlung jener Sachfragen, die zum traditionellen Themenkreis der fundamentaltheologischen Ekklesiologie gehören; zum andern durch neu hinzutretende Themen, die den bisherigen Kanon ergänzen.

Im Unterschied zu einer sozialphilosophischen und historisch-formalen Ableitung und einem transzendentaltheologischen Ansatz gehen wir soziohistorisch von der faktischen Existenz der katholischen Kirche aus, zu deren empirischer Wirklichkeit auch ihr Selbstverständnis und ihre Geschichte gehören. Im Unterschied zur Dogmatik wird diesen aber keine a priori normative Geltung zugeschrieben, vielmehr sind sie im Blick auf den Grund und die Bestimmung der Kirche kritisch zu prüfen bzw. einzuholen. Diesem Maßstab unterwirft sich die Kirche selbst.

In *Kap. 1* wird deshalb das aktuelle Selbstverständnis der katholischen Kirche vorgestellt wie auch die Differenzen und Konvergenzen im Verständnis von Kirche innerhalb der Christenheit. *Kap. 2* bringt einen Überblick über die Kritik der Kirche, der sich die fundamentaltheologische Argumentation zu stellen hat. Wie sehr sich die traditionelle Vorstellung von der Kirchengründung durch Jesus gewandelt hat, zeigt *Kap. 3* über Jesus und die Kirche. Die konstitutive Phase der Kirche behandelt *Kap. 4* über die Wirklichkeit der Kirche im Neuen Testament. Wie sich die Kirche unter den Herausforderungen der Geschichte entwickelt, sowie ihr Bemühen, die Kontinuität aus dem Ursprung zu wahren, stellt *Kap. 5* dar. Will die Kirche Gemeinschaft eschatologischen Heils sein, muß in ihr die Wahrheit des Verhältnisses von Gott und Mensch und der Menschen untereinander aufleuchten; die anthropologischen Dimensionen der Kirche zu prüfen unternimmt *Kap. 6*. Kirche als Institution ist Gegenstand der Kritik einer institutionskritischen Freiheitsauffassung, aber auch bestimmter theologischer Richtungen; *Kap. 7* erörtert die Institutionenproblematik und entwickelt Kriterien, damit Kirche als eine Gemeinschaft verdankter und befreiter Freiheit erfahren werden kann. Auch *Kap. 8* sprengt den Kanon der traditionellen Themen: Gegenüber einer einseitig historischen Legitimation der Kirche wird das Anliegen der Reformatoren aufgegriffen, daß Kirche fortwährend dem geistgetragenen Wortgeschehen entspringt und sich als „creatura verbi" legitimieren muß; diese Thematik wird von einem Theologen reformatorischer Tradition behandelt. Die Frage nach der wahren Kirche, das Herzstück der alten ‚demonstratio catholica‘, kommt in *Kap. 9* zur Verhandlung. Entsprechend dem Grundkonzept des Traktats Kirche und seiner ökumenischen Orientierung werden hier neuartige Ansätze ins Spiel gebracht. *Kap. 10* zeigt die Realität der Ökumene auf und die Zielvorstellungen, die sich heute mit ihr verbinden. Kirche versteht sich als Sakrament des Heils für die Welt; *Kap. 11* erörtert den Weltbezug der Kirche.

1. KAPITEL

DER SINN VON KIRCHE IM VERSTÄNDNIS DES HEUTIGEN CHRISTENTUMS

Heinrich Fries

§ 1. Die Frage nach der Kirche im 20. Jahrhundert

Die Kirche begegnet uns in geschichtlich gewordener, gesellschaftlich verfaßter Gestalt, nicht zuletzt in Gestalt ihres Selbstverständnisses. Das Verständnis von Kirche im 20. Jahrhundert wird geprägt von der spannungsreichen Entwicklung, die dieses Jahrhundert kennzeichnet, von dem man gesagt hat, daß mit jedem Jahrzehnt ein neues Jahrhundert beginnt.

1. Die Kirche, wie sie sich zu *Beginn dieses Jahrhunderts* darstellt, ist geprägt von Reformation und Gegenreformation wie auch von der Reaktion der Kirche des 19. Jahrhunderts auf die neuzeitliche Veränderung der sie umgebenden Welt. Als Ergebnis der Reformation begegnet die Kirche in der Gestalt der getrennten Konfessionen, die glaubten, ihr Eigenes nur durch den Gegensatz zum andern, also als Gegenkonfessionen, bestimmen zu können. Eine mögliche, vielleicht sogar grundlegende Gemeinsamkeit zwischen den Kirchen wurde wenig wahrgenommen und ebensowenig reflektiert. Die katholische Kirche – von ihr ist im folgenden vor allem die Rede – verstand sich als Heilsanstalt, und dies in der Form einer „vollkommenen Gesellschaft". Sie glaubte sich in Verfassung und Struktur so ausgestattet, daß sie ihre Ziele aus eigener Souveränität erreichen und sich somit selbst verwirklichen könne, daß sie eine eigene Kultur zu schaffen vermöge. Als geistliche und übernatürliche Gesellschaft sah sie sich von allen menschlichen Gesellschaften verschieden und deutlich abgegrenzt. Sie hebt sich von ihnen ab und ragt über sie hinaus.

Die sich so darstellende Kirche verstand sich auch als Gegensatz zu ihrer sie umgebenden Welt und Zeit, die ihrerseits durch den so charakterisierten glaubens- und kirchenfeindlichen Geist der Neuzeit bestimmt wurde. Demgegenüber schien es der Kirche geboten, auf ihre innere Festigkeit und Geschlossenheit bedacht zu sein. Dies schien am besten gewährleistet durch die Kraft der Bewahrung, der Tradition, der Einheit, die als möglichste Einheitlichkeit verstanden wurde, durch die Stärkung der Institutionen, vor allem des Amtes in der Kirche, dessen Effizienz und Geschlossenheit noch einmal gewährleistet werden sollte durch die Stärkung der zentralen und alles umgreifenden Institution: der des Papsttums und seiner umfassenden Souveränität nach innen und außen. Die Bezeichnung der katholischen Kirche als römisch-katholische und

als Papstkirche war keineswegs nur eine von außen her kommende Charakterisierung, sondern eine Weise, wie die Mitglieder dieser Kirche sich selbst verstanden.

Die Versuche des sogenannten Modernismus, katholische Kirche und moderne Welt, vor allem in der Gestalt der neuzeitlichen Wissenschaft, in Begegnung zu bringen, wurden von seiten der Leitung der Kirche mit großer
Intensität unterbunden und abgewehrt, ebenso die Versuche einer Reform der
Kirche, wie sie der sogenannte Reformkatholizismus anstrebte.

2. *Nach dem ersten Weltkrieg* erwachte ein neues Verständnis der Kirche. Das
gilt besonders für die katholische Kirche. Romano Guardini sprach von einem
„Erwachen der Kirche in den Seelen". Gemeint war damit das Bewußtsein, daß
die Kirche nicht primär als durch Amt und Institution bestimmte Wirklichkeit
erfahren wurde, die dem einzelnen gegenübersteht, sondern als Wirklichkeit,
die ihn selbst betrifft. Die Kirche wurde als lebendiges „Wir" erfahren und
begriffen. Ausdruck dieses neuen Verständnisses war das – alte – Bild der Kirche als Leib Christi mit vielen Gliedern, Gaben und Diensten.

In dieser Zeit entstand auch eine ausgesprochene *Theologie der Kirche* – unter
anderem durch die Entdeckung der Ekklesiologie der Patristik, besonders Augustins, sowie der Kirchentheologie des 19. Jahrhunderts, wie sie vor allem in
der katholischen Tübinger Schule durch Drey, Möhler, Hirscher, aber auch
durch Theologen wie Sailer, Pilgram, Döllinger und Scheeben vertreten wurde.
Ebenso wichtig waren die Einflüsse der katholischen Theologie in Frankreich
und England (J. H. Newman).

Die damals beliebte Fragestellung betraf *das Wesen des Christentums*, das Wesen des Katholizismus (K. Adam), sowie die Fragen nach dem Beitrag der Kirche zur Kultur, zur Kunst, zur Bildung, zur Wissenschaft. Diese Ekklesiologie
war von einem starken Drang nach Harmonisierung und einem großen Opti-
mismus getragen, der manchmal zum Überschwang geriet – so in den „Hymnen
an die Kirche" von G. von le Fort – und nicht selten die Züge eines siegessiche-
ren Triumphalismus annahm.

Die ekklesiologische Orientierung innerhalb der katholischen Theologie
hatte ihre Wirkung auf die evangelische Theologie und auf die dort zuwenig
bedachte und beachtete Lehre von der Kirche. Otto Dibelius glaubte sogar vom
20. Jahrhundert als Jahrhundert der Kirche sprechen zu können. Es gibt heute –
im Unterschied zu früher – keine systematische Darstellung der evangelischen
Theologie, vor allem der Dogmatik, in der die Frage der Kirche nicht ausdrücklich behandelt würde.

3. Die Frage nach der Kirche wurde in Deutschland erneut akut in der *Zeit
des Nationalsozialismus*. Infolge der anfänglichen Verschleierungstaktik des Re-
gimes waren Stellung und Haltung der Kirche weder ganz eindeutig noch ganz
einheitlich. Zwar standen die weltanschaulichen Grundlagen der Partei im Gegensatz zum christlichen Glauben und zur Kirche; aber es war nicht ebenso von
Anfang an klar, wieweit sich diese Prinzipien politisch und staatlich auswirken
sollten. Die Alternative zwischen Kompromiß und Protest war keineswegs im-

mer so leicht zu entscheiden, wie es sich in rückschauender Betrachtung heute darstellt.

Je länger, desto mehr zeigte sich jedoch die Unvereinbarkeit von Christentum und Nationalsozialismus, desto mehr zeigte sich auch die feindselige und haßerfüllte Aggression, die innerhalb der Christenheit Protest und Widerstand hervorrief – etwa in der Bekennenden Kirche – und zu Konflikten führte, die manchmal im blutigen Martyrium endeten. Welches Schicksal den Kirchen im Fall des Sieges zugedacht war, darüber bestand kein Zweifel.

Durch eine gemeinsame Erfahrung, die im Krieg und in seinen Folgen noch verstärkt und intensiviert wurde, wurde ein neues Bewußtsein der Gemeinsamkeit zwischen den Kirchen entdeckt und geweckt. *Die Ökumene* zwischen den christlichen Kirchen, die lange Zeit ein Schattendasein geführt hatte – nicht ohne Verdächtigungen –, trug ihre ersten Früchte.

Nach dem Zusammenbruch der nationalsozialistischen Herrschaft und der Zertrümmerung vieler ideologischer Götzen, durch die Reflexion über die tiefsten Ursachen des Unheils, gewannen die Kirchen und ihre Botschaft eine neue Glaubwürdigkeit. Sie hatten ihre Widersacher überlebt und – im großen und ganzen – ihre Bewährungsprobe bestanden. An die Kirchen wurden große Erwartungen für eine Neuorientierung und für eine wirksame Hilfe angesichts einer riesengroßen Not gerichtet. Jetzt schien sich aufs neue das Wort zu bewahrheiten: Die Kirche erwacht in den Seelen.

Dieser Zustand dauerte allerdings nicht allzu lange. Das Interesse an Kirche und Kirchen und die Zustimmung zu ihnen traten zurück, sobald die ärgste äußere Not vorüber war und das sogenannte Wohlstandsdenken erwachte, als die materiellen Interessen und Bedürfnisse den Menschen mehr und mehr beanspruchten.

Die in den 60er und 70er Jahren aufbrechende allgemeine und weitverbreitete *Kritik* an Tradition, Autorität und Institution, machte auch vor den Kirchen nicht Halt. Der wachsende Säkularismus, die aus vielen Quellen gespeiste Religionskritik, die Herausforderung des Christentums durch den atheistischen Marxismus sowie durch die Weltreligionen stellten die Kirchen vor große Aufgaben, die bis zur Stunde andauern.

4. In diese Situation fällt das Ereignis des *II. Vatikanischen Konzils.* Davon wird noch die Rede sein. Es ist das wichtigste Ereignis in der Geschichte der katholischen Kirche in diesem Jahrhundert. Nur soviel sei gesagt: Dieses Konzil wollte die Zeichen der Zeit erkennen und darauf antworten durch die Erneuerung der Kirche von ihrem Ursprung her und im Blick auf ihre Sendung. Das Verhältnis zur Welt von heute wurde in einer neuen Weise bestimmt: als Weise der Zuwendung, der Teilnahme, des Dialogs, der Kooperation.

Das Konzil fand eine weltweite Beachtung und eine weitgehende Zustimmung. Die römisch-katholische Kirche hatte ein Zeichen ihrer Lebendigkeit und ihrer Erneuerungskraft gegeben und erschien als Träger von Sinngebung, Hoffnung und Zuversicht für die Welt und für die anderen christlichen Kirchen. Eine Zeitlang herrschte eine ausgesprochene Konzilseuphorie.

Das Ziel einer Einheit der Christen schien näher zu sein als jemals in der Geschichte.

5. Konzilien leben von ihrer *Rezeption* durch die Gesamtkirche. Man kann nicht sagen, daß das Konzil, die in ihm lebendigen Impulse und die von ihm beschlossenen Reformen überall spontan aufgenommen worden wären. Oftmals waren die Voraussetzungen dafür nicht geschaffen. So sprach man bald vom nicht eingetretenen Erfolg des Konzils. Es zeigten sich retardierende, restaurative Tendenzen mit einer mehr oder weniger deutlich artikulierten Sehnsucht nach der guten, alten, vorkonziliaren Zeit einer geschlossenen Kirche. Die grundsätzliche Öffnung des Konzils für die Welt von heute schuf konkrete Probleme im einzelnen, deren Lösung oft erhebliche Schwierigkeiten bereitete. Solche Probleme sind: Autorität und Freiheit, Gewissen, Mündigkeit und Gehorsam, Amt und Charisma, Lehramt und Theologie, Klerus und Laien, Ortskirche und Weltkirche, Hierarchie und Volk Gottes, Primat und Kollegialität.

Einzelne nachkonziliare Maßnahmen und Entscheidungen – unter ihnen spielt die Enzyklika „Humanae vitae" (1968) eine geradezu historische Rolle – haben eine bisher nie gekannte Kritik an der Kirche und ihrem Lehramt hervorgerufen und haben zu tiefgreifenden Entfremdungen, ja Trennungen von der Kirche geführt, innerkirchlich zu einer bedrohlichen Krise: der Kluft zwischen konkreter Praxis und offizieller Lehre, die allerdings auch zu mehr Unterscheidungsvermögen gegenüber nicht unfehlbaren Lehräußerungen herausfordert. Eine echte Vermittlung in diesem Konflikt ist bisher noch nicht gelungen. Sie kann nicht durch administrative Maßnahmen oder Verbote erlangt werden, sondern durch eine umfassende gemeinsame Bemühung.

6. Dennoch werden Kirche und Kirchen *heute* aufs neue herausgefordert – durch die Verstärkung der schon genannten Situation: durch Atheismus, Säkularismus, Religionskritik, Materialismus und Relativismus. Dabei werden die Kirchen nicht als einzelne Konfessionen beansprucht, sondern in der sie verbindenden, gemeinsamen Mitte: in der Frage nach dem Glauben überhaupt, in der Frage nach Gott, nach Christus, nach dem Sinn von Leben und Sterben. Daneben gibt es eine Herausforderung der Kirche durch das provozierende Programm: Jesus ja, Kirche nein.

Positiv wird heute die Kirche herausgefordert durch die Frage nach ihrem Beitrag für die Lösung der Welt- und Menschheitsprobleme: für die Verwirklichung von Gerechtigkeit und Frieden, für die Überwindung von Hunger, Elend, Rassismus und Unterdrückung – hier gewinnt die Kirche die Funktion einer gesellschaftskritischen Instanz, hier hat die Theologie der Befreiung ihren Kontext –, für die Frage der Einheit der Menschheit, für die Frage nach Recht und Würde des Menschen, die letztlich nur philosophisch-theologisch zu begründen sind. Desgleichen ist die Kirche engagiert und betroffen durch die Aporetik: Dürfen wir menschlich, moralisch, verantwortlich tun, was wir technisch zu tun vermögen?

Diese Situation ist ihrerseits und nochmals eine starke Motivation für die Kirchen, daß der Skandal der Trennung im Glauben überwunden wird und daß die Konfessionen, ohne ihre Identität zu verlieren, zu Trägern einer versöhnten Verschiedenheit werden.

7. Immer mehr zeigt sich in Gestalt und Bild der Kirche ein neues Phänomen: *die Abkehr vom Eurozentrismus,* die Entstehung der Kirche in der Dritten Welt, die nicht mehr eine Filiale oder ein Export der abendländischen Kirche ist und sein will, sondern eine Kirche mit eigenständigem Profil, die die eigene Sprache, Kultur und geistige und religiöse Tradition in den Dienst der Vermittlung des Evangeliums für die Menschen stellt. Das führt zu keinem Bruch in der Kirche, sondern gibt ihr insgesamt die Gestalt einer größeren Vielfalt und einer umfassenden Katholizität.

§ 2. Das Selbstverständnis der römisch-katholischen Kirche in unserer Zeit

1. Unsere Zeit trägt weithin das *Erbe der Geschichte.* Das Selbstverständnis der römisch-katholischen Kirche zu Beginn unseres Jahrhunderts ist maßgeblich bestimmt durch die Entscheidungen des *I. Vatikanischen Konzils* 1869/1870. Es war gleichsam Exponent der Stellung der katholischen Kirche zum Geist der Neuzeit und dessen Emanzipation von den Orientierungen des christlichen Glaubens und der Kirche, die zur entschiedenen Gegnerschaft wurde.

So hatte das Vaticanum I eine ausgesprochen apologetische Zielsetzung – apologetisch als Verteidigung verstanden –, die zugleich auf die entscheidenden Grundlagen der Verteidigung reflektiert. Von diesen Zielsetzungen aus werden auch Gestalt und Bild der Kirche präsentiert.

Zwar hatte das Konzil eine Konstitution über die Kirche als ganze vorbereitet, und zwar unter dem führenden Aspekt der Kirche als Leib Christi, der Sichtbarkeit der Kirche und der Kirche als vollkommener Gesellschaft, aber es wurden nur die Themen von der Kirche als Garant des Glaubens, vom universalen Jurisdiktionsprimat des Papstes als Fortdauer des Petrusamtes und der Unfehlbarkeit seines außerordentlichen Lehramtes definiert, also genau jene Momente, die in besonderer Weise die Autonomie und Souveränität der katholischen Kirche garantieren sollten. Zugleich wurden frühere Bestrebungen des Konziliarismus und des Gallikanismus – begrenzende Gegenpositionen zum päpstlichen Primat – zurückgewiesen. Die innere Stärkung der Kirche erblickte man in der Stärkung der Struktur, der Institution, des Amtes, vor allem des Papsttums. Dabei war man der Meinung, die Einheit vor allem durch Einheitlichkeit und Zentralisierung gewährleisten zu sollen. Man sah darin zugleich ein Zeichen für die Glaubwürdigkeit der Kirche in der Zeit. Die Kirche sollte sich als feste Burg erweisen, als Fels der Hoffnung und Orientierung in der Brandung von Welt und Zeit.

Ausdrücklich und emphatisch spricht das Vaticanum I davon, daß die katholische Kirche als Hüterin und Lehrerin des geoffenbarten Wortes von allen erkannt werden kann: denn nur sie trägt alle die vielen wunderbaren Zeichen, die Gott gegeben hat, auf daß die Glaubwürdigkeit der christlichen Lehre hell aufleuchte. „Ja, schon durch sich selbst ist die Kirche ein großer steter Beweggrund der Glaubwürdigkeit und ein unwiderlegliches Zeugnis ihrer göttlichen Sendung, kraft ihrer wunderbaren Fortpflanzung, ihrer hervorragenden Heiligkeit und unerschöpflichen Fruchtbarkeit in allem Guten, in ihrer katholischen Einheit und unbesiegbaren Beständigkeit. Daher kommt es, daß sie wie ein Zeichen ist, das aufgerichtet unter den Völkern (Jes 11, 12), die zu sich lädt, die noch nicht glauben, ihren Kindern aber die festgegründete Sicherheit schenkt, daß ihr Glaube, den sie bekennen, auf sicherster Grundlage aufruht" (DS 3013 f).

Dieses – allzu optimistische und triumphalistische – Bild von der Kirche wurde in der Folgezeit maßgebend.

Zwischen den beiden Weltkriegen gewann ein neues, umfassendes und vertieftes Bild von der Kirche Gestalt und schlug sich in einer ausdrücklichen Theologie der Kirche nieder: Kirche als Gemeinschaft der Gläubigen, als Volk Gottes, das als Leib Christi existiert.

In diese Situation traf die Enzyklika von Pius XII. *„Mystici corporis"* (1943), in der dieses mystische Motiv auf die sichtbare Kirche angewendet wird. Die einseitig juridische Betrachtungsweise wird dabei teilweise überwunden; ebenso wird die Alternative Rechts- oder Liebeskirche zurückgewiesen. Die Lehre von den Ämtern wird aus dem mit dem Leib verbundenen Prinzip des Organischen interpretiert. Daraus entwickelte sich die Frage nach der Kirchengliedschaft. Die Kriterien sind die volle Gemeinschaft im Glauben, in den Sakramenten und in der Leitung der Kirche. Das Verhältnis der anderen Konfessionen zur einzig wahren katholischen Kirche wird in einer allerdings sehr problematischen Psychologie als „votum" und „desiderium inscium" bestimmt, als Wunsch und unbewußte Sehnsucht nach dem einzigen Vaterhaus, das allen weit offen steht, aber ohne das die Menschen ihres ewigen Heils nicht völlig sicher sein können.

Pius XII. bestimmte die Kirche ferner als *Lebensprinzip der menschlichen Gesellschaft*. Damit war zwar die Vorstellung der von der Gesellschaft abgeschlossenen Kirche überwunden. Aber der Gedanke der Superiorität der Kirche, der Durchdringung aller Lebensbereiche, der Gedanke der Heimholung der Welt und ihrer Integration durch die Kirche blieb in dieser Vorstellung noch lebendig.

2. Es wurde bereits gesagt, in welchem zeit- und kirchengeschichtlichen Kontext das Ereignis des *II. Vatikanischen Konzils* steht: Es ist das *Konzil der Kirche über die Kirche*.

Das soll nicht bedeuten, daß die Kirche den Mittelpunkt des christlichen Glaubens bildet. Diese Mitte ist das von Jesus verkündete und in ihm präsent gewordene Reich Gottes, aber es soll gesagt sein, daß und in welcher Weise die Kirche im Dienst dieser Mitte steht.

Diese Grundbestimmung kommt schon darin zum Ausdruck, daß dieses Konzil ein *Reformkonzil* sein wollte. Begriff, Tatsache und Erneuerung der Kirche schließen es ein, daß die Kirche keine statische, sich selbst genügende oder abgeschlossene Gesellschaft ist. Erneuerung impliziert ein Zweifaches: Erneuerungsbedürftigkeit und Erneuerungsfähigkeit. Die Kirche ist der Erneuerung stets bedürftig (ecclesia semper reformanda) als Gemeinschaft von Menschen, die hinter den Verheißungen und Forderungen des Reiches Gottes zurückbleibt. Die Kirche ist aber ebenso der Erneuerung fähig, weil ihr der Geist Jesu Christi verheißen ist, der lebt und lebendig macht.

Daraus ergibt sich auch, daß das Konzil sich nicht aus dem Gegensatz zu dem verstand, was die Kirche nicht selber ist, daß sie nicht auf die Position der Verteidigung und Verurteilung der Irrtümer der Zeit bedacht war. Das Konzil sollte sich dem Menschen und seiner Welt zuwenden, die mehr sind als die Träger irgendeines „-ismus“. Das Konzil wollte sich *anthropologisch und pastoral* vermitteln, wobei „pastoral“ eine „Verschwisterung von Wahrheit und Liebe“ meint[1].

Das Konzil hatte auch nicht die Absicht, alte Wahrheiten bloß zu wiederholen in der Meinung, damit den geforderten Dienst am Glauben zu leisten – es ging ihm um die lebendige Übersetzung des Evangeliums für den Menschen, für die Welt und Zeit von heute. Es ging um das „Aggiornamento“, was nicht Anpassung bedeutet, sondern das Heutigwerden des Glaubens.

Das Vaticanum II war darüber hinaus insofern etwas Besonderes, als sich die Kirche der ganzen Welt, repräsentiert durch ihre Bischöfe, versammelte. Der in den Konzilien des Mittelalters und der Neuzeit hervortretende Aspekt der vorwiegend abendländischen Kirche und der damit verbundene Eurozentrismus ist ins Weltweite eröffnet worden. Insofern war das Vaticanum II *ein ökumenisches Konzil* weit über die Bestimmung des Ökumenischen hinaus, die das Kirchenrecht vorsah.

Im Horizont dieser Grundkonzeption ist auch die Beschreibung der Kirche durch das Konzil zu sehen. Der Ausgangspunkt lautet: Die Kirche ist ein Mysterium der Einheit. Dieses wird erklärt als Sakrament, d. h. als Zeichen und Werkzeug der Vereinigung Gottes mit den Menschen und der Menschen untereinander. So wird die Kirche in einen großen heilsgeschichtlichen Zusammenhang gerückt. „Die Kirche war schon seit Anfang der Welt vorausbedeutet; in der Geschichte des Volkes Israel und im alten Bund wurde sie auf wunderbare Weise vorbereitet, in den letzten Zeiten gestiftet, durch die Ausgießung des Heiligen Geistes offenbar und am Ende der Weltzeit wird sie in Herrlichkeit vollendet werden“ (LG 2).

Die Bestimmung der Kirche wird nicht auf einen Begriff im Sinn einer Definition gebracht, sie wird vielmehr mit der Fülle biblischer Bilder beschrieben; es wird auch nicht der Versuch gemacht, die Bilder zu abstrahieren. Diese bringen bald das Gegenüber von Reich Gottes, Jesus Christus und Kirche zur Sprache, bald deren Innesein in der Kirche. „So erscheint die ganze Kirche als das von der Einheit des Vaters und des Sohnes und des heiligen Geistes her geeinte Volk“ (LG 4).

---

[1] *Ratzinger* 198.

Ausdrücklich wird hervorgehoben, daß die als Gemeinschaft des Glaubens, der Hoffnung und der Liebe verstandene Kirche als *sichtbares Gefüge* verfaßt ist; dabei sind die irdische Kirche und die mit himmlischen Gaben beschenkte Kirche nicht als zwei verschiedene Größen zu betrachten. Sie bilden vielmehr „eine einzige komplexe Wirklichkeit, die aus menschlichen und göttlichen Elementen zusammenwächst. Deshalb ist sie in einer nicht unbedeutenden Analogie dem Mysterium des fleischgewordenen Wortes ähnlich. Wie nämlich die angenommene Natur dem göttlichen Wort als lebendiges, ihm unlöslich verbundenes Heilsorgan dient, so dient auf eine ganz ähnliche Weise das gesellschaftliche Gefüge der Kirche dem Geist Christi, der es belebt zum Wachstum seines Leibes (Eph 4, 10)" (LG 8).

Die Frage nach der *Existenz* dieser Kirche Jesu Christi hat das Konzil in einer sehr bedeutsam gewordenen Weise gelöst. Es wird gesagt: „Die Kirche, in dieser Welt als Gesellschaft verfaßt und geordnet, ist verwirklicht in (subsistit in) der katholischen Kirche, die vom Nachfolger Petri und von den Bischöfen in Gemeinschaft mit ihm geleitet wird" (LG 8). Das lateinische „subsistit" ist an die Stelle eines ursprünglichen „est" getreten, das einen lange Zeit festgehaltenen exklusiven Identitätsanspruch von Kirche Jesu Christi und römisch-katholischer Kirche behauptete. Die Formulierung des Konzils verbindet die Treue zur eigenen Kirche mit der Offenheit für christliche Gemeinschaften, die vom Konzil ebenfalls Kirchen oder kirchliche Gemeinschaften genannt werden (UR, 3. Kap.).

Das Vaticanum II hat die Definition des Vaticanum I über den Primat des Papstes und die Unfehlbarkeit seines Lehramtes nicht zurückgenommen, sondern intensiv ins Bewußtsein gerufen, aber es hat diese Aussagen entscheidend ergänzt durch die Bestimmungen über das *Bischofskollegium* als Träger der apostolischen Nachfolge. Es hat das unlösliche Zusammen von Papst und Bischofskollegium hervorgehoben. Dabei hat es den Ortskirchen – unter einem Bischof –, „in denen und aus denen die Kirche besteht", einen besonderen Rang und eine Eigenbedeutung zuerkannt und sie nicht als Filiale eines Ganzen, sondern als Gegenwart und Präsenz der Kirche Jesu Christi beschrieben. Damit ist der seit dem Vaticanum I wirksam gewordene kirchliche Uniformismus und Zentralismus korrigiert zugunsten einer größeren Vielfalt in der Einheit mit Inanspruchnahme der Subsidiarität; das Primatsprinzip ist ergänzt durch das Kollegialitäts- und das Synodalprinzip. Nach dem Vaticanum I wird der Papst als souverän handelnder Monarch beschrieben, so daß er fast als letztlich allein entscheidendes Subjekt des Handelns in der Kirche erscheint. „Das Zweite Vatikanum bezieht die Bischöfe, Priester und Laien in das Subjektsein der Kirche mit ein, wobei die aktive Rolle der Laien zum ersten Mal von einem Konzil beschrieben wird."[2]

Man kann indes nicht sagen, daß diese Prinzipien auf dem Konzil selbst eine

---

[2] *H. J. Pottmeyer,* Kontinuität und Innovation in der Ekklesiologie des II. Vatikanums, in: *Alberigo – Congar – Pottmeyer* 105.

klare Zuordnung gefunden haben und daß inzwischen die „communio" im Verhältnis von Kollegialitäts- und Primatsprinzip bereits eine befriedigende Verwirklichung in der Praxis gefunden hat. Der neue Codex Iuris Canonici hat die „suprema, plena, immediata, universalis ordinaria potestas" des Papstes in hervorgehobener Weise festgelegt (cc. 331–335) und das Prinzip der communio und der Kollegialität nur in Zuordnung zum Primat des Papstes gesehen. Die Bischofssynoden sind ein besonderer Ausdruck des Prinzips der Kollegialität. Dem entspricht es nicht, daß sie nur beratende Funktion haben[3].

Die Bestimmung der Kirche als – neues – Volk Gottes läßt es auch zu, die verschiedenen *Formen der Eingliederung,* der Verbundenheit und der Zuordnung zu bestimmen. Zunächst wird gesagt: Zu der katholischen Einheit des Gottesvolkes sind alle Menschen berufen: „Auf verschiedene Weise gehören ihr zu oder sind ihr zugeordnet die katholischen Gläubigen, die anderen an Christus Glaubenden und schließlich alle Menschen überhaupt, die durch die Gnade Gottes zum Heile berufen sind" (LG 13).

Das Konzil spricht von der vollen Eingliederung jener in die Gemeinschaft der Kirche, die – und diese Reihenfolge ist sehr bezeichnend – „im Besitz des Geistes ihre ganze Ordnung und alle in ihr eingerichteten Heilsmittel annehmen und in ihrem sichtbaren Verband mit Christus, der sie durch den Papst und die Bischöfe leitet, verbunden sind, nämlich durch die Bande des Glaubensbekenntnisses, der Sakramente und der kirchlichen Gemeinschaft" (LG 14). Aber damit kein Triumphalismus entsteht, wird sofort hinzugefügt: „Nicht gerettet wird aber, wer, obwohl der Kirche eingegliedert, in der Liebe nicht verharrt und im Schoß der Kirche zwar dem Leibe nach, aber nicht dem Herzen nach verbleibt" (LG 14). Das früher den nicht römisch-katholischen Kirchen und Christen zugesprochene „votum ecclesiae" wird nun – sachgemäß – von den Katechumenen ausgesagt. Das Verhältnis zu jenen Kirchen wird als Verbundenheit, als coniunctio, und durch die Anerkennung ihrer ekklesialen Wirklichkeit bestimmt (LG 15).

§ 3. Konvergenzen und Differenzen im Verständnis von Kirche

Zwischen den Kirchen herrscht nicht nur Konvergenz, sondern Übereinstimmung darüber, daß die Kirche selbst zum Grundinhalt der christlichen Botschaft gehört: credo unam, sanctam, catholicam et apostolicam ecclesiam. Es besteht ferner Übereinstimmung darüber, daß sie eine Gemeinschaft der Glaubenden ist, deren Glauben auf die christliche Botschaft und deren Bekenntnisse bezogen ist. Alle Kirchen kommen ferner darin überein, daß die Kirche, die selbst „creatura verbi" ist, eine grundlegende *Bedeutung für den christlichen Glauben des einzelnen* hat. Der Kirche kommt für die geschichtliche Überliefe-

---

[3] Vgl. zu dieser Thematik im ganzen: *Pottmeyer* (s. Anm. 2). Zur Problematik auf dem Konzil: *Ratzinger* 171–224 (Die bischöfliche Kollegialität nach der Lehre des Zweiten Vatikanischen Konzils).

rung des Glaubens (fides quae) grundlegende Bedeutung zu. Der Glaube kommt vom Hören, das Hören von der Verkündigung, die Verkündigung von der Sendung (Röm 10,14 f). Aus der Sinnlogik des Glaubens folgt die Zugehörigkeit zur Gemeinschaft der Glaubenden. „Willst du Christus finden, so mußt du zuerst die Kirche finden", sagt Martin Luther und fügt hinzu: „die Kirche ist die Mutter, die einen jeglichen Christen zeugt und trägt."[4] Deshalb besteht auch darin eine weitgehende Übereinstimmung in den Kirchen, daß es in der Kirche ein Amt geben muß als Nachfolge im Amt der Apostel, als öffentlichen Dienst an Wort und Sakrament, ein Amt, das von Christus eingesetzt ist und in der Form der Ordination durch Gebet und Handauflegung übertragen wird nach dem Grundsatz: Ordinierte ordinieren. Das gibt dem Amtsträger die Stellung eines „Gegenüber" zur einzelnen Gemeinde wie auch des an sie Verwiesenseins.

Eine Differenz zwischen den Kirchen besteht hinsichtlich der Gliederung des Amtes in Bischof, Presbyter, Diakon, hinsichtlich der Beschreibung des Bischofsamtes als der Fülle des Priestertums, ebenso in der Frage der apostolischen Sukzession im Amt der Bischöfe als Nachfolger der Apostel, schließlich hinsichtlich der Frage der möglichen Konstanten und Varianten in der geschichtlichen und konkreten Ausprägung des Amtes. Dazu eröffnet die Geschichte eine Fülle von Möglichkeiten. Eine Differenz besteht vor allem in der Frage des Amtes des Papstes als Nachfolger im Dienst und in der Funktion des Petrus – eine Differenz, die durch die Dogmen des Vaticanum I verschärft worden ist.

Diese Differenzen sind inzwischen nicht nur als solche konstatiert worden. Es gibt viele und intensive Bemühungen, gerade in diesen Fragen zu einer *Konvergenz* zu kommen, auch wenn noch kein voller Konsens erreicht werden konnte. Besonders bedeutungsvoll geworden sind die Konvergenzerklärungen der Kommission für Glaube und Kirchenverfassung des Ökumenischen Rates der Kirchen über Taufe, Eucharistie und Amt (Limapapier)[5]. Hier wird erkennbar, welche Fortschritte des Einvernehmens, des Verständnisses und der Annäherung schon erreicht wurden. Das geschah nicht auf der Ebene der Reduktion oder der Minimalisierung der mit Taufe, Abendmahl und Amt verbundenen Inhalte, sondern durch eine ausdrückliche bejahende Zuwendung zu ihnen. Insofern intendieren solche ökumenischen Bemühungen nicht ein Minimum, sondern ein Maximum des Glaubens.

---

[4] Großer Katechismus, in: Die Bekenntnisschriften der evangelisch-lutherischen Kirche. Göttingen ²1952, 655.
[5] Frankfurt 1982.

1. Es gehört zu den Grundsätzen der Ekklesiologie, daß Kirche und Reich Gottes nicht identisch sind. Die Kirche ist Zeichen des Reiches Gottes. Die Kirche hat nämlich ihren Grund und Ursprung in Jesus Christus, in dem das Reich Gottes angebrochen ist. Sie lebt aus Jesu Botschaft, die sie kündet, sie vermittelt Jesu Wirken im Dienst der Heilung im vielfältigen Sinn, im Dienst der Vergebung und Versöhnung. Die Kirche lebt aus jenem neuen Leben, das in der Auferweckung Jesu von den Toten seinen Anfang nahm und sowohl als unzerstörbare Hoffnung wie als umfassende Sinngebung menschlichen Daseins erscheint. Die Kirche ist auf die Botschaft von Gottes Herrschaft und Reich, den verkündenden Jesus sowie auf den verkündigten Christus bezogen, in dem die Naherwartung Ereignis wird. So ist die Kirche Zeichen der Gottesherrschaft.

2. Die Kirche ist *nicht das Reich Gottes auf Erden*, denn das Reich Gottes ist größer als diese Welt in Zeit und Raum. Seine Verheißungen von Gerechtigkeit und Liebe und seine Weisungen, die zur Umkehr, zum Glauben, zum Bekenntnis der Tat in Gerechtigkeit und Liebe rufen, sind nicht auf die Grenzen der Kirche eingeschränkt. Gottes Herrschaft und Reich sind überall in der Welt wirksam, wo faktisch geschieht, was seine Weisungen enthalten. Es wird erkennbar in den Taten der Selbstlosigkeit, der Treue zum Gewissen, des Engagements für Gerechtigkeit, Versöhnung, Freiheit und Frieden. Hier gilt das Wort: „Wer nicht gegen euch ist, der ist für euch" (Lk 9,50). Dies zu sagen heißt nicht die Bedeutung der Kirche schmälern, sondern ihre universale Bedeutung erkennen und ihre Zuordnung zur Welt zur Geltung bringen. Ebenso muß auch gesagt werden, daß die Kirche im Verhalten ihrer Glieder keineswegs immer ihrer Berufung und Bestimmung entsprochen hat und entspricht, Zeichen des Reiches Gottes zu sein. Oft traten an dessen Stelle das Arrangement mit den Mächtigen der Welt, die Diplomatie und der schlechte Kompromiß, die Anpassung an die Realitäten.

3. Die Kirche ist auch nicht das Reich Gottes, *das wir bauen,* etwa durch unsere Bemühungen im Dienst der menschlichen Entwicklung. Reformen, Beseitigung der Unmenschlichkeit in allen Formen, Förderung der Menschenwürde, Entwicklungshilfe, Friedensstiftung unter den Völkern und Rassen, das Streben nach Einheit unter den Kirchen und unter den Menschen sind zwar von der Gottesreichsbotschaft motiviert und sind Zeichen des wirksamen Anbruchs des Reiches Gottes. Dennoch bleiben Gottes Herrschaft und Reich ganz und gar freie Gabe Gottes, die zur Aufgabe werden soll, und ist nicht das Ergebnis menschlichen, christlichen, kirchlichen Bemühens. All unser Bemühen und seine Ergebnisse stehen unter dem eschatologischen Vorbehalt, daß Gott es ist, der das Beginnen wirkt und das Begonnene vollenden muß.

4. Das Reich Gottes ist – positiv gesagt – *das Ziel*, auf das die Kirche hoffend zugeht. Reich Gottes ist die Zukunft der Kirche und der Welt. „Dein Reich komme" ist als Bitte nur verständlich, ebenso die Mahnungen zur Wachsam-

keit, zur Bereitschaft, zur Offenheit, zur Geduld, wenn die Kirche nicht das Reich Gottes ist, sondern wenn sie es erwartet, sucht, danach Ausschau hält. Aus dieser Spannung von Anbruch und Vollendung des Reiches Gottes, von Weg und Ziel, von Schon und Noch-nicht ergibt sich, daß die Kirche im Dienst des Reiches Gottes steht, daß sie wesentlich eine pilgernde Kirche ist, Kirche unterwegs, *wanderndes Gottesvolk,* einem Ziel entgegen, ständig bestrebt, die aus dem Ziel und der Zukunft kommende Kraft in Zeit und Gegenwart wirksam werden zu lassen.

5. Das Reich Gottes in der Form von Anbruch und Gegenwart, aber auch als Ziel und Zukunft ist das *immerwährende Gegenüber* der Kirche, die motivierende, mobilisierende Orientierung, aber auch die kritische Instanz ihres Tuns und Verhaltens. Daraus ergibt sich: Die Kirche darf die Tatsache nicht vergessen, noch unterwegs zu sein in der Hoffnung auf die Vollendung. Dies würde sie vergessen, wenn sie nichts mehr erwartet, wenn sie alles schon zu besitzen meint, wenn sie sich beruhigt und das Bestehende, wie es ist, und alles, was sie tut, heiligspricht, wenn sie jede Änderung als Frevel betrachtet.

Wenn das Reich Gottes das Gegenüber und das Ziel der Kirche ist, dann darf die Kirche nicht nur für sich da sein, einzig bestrebt, sich selbst zu bespiegeln und zu feiern, also ekklesiologischen Narzißmus zu betreiben. Sie wird nur dann glaubwürdig, wenn sie ihre Weisungen, ihre Verlautbarungen, ihre Mahnungen nicht als Stimme kirchlicher Eigeninteressen vermittelt, sondern als *Stimme der Botschaft des Reiches Gottes,* die sie im Bereich der Kirche zu realisieren hat, eine Botschaft, die zugleich die volle Menschlichkeit des Menschen bedeutet und bewirkt. Das Reich Gottes als Gegenüber und Ziel der Kirche bedeutet, daß die Existenz der Kirche eine Proexistenz sein muß – Dasein für andere –, Transparenz Jesu Christi, dessen ganzes Leben ein Dasein für andere war. Kirche ist nur Kirche, wie sie sein soll, wenn sie Kirche für die Welt ist.

Die so verstandene Kirche ist deshalb vor allem eine *Hoffnungsgemeinschaft,* die sich ihrer Vorläufigkeit bewußt ist, die aber zugleich aus der Kraft dieser Hoffnung lebt und sie der Welt zeichenhaft vermittelt: als Tröstung, als Sinngebung, als Befreiung, als Provokation.

LITERATUR

Alberigo, C. – Congar, Y. – Pottmeyer, H. J. (Hg.), Kirche im Wandel. Eine kritische Zwischenbilanz nach dem Zweiten Vatikanum. Düsseldorf 1982.

Congar, Y., Die Lehre von der Kirche (HDG 3/3c.d). Freiburg 1971.

Das zweite Vatikanische Konzil: LThK.E 1–3. Freiburg 1966–1968.

Fries, H., Glaube und Kirche im ausgehenden 20. Jahrhundert. München 1979.

–, Fundamentaltheologie. Graz-Wien-Köln ²1985, 319–522.

Gemeinsame Synode der Bistümer in der Bundesrepublik in Deutschland. Offizielle Gesamtausgabe. Freiburg 1976.

Gordan, P. (Hg.), Die Kirche Jesu Christi. Enttäuschung und Hoffnung. Graz 1981.

Kaufmann, F. X., Kirche begreifen. Analysen und Thesen zur gesellschaftlichen Verfassung des Christentums. Freiburg 1979.

Kaufmann, F. X. u.a., Kirche, in: CGG 29 (1982) 68–188.

Küng, H., Die Kirche. Freiburg 1967.

Pannenberg, W., Theologie und Reich Gottes. Gütersloh 1971.

–, Ethik und Ekklesiologie. Göttingen 1977.

Pottmeyer, H. J., Unfehlbarkeit und Souveränität. Die päpstliche Unfehlbarkeit im System der ultramontanen Ekklesiologie des 19. Jahrhunderts. Mainz 1975.

Rahner, K., Grundkurs des Glaubens. Freiburg ¹²1982.

Ratzinger, J., Das neue Volk Gottes. Entwürfe zur Ekklesiologie. Düsseldorf 1969.

Seckler, M., Katholisch als Konfessionsbezeichnung, in: ThQ 145 (1956) 401–431.

2. KAPITEL

DIE KRITIK DER KIRCHE

Victor Conzemius

§ 1. Kirche zwischen Anspruch und Wirklichkeit

Nach ihrem Selbstverständnis vergegenwärtigt die Kirche die in Jesus Christus geschenkte Epiphanie des göttlichen Heilswillens. In der Sprache des Neuen Testaments ist sie Leib Christi, Weinstock, Braut Christi, Tempel Gottes, Volk Gottes; sie besitzt die Verheißung der Heiligkeit. Diese Verheißung kann vom Gläubigen durchaus in beglückender Weise erfahren werden. Ebenso oft aber stellt sich einer solchen Erfahrung die konkrete Erscheinungswirklichkeit der Kirche entgegen. Das hängt nicht nur damit zusammen, daß sie aus sündigen Menschen besteht, deren Unzulänglichkeiten und Sünden die Heilswirklichkeit der Kirche verhüllen, sondern auch damit, daß ihr Anspruch durch vielfältige Verformungen und Widersprüche geschichtlich-institutioneller Natur überdeckt wird. So wird sie selber zum Skandalon anstatt zum Sakrament für die Welt. Die Gründe für dieses Versagen reichen von den Schwierigkeiten kultureller Verständigung über die Unangepaßtheit kirchlicher Strukturen hin zu defizienten Formen der Selbstaussage. Dazu kommt die abgestufte Verantwortung von Klerikern und Laien für eigenes schuldhaftes Versagen.

Papst Hadrian VI. (1522/23) hat zur Reformationszeit diesem Tatbestand in klassischer Weise Ausdruck gegeben: „Wir wissen wohl, daß auch bei diesem Heiligen Stuhl schon seit manchem Jahr viel Verabscheuungswürdiges vorgekommen: Mißbräuche in geistlichen Sachen, Übertretungen der Gebote, ja daß alles sich zum Ärgeren verkehrt hat. So ist es nicht zu verwundern, daß die Krankheit sich vom Haupt auf die Glieder, von den Päpsten auf die Prälaten verpflanzt hat. Wir alle, Prälaten und Geistliche, sind vom Wege des Rechtes abgewichen, und es gab schon lange keinen einzigen, der Gutes tat. Deshalb müssen wir alle Gott die Ehre geben und uns vor ihm demütigen."[1]

Unbeschadet der Verheißung, daß Gottes Kraft in der Schwachheit zur Vollendung kommt (2 Kor 12, 9), sind Unvollkommenheiten, Mängel und Sünden nicht zu rechtfertigen oder resigniert festzuschreiben. Sie sind zunächst einmal als Fehlformen einzusehen und zu analysieren und als Schuld in die Bitte um

---

[1] *C. Mirbt*, Quellen zur Geschichte des Papsttums und des römischen Katholizismus. Tübingen ⁴1924, 261.

Vergebung einzuschließen; dort, wo Mißstände und Verformungen behoben werden können, ist eine Reform um der Treue zum Evangelium willen unerläßlich. Die notwendige Bereitschaft zur Umkehr, soweit diese nicht nur in struktureller oder organisatorischer Anpassung an die Bedürfnisse einer veränderten Zeit gesehen wird, ist zutiefst immer eine Besinnung auf Jesus Christus, den Ursprung der Kirche. Sie setzt als solche Kritik im weitesten Sinne voraus: prophetischen Widerspruch, historische Kritik, Heiligkeit als Kontestation, soziologische, philosophische und theologische Reflexion und Infragestellung kirchlicher Praxis. Kirchenkritik wird sich auch nicht auf den kirchlichen Binnenraum beschränken. Sie muß auch jenen Stimmen Gehör schenken, die von außen kommen, sei es, daß sie an der konkreten Praxis der Kirche in Vergangenheit und Gegenwart Anstoß nehmen, sei es, daß sie der christlichen Botschaft als Verfremdung des Menschen entgegentreten.

Grundsätzlich wird daher immer zwischen einer inneren und einer von außen kommenden Kirchenkritik zu unterscheiden sein. Dabei ist zu beachten, daß der Begriff „Kirche" in diesem Zusammenhang höchst undifferenziert gebraucht wird. Im allgemeinen wird Kirchenkritik verstanden als Rom-, Papst-, Kurien-, Hierarchiekritik oder als Kritik an kirchlichen Lehren, Gesetzen, Vorschriften; sie bleibt seltsamerweise eingeengt auf eine Ekklesiologie von oben und unterläßt es meist, die anderen Glieder der Christusgemeinde mit in die kritische Infragestellung einzubeziehen.

§ 2. Historischer Überblick

1. Kirchenkritik als Rom- und Kurienkritik

Kritik an der Kirche vollzieht sich nicht ohne Konflikte, Konfrontationen und nicht ohne mitunter belastende Auseinandersetzungen. Die frühen christlichen Gemeinden lebten in vielfältiger Weise mit dem Widerspruch von innen und erfuhren ihn von außen. Paulus, der wegen der Speisevorschriften der Judenchristen dem Petrus ins Angesicht widersprach (Gal 2, 11–21), bezeugt modellhaft eine Kritik, die die Einheit nicht zerbrach und auf Solidarität hinzielte[2]. Jedoch wurden viele innerkirchliche Kommunikationsschwierigkeiten, Lehrdifferenzen und Reformwünsche nicht integrativ gelöst, sondern führten zu Schisma und Spaltung. Als Kampf zwischen Rechtgläubigkeit und Häresie spielt sich innerkirchlich, mitbedingt und verschärft durch politische und gesellschaftliche Konstellationen, eine harte Auseinandersetzung um das Glaubensbekenntnis der wahren Kirche ab. Gnosis, Montanismus, Arianismus stellen die Großkirche in ihrer Lehre und Praxis kritisch in Frage; im Osterfeststreit, Ketzertaufstreit (Mitte 3. Jahrhundert), Novatianismus und Donatismus bricht die kirchliche Einheit zeitweilig zusammen. Als institutionalisierte Form

---

[2] Vgl. *P. Hoffmann*, Paulus als Zeuge des Widerspruchs, in: Conc(D) 18 (1982) 585–588.

der Kritik an einer verweltlichten Kirche setzt sich sowohl im Osten wie auch im Westen des Römischen Reiches das Mönchtum durch. Die außerkirchliche Kritik am Christentum und an der Kirche ist nie abgerissen; Monotheismus und abweichende religiöse Praxis bringen den Christen den Vorwurf der Staatsfeindlichkeit und des Atheismus ein. Während die literarische Kritik am Christentum (Celsus, Porphyrius, Kaiser Julian) und die repressiven Maßnahmen gegen die Kirche nach der Hinwendung Konstantins zum Christentum ihre Virulenz verlieren, wächst aus der Entwicklung der christlichen Gemeinden zur Reichskirche und der damit verbundenen Machtstellung ein gewaltiges, neues kirchenkritisches Potential[3].

Das große morgenländische Schisma des Jahres 1054 besiegelt jahrhundertealte kulturell, sprachlich und theologisch bedingte Kommunikationsstörungen in einem offenen Bruch. In der lateinischen Kirche des Westens konzentriert sich die Kirchenkritik fortan auf Papst und Kurie, deren imperialer Anspruch und zentralistische Tendenz inner- und außerkirchlichen Widerspruch hervorrufen.

Romkritik und Rominvektive bleiben ein feststehender Topos[4] des Mittelalters, in dem sich antirömischer Affekt, Kritik an Machtmißbrauch, antikuriales Ressentiment und spiritualistische Kirchenvorstellung mit älteren Motiven der Romfeindschaft durchdringen. In der „Gregorianischen Reform" verbinden sich die Reformvorstellungen des Papsttums mit der Kirchenkritik eines wichtigen Teils der kirchlichen Basis (z. B. die lombardische Volksbewegung Pataria) und erzwingen Reformen im kirchlichen Leben – gegen Simonie, Priesterehe und Laieninvestitur –, indem sie die Wahrheit der ecclesia antiqua gegen die Königskirche ausspielen.

Die „Gregorianische Reform" bewirkte – wenn auch nicht schlagartig – die Abstellung kritisierter Mißstände, führte aber selber, durch die Akzentuierung des kirchlich-hierarchischen Leitungsanspruches, neue herauf. Zunehmende Klerikalisierung und Feudalisierung der Kirche, auch der Orden, war eine der später vielkritisierten Folgen dieser Reform. Zwei gegensätzliche Zeugnisse der Wende vom 12. zum 13. Jahrhundert: Während der sogenannte Anonymus von York (um 1100) von der eignen Kirche Christi die römische unterschied, die des Teufels sei, und aufforderte, der ersten zu gehorchen, der zweiten zu widerstehen, schrieb Bernold von St. Blasien: „Den römischen Stuhl verehre ich wie

---

[3] Für die Zusammenhänge der älteren Kirchengeschichte des Altertums vgl. *N. Brox*, Kirchengeschichte des Altertums. Düsseldorf 1983; *P. Stockmeier*, Glaube und Kultur. Studien zur Begegnung von Christentum und Antike. Düsseldorf 1983.
[4] *H. Preuß*, Die Vorstellungen vom Antichrist im späteren Mittelalter und in der konfessionellen Polemik. Leipzig 1906; *G. Blochwitz*, Die antirömischen deutschen Flugschriften der frühen Reformationszeit (bis 1522) in ihrer religiös-sittlichen Eigenart, in: ARG 27 (1930) 145–254; *J. Benziger*, Invectiva in Romam. Romkritik im Mittelalter vom 9. bis zum 12. Jahrhundert, in: HS, H. 404 (1968). Vgl. Dialogus inter euntem ad curiam et venientem a Roma de malis moribus curie, in: *P. Herde*, Beiträge zum päpstlichen Kanzlei- und Urkundenwesen im 13. Jahrhundert. Kallmünz 1967, 247–251; *J. C. Payen*, La satire anticléricale dans les œuvres françaises de 1250 à 1300, in: 1274. Année charnière. Mutations et continuités. Lyon – Paris 30 sept. – 5 oct. 1974. Paris 1977, 261–276.

den Richterthron Christi; seine Beschlüsse wie ein Heiltum des Heiligen Geistes. Seine Dekrete umfasse ich wie die Edikte des himmlischen Hofes."[5]

Zwei Typen von Romkritikern seien vorgestellt: Während der Regularkanoniker Arnold von Brescia (1155 als Ketzer verbrannt) von Papst und Bischöfen radikalen Verzicht auf Besitz und Herrschaft forderte, um sich der Seelsorge allein zu widmen, verlangten andere, wie Bernhard von Clairvaux († 1153), bloß einen rechten Gebrauch der zur Verfügung stehenden weltlichen Mittel und Einrichtungen. Das hielt Bernhard nicht zurück, mit eindeutigen Worten jeglichen Mißbrauch der Autorität, das Appellationswesen und die Schmälerung der bischöflichen Rechte zu tadeln. Das Exemtionswesen entziehe den Bischöfen die Äbte, den Erzbischöfen die Bischöfe, den Patriarchen die Erzbischöfe. Das Appellationswesen diene meist dazu, die heimischen richterlichen Instanzen zu umgehen und dafür Rom mit Geschäften zu überfordern, für die es nicht zuständig sei: Fragen der Zehntleistung, Bauvorschriften, Genehmigungen zum Angeln in diesem oder jenem Karpfenteich. Bernhard schreibt, die Kurie stehe im Begriff, ein großes weltliches Geschäftszentrum zu werden. Eine Armee geschäftiger Advokaten und Anwälte dringe mit allem Streit und Zank der Christenheit in den Tempel hinein[6].

Die radikale Kritik des Arnold von Brescia bewegt sich mit ihrem spiritualistischen Grundansatz auf jener Linie, die auf die Armutsbewegung hinausläuft und öfter zu häretischer Absonderung führt. Hingegen legitimiert die Kritik des hl. Bernhard gewissermaßen die nicht ablassende Rom- und Kurienkritik der nachfolgenden Jahrhunderte, welche durch das römisch-avignonensische Finanzgebaren und die weltliche Herrschaft des Papstes stets neue Nahrung erhält.

Die doppelte Loyalität des Franz von Assisi gegenüber dem Evangelium und gegenüber den Autoritäten der Kirche ermöglichte die Integration einer Reformbewegung, die sich spezifische Werte des Evangeliums unmittelbar wieder zu eigen machte. Anderseits führte das Zurückbleiben der konkreten Kirche hinter den Forderungen des Evangeliums und die Verweltlichung der kirchlichen Amtsträger zur Ausbildung der Idee einer ecclesia spiritualis, der verborgenen, unsichtbaren, wahren Kirche des Heiligen Geistes. Das kirchenkritische Potential, das hierdurch freigelegt wurde, hielt wohl den Gedanken der Kirchenreform lebendig; doch die schwärmerischen Bewegungen, in denen es sich vielfach äußerte, führten keine Veränderung der reformbedürftigen Strukturen herbei[7]. Zu den Stereotypen der Kirchenkritik im gläubigen Volk gehört die Unzufriedenheit mit der geistlichen Versorgung, die Kritik der Bequemlichkeit und des ungenügenden Ernstes des Pfarrklerus im Vollzug von Gottesdienst und Sakramentenspendung, Klagen über seine Habgier, Streitsucht und eine oft recht wenig glaubwürdige Lebensführung.

---

[5] De damnatione schismaticorum: Monumenta Germaniae historica. Libelli de lite 2,38. Vgl. zum Anonymus von York: *Balthasar* 70.

[6] HKG(J) 3/2, 43.

[7] Für das Mittelalter allgemein vgl. *K. A. Fink,* Papsttum und Kirche im abendländischen Mittelalter. München 1981, passim. *L. B. Pascoe,* Jean Gerson: principles of Church reform. Leiden 1973.

2. Postulate mittelalterlicher Kirchenkritik

Seit dem Übergang zum Spätmittelalter artikuliert Kirchenkritik als Papst-, Kurien- und Kleruskritik sich mit zunehmender Schärfe. Dichter wie Dante, Heilige wie Katharina von Siena, Birgitta von Schweden, Theologen wie Marsilius von Padua, Wilhelm von Ockham werden zu ihren Wortführern[8]. Im Rückgriff auf die nie abgerissene altkirchliche Übung der Provinzial- und Diözesansynoden und in monastischen Reformen versuchten Bischöfe und Äbte im Spätmittelalter die ärgsten Mißstände zu beheben und die Reformanliegen der Zeit aufzugreifen. Der Konziliarismus[9] verstand sich als kritische Instanz gegenüber einem Papsttum, das in der Wahrnehmung seiner Einheit stiftenden Funktion versagte. In der Gelehrtenbewegung des Humanismus blieb Kirchenkritik nicht nur auf vordergründiges Anprangern kirchlicher Mißstände und Verformungen des Frömmigkeitslebens beschränkt. Der Ruf nach einer Rückkehr zu den Quellen des klassischen Altertums bestärkte auch die Leitbilder kirchlicher Erneuerung im Normcharakter des Evangeliums und der ecclesia primitiva. Philologie und Quellenkritik als Frucht des Humanismus boten zudem ein Instrumentar, das für eine neue Beschäftigung mit Bibel, Vätertheologie und ecclesia primitiva die Weichen stellte.

Es gelang nicht, das als reformatio in capite et membris thematisierte kirchliche Reformverlangen – es besaß in der Reformatio Sigismundi[10] seine weltliche, vielfach apokalyptisch fiebernde Entsprechung – in eine Kirchenreform ohne Kontinuitätsbrüche zu überführen. Die unreformierte Kirche forderte den Widerspruch der Reformatoren heraus: nicht sie, sondern die Kirche hatte nach ihrer Auffassung das Evangelium verlassen.

3. Abgewiesene Kritik als Ursache der Kirchenspaltung: Die Reformatoren

In *Luthers* Ringen um einen gnädigen Gott schlug bereits früh (Römerbriefkommentar) aus spirituellen Wurzeln eine umfassende Zeit- und Kirchenkritik durch[11]. Luther geißelte Lebensführung und Lebensstil der Bischöfe und Prälaten, die mehr „saeculares" als „spirituales" seien, tief verstrickt in Streit und Sinnlichkeit: Dem Volke bieten sie in ihren Predigten Fabeln und leeres Geschwätz. Sie rauben dem Menschen das Sündenbewußtsein und die Gottesfurcht, spiegeln ihm eine falsche Sicherheit vor und leisten dadurch dem

[8] *Congar* 1950, 30.
[9] Vgl. *B. Tierney,* Foundations of the Conciliar Theory. Cambridge 1955; *H. Schneider,* Der Konziliarismus als Problem der neueren katholischen Theologie. Die Geschichte der Auslegung der Konstanzer Dekrete von Febronius bis zur Gegenwart. Berlin 1976; *R. Bäumer* (Hg.), Die Entwicklung des Konziliarismus. Werden und Nachwirken der konziliaren Idee. Darmstadt 1976.
[10] Vgl. *H. Angermeier,* Die Reichsreform 1410–1555. Die Staatsproblematik in Deutschland zwischen Mittelalter und Gegenwart. München 1984.
[11] *P. Meinhold,* Zeit und Kirchenkritik beim jungen Luther. Wiesbaden 1977; *M. Brecht,* Aufstand der Kirche gegen die Kirche? (Luther), in: Conc(D) 18 (1982) 565–569; *ders.,* Martin Luther: Sein Weg zur Reformation 1483–1521. Stuttgart 1981; *E. Wolf,* Erneuerung der Kirche im Licht der Reformation, in: *ders.,* Peregrinatio 2. München 1965, 139–160.

Mißbrauch aller kirchlichen Lehren und Einrichtungen Vorschub (Veräußerlichung der Gottesdienste, Hervorkehrung des Opfergedankens im Sinne eines menschlichen Werkes, Aufbau einer falschen Reliquienverehrung). Luthers Kritik erstreckte sich aber auch auf die Theologen, die Gottes heiligen Namen ohne Respekt und ohne Furcht führen, ja mit ihm umgehen wie der Schuster mit seinem Leder (WA 3, 382, 7). Pseudoapostel und Pseudopropheten hielten als Söldner das Volk um des Mammons willen hin, so daß die wahren Feinde der Kirche in ihr selbst zu suchen seien. Diese Kritik zielte ursprünglich nicht auf Verachtung der kirchlichen Obrigkeit, sondern auf ein neues Verantwortungsbewußtsein bei Bischöfen und Theologen. Aus dieser Sicht mußte Luther gegen die Handhabung des Bußsakramentes und das Ablaßunwesen auftreten, wie es im Anschluß an den Römerbrief und in den 95 Thesen zum 31. Oktober 1517 geschah. Die Thesen deckten aus pflichtgemäßer Verantwortung theologische und seelsorgerliche Schwachstellen einer zwar nicht unumstrittenen, doch von der Kirchenleitung gebilligten Praxis auf. Der Ernst und das Gewicht der Anfragen Luthers wurden nicht wahrgenommen, die zentrale Sachfrage nach der rechten Buße durch das Abschieben des Augustinermönches auf die Ketzerbank aufgrund einer formalistischen Argumentation (Tetzel, Silvester Prierias, J. Eck) zum grundsätzlichen Autoritätenkonflikt umfunktioniert. In der weiteren Eskalation der Auseinandersetzungen hat Luther sich immer wieder auf die alle menschliche Autorität relativierende Norm des Evangeliums berufen und sich auch auf geschichtliche Beispiele kritischen Widerspruchs abgestützt (Gal 2; Kirchen- und Papstkritik des hl. Bernhard).

An der Heilsnotwendigkeit der Kirche hielt er auch nach seinem Bruch mit Rom fest: „Wer Christum finden soll, der muß die Kirche am ersten finden ... Nun ist die Kirche nicht Holz und Stein, sondern der Haufe christgläubiger Leute; zu der muß man sich halten und sehen, wie die glauben, beten und lehren, die haben Christum gewißlich bei sich" (10/I/1, 140, 8.14). Freilich, je mehr für ihn die Aussicht einer Verständigung mit Rom schwand, desto häufiger trat neben der Unterscheidung zwischen verborgener und sichtbarer Kirche jene zwischen wahrer und falscher Kirche zutage. Wie der „heilige Rest" Israels kann die wahre Kirche unter „Greuel und Teufelshurerei" – das ist die falsche Kirche des päpstlichen Antichristen – existieren. Dennoch: In der Gestalt der sichtbaren Kirche Roms ist die wahre Kirche, die mit der falschen zu kämpfen hat, nicht untergegangen. Da Luther genausowenig wie die andern Reformatoren eine neue Kirche gründen, sondern das der „wahren Kirche" Widersprechende abbauen wollte, unter radikaler Einbindung in das Evangelium, verliert das institutionelle Moment bei ihm jenen Stellenwert, den es in der römischen Kirche besitzt. Die Kirche hat kein irdisches Haupt, und Christus hat niemand zum Stellvertreter: „sondern allein Christus im Himmel ist hier das Haupt und regiert allein" (WA 6, 297, 39; WA.B 3, 210, 31). Die wahre Kirche ist für ihn deshalb keine Kirche der Sünder, sondern der Heiligen. Die Institution Kirche ist lediglich das Werkzeug, dessen Gott sich bedient, um seine Heilstat ins Licht zu stellen.

Zwinglis Interesse an der von Luther eingeleiteten Bewegung lag zunächst in der Kritik des Ablaßhandels, der Heiligenverehrung, der Pastgewalt, des angeblichen ius divinum des Zehnten, des Zölibats[12]. Er hat Luther erst humanistisch mißverstanden und sah in ihm einen in manchem nicht weit genug gehenden Reformer. Wie jener bezeugt er den Trost der freien Gnade in Jesus Christus, ergriffen im Glauben allein. Zur Freiheit eines Christenmenschen gelangt der Zürcher Reformator in der Befreiung der Gemeinde und ihrer Glieder von menschlichen, kirchlich-hierarchischen Geboten. Seine Reformation führte so von außen nach innen und dann von innen nach außen zur Reformation eines Stadtstaates.

Bei *Calvin*[13], der absichtslos aus der römischen Kirche herauswuchs, war das Bewußtsein bestimmend, als Prophet von Gott berufen zu sein. Seine theologische Grundüberzeugung lautete dahin, daß der prophetische Auftrag von Gott jederzeit in seiner Kirche gegen deren Amtspriestertum eingesetzt werden kann, so wie er es bei den alttestamentlichen Propheten tat, bei denen mitunter nur ein einziger den rechten Glauben und die Kirche darstellte. Dieses Bewußtsein läßt ihn nicht vergessen, daß es nur die eine Kirche gibt, die ecclesia Dei, in der sich Mißstände finden.

4. Nachtridentinische Kirchenreform zwischen römischem Zentralismus und Staatsabsolutismus

Trotz Absichtserklärungen der Reformatoren, an der una sancta catholica et apostolica festzuhalten, lief die Entwicklung auf die Tatsache der Konfessionsbildung hinaus. Sie zwang die römische Kirche zu einer umfassenden Reform auf einem Konzil. Bis zu seinem Zustandekommen (Tridentinum 1545–1563) mußten zahlreiche Hürden genommen werden, die von der Abneigung von Papst und Kurie gegenüber dem Konzilsgedanken bis zu politischen Rücksichten und Schwierigkeiten reichten[14]. Entscheidende Jahrzehnte, in denen die Hoffnung auf eine Heilung des Bruches nicht aufgegeben war, gingen verloren. So wurde der Defensiv- und Abgrenzungscharakter der kirchlichen Lehre im Gegenüber zur Position der Reformatoren ausgeprägt. Das Postulat der „reformatio in capite et membris" des Spätmittelalters war damit zwar nicht eingelöst – weil die Kurienreform nicht gelang –, doch die krassesten Mißstände auf der Ebene des Bistums, der Pfarrei und der Orden zumindest signalisiert.

Die Durchführung der Reformen und die Beseitigung der Mißstände erfolgten freilich nicht schlagartig, sondern in einem jahrzehntelangen Prozeß, der in verschiedenen Ländern durch die Verweigerung des staatlichen Plazets ver-

---

[12] Über Zwingli vgl. *G. W. Locher*, Zwingli und die schweizerische Reformation, in: Die Kirche in ihrer Geschichte 3. Lief. J. 1. Göttingen 1982; *U. Gäbler*, H. Zwingli: Leben und Werk. München 1983; *J. V. Pollet*, Huldrych Zwingli. Freiburg/Schw. 1985.
[13] *W. Nijenhuis* in: TRE 7, 568–592.
[14] *H. Jedin*, Geschichte des Konzils von Trient. 4 Bde. Freiburg 1950–75; *J. Delumeau*, Le christianisme va-t-il mourir? Paris 1977.

schleppt wurde. Überhaupt gilt es zu bedenken, daß alle Reformen zu ihrer Verlebendigung inneren Reformgeist voraussetzen und an Persönlichkeiten gebunden sind, wie Soranzo, der venezianische Botschafter in Rom, vom Kardinalnepoten Carlo Borromeo sagte: „Er stiftete für seine Person mehr Gutes am römischen Hof als alle Dekrete des Konzils zusammengenommen."[15]

Während im Protestantismus sich eine gewisse Selbstgenügsamkeit in landeskirchlich komfortabler Enge herausbildete, die mitunter von den Theologen – hier die eigentlichen Träger der Reform und Kirchenkritik – durchbrochen wurde[16], unterstellte der Katholizismus dem Tridentiner Reformmodell eine nahezu zeitlose Gültigkeit. Die in Trient nicht hinterfragte Auffassung der Kirche und ihrer Ämter, wie sie sich im Mittelalter herausgebildet hatte, wurde im papalistischen Sinne konsolidiert. Die Kopflastigkeit dieser Entwicklung, die freilich erst nach dem Ende der Reichskirche und des Ancien Régime, vollends aber nach dem Vaticanum I und dem Ende des Kirchenstaates sich auswirkte, drängte Romkritik und Reformtendenzen ins Abseits. Reformtheresianismus und Josefinismus stellen in der Reichskirche den Versuch dar, aus staatlicher Initiative das „ius reformandi" gegenüber einem Episkopat auszuüben, der sich auf seine Privilegien zurückgezogen hatte. Gallikanismus, Jansenismus und Febronianismus führen die Kritik am römischen Zentralismus weiter, ohne überzeugende Gegenmodelle entwickeln zu können[17].

5. Säkularisierung und Vernunftautonomie: Kirchenkritik der Aufklärung

Die Aufklärung[18] leitete nicht nur eine neue Phase der Religions- und Offenbarungskritik ein; sie äußerte sich auch in einer Kirchenkritik, die die Glaubwürdigkeit der Kirche radikal in Frage stellte, freilich mit unterschiedlicher Intensität. Während in England die Staatskirche den Dialog mit den meist theistischen Aufklärern nicht abbrach und in Deutschland eine „katholische Aufklärung" vermittelnd wirkte, ballte sich in Frankreich kirchenkritischer Sprengstoff zusammen, der in der Französischen Revolution eruptiv zur Entladung kam.

Die Vorgeschichte der schleichenden Entchristlichung unter der Maske christlich-konformistischen Sozialverhaltens ist keineswegs monokausal, sondern auf verschiedene Ursachen zurückzuführen: zunehmender Rationalismus, Reserve der Kirche gegenüber den Naturwissenschaften, Verbesserung der hi-

---

[15] HKG(J) 4, 520.
[16] Zum reformierten Standpunkt vgl. *J. J. v. Allmen,* Une réforme dans l'Eglise. Gembloux 1971; *R. Leuenberger,* Problemlose Kirche. Zürich 1977; *ders.,* Reformierte Kirchenreform?, in: Neue Zürcher Zeitung v. 18./19. Sept. 1982, 65.
[17] Eine knappe Zusammenfassung bei *V. Conzemius,* Katholizismus ohne Rom. Die altkatholische Kirchengemeinschaft. Zürich 1969, 13–27; *H. Reinalter,* Reformkatholizismus oder Staatskirchentum? Zur Bewertung des Josephinismus in der neueren Literatur, in: RöHM 18 (1976) 283–307; *E. Kovacs* (Hg.), Katholische Aufklärung und Josephinismus. München 1979.
[18] Lit. bei *J. Delumeau,* Le catholicisme entre Luther et Voltaire. Paris ²1979; *ders.,* Un chemin d'histoire. Chrétienté et christianisation. Paris 1981; *M. Schmidt* in: TRE 4, 594–608.

storisch-kritischen Methode, Prunksucht und Skandale einzelner Bischöfe, In-
stitutions- und Kirchenkritik in der „Encyclopédie", vor allem in ihren letzten
Teilen, relative Schwäche der recht produktiven philosophisch-theologischen
Autoren und allmählicher Übergang der intellektuellen Führung an aufgeklärte
Philosophen und Schriftsteller. Die Glaubwürdigkeit der Kirche wurde durch
den kirchlich okkupierten Standpunkt der Intoleranz gegenüber Andersden-
kenden und Andersglaubenden erschüttert: von den Spätgefechten katholischer
Jansenisten über die aktive Verfolgung von Protestanten hin zur Calas-Affäre
(1762–1765: Justizmord an einem Protestanten, dessen Rehabilitation Voltaire
erzwang) erschien die Kirche als nunmehr erwiesener Hort des „religiösen Fanatismus". Wenn auch der harte Kern der Atheisten um d'Holbach, Helvétius,
de La Mettrie relativ klein war und Voltaire in seiner Spätphase die Virulenz
seines „Ecrasez l'infâme" milderte, so war doch gegen Ende des Jahrhunderts
Kirchenkritik im umfassenden Sinne verbreitet: Radikale Ablehnung der reichen Kirche stand neben lauterer Reformgesinnung. Die beginnende Empfäng-
nisverhütung – zunächst auf die Oberschichten beschränkt – förderte die
Zweigleisigkeit der Moral, die Abnahme testamentarischer Verfügungen zugunsten der Kirche belegt den Verlust ihres Sozialprestiges. Es ist kein Zufall,
daß die Abgeordneten des niederen Klerus in der Nationalversammlung mit ihren Stimmen der Französischen Revolution zum Durchbruch verhalfen.

Die Radikalisierung der revolutionären Umwälzung in Staatsform und Ge-
sellschaftsleben erfaßte auch die Kirche und machte jeden Reformismus und
ernstgemeinte Versuche einer Verständigung (Eglise Constitutionelle) hinfäl-
lig. Kirchenkritik schlug in Zerschlagung der kirchlichen Strukturen und in
feindselige Verfolgung auch privater Frömmigkeit um.

6. *Kritikverdrängung: Das 19./20. Jahrhundert*

Die Situation der Kirche im 19. Jahrhundert ist zwiespältig. Wohl hatte die Kirche zahlreiche materielle Verluste erlitten und dafür eine größere Unabhängigkeit vom Staat eingetauscht, die ihr allerdings durch staatskirchliche Bürokra-
ten streitig gemacht wurde (Kulturkampf). Anderseits erhoben die kirchlichen
Amtsträger unentwegt Anspruch auf Privilegierung, was zu zahlreichen Konflikten mit emanzipatorischen Strömungen innerhalb der Gesellschaft führte.
Die Hypothek des Kirchenstaates und die daraus resultierenden Spannungen
zwischen Kirche und italienischem Nationalstaat überdauerten in ihren Auswirkungen das 19. Jahrhundert und belasteten die Entwicklung der Gesamtkirche. Im geistigen Klima des teilweise aufgezwungenen, teilweise als Fluchtweg
benützten Gettos, in das die Kirche hineingeriet, war zwar das religiös-pasto-
rale Leben der Gemeinden meist nicht gefährdet, wohl aber das philosophisch-
theologische Bemühen auf die Bedürfnisse und Ängste dieses Gettos eingeengt
(Klima der Ängstlichkeit, kirchliche Maßregelung von Theologen, Ausweichen
auf Volksfrömmigkeit).

In Frankreich gab die bereits von Napoleon I. eingeleitete Restauration einer im Sturmwind der Revolution gereinigten und geprüften Kirche die materiellen Grundlagen für ihr Wirken zurück. Doch den kirchlichen Hierarchen, deren Blick teilweise starr auf die vorrevolutionäre Situation gerichtet blieb, gelang es weder diese Position zurückzuerobern noch ihren geistigen Führungsanspruch in einer veränderten Welt geltend zu machen. Eine Naturwissenschaft, die die Hypothese Gott nicht mehr brauchte, vergleichende Religionswissenschaft, die den Absolutheitsanspruch des Christentums einebnete, und säkularistisches Selbstgefühl verdrängten die Kirche je länger je mehr aus dem öffentlichen Leben[19] bis zur völligen Trennung von Kirche und Staat in Frankreich (1905). Der Antiklerikalismus, der sich in seiner nobelsten Form als Gralshüter republikanisch-laizistischer Tradition gab, wurde zum mächtigsten Organ der Kirchenkritik von außen und zum staatlichen Druckmittel einer fanatischen Gegnerschaft zur Kirche. Seine Dominanz in weiten Kreisen des Bürgertums im 19./20. Jahrhundert schwächte sich in romanischen Ländern erst nach dem Vaticanum II ab.

Kirchenkritik von außen und innen im 19. Jahrhundert konzentrierte sich vor allem auf den Kirchenstaat und die päpstliche Politik. Es gab aber auch Reformvisionen, die von einem umfassenderen Bild der Kirche ausgingen oder pastoral-seelsorgliche Nöte formulierten. Lamennais (1782–1854), der für eine Loslösung der Kirche vom Staat und für den Anschluß an die demokratische Volksbewegung plädierte, kam schon deshalb nicht zum Zuge, weil seine Reformpostulate seiner Zeit weit vorauseilten; die Emigration des Propheten aus der Kirche machte ihn vollends suspekt[20]. Die theologisch stärker fundierte, am Bild der frühen Kirche orientierte Kritik von Rosmini („Die fünf Wunden der Kirche", 1833 verfaßt, erst 1848 [!] veröffentlicht) bezog sich auf folgende Mißstände: 1. Kluft zwischen Klerus und Laien wegen der lateinischen Liturgiesprache; 2. Ausbildungsmängel des Klerus; 3. Abhängigkeit der Bischöfe von den Fürsten; 4. Ausschaltung von Klerus und der Gläubigen bei der Nomination von Bischöfen; 5. Kontrolle der Kirchengüter durch die staatliche Macht. Trotz Lauterkeit und Kirchentreue des Propheten wurde sie vom Adressaten nicht ernst genommen und in die Ecke der Unkirchlichkeit verdrängt (1849 indiziert)[21]. Ein ähnliches Schicksal ereilte den seit 1837 in Freiburg (vorher in Tübingen) lehrenden Theologieprofessor J. B. Hirscher (1788–1865), der in seinen „Kirchlichen Zuständen" (1849) aus pastoraler Sorge für Reformen eintrat, jedoch infolge Denunziationen aus Deutschland von Rom 1850 indiziert wurde. Der kirchenkritische Reformkatalog von Hirscher umfaßte: die Erneuerung der Liturgie im Blick auf aktiven Mitvollzug des Volkes, Eigenständigkeit der Spiritualität des Weltpriesters mit besonderer

---

[19] O. *Chadwick,* The secularization of the European mind in the Nineteenth Century. Cambridge 1976.
[20] Vgl. die Lit. bei G. *Valerius,* Deutscher Katholizismus und Lamennais. Die Auseinandersetzung in der katholischen Publizistik 1817–1854. Mainz 1983.
[21] Die Lit. bei F. *Traniello,* Cattolicesimo conciliatorista. Religione e cultura nella tradizione lombardo-piemontese (1825–1870). Mailand 1970.

Ausbildung in der Heiligen Schrift, Wiederbelebung der Synoden und der aktiven Beteiligung der Laien am kirchlichen Leben, „Versöhnung der Idee des Priestertums und der Ehe", d. h. Revision der starren Zölibatsgesetzgebung[22].

Die Ankündigung des Vaticanum I gab den Anstoß zu einer Reihe von kritischen Reformschriften; die Konzentration des Konzils auf Fragen der Lehre ließ solche der Kirchenreform nur am Rande aufkommen.

Am eingehendsten formulierte der kroatische Bischof Stroßmayer von Djakovo die innere Kirchenkritik seiner Zeit in seiner Konzilsrede vom 24. Januar 1870. Er forderte die Universalisierung des Papsttums, die Internationalisierung des Kardinalskollegiums, die Beschränkung der Zuständigkeit der römischen Kongregationen, öftere Abhaltung von Konzilien und Bischofssynoden, die Revision des Kirchenrechtes. Anstatt päpstlicher Kontrolle plädierte er für die Freiheit der Presse und kirchlich verantworteter theologischer Forschung, griff den römischen Zentralismus an und wandte sich gegen eine Gettoisierung der Kirche in der modernen Gesellschaft[23]. Trotz vielfältiger Zustimmung aus dem Weltepiskopat verliefen jedoch das Konzil und die nachkonziliare Entwicklung in entgegengesetzter Richtung.

Eine Kirchenkritik, die verdrängte Reformpostulate zu verwirklichen suchte, stellt der Altkatholizismus dar. Doch die Abspaltung von Rom und die zahlenmäßige Bedeutungslosigkeit dieses in allzu enger Anlehnung an den Staat durchgeführten altkirchlichen Rekonstruktionsversuches verhinderten jede Einwirkung auf die Großkirche. Dennoch gibt es Parallelen zwischen altkatholischer Reformdynamik und Grundtendenzen des Vaticanum II[24].

Eine Kirche, die sich in einem permanenten Belagerungszustand befand und stärker durch Abwehr als durch kritisches Eingehen auf die Herausforderungen der Zeit reagierte, konnte dem Anliegen theologie- und kirchenkritischer Strömungen, die das Etikett des Modernismus[25] unzulänglich zusammenfaßt, nur mit Mißtrauen begegnen. Während die französischen Modernisten versuchten, Exegese und Dogma mit der historischen Kritik, den Religionswissenschaften und der philosophischen Bewegung der Zeit in Berührung zu bringen, ging es den Italienern (R. Murri, P. Genocchi, Msgr. Fracassini und S. Minocchi) vor allem um eine Rückbesinnung auf die Alte Kirche und eine Verwirklichung der Kirche als Gemeinschaft der Gläubigen anstatt der hier besonders drückend empfundenen pyramidal-hierarchischen Kirchenkonzeption. Der deutsche „Reformkatholizismus", z. T. diffuser und von einer integralistischen

---

[22] *E. Keller*, Johann Baptist Hirscher (1788–1865), in: *H. Fries – G. Schwaiger* (Hg.), Katholische Theologen Deutschlands im 19. Jahrhundert 2. München 1975, 40–68; *K. Helbling*, Ecclesia Reformanda. Die Kirchenreform Johann Baptist Hirschers. Diss. masch. Trier 1968.
[23] *Mansi* 50, 474–489.
[24] Vgl. *V. Conzemius*, Art. Altkatholizismus, in: SM 1, 109–111; *ders.*, Rückblick auf ein synodales Aggiornamento. Hundert Jahre Altkatholizismus. in: StZ 191 (1973) 363–379.
[25] Zahlreiche Einzelstudien insbes. v. E. Poulat; eine theologische Aufarbeitung fehlt. Vgl. *C. Tresmontant*, La crise moderniste. Paris 1979.

Richtung in Deutschland heftig bekämpft, erlangte nicht die Bedeutung wie die Bewegung in romanischen Ländern[26]. Die Verurteilung des Modernismus (1907) hat die von ihm aufgeworfenen Probleme nicht gelöst, sondern weiterschwelen lassen und sie durch die hierarchisch straffe und effiziente Amtsführung unter Pius XI. und Pius XII. überdeckt.

7. Kirchenkritik im Vorfeld des Vaticanum II

Eine neue Phase loyaler Kirchenkritik leiteten die beiden Weltkriege vor allem in Frankreich und Deutschland ein. Die Erfahrungen der Kriegszeit – akute Bewußtwerdung der Säkularisierung und der Marginalisierung des Christentums, Konflikte mit Faschismus und Nationalsozialismus, Begegnung mit überzeugten Sozialisten und Kommunisten, Notwendigkeit einer Zusammenarbeit mit den von Rom getrennten Christen, Verlangen nach größerer Wahrhaftigkeit und Authentizität des christlichen Zeugnisses – forderten zu einer kritischen Neubesinnung heraus[27]. Am packendsten sind die im „Angesicht des Todes" niedergeschriebenen Reflexionen von Alfred Delp, die auf seinen Erfahrungen im deutschen Kirchenraum beruhen. Weil Delp nicht von peripheren Unzulänglichkeiten, sondern von einem im biblischen Glauben gründenden Gottesbild ausgeht, erreicht seine Kirchenkritik eine ungeheure Dichte. Er fordert den Verzicht auf diplomatische Schachzüge, die kirchliche „Positionen" sichern wollen, Hinhören auf die neue Zeit und ihre Aufbrüche, Lossagung von hemmendem historischem Ballast, Dialog mit den Menschen statt kirchlichem Funktionärstum, Abkehr von der Anmaßung über den Menschen und Hinkehr zur Ehrfurcht vor ihm. Zwei Sachverhalte erscheinen ihm zentral für die Zukunft des Christentums: die Versöhnung der zankenden christlichen Konfessionen und die Rückkehr der Kirchen in die Diakonie, und zwar in eine solche, die nicht von geschmäcklerischer Gewöhnung, sondern von der Not der Menschen bestimmt wird[28].

---

[26] *N. Trippen,* Theologie und Lehramt im Konflikt. Die kirchlichen Maßnahmen gegen den Modernismus im Jahre 1907 und ihre Auswirkungen in Deutschland. Freiburg 1977.
[27] Eine Übersicht von *Bornkamm* (ThR 12 [1940] 189–235) führt bereits für die Vorkriegszeit allein für den deutschen Sprachraum 50 Publikationen zum Thema: „Innerkirchliche Reformbewegungen" auf. Zu den aufsehenerregendsten Stellungnahmen gehören die Aufsätze des 1945 hingerichteten Jesuiten Alfred Delp, die „Briefe über die Kirche" von Ida Friederike Görres (seit 1946 in den Frankfurter Heften, als Buch erschienen 1950) und die „Schleifung der Bastionen" von Hans Urs von Balthasar (1952). Vgl. auch *E. Michel,* Renovatio. Zur Zwiesprache zwischen Kirche und Welt. Stuttgart 1947. Nach dem Konzil kritisierte *I. F. Görres* die Traditionsbrüche und den inneren Substanzverlust, vgl. *dies.,* Im Winter wächst das Brot. Einsiedeln ⁷1973. – Viel gelesen wurde auch vor dem Konzil *H. Wirtz,* Stille Revolution: Kirche auf neuen Wegen. Nürnberg 1959. – *W. Weber,* Um die Zukunft der Kirche. Wien 1954. – Eine analoge Entwicklung bei *H. U. v. Balthasar:* vgl. Cordula oder der Ernstfall. Einsiedeln 1966; Klarstellungen. Freiburg 1971; Neue Klarstellungen. Einsiedeln 1979.
[28] Vgl. die von *R. Bleistein* besorgten Gesammelten Schriften. 4 Bde. Frankfurt 1983–1984, bes. 4, 318–327.

Ihr höchstes Niveau erreicht die selbstkritische Rückfrage an die Kirche in Frankreich [29]: in der Zeitschrift „Esprit" von Emmanuel Mounier, in den Werken von Henri de Lubac und Gaston Fessard, als theologisch reflektierte Synthese bei Yves Congar in „Vraie et fausse réforme dans l'Eglise" (1950). Dieses Buch von Congar[30] ist die bisher einzige globale theologische Auseinandersetzung mit Kirchenkritik und Kirchenreform geblieben; sie stellt zudem eine verläßliche Hermeneutik kirchlicher Reformbestrebungen dar. Ausgangspunkt Congars ist die gewandelte historische Situation des 20. Jahrhunderts. Im Licht der Heiligen Schrift und der Väter zieht er die Konsequenzen, die sich für die Kirche ergeben. In Absetzung von einer rein negativen Kirchenkritik, aber auch im Gegensatz zu einer spiritualistischen Unterscheidung zwischen Ideal- oder Geistkirche und konkret existierender Kirche plädiert er für die Notwendigkeit einer beständigen kirchlichen Erneuerung. An eine Analyse des Prophetismus in der Kirche schließen sich solche der Reformation und der Reformversuche im katholischen Raum an. Anschließend entwickelt er eine Prinzipienlehre für eine Kirchenreform ohne Schisma[31]. Es ist bezeichnend für die kirchliche Situation um 1950, daß dieses von historisch-theologischem Sachverstand und lauterster kirchlicher Gesinnung getragene Werk auf Weisung römischer Stellen aus dem Buchhandel gezogen werden mußte und nur knapp einer Indizierung entging.

Das Fehlen eines theologisch-historisch-soziologischen Rahmenkonzeptes kirchlicher Reformbestrebungen wirkte sich beim Vaticanum II verhängnisvoll aus. Dieses pastoral orientierte Reformkonzil – als solches eine Initiative Johannes' XXIII., doch nur fruchtverheißend, weil es sich auf die Vorarbeit von Theologen und Laien abstützen konnte, die keineswegs stets kirchenamtliche Billigung erhalten hatten – nahm viele verdrängte Reformanliegen auf[32]. Es löste zahlreiche inner- und außerkirchliche Vorbehalte gegenüber der katholischen Kirche auf (Liturgiereform, Dekrete über Religionsfreiheit und Ökumenismus. Selbstaussage der Kirche in „Lumen Gentium"). Vor allem schwächte sich die außerkirchliche Kritik an der Kirche, die im 19. und in der ersten Hälfte des 20. Jahrhunderts sich teilweise recht aggressiv geäußert hatte (einzelne Freimaurergruppen, französische Laizisten, kulturkämpferische Wissenschaftler), nach dem Konzil stark ab. Auch der Kommunismus milderte die

---

[29] *J. M. Domenach – R. de Montvallon,* Bahnbrecher des modernen Katholizismus in Frankreich. Texte und Dokumente 1942–1962. Olten 1962. Vgl. auch *J. Lestavel,* Les prophètes de l'Eglise contemporaine. Paris 1969. – Aus der französischen Kirchenkritik der Vorkriegszeit seien herausgegriffen *A. Desqueyrat,* La crise religieuse des temps nouveaux. Paris 1956; *I. Lepp,* Le monde chrétien et ses malfaçons. Paris 1956.

[30] Vgl. Literaturverzeichnis.

[31] Über Congar vgl. *J. P. Jossua,* Le Père Congar. Paris 1967; *Y. Congar,* Une passion: l'unité. Réflexions et souvenirs 1929–1973. Paris 1974.

[32] Auf die eigentliche Konzilsliteratur kann hier nicht verwiesen werden, sondern nur auf die Erwartungen, die mit dem Konzil verknüpft waren: *H. Küng,* Konzil und Wiedervereinigung. Freiburg 1960; *ders.,* Wahrhaftigkeit. Die Zukunft der Kirche. Freiburg 1968; *O. B. Roegele,* Was erwarten wir vom Konzil? Osnabrück 1961; *O. Maurer* (Hg.), Fragen an das Konzil. Freiburg 1961; Qu'attendons-nous du concile? Brüssel 1960; Témoignage chrétien v. Juli 1961.

Schärfe seiner antikirchlichen Propaganda, wenngleich der marxistisch-lenini-
stische Staatssozialismus nichts von seiner radikalen Kirchenkritik bzw.
Repressionspolitik einbüßte.

8. Kirche in der Krise: Nachkonziliare Kirchenkritik

Eigenartigerweise erlebt die innerkirchliche Kirchenkritik[33] nach dem Konzil
eine Hochblüte. Angesichts des völligen Mangels an Einübung in Kirchenkritik
und Kirchenreform wirken viele unprogrammierte nachkonziliare Erscheinungen als Nachholbedürfnis und führen zu nicht unbedenklichen Dammbrüchen.
Sie bewirkten in einer Reihe von Ländern eine bisher nicht erlebte Polarisie-
rung kirchlicher Positionen, für die sich das Begriffspaar traditionalistisch –
progressiv eingebürgert hat[34]. Beiden Tendenzen ist in ihren extremen Vertre-
tern eine ungeschichtliche Denkweise zu eigen: Während die Anhänger traditionalistischer Kreise das geschlossene nachtridentinische Kirchenbild, vor
allem in seiner Erscheinungsform des 19. Jahrhunderts, verabsolutieren (Integralismus, Erzbischof Lefebvre)[35], liquidiert der extreme Progressismus die
kirchliche Vergangenheit unter dem Vorwand einer unmittelbaren Anknüpfung an Kirchenmodelle des Neuen Testaments[36]. Daneben gibt es eine Reihe
von Zwischenpositionen, von denen aus die Aufbrüche des Vaticanum II als
„verwirrend" oder als „ungenügend" bzw. „kosmetisch" abgestempelt werden.
Während der extreme Traditionalismus sich ritualistisch mumifiziert und in
dieser Form eine große Beharrungskraft entwickelt, eignet seinem progressisti-
schen Widerpart die Tendenz, die Kirche überflüssig zu machen und sich in

---

[33] Aus der kaum überschaubaren Literatur seien angeführt: *R. Adolfs*, Wird die Kirche zum Grab
Gottes? Graz 1967; *H. Fesquet*, Rom vor einer Wende. Freiburg 1968; *F. Franck*, Die Kirche in der
Revolte. München 1969; *V. v. Onna – M. Stankowzki*, Kritischer Katholizismus. Frankfurt 1969;
C. Holenstein, Der Protest der Priester. Zürich 1970; *A. Holl*, Jesus in schlechter Gesellschaft. Stutt-
gart 1971; Der Zustand der röm.-kath. Kirche. Eine Enquete unter Christen. Sondernr. v. Wort und
Wahrheit. März/April 1972; *H. Küng*, Wegzeichen in die Zukunft. Reinbek 1980; *N. Sommer*, Zorn
aus Liebe. Die zornigen alten Männer der Kirche. Stuttgart 1983; *L. Gilkey*, Catholicism confronts
modernity. A Protestant view. New York 1975; *J. Hitchcock*, Catholicism and Modernity. New York
1979; *L. Bouyer*, La décomposition du catholicisme. Paris 1968; Réinventer l'Eglise. Sonderheft der
Zeitschrift Esprit. Nov. 1971; *G. Soulages* (Hg.), Fidélité et ouverture. Paris 1972; *P. Vigneron*, Histoire des crises du clergé français contemporain. Paris 1976; *E. Poulat*, Une Eglise ébranlée. Tour-
nai 1980; *J. Rigal*, L'Eglise obstacle et chemin vers Dieu. Paris 1983.
[34] *D. v. Hildebrand*, Das Trojanische Pferd in der Stadt Gottes. Regensburg 1968; *ders.*, Der verwü-
stete Weinberg. Regensburg 1973. Vorwiegend negative Konzilskritik üben (vgl. auch Anm. 35.36)
F. Holböck, Libera nos a malo. Salzburg 1972; *J. Maritain*, Der Bauer von der Garonne. München
1969.
[35] *W. Siebel*, Katholisch oder konziliar. München 1978 (traditionalistischer Standpunkt); *Y. Congar*, Der Fall Lefebvre. Freiburg 1977. Eine gute Analyse des traditionalistischen Standpunktes bietet
A. Schifferle, Marcel Lefebvre – Ärgernis und Besinnung. Kevelaer 1983. – Eine gemäßigte Kritik am
Progressismus bietet *J. Ratzinger*, Theologische Prinzipienlehre. München 1982. – Zu einseitig und
oberflächlich ist der Ansatz von *J. Schumacher*, Kirche und Kritik, in: TThZ 88 (1979) 259–276.
[36] Vgl. *Ch. Davis*, A question of conscience. London 1967; *J. Kavanaugh*, A modern priest looks at
his outdated Church. London 1968; *F. du Plessix Gray*, Divine disobedience. Profiles in Catholic ra-
dicalism. London 1970; *J. Duquesne*, La Gauche du Christ. Peut-on-concilier Marx et Jésus? Paris
1972.

letzter Konsequenz aus ihr herauszukatapultieren. Beiden Extremen ist gemeinsam, den Papst in kaum überbietbarer Schärfe anzugreifen – Hans Urs von Balthasar formuliert: „Der Ring schließt sich"[37] – und ihm und der Hierarchie die Schuld an der Kirchenkrise aufzubürden.

Nun eignen sich gerade das Papsttum und sein Verwaltungsapparat, der ja kein Selbstzweck, sondern Dienst an der Gesamtkirche ist, in ihrer durch soziologisch-historische Faktoren bedingten Überstilisierung, dazu, ihnen generell Defizite anzulasten, deren eigentliche Analyse umgangen wird. Dabei ist zu berücksichtigen, daß die innerkirchliche Bewegung, die das II. Vatikanische Konzil vorbereitete, keineswegs von der Römischen Kurie ausging. Die Kurie wurde von dieser Entwicklung eher überrascht und mit Reformen konfrontiert, die trotz der Bemühungen Papst Pauls VI. starke Gegenkräfte innerhalb ihres Umfeldes auf den Plan riefen. Trotz ernsthaften Bemühens gelingt es den Päpsten nicht leicht, die bisherige Autoritätsausübung durch einen kollegialen communio-Stil zu ersetzen. Das unvermittelte Nebeneinander von zwei Ekklesiologien, einer hierarchisch-pyramidalen und einer communio-Ekklesiologie auf dem Vaticanum II, mag einen Teil der nachkonziliaren Wirren erklären, in denen man sich den „Geist" des Konzils streitig macht[38]. Ebenso schwer wiegen jedoch die Mängel innerkirchlicher Kritik. Sie hat es schwer, sich in die spirituelle Grundhaltung der Kirchenreform einzuüben, zu welcher sich das Konzil in der Aneignung des Grundsatzes von der „ecclesia semper reformanda" bekannt hat[39].

§ 3. Systematische Überlegungen

1. Legitimität der Kirchenkritik

Der geschichtliche Überblick zeigt, daß Kirchenkritik eine legitime Äußerung allgemeinen menschlichen Urteilsvermögens ist und in noch höherem Maße eine legitime Aufgabe der Theologie und ebensosehr eine unentbehrliche Vor-

---

[37] *Balthasar* 27. Das Buch bietet mehr als der Titel: eine gute Analyse der theologischen Papstkritik.

[38] *H. J. Pottmeyer*, Die zwiespältige Ekklesiologie des Zweiten Vaticanums – Ursache nachkonziliarer Konflikte, in: TThZ 92 (1983) 272–283; *ders.*, Ist die Nachkonzilszeit zu Ende?, in: StZ 203 (1985) 219–230.

[39] Ökumenismusdekret Nr. 6: „Jede Erneuerung der Kirche besteht wesentlich im Wachstum der Treue gegenüber ihrer eigenen Berufung, und so ist ohne Zweifel hierin der Sinn der Bewegung in Richtung auf die Einheit zu sehen. Die Kirche wird auf dem Weg ihrer Pilgerschaft von Christus zu dieser dauernden Reform gerufen, deren sie allezeit bedarf, soweit sie menschliche und irdische Einrichtung ist; was also etwa je nach den Umständen und Zeitverhältnissen im sittlichen Leben, in der Kirchenzucht oder auch in der Art der Lehrverkündigung – die von dem Glaubensschatz selbst genau unterschieden werden muß – nicht genau genug bewahrt worden ist, muß deshalb zu gegebener Zeit sachgerecht und pflichtgemäß erneuert werden." Vgl. *J. Döpfner*, Reform als Wesenselement der Kirche. Würzburg 1964; die Formel „ecclesia semper reformanda" soll zurückgehen auf den calvinistischen Theologen Voetius, der auf der Synode von Dordrecht so formulierte (vgl. Foi et vie. März/April 1959, 66); vgl. *A. Lumpe*, Zur Bedeutungsgeschichte des Verbums „reformare" und seiner Ableitungen, in: AHC 14 (1982) 1–12.

aussetzung innerkirchlicher Lebensentfaltung. Sowohl in ihrem Einwirken auf die Geschichte der Menschheit als auch in ihrem Erscheinungsbild heute muß die Kirche sich gefallen lassen, von Menschen in Frage gestellt zu werden. Ihre Geschichte berechtigt weder zu einer triumphalistischen Verklärung noch zu einem pauschalisierenden Verdikt. Viele geschichtsträchtige Entscheidungen, die in der Kirche in eine offene Situation hinein gefällt wurden, haben sich erst später als Fehlentscheidungen erwiesen oder sind, trotz ihres ursprünglichen Charakters als Reformen (z. B. Klerikalisierung), von der geschichtlichen Entwicklung überholt, zu hemmendem Ballast geworden. Gemessen am Anspruch des Neuen Testaments, wäre eine Aufzählung der konkreten Fakten des Versagens der Kirche und der Christen in ihrer zweitausendjährigen Geschichte nahezu endlos. Unbestreitbaren Leistungen für Humanisierung und Kultur (Vermittlung von Lebenssinn, soziale und karitative Leistungen, Schutz des Lebens) stehen zahlreiche Negativposten entgegen: Identifizierung der Botschaft mit einer bestimmten Kultur (Kolonialismus), Zulassung religiösen Zwanges, Inquisition und Kreuzzüge, Förderung von religiösem Fanatismus und kirchlicher Intoleranz, Allianz mit den Mächtigen, Verhinderung sozialer Gerechtigkeit, Wissenschaftsfeindlichkeit trotz verbaler Betonung der Eigenständigkeit der Vernunft, Ausbeutung menschlicher Ängste. Dennoch wäre eine Reduktion der Geschichte der Kirche auf ihre „Kriminalgeschichte"[40] genauso absurd wie ein Aufrechnen ihrer kulturellen Leistungen. Denn nicht nur in theologischer Reflexion, sondern auch in ihrer geschichtlichen Erscheinung bleibt die Kirche „casta meretrix", Babylon und Jerusalem zugleich[41].

Doch ist im Sinne größerer Präzision und intellektueller Redlichkeit zu wünschen, daß die blinde und undeutliche Rede von der „Kirche" als einem unbestimmten Generalnenner, auf den alle Defizite der Geschichte abgeschoben werden können, einer differenzierten Terminologie Platz macht. Das gilt sowohl für Fehlleistungen kirchlicher Amtsträger, Individuen oder Gruppen wie auch für Schwachstellen kirchlicher Strukturen oder für die Erhebung einer ekklesiogenen Pathologie[42].

2. Kriterien

Innerkirchlich stellt sich daher die Frage nach den Kriterien der Kirchenkritik. Die Kirche hat ihren Grund nicht in sich selbst; ihr Grund ist das Wort Gottes,

[40] K. H. Deschner, Abermals krähte der Hahn. Eine kritische Kirchengeschichte von den Anfängen bis zu Pius XII. Stuttgart ³1968.
[41] H. U. v. Balthasar: Casta Meretrix, in: ders., Sponsa Verbi. Einsiedeln 1961, 203–305; Pneuma und Institution. Einsiedeln 1974; Die Sünde in der Kirche, in: G. Baraúna (Hg.), De ecclesia. Beiträge zur Konstitution „Über die Kirche" des Zweiten Vatikanischen Konzils 1. Freiburg 1966, 346–362; P. Gordan (Hg.), Die Kirche Jesu Christi. Graz 1982; N. Lohfink, Kirchenträume. Freiburg 1982.
[42] I. Hermann, Die Christen und ihre Konflikte. Olten 1970; F. Klostermann, Kirche – Ereignis und Institution. Wien 1976; F. W. Niehl (Hg.), Warum geht es nicht mehr wie früher? Zum Strukturwechsel in der Kirche. München 1982.

ihre Bestimmung und Aufgabe das Reich Gottes, wie es in der biblischen Offenbarung in Botschaft und Praxis Jesu von den Menschen als Heil erfahren wurde. Sie hat dieses Reich zu verkünden als letzte Bestimmung des Menschen. Daran, ob sie dieser Bestimmung nachkommt, ist sie zu erkennen und zu messen[43]. Kriterien der Kirchenkritik sind demnach die von der Verkündigung des Reiches Gottes her gegebenen Maßstäbe. Bleibende Züge der Kirche, wie sie sich aus dem Kirchenverständnis der frühen Gemeinden ergeben, sind: Gemeinschaft von Brüdern und Schwestern, Offenheit für alle Menschen, insbesondere für die Armen und Unterdrückten, Wachstum in Liebe und Einheit, Zeugnis in der Welt und gegenüber der Welt, Standhalten in Bedrängnis und Verfolgung. Zwar kann die Kirche zu ihrer äußeren Anfangsgestalt nicht zurück, doch muß sie auch in großkirchlichen Strukturen die ihr innerlich auferlegte Ursprungsgestalt wahren, wenn sie ihrer Sendung treu bleiben will[44].

3. Fehlhaltungen und Fehlformen

Dieser Kriterienkatalog ist nicht erschöpfend; er stellt jedoch einen Rahmen dar, in dem Kirchenkritik sinnvoll artikuliert werden kann. Er wäre zu ergänzen durch eine Zusammenstellung der typischen Versuchungen, denen die Kirche anheimfallen kann, z. B. die Freiheit des Christen zu proklamieren und doch die autoritären Leitbilder vergangener Gesellschaftsordnungen aufzuzwingen, den Dienst für die Welt als Klerikalisierung und Verkirchlichung der Welt auszuüben oder, umgekehrt, sich kritiklos der Welt und ihren Zwängen auszuliefern, schließlich die Verrechtlichung des Charismas (typisch römisch-katholische Versuchung, beispielhaft exemplifiziert in der einseitigen Zölibatsgesetzgebung). Eine Reihe von Fehlhaltungen fallen auf, die gewissermaßen typisch sowohl für die Vertreter der kirchlichen Institution wie für die Kritiker und Reformisten sind. Auf der Seite der Exponenten der Institution sind es meist: Angst vor dem Neuen, Selbstzufriedenheit, Gesetzesgeist, Bequemlichkeit, Routine, Prestige- und Machtdenken; auf der Seite der Reformisten: isolierender Subjektivismus, Überbetonung einer Teilwahrheit, Experimentiersucht ohne Rücksicht auf die Gemeinde, vorzeitige Resignation, Wehleidigkeit[45].

Die konziliare Euphorie und die nachkonziliare Ernüchterung haben gezeigt, daß eine Verkürzung des Neuen Testaments auf Schlagwörter wie Demokratisierung, Pluralismus, Herrschaftsfreiheit nicht ausreicht, um tragfähige Strukturen zu schaffen für eine Weltkirche in einer veränderten Welt. Das „Erwachen der Kirche in den Seelen", wie es in den 20er Jahren dieses Jahrhun-

---

[43] Vgl. Anm. 44.

[44] *R. Schnackenburg*, Zukunft der Kirche – Perspektiven aus dem Neuen Testament, in: *R. Bärenz* (Hg.), Die Kirche und die Zukunft des Christentums. München 1982, 15–42, 42. Vgl. auch *D. Savramis*, Kriterien des Christlichen. Analysen eines Soziologen. Graz 1979.

[45] *Congar* 1950, 231–240.

derts im katholischen und evangelischen Raum sich manifestierte[46], wurde in den 60er und 70er Jahren abrupt abgelöst von einem Exodus aus der Kirche, für den keineswegs immer die Hierarchie verantwortlich war[47]. Gewiß ist manches dem gewaltigen Rückstau unerledigter, verdrängter und aufgeschobener Reformdesiderate zuzuschreiben; die progressive Irrelevanz von Glaube und Kirche kann aber stärker mit allgemeineren Gründen der Säkularisierung und Emanzipation des Menschen zusammenhängen.

4. Glaubwürdigkeit der Kritiker

Kritik an der Kirche setzt daher auch die Glaubwürdigkeit der Reformer voraus. Sie ist dort nicht vorhanden, wo am einen Tag die „Todsünden der Kirche" mit dem konzentrierten Zorn des Pseudopropheten angeprangert werden, anderntags die Kirche zur absoluten „quantité négligeable" erklärt wird[48]. Es wäre eine Untersuchung wert, inwieweit nicht gerade ein unqualifizierter Reformismus zu einer Verstärkung restaurativer Tendenzen geführt hat, die echte und notwendige Reformen unterbinden. Die Theologie der Neuzeit zählt nicht nur Opfer am Wege kirchlicher Rechtgläubigkeit, sie kennt auch Menschen, die bereit waren, unverstanden von ihrer Umgebung und kirchlich gemaßregelt, mit Christus in die Fundamente der Kirche einzugehen: John Henry Newman (1799–1890)[49], in seinem theologischen Schaffen Kettenreaktionen der Verständnislosigkeit ausgesetzt, Pierre Teilhard de Chardin (1881–1955)[50], der trotz unverdienter Maßregelung ein freudiges Glaubenszeugnis gab, Otto Karrer (1887–1976)[51], den eine Glaubens- und Lebenskrise für einen größeren kirchlichen Einsatz motivierte, oder Romano Guardini (1885–1968)[52], dem das Unverständnis von Mitbrüdern nicht wenig zu schaffen machte.

5. Paulinischer Reformspiegel

Allerdings setzt diese Bereitschaft zur Identifizierung mit der Kirche eine spirituelle Haltung voraus, die darum weiß, daß Kirchenreform als Um-Kehr zu Jesus ein Geschenk von Gottes Gnade ist und sich der Machbarkeit entzieht. Paulus, der der jungen Christengemeinde mit feindlicher Kritik begegnete (Apg 7,58 – 8,3; 9,1f), wurde zur Torheit des Kreuzes bekehrt (1 Kor 1,18–31).

---

[46] Für den evangelischen Raum vgl. *O. Dibelius,* Das Jahrhundert der Kirche. Berlin 1927; zu Guardini vgl. *H. B. Gerl,* Romano Guardini 1885–1968. Leben und Werk. Mainz 1985, 176–179.
[47] Vgl. die Ausführungen von *V. Sturm,* in: *M. Dirks* (Hg.), Glauben Frauen anders? Freiburg ²1984; s. auch die Autobiographie *ders.,* Barfuß auf Asphalt. Köln 1981.
[48] *H. Hermann,* Die sieben Todsünden der Kirche. Hamburg 1978; *H. Mynarek,* Herren und Knechte der Kirche. Köln 1973; *ders.,* Religion, Möglichkeit oder Grenze der Freiheit? Köln 1977.
[49] *C. S. Dessain,* John Henry Newman. Anwalt redlichen Glaubens. Freiburg 1981.
[50] *G. Schiwy,* Teilhard de Chardin, sein Leben und seine Zeit. 2 Bde. München 1981.
[51] *L. Höfer – V. Conzemius,* Otto Karrer. Kämpfen und Leiden für eine weltoffene Kirche. Freiburg 1985.
[52] *R. Guardini,* Berichte über mein Leben. Düsseldorf 1984.

Sein Kirchenerlebnis, das durchaus modellhaft für den Kirchenreformer und Kirchenkritiker heute sein kann, läßt sich in folgenden Grundhaltungen zusammenfassen: Geduld, Freiheit und Gerechtigkeit, Rücksicht, Zuversicht, Vergebung, Passion, Dankbarkeit und Hoffnung[53].

LITERATUR

Bäumer, R. (Hg.), Reformatio Ecclesiae. Beiträge zu kirchlichen Reformbemühungen von der Alten Kirche bis zur Neuzeit. Paderborn 1980.

Balthasar, H. U. v., Der antirömische Affekt. Freiburg 1974.

Conc(D) 4 (1968) H. 8: Propheten in der Stadt der Menschen.

Conc(D) 18 (1982) H. 10: Das Recht auf Widerspruch.

Congar, Y., Vraie et fausse Réforme dans l'Eglise. Paris 1950.

–, Heilige Kirche. Ekklesiologische Studien und Annäherungen. Stuttgart 1966, bes. 133–158.

Conzemius, V., Art. Reformbewegungen, in: SM 4, 113–125.

Cullmann, O., Die Reformbestrebungen des 2. Vatikanischen Konzils im Lichte der Geschichte der katholischen Kirche, in: ThLZ 92 (1967) 1–22.

–, Vrai et faux œcuménisme. Œcuménisme après le concile. Neuchâtel 1971.

Ladner, G. B., The Idea of Reform. Its Impact on Christian Thought and Action in the Age of the Fathers. Cambridge/Mass. 1958.

–, Art. Erneuerung, in: RAC 6, 240–275.

Müller, A., Kirchenreform heute. München 1968.

Rahner, K., Strukturwandel der Kirche als Aufgabe und Chance. Freiburg 1972.

Schultz, H. J. (Hg.), Kritik an der Kirche. Stuttgart 1958.

---

[53] *F. J. Steinmetz,* Bewahrt die Einheit des Geistes: Eph. 4, 3. Eine paulinische Gewissenserforschung zum Thema Kritik an der Kirche, in: GuL 54 (1981) 201–212.

3. KAPITEL

JESUS UND DIE KIRCHE

Gerhard Lohfink

§ 1. Vorüberlegungen

Hat Jesus eine Kirche gestiftet? Für die neuscholastische Apologetik war der historische Nachweis einer unmittelbaren Kirchenstiftung durch Jesus ein entscheidender Baustein ihres Gesamtsystems[1]. Es sollte durchaus demonstriert werden, was 1910 im *Antimodernisteneid* folgendermaßen zusammengefaßt wird: credo, *Ecclesiam,* verbi revelati custodem et magistram, per ipsum verum atque historicum Christum, quum apud nos degeret, proxime ac directo institutam, eandemque super Petrum, apostolicae hierarchiae principem eiusque in aevum successores aedificatam[2]. Der Beweis solcher proxima ac directa institutio ist allerdings durch die historisch-kritische Exegese zunehmend erschwert worden. Mt 16, 18, der Text, auf den sich der Beweisgang vor allem stützte, gilt heute zu Recht als nachösterliche Bildung[3]. Vor allem aber scheint die Einsicht in den *eschatologischen* Charakter des Auftretens Jesu eine Kirchenstiftung in Frage zu stellen. So formuliert *H. Conzelmann:* „Das eschatologische Selbstbewußtsein Jesu schließt den Gedanken an eine gegenwärtige Kirche aus."[4]

Diese beiden einander strikt widersprechenden Positionen sind hier freilich nicht genannt worden, um im folgenden das theologische Ringen um das Problem der Kirchenstiftung historisch auszubreiten[5]. Die beiden Zitate sollen vielmehr das Grundproblem der gesamten Frage beleuchten: Man kann nur dann über „Jesus und die Kirche" reden, wenn genau geklärt ist, was man in diesem Zusammenhang eigentlich unter *Kirche* versteht. Mehr noch: Man hat nur dann die Chance, zu einem historisch richtigen Ergebnis zu kommen, wenn

---

[1] Vgl. etwa *F. Hettinger,* Lehrbuch der Fundamentaltheologie oder Apologetik. Freiburg [1]1878; *A. Tanquerey,* Synopsis Theologiae Dogmaticae Fundamentalis. Paris (1896) [22]1927.
[2] AAS 2 (1910) 670 = DS 3540.
[3] Vgl. von katholischer Seite *A. Vögtle,* Zum Problem der Herkunft von „Mt 16, 17–19", in: *P. Hoffmann* (Hg.), Orientierung an Jesus (FS J. Schmid). Freiburg 1973, 372–393; *P. Hoffmann,* Der Petrus-Primat im Matthäusevangelium, in: *J. Gnilka* (Hg.), Neues Testament und Kirche (FS R. Schnackenburg). Freiburg 1974, 94–114; *W. Trilling,* Die Botschaft Jesu. Exegetische Orientierungen. Freiburg 1978, 67 f; *R. Pesch,* Simon-Petrus. Geschichte und geschichtliche Bedeutung des ersten Jüngers Jesu Christi. Stuttgart 1980, 96–104.
[4] *H. Conzelmann,* Grundriß der Theologie des Neuen Testaments. München 1967, 50.
[5] Das ist auch deshalb nicht notwendig, weil auf die sorgfältige und instruktive Arbeit von *Heinz* verwiesen werden kann.

49

man in *biblischen* Kategorien denkt, das heißt, wenn man den Begriff der Kirche nicht von dem biblischen Begriff des *Volkes Gottes* loslöst. Genau das geschieht aber sowohl im Antimodernisteneid als auch bei H. Conzelmann. Und es geschieht leider in vielen Untersuchungen über das Problem der sogenannten Kirchenstiftung.

Um dieser Gefahr zu entgehen, soll im folgenden nicht sofort die historische Rückfrage nach „Jesus und der Kirche" gestellt werden. Es soll vielmehr zunächst nach der *Meinung der neutestamentlichen Schriften* über die Entstehung der Kirche gefragt werden[6]. Dieser Frageansatz ist nicht nur geboten durch die Einsicht in die jeweils eigenständige Theologie der neutestamentlichen Autoren, die nicht unterlaufen oder hintergangen werden darf. Er gibt auch die Möglichkeit, anachronistische Begriffe zu vermeiden und die Fragestellung bei der historischen Rekonstruktion zu präzisieren. Wie notwendig dieses Verfahren allein schon aus linguistischen Gründen ist, zeigt ein Blick auf Mt 16, 18. Es ist unmöglich zu sagen, was dort mit ἐκκλησία gemeint ist, wenn man nicht die Ekklesiologie des Makrotextes Matthäusevangelium in den Blick nimmt. Tut man das aber, so wird sehr schnell deutlich, daß der Begriff „Kirchenstiftung" nicht einmal den Intentionen dieses stets als Kronzeugen benutzten Evangeliums gerecht werden kann. Wie soll er dann den Intentionen *Jesu* gerecht werden?

Es ist freilich im Rahmen eines Handbuches nicht möglich, sämtliche neutestamentlichen Autoren nach ihrer Auffassung zur Kirchenentstehung zu befragen. Deshalb sollen hier nur vier große, repräsentative theologische Entwürfe behandelt werden: 1. die Offenbarung des Johannes, 2. das Matthäusevangelium, 3. das lukanische Doppelwerk, 4. Röm 9–11. Dem übrigen Neuen Testament gilt, mehr summarisch, ein 5., zugleich zusammenfassender Abschnitt.

§ 2. Die Sicht der neutestamentlichen Autoren

1. Die Offenbarung des Johannes

Die gegen Ende der Regierungszeit Domitians (81–96) von einem urchristlichen Propheten namens Johannes (vgl. Offb 1, 9) verfaßte Apokalypse[7] fragt nicht explizit nach der Entstehung der Kirche. Sie stellt die Kirche aber in einer Weise vor, die für unsere Fragestellung indirekt hochbedeutsam ist, nämlich als *das wahre, endzeitliche Israel*[8]. Diese Grundaussage wird in vielfältiger Weise zur Sprache gebracht:

---

[6] Seltsamerweise ist dies bisher in der ntl. Forschung kaum geschehen. Zum lukanischen Doppelwerk vgl. *Lohfink* 1975.

[7] Zur Abfassungszeit vgl. *O. Böcher*, Die Johannesapokalypse. Darmstadt 1975, 36–41.

[8] Vgl. *H. W. Günther*, Der Nah- und Enderwartungshorizont in der Apokalypse des heiligen Johannes. Würzburg 1980, 273.281; bes. *U. B. Müller*, Die Offenbarung des Johannes. Gütersloh-Würzburg 1984, 106.178.230 f.240 f.262.360. Dieser Kommentar bietet eine knappe und äußerst zuverlässige Auslegung der Johannesapokalypse.

Zunächst im Bild der hundertvierundvierzigtausend Versiegelten. In 7, 4–8 ist mit diesen Versiegelten die Kirche *auf Erden* gemeint, die beim Hereinbrechen der folgenden Plagen (8, 1–9, 21) unter dem besonderen Schutz Gottes steht (9, 4)[9]. In 14, 1–5 bezeichnet dieselbe Zahl die Kirche in ihrer himmlischen Vollendung. Der Rückbezug auf das Zwölfstämmevolk (12 × 12 × 1000), das nach alttestamentlicher und jüdischer Vorstellung in der Endzeit wieder restituiert werden wird[10], ist beide Male eindeutig. In der neutestamentlichen Kirche, das will die Zahl 144 000 sagen, läßt Gott die verheißene Wiederherstellung und Vollendung des alten Gottesvolkes Wirklichkeit werden.

In eine ähnliche Richtung weist das Bild der vom Drachen verfolgten Frau (12, 1–17). Diese Frau ist für den Verfasser weder Maria noch allein die neutestamentliche Kirche, sondern umfassend das als Einheit gesehene Gottesvolk in seiner geschichtlichen Kontinuität[11]. Daß in der apokalyptischen Frau auf der einen Seite das alte Gottesvolk mitgeschaut wird, zeigt der Kranz von zwölf Sternen (= zwölf Stämme) um ihr Haupt (12, 1) und zeigt erst recht der Satz: „Und sie gebar ein Kind, einen Sohn, der alle Völker weiden wird mit eisernem Stab" (12, 5). Gemeint ist: Israel bringt den Messias hervor. Gleichzeitig ist die apokalyptische Frau aber auch das messianische Volk der Kirche, das in größter Bedrängnis lebt. Sie selbst und – in einem neuen Bild – ihre Kinder (12, 17) werden ja von dem Drachen verfolgt (12, 13–17). Johannes sieht also die Kirche in Kontinuität mit dem alten Gottesvolk. Die Kirche ist das wahre Israel.

Noch einmal in dieselbe Richtung weist das letzte große Bild der Johannesoffenbarung: das Bild der heiligen Stadt, die vom Himmel auf die Erde herabkommt (21, 9 – 22, 5). „Stadt" ist eines der wichtigsten Wörter des Altertums für das, was wir heute „Gesellschaft" nennen. Die heilige Stadt der Apokalypse ist die endzeitliche Gesellschaft Gottes, in der seine heilschaffende Herrschaft vollkommen aufstrahlt[12]. In dieser wahren Gesellschaft, die ganz von Gott her geschenkt ist, sind Kosmos, Völkerwelt und Kirche eins geworden[13]. Denn die Stadt ist nichts anderes als das Gottesvolk in seiner endzeitlichen Vollendung. Das zeigt die Abundanz der Zwölfzahl bei der Beschreibung der neuen Stadt: „zwölf Tore und auf den Toren zwölf Engel" (21, 12); die Namen „der zwölf Stämme der Söhne Israels" auf den Toren (21, 12); „zwölf Grundsteine und auf ihnen die zwölf Namen der zwölf Apostel des Lammes" (21, 14); Länge und Breite und Höhe der Stadt zwölftausend Stadien (21, 16); Dicke der Stadt-

---

[9] Die „große Schar" von 7, 9 meint keine neue Gruppe, sondern ebenfalls die gesamte Kirche, nun aber als *ecclesia triumphans*. Vgl. *A. T. Nikolainen*, Der Kirchenbegriff in der Offenbarung des Johannes, in: NTS 9 (1962/63) 351–361, 354.

[10] Vgl. zu dieser Vorstellung *Jeremias* [2]1973, 225 f; *Trautmann* 187–190; *Sanders* 95–98.

[11] Vgl. *Müller* (s. Anm. 8) 228–231. Dort auch ein knapper Überblick der uferlosen Diskussion über die apokalyptische Frau.

[12] Zu dieser gesellschaftlichen Dimension des neuen Jerusalem der Johannesoffenbarung vgl. *D. Georgi*, Die Visionen vom himmlischen Jerusalem in Apk 21 und 22, in: *D. Lührmann – G. Strecker* (Hg.), Kirche (FS G. Bornkamm). Tübingen 1980, 351–372.

[13] Vgl. *Nikolainen* (s. Anm. 9) 360; *E. Schüssler Fiorenza*, Priester für Gott. Studien zum Herrschafts- und Priestermotiv in der Apokalypse. Münster 1972, 351–359.

mauer hundertvierundvierzig (12 × 12) Ellen (21, 17). In dem Bild des neuen Jerusalem vollendet sich also das alte Zwölfstämmevolk und zugleich die apostolische Kirche[14].

Aber nicht nur in den drei großen Bildern der hundertvierundvierzigtausend Versiegelten, der verfolgten Frau und des neuen Jerusalem beschreibt Johannes die Kirche als das wahre Israel. Er tut es auch, indem er zentrale Aussagen des Alten Testaments, die dort Israel gelten, für die Kirche reklamiert. Sie ist „zur βασιλεία bestellt" (1, 6; 5, 10; 20, 6), sie ist „Priesterschaft vor Gott" (1, 6; 5, 10; 20, 6), sie ist Volk von „Heiligen" (5, 8; 11, 18; 13, 7; 17, 6; 18, 20; 19, 8; 20, 9 u. ö.), sie ist von Gott „geliebt" (3, 9). Im Hintergrund stehen Ex 19, 6; Dan 7, 17–27 und Jes 43, 4.

So eindeutig die Kirche für Johannes das wahre Israel ist, so ist sie doch zugleich Kirche „aus jedem Stamm, jeder Sprache, jedem Volk und jeder Nation" (5, 9; vgl. 7, 9). Sie ist also die Sammlung der Erlösten aus allen Völkern zu dem endzeitlichen Volk Gottes. Dieser universale Aspekt bildet zu dem oben dargelegten Israel-Aspekt keinerlei Gegensatz. Denn im Hintergrund steht auch hier eine spezifisch alttestamentliche Vorstellung: die der universalen *Völkerwallfahrt* zu dem Jerusalem der Endzeit[15]. Daß Johannes die völlige Einheit von heidenchristlicher Kirche und Gottesvolk gerade mit Hilfe dieser Vorstellung denkt, zeigt die Schilderung der neuen Stadt: „Die Nationen werden wandeln in ihrem Licht, und die Könige der Erde tragen ihre Herrlichkeit zu ihr" (21, 24). Im Hintergrund steht Jes 60 (vgl. bes. 60, 1.3.11). Auch in ihrer Internationalität erweist sich die Kirche also noch einmal als das wahre, endzeitliche Israel.

Entscheidend ist nun, daß es für Johannes gleichzeitig ein Israel gibt, das seinen Anspruch, Volk Gottes zu sein, verwirkt hat. Er würde es freilich niemals „Israel" nennen. Sogar das Recht, noch den Namen „Juden" zu tragen, spricht er den Angehörigen dieses Israel ab: Sie sagen, „sie seien Juden und sind es nicht, sondern die Synagoge des Satans sind sie" (2, 9; vgl. 3, 9)[16]. Der Verfasser stellt die Juden mit den Heiden auf eine Stufe: Jerusalem ist „Sodom und Ägypten" gleich geworden (11, 8), ist also Repräsentantin der gottlosen und der heidnischen Welt. In furchtbarer Umkehrung der Verheißungen Jes 45, 14; 49, 23; 60, 14 wird die Synagoge am Ende herbeikommen, sich vor der Ekklesia huldigend niederwerfen und anerkennen, daß diese das von Gott geliebte, wahre Gottesvolk ist (3, 9)[17].

Wie es zu der *Scheidung* des Gottesvolkes in Synagoge und Ekklesia gekom-

---

[14] Vgl. *Georgi* (s. Anm. 12) 365.

[15] Zum Motivkomplex der Völkerwallfahrt vgl. *Jeremias* ²1959, 48–53; *D. Bosch*, Die Heidenmission in der Zukunftsschau Jesu. Eine Untersuchung zur Eschatologie der synoptischen Evangelien. Zürich 1959, 23–27.

[16] Offenbar haben die christlichen Gemeinden in Smyrna und Philadelphia durch Anfeindungen der dortigen Synagogen besonders gelitten. Johannes meint jedoch mit „Synagoge des Satans" nicht nur jeweils die Synagogen dieser beiden kleinasiatischen Städte, sondern – wie Joh 8, 44 – das gesamte Judentum seiner Zeit. Vgl. *Müller* (s. Anm. 8) 53.58.76.106 f.

[17] Vgl. *Schüssler Fiorenza* (s. Anm. 13) 358.

men ist, sagt Johannes nicht. Er ist aber wohl der Auffassung, daß in Israel die Entscheidung für oder gegen Jesus als den *Messias Gottes* die κρίσις bewirkt hat. Denn die messianischen Züge Jesu sind in der Apokalypse besonders stark herausgestellt: Jesus besitzt den Schlüssel Davids (3,7), er ist der Löwe aus dem Stamm Juda, er ist der Sproß aus der Wurzel Davids (5,5), er ist der Gesalbte (11,15; 12,10; 20,4.6)[18].

Fragt man weiter, wie sich Johannes die Entstehung des wahren, endzeitlichen Gottesvolkes mitten in Israel denkt, so kommt als grundlegendes Geschehen nur der *sühnende Tod Jesu* in Frage[19]. Denn dieser Tod ist ja besonders herausgestellt in dem Bild des Lammes, das dasteht „wie geschlachtet" (5,6), und gerade von dem geschlachteten Lamm wird gesagt, daß es Menschen „aus jedem Stamm, jeder Sprache, jedem Volk und jeder Nation freigekauft und sie vor Gott zu Herrschern und zu Priestern gemacht hat" (5,9f; vgl. 14,4). Die Sammlung der Erlösten zum wahren Israel der Endzeit wurde also gerade durch Jesu Sühnetod ermöglicht, so wie überhaupt durch die Lebenshingabe Jesu das endzeitliche Geschehen erst umfassend in Gang gekommen ist[20]. Ein chronologisches Datum für den Beginn des neutestamentlichen Gottesvolkes ist mit dieser christologisch-soteriologischen Begründung der Existenz der Kirche aus dem Kreuzestod Jesu gewiß nicht fixiert. Wohl aber ist die Konstitution des endzeitlichen Israel mit dem Werk Jesu in unlösbaren Zusammenhang gebracht.

Die Kirche der Johannesapokalypse ist also dialektisch zu bestimmen: Einerseits lebt sie in ungebrochener Kontinuität zu dem alten Gottesvolk, andererseits ist sie erst durch das erlösende Werk des Messias Jesus zum wahren, endzeitlichen Volk Gottes geworden. Daß sie Israel ist und bleibt, gehört auf jeden Fall zu ihrer Definition.

2. Das Matthäusevangelium

Der Verfasser des Matthäusevangeliums bietet, ähnlich wie Lukas, einen umfassenden Entwurf zur Entstehung der Kirche[21]. Allerdings ist er in einer völlig anderen Ausgangssituation als Lukas. Da er seinem Evangelium kein zweites

---

[18] Zu dem Titel „der Gesalbte" in der Johannesoffenbarung vgl. *T. Holtz*, Die Christologie der Apokalypse des Johannes. Berlin ²1971, 5–8.
[19] Vgl. *Nikolainen* (s. Anm. 9) 358 f.
[20] Vgl. vor allem 5,9; das endzeitliche Geschehen (= das Buch mit den sieben Siegeln) wird in Gang gebracht (vgl. das ὅτι) durch den Sühnetod Jesu. Dieser Tod hat das wahre Gottesvolk freigesetzt (ἠγόρασας). Dabei dürfte die Entstehung des *wahren Israel aus allen Völkern* als Teil des endzeitlichen Geschehens, das durch den Tod Jesu ausgelöst wurde, verstanden sein.
[21] Indirekt wird unser Thema in den großen redaktionskritischen Arbeiten zum Matthäusevangelium stets mitbehandelt. Vgl. vor allem: *Trilling; G. Bornkamm – G. Barth – H. J. Held*, Überlieferung und Auslegung im Matthäusevangelium. Neukirchen-Vluyn ²1961; *G. Strecker*, Der Weg der Gerechtigkeit. Untersuchung zur Theologie des Matthäus. Göttingen ²1966; *R. Hummel*, Die Auseinandersetzung zwischen Kirche und Judentum im Matthäusevangelium. München 1963; *R. Walker*, Die Heilsgeschichte im ersten Evangelium. Göttingen 1967; *Frankemölle; D. Marguerat*, Le jugement dans l'évangile de Matthieu. Genf 1981, 237–407.

Buch hinzugefügt hat, war er gezwungen, nachösterliche Entwicklungen als *vaticinia* in die übernommene Evangelientradition einzubauen. Er bemüht sich dann allerdings, solche Vorwegnahmen durch das Futur zu kennzeichnen[22]. Die Vorgeschichte (1, 1 – 2, 23) und die Vorbereitung des Wirkens Jesu (3, 1 – 4, 11) haben, stärker als das übrige Evangelium, proleptischen Charakter. So werden in Mt 2 das Herbeiströmen der Heiden zur Kirche und die in der Passionsgeschichte gipfelnde Verwerfung Jesu durch Jerusalem bereits vorweggenommen[23]. Die genetische Darstellung der Kirchenentstehung (die selbstverständlich nicht das einzige Thema des Matthäusevangeliums ist) beginnt erst in 4, 12 mit dem Wirken Jesu in Galiläa.

Matthäus legt Wert darauf zu zeigen, daß sich Jesus während seines öffentlichen Auftretens ausschließlich an Israel gewandt hat. Diese Konzentration Jesu auf das Gottesvolk stellt bereits der Vorbau der Bergpredigt (4, 23 – 5, 2) klar[24]. Die Volksscharen, die Jesus nachfolgen und die als Hörer der Bergpredigt fungieren sollen, repräsentieren Gesamt-Israel: und zwar den Nordwesten (Galiläa), den Nordosten (Dekapolis), den Südwesten (Judäa) und den Südosten (Peräa). Heidnische Gebiete, die ihm von seiner Markusvorlage für 4, 25 vorgegeben waren, hat Matthäus bewußt eliminiert. Die Bergpredigt ist die verbindliche, messianische Interpretation der Sinaitora (5, 21–48) für Gesamt-Israel[25]. Dort, wo sie gehört und getan wird, entsteht, im Gegensatz zu der Gerechtigkeit der Schriftgelehrten und Pharisäer (5, 20), das *wahre Israel*[26].

Die ausschließliche Hinwendung Jesu zu Israel wird dann weiterhin herausgestellt durch die Einsetzung und Aussendung der Zwölf (10, 1–42). Sie sollen genau dasselbe tun, was Jesus tut (10, 1.7). Deshalb dürfen sie nur „zu den verlorenen Schafen des Hauses Israel" gehen (10, 6), so wie auch Jesus selbst allein zu den Kindern Israels gesandt ist (15, 24–26).

Jesus erweist sich in seiner Verkündigung der Basileia und in seinen Machttaten als der „Hirt des Volkes Israel" (2, 6; vgl. 9, 36; 26, 31). Man darf diesen Aspekt des Wirkens Jesu mit Matthäus selbst (23, 37; vgl. 12, 30) als *Sammlung Israels* bezeichnen. Der Evangelist stellt die Dinge keineswegs so dar, als sei das Bemühen Jesu um Gesamt-Israel von vornherein gescheitert. Das zeigt eine ganze Reihe von Texten, in denen das Volk als interessiert und offen für Jesus

---

[22] Hierzu ausführlicher *G. Lohfink*, Wem gilt die Bergpredigt? Eine redaktionskritische Untersuchung von Mt 4, 23 – 5, 2 und 7, 28 f, in: ThQ 163 (1983) 264–284, 274.

[23] *U. Luz*, Das Evangelium nach Matthäus I (EKK 1/1). Zürich/Neukirchen-Vluyn 1985, 122; vgl. *M. Hengel – H. Merkel*, Die Magier aus dem Osten und die Flucht nach Ägypten (Mt 2) im Rahmen der antiken Religionsgeschichte und der Theologie des Matthäus, in: *P. Hoffmann* (Hg.), Orientierung an Jesus (FS J. Schmid). Freiburg 1973, 139–169, 164 f.

[24] Vgl. zum folgenden *Lohfink* (s. Anm. 22) 273–276.

[25] Ausführlicher hierzu: *G. Lohfink*, Gesetzeserfüllung und Nachfolge. Zur Radikalität des Ethischen im Matthäusevangelium, in: *H. Weber* (Hg.), Der ethische Kompromiß. Freiburg 1984, 15–58, 32–39.

[26] Obwohl Matthäus, wahrscheinlich aufgrund semantischer Barrieren, den Begriff „wahres Israel" nicht verwendet, ist die Sache selbst bei ihm klar vorhanden. Ganz ähnlich liegen die Dinge übrigens in Qumran. – Zum Selbstverständnis der matthäischen Kirche, das „wahre Israel" zu sein, vgl. *Trilling* (vor allem 95 f).

geschildert wird – vgl. 4,25; 8,1.18.27; 9,8.33; 12,23; 13,2; 14,13; 15,31; 20,29; 21,9.11.15.46[27].

Allerdings steht diesen Texten, die Offenheit und Aufnahmebereitschaft des Volkes anzeigen, eine lange Reihe anderer Texte gegenüber, die in zunehmendem Maß den Widerstand Israels, und zwar vor allem seiner Führer, aufdecken[28]. Bereits in 8,10 muß Jesus angesichts des Hauptmanns von Kafarnaum bekennen: „Bei niemandem sonst in Israel habe ich solchen Glauben gefunden", und in 13,15 muß er mit Jes 6,10 konstatieren: „Das Herz dieses Volkes ist verhärtet." Von Kapitel 21 an häufen sich Texte, die von der *Verweigerung* Israels sprechen. Vor allem in den Parabeln von den bösen Winzern (21,33–46) und vom königlichen Hochzeitsmahl (22,1–14) wird die Ablehnung Jesu durch Israel aufgedeckt. Ihren absoluten Höhepunkt erreicht diese Ablehnung bei der Verhandlung vor Pilatus. Dort läßt Matthäus – entgegen seiner Vorlage Mk 15,6–14 – ausdrücklich das ganze Volk (πᾶς ὁ λαός) rufen: „Sein Blut komme über uns und unsere Kinder!" (27,25)[29].

Der Verwerfung Jesu von seiten Israels (21,39) entspricht die Verwerfung Israels von seiten Gottes[30]. Teilweise kann Matthäus dabei auf vorgegebene Tradition (vor allem der Logienquelle) zurückgreifen[31], teilweise formuliert er neu. Den galiläischen Städten, die Jesus ablehnten, wird es am Tag des Gerichts schlimmer ergehen als Tyrus, Sidon und Sodom (11,20–24). Jerusalem wird als Mörderstadt zerstört werden (22,7). An diesem „bösen und ehebrecherischen Geschlecht" (12,39) wird alles unschuldige Blut gerächt werden, das je auf Erden vergossen ward (23,34–36).

Über diese Gerichtsaussagen hinaus betont Matthäus, der treulose Teil Israels werde seine heilsgeschichtliche Erwählung verlieren: Während die Heiden Anteil erhalten an der Basileia, werden „die Söhne der Basileia", das heißt diejenigen, denen sie eigentlich gehören sollte, „hinausgeworfen werden in die äußerste Finsternis" (8,11f). Am eindeutigsten formuliert der Evangelist das Ende der heilsgeschichtlichen Rolle des abtrünnigen Israel in 21,43: „Deswegen sage ich euch: Das Reich Gottes wird euch weggenommen und einem Volke gegeben werden, das die Früchte des Reiches bringt."

Zu dem Logion 21,43 sind mehrere Feststellungen zu machen[32]: 1. Im Ge-

---

[27] Vgl. *Strecker* (s. Anm. 21) 106f.

[28] Vgl. *Walker* (s. Anm. 21) 11–33.

[29] Vgl. zu diesem für das heilsgeschichtliche Konzept des Matthäus hochbedeutsamen Text vor allem *Trilling* 66–74 und *Frankemölle* 204–211.

[30] „Verwerfung" (vgl. das ἐκβληθήσονται von 8,12) heißt nicht notwendig *ewige Verdammnis,* sondern zunächst einmal *Verlust der heilsgeschichtlichen Funktion.* Von „Verwerfung" sprechen *Trilling* 87–89; O. H. *Steck,* Israel und das gewaltsame Geschick der Propheten. Untersuchungen zur Überlieferung des deuteronomistischen Geschichtsbildes im Alten Testament, Spätjudentum und Urchristentum. Neukirchen-Vluyn 1967, 304; J. *Lange,* Das Erscheinen des Auferstandenen im Evangelium nach Matthäus. Eine traditions- und redaktionsgeschichtliche Untersuchung zu Mt 28,16–20. Würzburg 1973, 273.

[31] Zur Diskussion des entsprechenden Materials der Logienquelle vgl. D. *Lührmann,* Die Redaktion der Logienquelle. Neukirchen-Vluyn 1969, 24–48.

[32] Zu 21,43 vgl. vor allem *Trilling* 57–63.

gensatz zu dem „Stiftungswort" 16, 18 f, das Matthäus bereits als Tradition vorfand, hat er 21, 43 selbst formuliert[33]. Gerade 21, 43 ist deshalb für die spezifisch matthäische Vorstellung über die Kirchenentstehung von allergrößter Wichtigkeit. – 2. Mt 21, 43 steht wie 11, 22.24 und 23, 36 im Futur. Die *Wegnahme* der Basileia von Israel und deren *Übergabe* an ein anderes Volk hat also noch nicht stattgefunden. Da Matthäus erst die Szene vor Pilatus (27, 24–26) und damit verbunden den Tod Jesu als die definitive Verweigerung Israels betrachtet, die dann sogar noch durch die Ablehnung der Boten Jesu (10, 16–25) ratifiziert werden muß, kann die Wegnahme der Basileia erst seit dem Tod Jesu geschehen. Sie wird für Matthäus manifest im Jüdischen Krieg und der Zerstörung der Heiligen Stadt (22, 1–7). Damit ist dann aber eine *bereits vollzogene* Kirchenstiftung für 16, 18 f ausgeschlossen. Dies wird dadurch bestätigt, daß 16, 18 f so wenig im Präsens wie 21, 43 im Perfekt formuliert ist. Es heißt weder „ … auf diesem Felsen errichte ich [hiermit] meine Kirche" noch „deswegen ist euch die Basileia weggenommen worden". – 3. Von größter Wichtigkeit ist in 21, 43 die deutliche Korrelation *Reich Gottes – Volk Gottes*[34]. Sie begegnet auch schon in 8, 11 f. Im Sinne von Matthäus muß die Basileia Gottes offenbar ein Volk haben, in dem sie Gestalt gewinnen und so aufstrahlen kann. – 4. Mt 21, 43 darf keineswegs so verstanden werden, als ob *Gesamt*-Israel seine heilsgeschichtliche Funktion verlöre. Das Logion interpretiert das Winzergleichnis, und dieses ist deutlich an die Adresse der Hohenpriester und der Ältesten des Volkes gerichtet (21, 23; vgl. 21, 45). Kurz zuvor war unterschieden worden zwischen den Verantwortlichen Israels, die dem Täufer nicht geglaubt, und den Zöllnern und Dirnen, die ihm geglaubt hatten (21, 32). Diese werden das Reich Gottes erreichen, jene nicht (21, 31). Offenbar wird das Volk, dem das Reich Gottes übergeben werden soll, wenigstens teilweise aus Israel selbst gesammelt werden. Matthäus setzt also nicht nur die Kontinuität der Basileia, sondern auch die Kontinuität eines wahren Gottesvolkes voraus[35].

Daß dies tatsächlich der Fall ist, zeigt die Vorstellung der *Scheidung*, die bei Matthäus eine große Rolle spielt. Bereits der Täufer redet von Israel als der Pflanzung Gottes, in der alle Bäume, die keine guten Früchte tragen, ausgehauen werden (3, 10). In einem anderen Bildwort des Täufers ist das Motiv der Scheidung noch deutlicher: Der kommende Messias wird seine Tenne, das heißt Israel, reinigen. Der Weizen kommt in den Vorratsbehälter, die Spreu

---

[33] Vgl. *Trilling* 58–60.
[34] Daß in 21, 43 von der Kirche als dem *Volk Gottes* die Rede sei (so vor allem *Trilling* 61), ist verschiedentlich bestritten worden, bes. von *Lange* (s. Anm. 30) 275 f. Grund: Matthäus rede nicht vom λαός, sondern von einem ἔθνος. Dagegen ist zu sagen: 1. Offenbar soll der Leser das Volk aus den ἔθνη assoziieren. – 2. Daß im Neuen Testament ausnahmsweise auch einmal ἔθνος für das Gottesvolk stehen kann, zeigt 1 Petr 2, 9 mit seinem Hintergrund Ex 19, 6. – 3. *A. Kretzer* hat darauf hingewiesen, daß Matthäus wahrscheinlich mit Hilfe von Dan 2, 44 LXX formuliert hat: „In jenen Tagen errichtet der Gott des Himmels ein Reich (βασιλείαν), das in Ewigkeit nicht zugrunde geht, und dieses Reich wird keinem anderen Volk (ἔθνος) überlassen." Vgl. *ders.*, Die Herrschaft der Himmel und die Söhne des Reiches. Eine redaktionsgeschichtliche Untersuchung zum Basileiabegriff und Basileiaverständnis im Matthäusevangelium. Stuttgart-Würzburg 1971, 23 f.
[35] So mit Recht *Trilling* 65.96. Anders *Marguerat* (s. Anm. 21) 319 f.

wird verbrannt (3, 12). Matthäus greift zumindest das erste Bild unmittelbar auf: „Jede Pflanze, die nicht mein himmlischer Vater gepflanzt hat, wird ausgerottet werden" (15, 13).

Es geschieht also eine Scheidung innerhalb der Pflanzung des Gottesvolkes selbst. Wenn die zwölf Jünger Jesu durch Israel ziehen und die Basileia verkünden, wird es Häuser und Städte geben, die sich der Botschaft würdig erweisen. In sie wird der Friede des Reiches Gottes einziehen. Andere Häuser und Städte werden sich als unwürdig erweisen. Vor ihnen flieht der endzeitliche Friede, den die Boten Jesu zusprechen, und sie werden durch die Zeichenhandlung des Staubabschüttelns dem Gericht Gottes überliefert (10, 12–15).

Am klarsten arbeitet Matthäus aber das Motiv der *Scheidung innerhalb des Gottesvolkes* in dem Abschnitt über den Zweck der Gleichnisse Jesu (13, 10–17) heraus. Anhand von Jes 6, 9 f wird hier gezeigt: Das Herz der Menschen in Israel ist verhärtet. Sie sehen – und sehen doch nicht; hören – und verstehen in Wirklichkeit nichts (13, 14 f). Dem verstockten Volk stellt der Evangelist nun redaktionell in scharfer Antithese die „Seligpreisung der Jünger" gegenüber[36]: Diese sehen und hören, wonach sich viele Propheten und Gerechte gesehnt hatten, ohne es sehen und ohne es hören zu dürfen (13, 16 f). Mehr noch: Sie sehen und hören nicht nur – sie *verstehen*[37]. Damit ist klar: Nicht das *gesamte* Volk ist verstockt, und Israel hat nicht *als ganzes* seine heilsgeschichtliche Rolle verspielt[38], sondern innerhalb Israels gibt es diejenigen, die Jesu Wort hören und befolgen (7, 24) und so den Willen des Vaters tun (12, 50; 21, 31); es sind die Jünger Jesu, die Kleinen und Unmündigen, denen Gott im Gegensatz zu den Weisen und Klugen die Gleichnisse der Basileia offenbart (11, 25–27; 13, 11 f) und ihnen damit die Basileia selbst übergibt[39].

Matthäus macht in seinem Evangelium von Anfang an deutlich, daß an sich das gesamte Israel zu dieser Jüngerschaft berufen ist[40]. Bei der Bergpredigt bilden die Jünger einen inneren Kreis um Jesus (5, 1). An sie vor allem ist die erste große Redekomposition des Matthäusevangeliums gerichtet. Denn die Bergpredigt fordert vollkommene, das heißt ganzheitliche Toraerfüllung (5, 48). Die Tora vollkommen erfüllen aber heißt, Jesus als Jünger nachfolgen

---

[36] Die Antithese fehlt bei Lukas und Markus. Matthäus hat sie durch eine neue Anordnung des Q-Materials (vgl. Lk 10, 23 f) hergestellt.

[37] Das „Verstehen" der Jünger ist bei Matthäus ein konsequent gestaltetes Motiv. Vgl. *G. Barth*, Das Gesetzesverständnis des Evangelisten Matthäus, in: *Bornkamm – Barth – Held* (s. Anm. 21) 54–154, dort 99–104; *J. Gnilka*, Die Verstockung Israels. Isaias 6, 9–10 in der Theologie der Synoptiker. München 1961, 94–102; *Kretzer* (s. Anm. 34) 97–103.

[38] Vgl. *R. Schnackenburg*, Die Kirche im Neuen Testament. Freiburg ²1963, 65; *Hoffmann* 1974 (s. Anm. 3) 107.

[39] *Schlier* bezeichnet in seiner Darstellung der matthäischen Ekklesiologie die Jüngerschar Jesu als „Präformation der künftigen Kirche" und die Kirche als das „Anwesen der eschatologischen Herrschaft Gottes" (111.116).

[40] Vgl. *G. Bornkamm*, Der Auferstandene und der Irdische. Mt 28, 16–20, in: *G. Bornkamm – G. Barth – H. J. Held*, Überlieferung und Auslegung im Matthäusevangelium. Neukirchen-Vluyn ⁵1968, 289–310, 301; *U. Luz*, Die Jünger im Matthäusevangelium, in: *J. Lange* (Hg.), Das Matthäus-Evangelium. Darmstadt 1980, 377–414, 386.391; *Lohfink* (s. Anm. 22) 278–281.

(19, 16–21)[41]. Trotzdem richtet sich die Bergpredigt auch an das gesamte Volk (7, 28 f; vgl. 4, 25). Das kann nur bedeuten: Ganz Israel war zur Nachfolge Jesu beziehungsweise zu radikaler Jüngerschaft berufen.

Daß dies tatsächlich die Meinung des Matthäus ist, zeigt 28, 19: Dort erhalten die Elf den Auftrag, alle Völker zu Jüngern zu machen. Aus der sorgfältigen Formulierung der definitiven Weisung des Auferstandenen in 28, 18–20 wird deutlich, wie sehr für Matthäus Volk-Gottes-Sein und Jüngerschaft identisch sind. Das wahre, endzeitliche Israel gibt es nur dort, wo die Didache Jesu befolgt und Jüngerschaft in radikaler Nachfolge gelebt wird. Matthäus entfaltet die Didache zu solcher Jüngerschaft in seinen sieben großen Redekompositionen, von denen die erste und wichtigste die Bergpredigt ist. Mit diesen Redekompositionen deckt er somit zugleich die Struktur des wahren Israel auf. Dieses ist allein dort zu finden, wo vollkommene Gesetzeserfüllung in der Form der Nachfolge gelebt wird. Allerdings macht Matthäus auch hinreichend deutlich, daß solche Jüngerschaft nur aufgrund des befreienden und zuvorkommenden Handelns Jesu möglich ist[42].

Wahres Israel im beschriebenen Sinne ist nicht mehr an völkisch-nationale Grenzen gebunden. Deshalb zeigt Matthäus über sein gesamtes Evangelium hin, daß sich das endzeitliche Volk Gottes den Heiden öffnen wird. Das Herzuströmen der Völker zeichnet sich schon in dem Kommen der Weisen aus dem Osten ab (2, 1–12) und wird dann in 8, 11 mit Hilfe des Motivkomplexes „Völkerwallfahrt" ausdrücklich thematisiert: „Viele werden von Osten und Westen kommen und mit Abraham, Isaak und Jakob im Himmelreich zu Tische liegen." Den nächsten Hinweis gibt das Zitat von Jes 42, 1–4 in 12, 18–20, wo es am Ende heißt: „Auf seinen Namen werden die Völker ihre Hoffnung setzen." Nach 22, 9; 24, 14 und 26, 13 bildet dann in 28, 19 f der feierliche Auftrag zur Heidenmission den Schlußpunkt des Evangeliums.

Bei all dem ist Matthäus sorgfältig darauf bedacht, daß die Hereinnahme der Heiden als *zukünftiges* Geschehen gekennzeichnet ist. Für den Erzählablauf des Evangeliums bleibt es bei der ausschließlichen Sendung Jesu und der Zwölf zu Israel. Erst Jesu Tod und Auferstehung eröffnen die Möglichkeit von Heidenmission. Der Grund liegt auf der Hand: Die Prärogative des alten Israel mußte gewahrt bleiben. Als sich dann aber der Großteil des Gottesvolkes Jesus verweigerte und diese Verweigerung vor Pilatus ratifizierte, war eine neue Situation eingetreten, die dazu führte, daß von da an das Reich Gottes einem anderen „Volk" (21, 43) gegeben wurde. Aus Israel hingegen wurden, wie 28, 15 zeigt, die „Juden"[43].

Wann aber entsteht dann, so muß jetzt ganz schlicht gefragt werden, dem Verständnis des Matthäus zufolge die Kirche? In ihrem vollen Sinn kann sie erst entstehen, wenn sich der Großteil Israels verweigert hat. Im Zusammen-

---

[41] Vgl. *Lohfink* (s. Anm. 25).
[42] Vgl. *Lohfink* (s. Anm. 22) 276–278; *Luz* (s. Anm. 23) 180.
[43] Vgl. *E. Schweizer,* Matthäus und seine Gemeinde. Stuttgart 1974, 33.

hang dieser Verweigerung tritt das wahre Israel, das den Willen des Vaters tut, klar zutage, und aufgrund dieser Verweigerung kann sich das wahre Israel den Heidenvölkern öffnen, wodurch es überhaupt erst die ihm eigene Weite und Universalität erreicht. Da die endgültige Verweigerung des Großteils Israels erst mit dem Tod Jesu ratifiziert ist, steht Mt 16, 18 f völlig sachgerecht auch innerhalb des Makrotextes Matthäusevangelium im Futur: „Du bist Petrus, und auf diesen Felsen *werde* ich meine ἐκκλησία bauen."

Nach allem, was wir gesehen haben, kann ἐκκλησία an dieser Stelle im Sinne des Matthäus nur die folgende Bedeutung haben: Die Ekklesia ist das wahre, endzeitliche Israel, das heißt jenes Israel, welches das Wort Jesu hört und befolgt, auf diese Weise die Tora ganzheitlich erfüllt und so zu einer Form der Jüngerschaft findet, die auch den Heidenvölkern offensteht. Die Ekklesia in diesem Sinn hatte zwar in einer anfänglichen Weise schon begonnen, als Jesus die ersten Jünger in die Nachfolge rief, aber sie kann ihre volle Gestalt erst nach dem Tod Jesu erhalten.

Wenn Jesus sagt, er selbst werde seine Ekklesia bauen, so meint dies im Sinne des Matthäus das kontinuierliche Werk des erhöhten Christus von den Ostererscheinungen bis ans Ende der Welt (vgl. Mt 28, 18–20). Das Verb οἰκοδομεῖν muß dabei von Jer 31, 4. 27 f; 33, 7; 42, 10 her verstanden werden. Dort wird gesagt, daß Gott sein Volk, nachdem er es niedergerissen und zerstört hat, neu aufbaut[44]. Es geht um die endzeitliche Restitution Israels. Auch von οἰκοδομεῖν her ist also klar, daß Mt 16, 18 kein „Stiftungswort" sein kann. Es handelt sich nicht um die Stiftung einer neuen Größe, die Kirche heißt, sondern um die *Hineinführung des alten Heilsvolkes Israel in jene eschatologische Gestalt wahrer Nachfolge und Jüngerschaft, die dem Willen Gottes entspricht.* Auch die Rede von der „Ablösung" Israels durch die Kirche[45] trifft deshalb keinesfalls die Intention des Matthäus.

Die Dialektik zwischen „alt" und „neu", welche die Kategorien „Stiftung" und „Ablösung" bei Matthäus zu unsachgemäßen, zumindest aber mißverständlichen Kategorien macht, kommt sehr schön bereits in Mt 1, 21 zur Sprache. Dort wird bei der Ankündigung der Geburt Jesu gesagt: „Er wird sein Volk von seinen Sünden erlösen." Wer ist dieses Volk?[46] Es kann nicht in einem unreflektierten Sinn einfach das alte Gottesvolk sein, denn dieses hat ja, Matthäus zufolge, zum weitaus größeren Teil seinen Messias verworfen. Spricht also der Evangelist schon hier von dem wahren Israel, das Christus erkannt hat? Dieser Sinn muß mitschwingen – und doch ist schlicht und ohne jede Differenzierung von jenem Volk Gottes die Rede, das längst da ist. Es braucht nicht gestiftet, es braucht auch nicht abgelöst zu werden, es muß erlöst werden.

---

[44] Im Hintergrund steht aber auch die Vorstellung von der Gemeinde als heiligem Tempel und festem Bau – vgl. vor allem 1 QH 6, 24–30; hierzu O. *Betz*, Felsenmann und Felsengemeinde, in: ZNW 48 (1957) 49–77.

[45] So z. B. *Frankemölle* 219.221.250.255.278; G. *Künzel*, Studien zum Gemeindeverständnis des Matthäus-Evangeliums. Stuttgart 1978, 260.

[46] Nach *Luz* (s. Anm. 23) 105 ist es das alttestamentliche Gottesvolk Israel; nach *Frankemölle* 211–218 ist es das „neue Volk Gottes" (218).

3. Das lukanische Doppelwerk

Der Verfasser des lukanischen Doppelwerks erarbeitet einen *heilsgeschichtlichen* Entwurf[47], der noch ausgeprägter ist als der des Matthäus und in dem es noch deutlicher um die Entstehung der Kirche *aus Israel* geht[48]. Lukas stimmt in vielem mit Matthäus überein, vor allem darin, daß auch er die Kirche als das *wahre Israel* herauszustellen sucht[49]. Das Wort ἐκκλησία verwendet er – im Gegensatz zu Matthäus – in seinem Evangelium nicht. Das hängt offenbar damit zusammen, daß er dem Evangelium ein 2. Buch hinzugefügt hat, in welchem er, genau an der richtigen Stelle, das Wort einführen kann. Aufgrund dieses 2. Buches ist Lukas auch in der Lage, die Entstehung der Kirche aus Israel differenzierter darzustellen als Matthäus: Er zeigt einerseits, wie die Sammlungsbewegung, die Jesus begonnen hat, nach Ostern durch die Apostel erfolgreich fortgeführt wird, so daß sich allmählich aus dem alten Gottesvolk das wahre Israel herausbildet. Andererseits kann er die Verweigerung des ungläubigen Israel über den Tod Jesu hinaus in einer zweiten Phase beschreiben, die mit der Ermordung des Stephanus einsetzt. Die Entstehung der Kirche ist also für Lukas ein *Prozeß*. Man könnte auch sagen: ein *Weg* mit vielen Abschnitten und Stufen.

Dieser Weg nimmt bereits im Alten Testament seinen Anfang. Schon hier beginnt die Geschichte der *Sammlung* und der *Scheidung* in Israel. Die Stephanusrede in Apg 7, 2–53 soll (neben anderem) zeigen, daß die Ablehnung der Boten Gottes im Gottesvolk eine lange Vorgeschichte hat[50]. Schon immer verweigerte man sich in Israel dem Heilsplan Gottes: „Ihr Halsstarrigen, ihr, die ihr euch mit Herz und Ohr immerzu dem heiligen Geist widersetzt, eure Väter

---

[47] Vgl. *E. Lohse*, Lukas als Theologe der Heilsgeschichte, in: EvTh 14 (1954) 256–275; *U. Luck*, Kerygma, Tradition und Geschichte Jesu bei Lukas, in: ZThK 57 (1960) 51–66; *F. Bovon*, Luc le théologien. Vingt-cinq ans de recherches (1950–1975). Neuchâtel – Paris 1978, 81–84.

[48] Die folgenden Beobachtungen zur Kirchenentstehung in lukanischer Sicht sind ausführlicher begründet worden bei *Lohfink* 1975. Vgl. *ders.* 1981, 84–94. Am nächsten kommen der Fragestellung von Abschnitt 3 diejenigen Untersuchungen, die sich mit dem Israel-Begriff bei Lukas beschäftigen. Vgl. vor allem: *P. H. Menoud*, Le peuple de Dieu dans le christianisme primitif, in: FV 63 (1964) 386–400; *J. Jervell*, Das gespaltene Israel und die Heidenvölker. Zur Motivierung der Heidenmission in der Apostelgeschichte, in: StTh 19 (1965) 68–96; *ders.*, Luke and the People of God. A new Look at Luke-Acts. Minneapolis 1972; *A. George*, Israël dans l'œuvre de Luc, in: RB 75 (1968) 481–525; *P. Richardson*, Israel in the Apostolic Church. Cambridge 1969; *W. Eltester*, Israel im lukanischen Werk und die Nazarethperikope, in: *E. Gräßer – A. Strobel – R. C. Tannehill – W. Eltester*, Jesus in Nazareth (BZNW 40). Berlin 1972, 76–147; *Bovon* (s. Anm. 47) 342–361; *ders.*, Israel, die Kirche und die Völker im lukanischen Doppelwerk, in: ThLZ 108 (1983) 403–414; *K. Löning*, Das Evangelium und die Kulturen. Heilsgeschichtliche und kulturelle Aspekte kirchlicher Realität in der Apostelgeschichte, in: ANRW II 25/3 (1985) 2604–2646.

[49] Die Kirche ist für Lukas das wahre Israel – so auch *E. Haenchen*, Die Apostelgeschichte. Göttingen ¹³1961, 169; *H. Flender*, Die Kirche in den Lukas-Schriften als Frage an ihre heutige Gestalt, in: *G. Braumann* (Hg.), Das Lukas-Evangelium. Die redaktions- und kompositionsgeschichtliche Forschung. Darmstadt 1974, 261–286, 265.268; *J. Roloff*, Die Apostelgeschichte. Göttingen 1981, 78.232.

[50] Vgl. *U. Wilckens*, Die Missionsreden der Apostelgeschichte. Form- und traditionsgeschichtliche Untersuchungen. Neukirchen-Vluyn ³1974, 214–217; *Roloff* (s. Anm. 49) 118.

schon und nun auch ihr!" (Apg 7, 51). Doch ebenso gilt: Schon immer gab es in Israel Menschen, die den Willen Gottes taten. Dies veranschaulicht die Vorgeschichte Lk 1, 5–2, 40, die noch ein Stück in das Alte Testament hineinragt[51]. Sie hat nicht zuletzt die Funktion, das gläubige und auf die Erlösung wartende Israel darzustellen[52]. So heißt es in 2, 25 von einem Simeon, der den Eltern Jesu im Tempel begegnet: „Er war gerecht und fromm und wartete auf den Trost Israels" (vgl. auch 1, 6.21; 2, 36–38).

Eine zweite Stufe auf dem Weg zur Kirche ist dann die Erweckungs- und Sammlungsbewegung des Täufers. Wie wichtig sie Lukas ist, zeigt die Tatsache, daß er im Kerygma der Apostelreden das Auftreten des Täufers mit dem Auftreten Jesu zusammenbringt[53]: „Aus dem Samen von diesem David hat Gott der Verheißung gemäß Jesus als *Erlöser für Israel* hervorgehen lassen, nachdem Johannes vor seinem [= Jesu] Auftreten eine Taufe der Umkehr *für das ganze Volk Israel* verkündet hatte" (Apg 13, 23 f; vgl. 10, 37). Lukas arbeitet sorgfältig heraus, daß die Wirksamkeit des Johannes das gesamte Israel erreicht (vgl. neben Apg 13, 24 noch Lk 1, 80; 3, 18. 21). In dieser Konzentration auf Israel gleicht der Täufer Jesu, obwohl er „als der letzte Prophet seinen Ort noch in der vorchristlichen Epoche der Heilsgeschichte" hat[54]. Wie bald darauf bei Jesus nimmt nur das Volk seine Predigt ernst (Lk 3, 7. 10. 12. 14 f. 21; 7, 29). Die Führer des Volkes bleiben abweisend (Lk 7, 30).

Die dritte Stufe auf dem Weg zur Kirche ist für Lukas das öffentliche Wirken Jesu. Die vom Täufer begonnene Sammlung Israels wird von Jesus unter neuen Vorzeichen und auf einer neuen Offenbarungsstufe fortgeführt. Wie beim Täufer betont Lukas mit Nachdruck, daß Jesus mit seinem Wirken *ganz Israel* erreicht. Lk 12, 1 spricht von „unzähligen Scharen", die zusammengeströmt sind; in Lk 24, 19 heißt es bei einem Rückblick auf die Wirksamkeit Jesu: „Er war mächtig in Tat und Wort vor Gott und dem gesamten Volk."

Die intendierte Sammlung des Volkes (Lk 13, 34) gelingt Jesus freilich nur in seiner Jüngergemeinde, deren Existenz und Größe Lukas mit den verschiedensten redaktionellen Mitteln herausstellt (vgl. Lk 6, 13. 17; 8, 1–3; 10, 1; 19, 37). Sie wird so zur Repräsentation des wahren Israel und zugleich zur Präformation der künftigen Kirche. Lukas liegt viel daran zu zeigen, daß diese Jüngergemeinde über Karfreitag und Ostern hinaus in Jerusalem zusammenbleibt (vgl. Lk 19, 37 mit 23, 49 und Apg 1 f) und so die Kontinuität des wahren Israel augenfällig macht. Die Sammlung Israels mißlingt von vornherein in den Führern des Volkes, die Jesus und seine Botschaft ablehnen (Lk 6, 11; 19, 47; 20, 19; 24, 20 u. ö.). Sie werden deshalb zum Zeichen des Gerichts über Israel und

---

[51] Vgl. *W. B. Tatum*, Die Zeit Israels. Lukas 1–2 und die theologische Intention der lukanischen Schriften, in: *Braumann* (s. Anm. 49) 317–336. Verfehlt ist allerdings das Drei-Epochen-Schema H. Conzelmanns, das W. B. Tatum stützen möchte.
[52] Vgl. *Löning* (s. Anm. 48) 2605–2609.
[53] Zur Funktion des Täufers im Jesuskerygma der Apostelreden vgl. *Wilckens* (s. Anm. 50) 101–106.
[54] *Wilckens* (s. Anm. 50) 106.

nehmen das künftige Judentum, das nach der Darstellung von Apg 28, 24–28 seine Erwählung zum Gottesvolk verloren hat, vorweg.

Zwischen der Jüngergemeinde und den jüdischen Führern steht das Volk. Lukas schildert es, aufs Ganze gesehen, als offen und aufgeschlossen: Es preist Jesus (Lk 4, 15), es freut sich über die Taten, die durch ihn geschehen (Lk 13, 17), und es hängt ihm an den Lippen (Lk 19, 48). Es steht eher auf der Seite Jesu als auf der seiner Führer. Und in der Anwesenheit der Volksscharen bei der Feldrede (Lk 6, 17; 7, 1) und anderen Jüngerunterweisungen (vgl. z. B. Lk 12, 1; 20, 45) wird bereits die Sammlung des Volkes zur Jüngergemeinde in der Zeit nach Pfingsten im vorhinein dargestellt.

Ekklesiologisch relevant ist die Zeit des irdischen Jesus auch dadurch, daß dieser „zwölf Apostel" aus der Jüngergemeinde auswählt (Lk 6, 12–16) und sie aussendet, zu heilen und das Reich Gottes zu verkünden (Lk 9, 1 f). Ihre Sendung gilt jedoch Gesamt-Israel und hat nicht die Funktion, neben oder in Israel eine eigene Glaubensgemeinschaft zu konstituieren. Eine spezifische Amtsübertragung *für eine künftige Kirche* kommt im Zusammenhang mit der Aussendung Lk 9, 1–6 überhaupt nicht in Sicht.

Die vierte Stufe auf dem Weg zur Kirche bilden die Erscheinungen des Auferstandenen. An Ostern wird deutlich, daß die Sendung der Apostel tiefer begriffen werden muß, als dies *vor* dem Tod und der Auferstehung Jesu möglich war. Das wahre Israel, zu dem sie gesandt sind, soll die Heidenvölker mitumfassen, und neben die Botschaft vom Reich Gottes, die sie weiterhin verkünden werden (vgl. Apg 8, 12; 19, 8; 20, 25; 28, 23. 31), tritt nun auch das Zeugnis über Jesus selbst. Allerdings sprechen die Texte Lk 24, 47 und Apg 1, 8 nur sehr zurückhaltend von der Heidenmission. Sie signalisieren noch keineswegs deren unmittelbaren Beginn. Wie das Zitat aus Am 9, 11 f in Apg 15, 16 f zeigt, muß nach Auffassung des Lukas zunächst das zerstörte Zelt Davids, nämlich Israel, wiederaufgebaut werden[55]. Erst nach diesem Wiederaufbau und durch ihn veranlaßt, können die Heiden den Herrn suchen.

Die fünfte Stufe auf dem Weg zur Kirche beginnt mit Pfingsten: Die Jüngergemeinde empfängt den heiligen Geist. Es ist sehr wohl zu beachten, daß bei Lukas der Geist nicht nur für das Zeugnis über Jesus ausrüsten soll (so Apg 1, 8). Vielmehr erhält nun Israel, repräsentiert durch die Jüngergemeinde, den Geist Gottes, der ihm für die Endzeit verheißen ist (vgl. Joel 3, 1–5 in Apg 2, 17–21).

In diesem Geist beginnt am Pfingsttag ein neuer Abschnitt der Sammlung Israels – nämlich genau das, was Apg 15, 16 f den Aufbau des zerstörten Zeltes Davids nennt. Nun wird das, was Jesus ins Werk gesetzt hatte, weitergeführt.

---

[55] Vgl. *Roloff* (s. Anm. 49) 232; *A. Weiser*, Die Apostelgeschichte 2 (ÖTK 5/2). Gütersloh-Würzburg 1985, 382; *Löning* (s. Anm. 48) 2626. – Vom Kontext der Jakobusrede her kann mit dem Aufbau des zerstörten Zeltes Davids unmöglich die Auferweckung Jesu gemeint sein. So jetzt wieder *J. Dupont*, „Je rebâtirai la cabane de David qui est tombée" (Ac 15, 16 = Am 9, 11), in: *E. Gräßer – O. Merk* (Hg.), Glaube und Eschatologie (FS W. G. Kümmel). Tübingen 1985, 19–32. In diesem Fall wäre das zweimalige ἀναστήσω von Am 9, 11 LXX gerade nicht durch andere Verben ersetzt worden.

Die Ernte wird eingebracht. Die Masse des Volkes, die Jesus im 1. Buch positiv gegenüberstand, sammelt sich in einem schnellen und kontinuierlichen Prozeß um die Apostel. Ungefähr 3000 Menschen werden am Pfingsttag der Jüngergemeinde „hinzugefügt" (Apg 2, 41). Wenig später heißt es: „Und der Herr fügte *täglich* ihrer Gemeinschaft die hinzu, die gerettet werden sollten" (Apg 2, 47). Schon bald ist die Zahl der Männer in der Gemeinde auf etwa 5000 gestiegen (Apg 4, 4). Weitere Wachstumsnotizen finden sich in Apg 5, 14; 6, 1 und 6, 7[56].

Die Darstellung dieser nachösterlichen Sammlung Israels reicht im wesentlichen bis zur Stephanusgeschichte. Dann ändern sich die Vorzeichen. Von da an steht das Jerusalemer Volk auf der Seite seiner ungläubigen Führer (Apg 6, 12). Es wird nur noch negativ geschildert (Apg 9, 29; 12, 3. 11; 21, 27 u. ö.) und zugleich in zunehmendem Maße mit dem Wort „Juden" bedacht (vgl. vor allem Apg 12, 3. 11). Dem entspricht, daß Lukas vom Tod des Stephanus an die Jüngergemeinde häufiger als ἐκκλησία bezeichnet (zum ersten Mal in Apg 5, 11; dann 8, 1; 9, 31 u. ö.). Solche sprachlichen Differenzierungen können kein Zufall sein. Die Sprache schildert die Scheidung in Israel: Das gläubige Israel wird zur *Kirche,* das ungläubige zum *Judentum*[57]. Am Ende seines Doppelwerks wird Lukas mit Hilfe der Verstockungsaussage von Jes 6, 9 f definitiv zum Ausdruck bringen, „daß sich die nicht an Jesus glaubenden Juden selbst außerhalb Israels gestellt haben"[58].

Mit dieser seit dem Tod des Stephanus konsequent und ausführlich dargestellten Entwicklung, in der sich der ungläubige Teil Israels der apostolischen Predigt verweigert, verknüpft Lukas sehr geschickt die sechste und letzte Stufe des Weges zur Kirche: die Aufnahme der Heiden. Geradezu programmatisch formuliert er diese Verknüpfung in Apg 13, 46: „Euch [= den Israeliten] mußte das Wort Gottes zuerst verkündet werden. Da ihr es aber zurückstoßt und euch des ewigen Lebens unwürdig zeigt, wenden wir uns jetzt an die Heiden." In Wirklichkeit geht der Versuch, Gesamt-Israel zu gewinnen, auch nach Apg 13, 46 noch weiter. Nur ist er jetzt – im Gegensatz zu den ersten Kapiteln der Apostelgeschichte – zum größeren Teil erfolglos, während die Heidenmission in einem erstaunlichen Maße Erfolg hat. Daß für Lukas auch die Heidenmission noch zur Israel-Thematik gehört, zeigt das Amos-Zitat in Apg 15, 16 f: Erst wenn auch die Heidenvölker den Gott Israels suchen und ein λαὸς ἐξ ἐθνῶν entsteht (V. 14), ist der Sinn Israels erreicht. Umgekehrt war die Wiedererrichtung „des zerstörten Zeltes Davids" (15, 16) in der Kirche zu Jerusalem die Voraussetzung dafür, daß die Heidenmission in Gang kam[59].

Am Ende seines weit ausholenden und kühnen Versuchs, die Ereignisse des Anfangs darzustellen und zu deuten, stellt Lukas schließlich noch in einem

---

[56] Vgl. im einzelnen P. *Zingg,* Das Wachsen der Kirche. Beiträge zur Frage der lukanischen Redaktion und Theologie. Freiburg-Göttingen 1974, 135–177.
[57] Vgl. *H. Conzelmann,* Die Mitte der Zeit. Studien zur Theologie des Lukas. Tübingen ⁶1977, 135; *George* (s. Anm. 48) 520.523 f; *Eltester* (s. Anm. 48) 114–126; *Löning* (s. Anm. 48) 2612.
[58] *Weiser* (s. Anm. 55) 683. Vgl. *Gnilka* (s. Anm. 37) 150.152–154.
[59] Vgl. *Jeremias* ²1959, 61.

theologischen Rückblick klar, daß der *Tod Jesu* der Preis für die Entstehung der Kirche gewesen ist. Betont und feierlich erscheint nun zum ersten Mal im lukanischen Doppelwerk die volle Wendung: ἡ ἐκκλησία τοῦ θεοῦ. Es handelt sich um die Abschiedsrede des Paulus an die Presbyter der Kirche in Ephesus (Apg 20, 18–35). In dieser Rede, die die erste und einzige Rede der Apostelgeschichte an Christen ist, heißt es: „Habt acht auf euch und die ganze Herde, in der euch der heilige Geist als Aufseher eingesetzt hat, daß ihr die Kirche Gottes weidet, die er sich durch das Blut seines eigenen Sohnes erworben hat" (V. 28). Erst mit diesem Satz hat Lukas sein Ziel erreicht. Er hat den „Weg Gottes" (Apg 18, 26) dargelegt und gezeigt, was die Kirche ist: das in seine letzte Entscheidung geführte Israel, das sich in dieser Entscheidung Gott nicht verweigerte, sondern sich um Jesus beziehungsweise um die Apostel sammeln ließ; das Israel, das durch das Blut Jesu erkauft ist, das den Geist als die Gabe der Endzeit empfangen hat, das sich geöffnet hat für die Heiden und das so zu dem internationalen Volk Gottes aus Juden und Heiden geworden ist.

Hat nun Jesus dem Verständnis des Lukas zufolge die ἐκκλησία τοῦ θεοῦ gestiftet? Wenn man die sorgfältig ausgezogenen Linien der lukanischen Darstellung ernst nimmt, kann man diese Frage trotz der entscheidenden Bedeutung, die Jesus auch bei Lukas für die Entstehung der Kirche besitzt, nur mit einem Nein beantworten. Versteht man unter Kirche *eine neue Glaubensgemeinschaft neben oder in Israel,* so ist dieses Nein sofort einsichtig, weil Jesus nach Lukas keine neue Glaubensgemeinschaft gründen, sondern *Israel* sammeln will und weil in dem Augenblick, da die Kirche anscheinend als neue Glaubensgemeinschaft dasteht, sie nicht *neben* oder *in* Israel steht, sondern mit dem wahren Israel identisch ist.

Versteht man freilich unter Kirche das *wahre Israel,* genauerhin: das durch den Messias angesichts der anbrechenden Basileia gesammelte Israel, so könnte man schon eher von einer Gründung der Kirche durch Jesus sprechen. Allerdings verwendet Lukas selbst in solchem Zusammenhang noch nicht das Wort „Kirche". Er tut es deshalb nicht, weil Jesus seiner Ansicht nach die eschatologische Sammlung Israels zwar ins Werk gesetzt, aber nicht mehr vollendet hat. Jesus hat nach Lukas zwar ganz entscheidenden Anteil am Zustandekommen der Kirche, er hat auch stets die kommende Kirche vor Augen – aber er gründet sie nicht. Man wird im Lukasevangelium einfach keinen Text finden, der als *Stiftungs- und Gründungsakt* ausgebaut ist. Weder die Wahl der Apostel noch ihre Aussendung, noch der Tod Jesu am Kreuz, noch die Worte des Auferstandenen nach Ostern haben bei Lukas diese Funktion. Wir dürfen also sagen: Jesus hat nach Lukas die Kirche nicht gegründet; er spielt jedoch in dem Prozeß, der zur Kirche führt, die maßgebende Rolle.

Der eigentliche Urheber und Lenker dieses Prozesses ist nach Lukas Gott. Gott selbst gründet und schafft die Kirche. Lukas hat es gar nicht nötig, Jesus als Stifter der Kirche darzustellen, weil seine Ekklesiologie eine theozentrische Basis hat. Bereits in der Vorgeschichte (Lk 1, 5 – 2, 40) wird Gott als der eigentlich Handelnde herausgestellt: Er hat sich Israels, seines Knechtes, angenommen (1, 54); er hat sein Volk heimgesucht und ihm Erlösung bereitet (1, 68); er hat seines heiligen Bundes mit Abraham gedacht (1, 72); er hat Jesus gesetzt zum Fall und zur Auferstehung vieler in Israel (2, 34). Es ist bemerkenswert, daß Lukas diese theozentrische Basis seiner Ekklesiologie in der Apostelgeschichte weiter ausbaut. Auch dort ist Gott der eigentliche Urheber der Kirche, derjenige, der Israel in die letzte Entscheidung hineinführt und der durch die Hereinnahme der Heiden das wahre Israel als sein großes eschatologisches „Werk" schafft (Apg 5, 35–39; 13, 40 f; 15, 16–18; 20, 28)[60]. Indem Lukas die Kirche als das eschatologische „Werk Gottes" darstellt, zeigt er, daß er sich der Kategorie der *Neuschöpfung*, ohne die Kirche nicht gedacht werden kann, sehr wohl bewußt ist[61]. Nur: Für ihn ist klar, daß auch die endzeitliche Neuschöpfung des Gottesvolkes bereits durch die Schrift verheißen ist. Insofern verbleibt selbst die Kategorie des *Neuen* im Rahmen seiner Vorstellung von dem *einen* Gottesvolk. Nicht ein *neues* Gottesvolk wird geschaffen, sondern das einmal erwählte Volk wird in die neue, eschatologische Phase seiner Existenz hineingeführt[62].

4. Röm 9–11

Für den Verfasser des lukanischen Doppelwerks war es eine Selbstverständlichkeit, daß der Begriff der Kirche nicht ohne Israel gedacht werden kann, ja daß die Kirche das wahre Israel ist. Ob dies auch seinen *Adressaten* eine Selbstverständlichkeit war, ist eine ganz andere Frage. Das theologische Ziel, das er sich gesetzt hatte, war die Darstellung der *Kontinuität* der Kirche seiner Zeit mit ihrer ἀρχή (vgl. Lk 1, 1–4), das heißt mit Jesus, mit der Urkirche und – mit Israel[63]. Offenbar war es für Lukas im Blick auf seine heidenchristlichen Leser eine dringende Notwendigkeit, diese Kontinuität aufzuzeigen.

Es muß jedoch in den heidenchristlichen Gemeinden schon längst vor Lukas Schwierigkeiten mit dem Ursprung der Kirche aus Israel gegeben haben. Die Heidenkirche entwickelte ihr eigenes Schwergewicht und ihren eigenen Stolz und vergaß dabei ihren Wurzelboden[64]. Die unlösbare Bindung an Israel wurde mancherorts nicht mehr gesehen oder sogar bewußt geleugnet. Höchstwahrscheinlich kämpft bereits Paulus innerhalb von Röm 9–11 gegen solche Tendenzen. Jedenfalls redet er in 11, 13–32 Heidenchristen an, die in der Gefahr

---

[60] Zur Kirche als dem „Werk Gottes" in der Apostelgeschichte ausführlicher: *G. Lohfink*, Gottes Taten gehen weiter. Geschichtstheologie als Grundvollzug neutestamentlicher Gemeinden. Freiburg 1985, 17–43.

[61] Auf diesem Aspekt insistiert für die lukanische Ekklesiologie mit Recht *Bovon* (s. Anm. 48) 408.

[62] Vgl. *Löning* (s. Anm. 48) 2612: „Die Möglichkeit einer undifferenzierten Ablösungstheorie, nach der am Ende die aus Juden- und Heidenchristen bestehende Kirche als das neue Volk Gottes das Judentum als Relikt einer überholten heilsgeschichtlichen Epoche hinter sich läßt, versagt sich Lukas selbst dadurch, daß er die christliche Botschaft und Lehre unlösbar mit der jüdischen Religion im Schema von Verheißung und Erfüllung korreliert."

[63] Vgl. *G. Lohfink*, Die Himmelfahrt Jesu. Untersuchungen zu den Himmelfahrts- und Erhöhungstexten bei Lukas. München 1971, 262–272.

[64] Diese Tendenzen beschreibt *G. Baumbach*, Die Anfänge der Kirchwerdung im Urchristentum, in: Kairos 24 (1982) 17–30, 27 f.

sind, überheblich zu werden und ihren heilsgeschichtlichen Ursprung zu vergessen. Paulus entwirft, um dieser Gefahr zu begegnen[65], eine Theologie des Verhältnisses Israel – Kirche, die im Neuen Testament ihresgleichen sucht[66]. Mit dieser Theologie klärt und präzisiert er seine bisherige Position (vgl. 1 Thess 2, 14–16; Gal 3 f; Phil 3) zu Israel.[67]

Gleich zu Beginn von Röm 9 zählt Paulus die heilsgeschichtlichen Vorzüge Israels auf: „Sie sind Israeliten; sie haben die Sohnschaft, die Herrlichkeit, die Bundesschlüsse; ihnen ist das Gesetz gegeben, der Gottesdienst und die Verheißungen; sie haben die Väter, und dem Fleisch nach entstammt ihnen der Messias" (9, 4 f). Diese Aufzählung weist bereits voraus auf das Schema der *Völkerwallfahrt*. Denn eigentlich müßten die Juden mit all dem das Licht der Welt sein (vgl. Röm 2, 17–24): Sie haben die Verheißungen – etwa die, daß der Same Abrahams allen Völkern der Erde zum Segen wird (Gen 22, 18). Sie haben die Herrlichkeit – und diese müßte doch die ganze Welt erleuchten. Sie haben den Messias – und so müßte eigentlich von den Juden die messianische Veränderung der Welt ausgehen[68].

In Wirklichkeit jedoch sieht alles ganz anders aus. Sie sind zwar Israel, dabei bleibt Paulus (vgl. 9, 31; 10, 19.21; 11, 2.7), aber „nicht alle, die aus Israel stammen, sind [das wahre] Israel" (9, 6). Sie haben zwar die Sohnschaft, aber „nicht die Kinder des Fleisches sind Kinder Gottes, sondern nur die Kinder der Verheißung werden als Nachkommen anerkannt" (9, 8). Sie haben zwar das Gesetz, aber in Wirklichkeit haben sie das Gesetz verfehlt (9, 31), weil sie sich „der Gerechtigkeit Gottes nicht unterwarfen", sondern „ihre eigene Gerechtigkeit aufrichten wollten" (10, 3). Vor allem aber: Sie haben zwar den Messias hervorgebracht, aber nicht an ihn geglaubt (11, 20).

Heißt dies alles nun, daß Israel seine Erwählung verloren hat? Paulus stellt, nach vorbereitenden Überlegungen, zu Beginn des 11. Kapitels diese entscheidende Frage: „Hat also Gott sein Volk verstoßen?" (11, 1). Man muß beachten, daß es bei dieser Frage nicht nur um die *Teilnahme Israels am Endheil* geht, sondern genausosehr um die *heilsmittlerische Funktion Israels für die Welt:* „Hat also

---

[65] Damit soll keinesfalls gesagt sein, dies wäre das Hauptziel von Röm 9–11. In erster Linie spricht Paulus dort über Israel, weil er im Zusammenhang seiner Rechtfertigungslehre über die Treue Gottes zu seinem Verheißungswort an Israel sprechen muß (9, 6 a!).
[66] Zu Röm 9–11 vgl. vor allem *Ch. Müller*, Gottes Gerechtigkeit und Gottes Volk. Eine Untersuchung zu Römer 9–11. Göttingen 1964; *U. Luz*, Das Geschichtsverständnis des Paulus. München 1968; *P. Stuhlmacher*, Zur Interpretation von Römer 11,25–32, in: *H. W. Wolff* (Hg.), Probleme biblischer Theologie (FS G. v. Rad). München 1971, 555–570; *D. Zeller*, Juden und Heiden in der Mission des Paulus. Studien zum Römerbrief. Stuttgart 1973; *B. Klappert*, Traktat für Israel (Römer 9–11). Die paulinische Verhältnisbestimmung von Israel und Kirche als Kriterium neutestamentlicher Sachaussagen über die Juden, in: *M. Stöhr* (Hg.), Jüdische Existenz und die Erneuerung der christlichen Theologie. München 1981, 58–137; *E. P. Sanders*, Paul, the Law, and the Jewish People. Philadelphia 1983, 171–206; *R. Stuhlmann*, Das eschatologische Maß im Neuen Testament. Göttingen 1983, 164–188.
[67] *U. Wilckens* spricht sogar von einer „Wende" im heilsgeschichtlichen Denken des Paulus. Vgl. *ders.*, Der Brief an die Römer 2 (EKK 6/2). Zürich/Neukirchen-Vluyn 1980, 184 f.
[68] Vgl. *R. Pesch*, Voraussetzungen und Anfänge der urchristlichen Mission, in: *K. Kertelge* (Hg.), Mission im Neuen Testament. Freiburg 1982, 11–70, 20.

Gott sein Volk [aus seiner Rolle in der Geschichte des Heils] verstoßen?" Die Antwort kann für Paulus nur lauten: „Keineswegs!" (11, 1). Es kam vielmehr zu einer Scheidung, die mitten durch Israel hindurchging. Diese Scheidung wurde ausgelöst durch den Messias selbst, den Gott in Zion als einen „Stein des Anstoßes" aufrichtete, „als einen Fels des Ärgernisses" (9, 32 f). Der größere Teil Israels war zwar „widerspenstig" (10, 21) und verweigerte sich seinem Messias, doch nicht alle in Israel waren ihm ungehorsam. Es gab einen von Gott erwählten „Rest" (11, 5; vgl. 9, 27–29), der dem Evangelium glaubte. Dieser „Rest", zu dem sich auch Paulus rechnet (11, 1), kann nur die judenchristliche Kirche sein. In diesem heiligen Rest ist Israel zu dem geworden, was seine Bestimmung war (11, 7). Er ist das wahre Israel[69]. Und schon allein deshalb, weil es diesen Rest gibt, kann man unmöglich sagen, Gott habe sein Volk verstoßen.

Gott hat die Heilsmittlerschaft Israels aber auch deshalb nicht beendet, weil gerade durch das *Versagen* des Gottesvolkes das Heil zu den Heiden kam (11, 11). Gott läßt sich seine Pläne nicht durch Menschen zerstören. Vermittelte Israel den Völkern das Heil nicht durch seinen *Glauben,* dann eben durch seinen *Unglauben:* Israel wurde zum Feind Gottes um der Heiden willen (11, 28), sein Versagen hat die Welt reich gemacht (11, 12), sein Ungehorsam hat den Heiden Erbarmen (11, 30), seine Verwerfung hat der Welt Versöhnung gebracht (11, 15) – in immer neuen Formulierungen deutet Paulus die Erfahrung der urchristlichen Missionare, daß gerade dort, wo *Israel* sich verweigerte, die *Heiden* das Evangelium annahmen.

Israel wurde also tatsächlich zum Heil für die Völker. Die Heiden wurden hineingenommen in seine Erwählungsgeschichte. Sie wurden, wenn sie nur glaubten, von Gott als Nachkommen Abrahams anerkannt (9, 8). Sie wurden zu „Söhnen des lebendigen Gottes" (9, 26). Aus den Nicht-Geliebten wurden Geliebte, aus dem Nicht-Volk wurde Volk Gottes (9, 25).

Diese *Hereinnahme* der Völker (11, 25) in die Erwählungsgeschichte Israels stellt Paulus in 11, 13–24 mit Hilfe einer einprägsamen Allegorie[70] vor Augen: Die Heidenchristen sind durch ihren Glauben eingepfropft worden in den edlen *Ölbaum* Israel (11, 17.24). Sie werden getragen von der heiligen Wurzel dieses Ölbaumes (11, 16.18) und haben damit Anteil an ihrem Saft (11, 17). Streng genommen müßte diese Wurzel eigentlich die *judenchristliche Kirche* sein, denn allein in sie wurden die Heidenchristen ja durch Glaube und Taufe eingegliedert. Aber Paulus differenziert gar nicht in dieser Weise. Das zeigt seine Feststellung, die ungläubigen Juden seien von Gott aus dem Ölbaum herausgebrochen worden (11, 17.19.20). Selbstverständlich wurden sie nicht von der judenchristlichen Kirche abgetrennt, sondern von dem Israel der Väter, von der wahren Nachkommenschaft Abrahams, vom wahren Israel[71]. Gerade daran

---

[69] Die Kirche ist bei Paulus das „wahre Israel" – vgl. dazu *Sanders* (s. Anm. 66) 171–176.

[70] Vgl. zu dieser Allegorie *F. Siegert,* Argumentation bei Paulus, gezeigt an Röm 9–11. Tübingen 1985, 167–171.

[71] Vgl. *Luz* (s. Anm. 66) 276; *F. Mußner,* Traktat über die Juden. München 1979, 69 f; *Wilckens* (s. Anm. 67) 246; *G. Baumbach,* Israel in der Sicht des Apostels Paulus, in: BiLi 57 (1984) 58–67, 63. –

aber wird deutlich, daß Paulus die judenchristliche Kirche, in welche die Heidenchristen eingegliedert wurden, in völliger Einheit mit der heiligen Wurzel Israel sieht. Denn eben aus dieser Wurzel wurde das ungläubige Israel herausgehauen und eben in diese Wurzel wurden die Heiden eingepfropft.

Paulus hatte in 11,1 gefragt: „Hat Gott etwa sein Volk verstoßen?" Sein „Keineswegs" hatte er zweifach begründet: 1. Ein heiliger Rest von Israel ist übriggeblieben. – 2. Paradoxerweise übt Israel selbst im Unglauben seine heilsmittlerische Funktion für die Völker weiter aus. – Paulus gibt aber noch eine 3. Begründung: Einst wird „ganz Israel" (über den Rest von 11,5 hinaus)[72] „gerettet werden" (11,26). Wie wird das geschehen? Nicht etwa durch einen *eigenen Heilsweg*, einen „Sonderweg" für Israel, der unabhängig von Evangelium und Kirche ist[73], sondern dadurch, daß es „eifersüchtig" wird auf jenes Volk aus den Heiden, das gar kein Volk war, nun aber zum Volk Gottes geworden ist (10,19; 11,11.14).

Gott hat also, so muß man Paulus interpretieren, den Heiden das Heil nicht nur um ihretwillen geschenkt, sondern auch, um Israel zu reizen. Damit aber kehrt sich nun der Richtungssinn der Völkerwallfahrt geradezu um, und ein Rollentausch findet statt[74]: An sich sollte das in Israel aufleuchtende Heil die Völker zum Gottesvolk hinlocken (vgl. Jes 2; 60). Nun aber hat Gott, da Israel nicht glaubte, das messianische Heil in der Heidenkirche aufstrahlen lassen und das Nicht-Volk zum Volk gemacht. Die Fülle des Heils, die jetzt durch den Glauben an Christus in der Heidenkirche Gestalt annimmt, soll nun also ihrerseits Israel locken und sehnsüchtig machen[75]. Paulus ist überzeugt: Diese Strategie Gottes gegenüber seinem Volk wird gelingen. Sobald das messianische Heil unter den Völkern die „kritische Masse", die Gott allein kennt, erreicht hat – Paulus spricht vom πλήρωμα τῶν ἐθνῶν (11,25)[76] – wird ganz Israel gerettet werden, weil es dann aufgrund der messianischen Faszination der Hei-

---

Parallel zur „Erstlingsgabe" (11,16a) meint die „Wurzel" (11,16b.17.18) die Stammväter Israels, die im Glauben an die Verheißung lebten und damit bereits „wahres Israel" waren. In der Wurzel nur das gnadenhafte „Erwählen" Gottes und nicht Israel dargestellt zu sehen, ist eine neuzeitlich-abendländische Abstraktion, die weder dem Alten Testament (vgl. Jer 11,16f) noch der jüdischen Tradition (vgl. Jub 16,26; äthHen 93,5.8), noch Paulus gerecht wird. Dies gegen *N. Walter*, Zur Interpretation von Röm 9–11, in: ZThK 81 (1984) 172–195, 180f, und *E. Gräßer*, Der Alte Bund im Neuen. Exegetische Studien zur Israelfrage im Neuen Testament. Tübingen 1985, 23.

[72] Zu „ganz Israel" in 11,26 vgl. im einzelnen *Stuhlmann* (s. Anm. 66) 178f.

[73] So z.B. *Mußner* (s. Anm. 71) 57–61 und *Klappert* (s. Anm. 66) 85f, der von einer *transkerygmatischen* und *transekklesiologischen* Rettung Israels spricht; weitere Vertreter dieser Position bei *F. Refoulé*, „... Et ainsi tout Israël sera sauvé". Romains 11,25–32. Paris 1984, 30. – Dagegen mit Recht *E. Gräßer*, Zwei Heilswege? Zum theologischen Verhältnis von Israel und Kirche, in: *P.-G. Müller – W. Stenger* (Hg.), Kontinuität und Einheit (FS F. Mußner). Freiburg 1981, 411–429.

[74] Vgl. *Stuhlmann* (s. Anm. 66) 167f.

[75] Vgl. *R. Pesch*, Römerbrief. Würzburg 1983, 89.

[76] Zum Sinn und zum religionsgeschichtlichen Hintergrund dieser Wendung vgl. jetzt vor allem *Stuhlmann* (s. Anm. 66) 173–178. – Gegen Stuhlmann ist jedoch zu betonen, daß πλήρωμα τῶν ἐθνῶν in 11,25 nicht nur *quantitativ* die Vollzahl der Heidenvölker (so mit Recht *ders.* 186f), sondern zugleich *qualitativ* die Fülle des Messianischen in der Völkerkirche meint – vgl. die semantische Opposition von ἥττημα und πλήρωμα und die Parallelität von ἥττημα und παράπτωμα in 11,12.

denkirche endlich an Jesus als den Messias glauben kann[77]. So wird das blinde und verstockte Israel Erbarmen finden (11, 31) und ebenfalls zum wahren Israel werden (11, 26 f).

Und nun setzt wieder das Schema der Völkerwallfahrt ein, diesmal in seinem ursprünglichen Richtungssinn: In jener eschatologischen Stunde, da ganz Israel aufgrund der messianischen Attraktivität[78] der Heidenkirche zum Glauben kommt, wird die Wirkung auf die bis dahin noch ungläubige heidnische Gesellschaft unabsehbar sein: „Wenn schon ihr Fehltritt zum Reichtum der Welt geworden ist und ihr Versagen zum Reichtum der Völker, um wieviel mehr dann erst ihre Vollzahl" (11, 12). „Denn wenn ihre Verwerfung zur Versöhnung der Welt geworden ist, was wird dann ihre Annahme anderes sein als Leben aus den Toten?" (11, 15).

Israel bleibt also *im ganzen* und nicht nur *als Rest* erwählt (11, 28). Seine Berufung ist unwiderruflich (11, 29), es ist von Gott geliebt um der Väter willen (11, 28), selbst sein Unglaube wird von Gott benutzt, um die Völker zum Glauben zu führen. Solch unbeirrbares Festhalten an der Erwählung Israels beweist, wie sehr Paulus heilsgeschichtlich denkt und wie sehr er in Röm 9–11 ständig von Israel her denkt. Dies zeigt sich vor allem an dem überall in Röm 9–11 vorausgesetzten Schema der Völkerwallfahrt[79]. Wenn Paulus in 11, 25 formuliert, die Vollzahl der Heiden werde „hineinkommen" (εἰσέλθῃ), so heißt dies: Die Heidenvölker halten, indem sie durch die christliche Mission gläubig werden, Einzug in die endzeitliche Heilsgemeinde Israel. Hier wird die Annahme des Evangeliums durch die Heiden und ihr Eintritt in die Kirche dem Zug der Völker zum Zion gleichgesetzt[80]. Das aber bedeutet: Israel bleibt vom Anfang bis zum Ende der göttlichen Erwählungsgeschichte der eigentliche Heilsraum. Die Heiden sind nicht selber der Ölbaum, sondern sie werden in den edlen Ölbaum eingepfropft (11, 18).

---

[77] Entscheidend für diese Auslegung ist das Motiv des παραζηλῶσαι, das eben nicht nur in 11, 14, sondern – sehr prinzipiell – auch in 10, 19 und 11, 11 begegnet; ferner die syntaktische Struktur von 11, 25. Sie ist folgendermaßen aufzulösen: *Verstockung hat Gott teilweise über Israel gebracht bis zu dem Zeitpunkt, da die Fülle der Heidenvölker (in das wahre Israel) hineingelangt ist. (Dann wird Gott die Verstockung des jetzt noch ungläubigen Israel aufheben) und auf diese Weise wird er ganz Israel retten.* Das folgende Mischzitat (Jes 59, 20 f + 27, 9) soll die *Tatsächlichkeit* der künftigen Errettung des ungläubigen Israel beweisen, nicht aber den *Modus* dieser Errettung (etwa: Rettung im Augenblick der Parusie Christi!). Der Modus ist ja bereits in V. 25 c. 26 a beschrieben: Die Vollzahl und Fülle der Heidenvölker bewirkt die Rettung Israels. Daß hier Gott rettend eingreift, indem er selbst die Verstockung Israels aufhebt (so wie er sie auch selbst über Israel gebracht hatte – vgl. 11, 7 f), und daß andererseits das πλήρωμα der Heidenkirche als messianische Faszination die Verstockung beseitigt, ist selbstverständlich kein Widerspruch, denn auch die *Hereinnahme* der Heidenvölker und damit ihr πλήρωμα ist ja das Werk Gottes (so deutlich 11, 17–24). Die Aussage, daß Gott selbst ganz Israel retten wird (11, 26), schließt menschliche Interaktion so wenig aus, wie der Satz, daß Gott selbst die Heiden in den edlen Ölbaum eingepflanzt hat (11, 17–24), die konkrete Missionsarbeit ausschließt.

[78] Die Formulierung „messianische Attraktivität" ist übernommen von Klappert (s. Anm. 66) 81 f.93.111 f. Zur Sache vgl. *N. Lohfink,* Die messianische Alternative. Freiburg [4]1984.

[79] Vgl. zu diesem Schema in Röm 9–11 Stuhlmacher (s. Anm. 66) 560 f; Klappert (s. Anm. 66) 82 f; *Sanders* (s. Anm. 66) 171. 199 f; vor allem aber Stuhlmann (s. Anm. 66) 166–173.

[80] Vgl. *Wilckens* (s. Anm. 67) 254 f; *Klappert* (s. Anm. 66) 82; *Stuhlmann* (s. Anm. 66) 166 f.

Obwohl sich Paulus in Röm 9–11 mit der Frage, um die es uns hier geht, überhaupt nicht beschäftigt, darf abschließend gesagt werden: In seinem heilsgeschichtlichen Entwurf, den er ganz von Israel her konzipiert, ist für eine Kirchenstiftung durch Christus kein Platz. Sie wäre viel zu punktuell, um in das Bild vom *Ölbaum* oder in das Bild von der *Völkerwallfahrt zum Zion* hineinzupassen. Und sie würde eine Diskontinuität zwischen Kirche und Israel voraussetzen, die solche Bilder schlechterdings ausschlösse[81]. Paulus denkt ganz anders. Für ihn ist das Tun Christi Teil der umfassenden Heilsökonomie Gottes, und für ihn ist die Kirche ein Aspekt der erregenden Geschichte Israels: *Gott setzt Christus in Israel als Fels des Anstoßes, der das Volk scheidet. Gott verstockt den größeren Teil Israels. Gott läßt in Israel einen Rest übrig. Gott holt die Heiden in diesen Rest und damit in die Erwählungsgeschichte Israels hinein. Gott bringt durch die Faszination, die von dem wahren Israel aus Juden und Heiden ausgeht, das ungläubige Israel zur Umkehr und rettet so ganz Israel. Durch die Vollzahl Israels aber rettet er die ganze Welt.* Diese Aussagenreihe zeigt wohl endgültig, daß für die paulinische Ekklesiologie „Kirchenstiftung" eine unsachgemäße Kategorie ist. Von Paulus her gesehen könnte so eigentlich nur eine Heidenkirche reden, die vergessen hat, daß sie in den Ölbaum, der schon längst vor ihr da war, eingepfropft wurde, und die verdrängt hat, daß nicht sie die Wurzel trägt, sondern die Wurzel sie (11, 18)[82].

5. Das übrige Neue Testament

Die Ekklesiologie von Röm 9–11 steht bei Paulus nicht isoliert[83]. Er verwendet auch sonst eine Vielzahl von Begriffen, die streng auf den Volk-Gottes-Gedanken hingeordnet und nur von ihm her zu verstehen sind[84]. Ohne Unterschied zwischen Juden- und Heidenchristen gelten die Vorzüge Israels für alle, die an Christus glauben: Abraham ist ihr Vater (Röm 4, 12); sie sind die Erben (Gal 3, 29); sie sind die Kinder der Verheißung (Gal 4, 28); sie sind die Erwählten (Röm 8, 33); sie sind die Berufenen (Röm 1, 6 f); sie sind die Geliebten (Röm 1, 7); sie sind die Kinder, die Söhne Gottes (Röm 8, 16; Gal 3, 26).

Die konsequente Ausweitung der Ehrentitel Israels auf die Kirche aus Juden und Heiden ist bei Paulus aber noch viel umfassender: Die an Christus Glaubenden stehen unter dem neuen Gottesbund der Endzeit (2 Kor 3, 6); ihr Angesicht spiegelt die Herrlichkeit des Herrn, den Glanz seiner machtvollen Gegenwart, mit der er Israel durch die Wüste begleitete und die dann im Tempel ihren endgültigen Ort bekam (2 Kor 3, 18); die Gemeinden der an Christus

---

[81] So nachdrücklich in unserem Zusammenhang die Einheit *Israel–Kirche* betont werden muß, so sehr gilt freilich auch, daß für Paulus die Kirche „neue Schöpfung" Gottes ist (2 Kor 5, 17 f; Gal 6, 15). Beides schließt sich nicht aus. Vgl. *Sanders* (s. Anm. 66) 171–175.199 f, Anm. 3.

[82] Deshalb ist jede *Substitutionstheorie* (die Kirche hat als „neues Gottesvolk" Israel abgelöst) mit Röm 9–11 unvereinbar. So mit Recht: *Luz* (s. Anm. 66) 271; *Klappert* (s. Anm. 66) 59 f.

[83] Neu ist freilich seine Sicht der bleibenden Erwählung Israels. Vgl. oben Anm. 67.

[84] Vgl. zum folgenden *Lohfink* [6]1985, 92–94.

Glaubenden sind vom heiligen Geist erfüllter Tempel Gottes (1 Kor 3, 16); sie sind Gottes Pflanzung (1 Kor 3, 5–?); sie sind Gottes Bau (1 Kor 3, 9). Ja, sie sind sogar die wahre Beschneidung (Phil 3, 3), denn Beschneidung ist allein, was durch den Geist am Herzen geschieht (Röm 2, 29). Zwar bezeichnet Paulus die Kirche – vielleicht mit Ausnahme von Gal 6, 16 – niemals unmittelbar als das „wahre Israel", aber der Sachverhalt als solcher ist bei ihm an vielen Stellen da.

Genau das gleiche gilt für die übrigen Verfasser der neutestamentlichen Schriften. Auch sie betrachten die Kirche als das wahre Israel. Vgl. etwa Joh 11, 52 („Aber Jesus sollte nicht nur für das Volk sterben, sondern auch, um die versprengten Kinder Gottes wieder zur Einheit zu sammeln")[85]; Eph 2, 12.19 („Damals wart ihr von Christus getrennt, der Gemeinde Israels fremd und vom Bund der Verheißung ausgeschlossen ..., jetzt aber seid ihr nicht mehr Fremde ohne Bürgerrecht, sondern Mitbürger der Heiligen und Hausgenossen Gottes"); Hebr 12, 22 f („Ihr seid hingetreten zum Berg Zion, zur Stadt des lebendigen Gottes, zum himmlischen Jerusalem, zu Tausenden von Engeln, zu einer festlichen Versammlung, zur Gemeinde der Erstgeborenen, die im Himmel verzeichnet sind"); Jak 1, 1 („Jakobus, Knecht Gottes und des Herrn Jesus Christus, grüßt die zwölf Stämme, die in der Zerstreuung leben"); 1 Petr 2, 9 f („Ihr aber seid ein auserwähltes Geschlecht, eine königliche Priesterschaft, ein heiliger Stamm, ein Volk, das sein besonderes Eigentum wurde ... Einst wart ihr ein Nicht-Volk, jetzt aber seid ihr Gottes Volk"). Selbst der Verfasser der Pastoralbriefe, der von allen Autoren des Neuen Testamentes zu einer Theologie des Volkes Gottes die größte Distanz hat, zitiert in Tit 2, 14 als tradiertes Glaubensgut: „Er hat sich für uns dahingegeben, um uns von aller Gesetzlosigkeit zu erlösen und sich ein reines Volk zu schaffen zum besonderen Eigentum."

Insgesamt sind die vielen Stimmen des Neuen Testamentes in ihrer Volk-Gottes-Theologie erstaunlich einhellig. Die einzige entscheidende Differenz ist die Frage, ob Israel seine heilsgeschichtliche Funktion verloren hat oder nicht. Hier denkt Paulus offenbar völlig anders als die Verfasser der Apokalypse, des Matthäusevangeliums und des lukanischen Doppelwerks. Darin aber, daß die Kirche das wahre Israel ist, stimmen alle überein. Zwar fehlen im übrigen Neuen Testament zu unserer Frage so umfassende heilsgeschichtliche Entwürfe wie der des Paulus, des Matthäus, des Lukas oder des Apokalyptikers Johannes. Aber die oft knappen Andeutungen und Hinweise bei den übrigen Autoren verraten deutlich, daß sie in den Grundzügen nicht anders gedacht haben.

Als Ergebnis dieses § 2 kann festgehalten werden: In der Ekklesiologie der Autoren des Neuen Testamentes fehlt der Gedanke einer Stiftung der Kirche durch Jesus. Die Kirche wird konzipiert als das wahre, endzeitliche Israel, das aus dem von Jesus in die Entscheidung geführten Gottesvolk gesammelt wurde. Diese Konzeption kommt nicht aus ohne den Begriff der eschatologischen *Scheidung,* die mitten durch das Gottesvolk geht und die das wahre Israel, das

---

[85] Vgl. zu Joh 11, 52 *Lohfink* (s. Anm. 60) 105–116.

nach dem Willen Gottes lebt, von dem Israel κατὰ σάρκα sondert. Sie kommt aber aus ohne den Begriff einer Kirchenstiftung, ja, man muß sogar sagen, daß dieser Begriff für die neutestamentliche Konzeption von Kirche unsachgemäß ist. Das Neue Testament glaubt an die Kirche als an das Werk Gottes, sie glaubt daran, daß dieses Werk Gottes in Jesus, in seinem Wirken und in seiner Hingabe bis in den Tod, gründet, aber sie braucht für diese Konzeption nicht die Kategorie „Kirchenstiftung"[86].

Die Frage ist natürlich, ob die Fundamentaltheologie, soweit sie historisch argumentiert, mit dieser neutestamentlichen Konzeption zurechtkommt. Die Schwierigkeit liegt vor allem darin, daß zumindest nach der Auffassung des Matthäus und des Lukas die Entstehung der Kirche ein längerer Prozeß ist, der die Verweigerung Israels voraussetzt beziehungsweise mit ihr parallel läuft: In dem Maße, in dem Israel sich verweigert, wird das wahre Israel, dessen Sammlung Jesus ins Werk gesetzt hat, zur Kirche. Aber wann verweigert sich Israel? Und in welcher Weise? *Theologisch* läßt sich auf solche Fragen durchaus eine Antwort geben. Aber die Fundamentaltheologie braucht dort, wo sie geschichtlich argumentiert, abgrenzbare historische Fakten, und zwar nicht irgendwo, sondern im Handeln Jesu. Sie muß in diesem Fall fragen: Was hat Jesus gesagt, was hat er getan, was hat er gewollt? Gibt es, in diesem Sinne historisch faßbar, einen ekklesialen Willen Jesu? Das muß nun unsere eigentliche Frage sein.

§ 3. Der historische Jesus und Israel

1. Das Auftreten des Täufers

Es ist kein Zufall, daß die kanonischen Evangelien Johannes den Täufer als Vorgänger und Wegbereiter Jesu beschreiben (Mk 1,1–8 Parr). Jesus dürfte eine Zeitlang Täuferschüler gewesen sein und von seinem Lehrer manches übernommen haben[87]. Selbst dort, wo tiefe Unterschiede zu konstatieren sind, ist der Vergleich Jesu mit dem Täufer um des Kontrastes willen lehrreich.

Der Täufer trägt eine streng eschatologische Predigt vor: Er predigt das unmittelbar bevorstehende Zorngericht Gottes: „Schon ist die Axt an die Wurzel der Bäume gelegt" (Mt 3,10; vgl. 3,7). Wichtig und für unseren Zusammenhang höchst aufschlußreich ist, daß diese Nahverkündigung des Täufers die Sammlung Israels nicht etwa überflüssig macht, sondern sie im Gegenteil erst wirklich hervorbringt. Gerade weil die Zeit für Israel so kurz geworden ist, muß der Täufer das Volk sammeln und für das Kommende zurüsten.

---

[86] Vgl. auch *Schlier*, der in seiner ausführlichen Darstellung der neutestamentlichen Ekklesiologie das Wort „Kirchenstiftung" konsequent vermeidet und statt dessen das „Handeln Gottes im Kreuz Jesu Christi" als den „Ursprung der Kirche" bezeichnet (208).

[87] So mit Recht *J. Becker*, Johannes der Täufer und Jesus von Nazareth. Neukirchen-Vluyn 1972, 12–15. Vgl. auch *H.-J. Klauck*, Die Sakramente und der historische Jesus, in: WiWei 47 (1984) 1–11, 2f; *Sanders* 91f.

Der Täufer wendet sich nicht an die Menschheit im allgemeinen oder an alle Sünder der Welt, soweit sie in seinen Gesichtskreis treten, sondern bewußt und ausschließlich an das Gottesvolk[88]. Die Taufe, die er spendet, will keine *Sondergemeinde* installieren, sie will auch nicht nur den einzelnen als *Individuum* vor dem Gericht retten (so sehr sie das auch will), sondern sie ist eschatologisches Sakrament *für Israel*[89]. Israel hat als ganzes sein Heil verspielt, es ist zum Unheilskollektiv geworden[90]. Nun gewährt Gott dem Volk durch die mit radikaler Umkehr verbundene Wassertaufe eine letzte Chance, durch die drohende Feuertaufe hindurchzukommen (vgl. Mt 3,11).

Wie ausschließlich es dem Täufer um Israel geht, zeigt das alttestamentliche Bild von der „Pflanzung", das er verwendet (Mt 3,10), zeigen aber auch die Sätze: „Glaubt nur nicht, ihr könntet sagen: Wir haben ja Abraham zum Vater. Denn ich sage euch: Gott kann dem Abraham aus diesen Steinen da Kinder erwecken" (Mt 3,9). Die Abrahamskindschaft, das heißt, die Zugehörigkeit zu Israel, kann also vor dem drohenden Gericht nicht retten. Gerade damit zeigt sich freilich erst recht, daß es um Israel geht. Es geht so sehr um Israel, daß gedroht werden kann: Notfalls wird Gott dem Abraham aus den Steinen der Wüste ein Israel schaffen. Man muß die Formulierung genau beachten: Es heißt nicht: Gott schafft *sich* ein neues Volk, sondern: er schafft *dem Abraham* Kinder[91]. Der Täufer geht also davon aus, daß es stets wahre Kinder Abrahams, daß es stets das wahre Gottesvolk geben muß.

Die jetzt von Gott angebotene Umkehr ist für Israel die letzte Chance, zu diesem Gottesvolk zu werden. Offenbar rechnet der Täufer aber von vornherein mit der Möglichkeit, daß nicht ganz Israel umkehrt. In diesem Fall wird Gott in Israel eine scharfe Scheidung vollziehen: „Jeder Baum, der keine guten Früchte trägt, wird ausgehauen und ins Feuer geworfen" (Mt 3,10). Ebenso wie die guten von den schlechten Bäumen, wird der Weizen von der Spreu geschieden: Den Weizen schüttet der Feuerrichter in seinen Vorratsbehälter, „die Spreu wird er in nie erlöschendem Feuer verbrennen" (Mt 3,12).

Insgesamt: Johannes der Täufer ist überzeugt, daß Israel jetzt in der tiefsten Krise seiner gesamten Geschichte steht. Er will das Volk in dieser alles entscheidenden eschatologischen Stunde sammeln und verändern. Er spricht aber von der Möglichkeit, daß nicht das ganze Volk umkehrt, sondern daß es in Israel zu einer definitiven Scheidung kommt.

---

[88] Vgl. *Becker* (s. Anm. 87) 30, der allerdings gleichzeitig höchst mißverständlich von der „Individualisation" und „gesellschaftlichen Isolierung" des einzelnen Israeliten durch den Täufer spricht (40.63). In einem durch Umkehr und Taufe erneuerten Israel wäre der einzelne ja gerade nicht isoliert.

[89] Wortprägung von *A. Schweitzer*, Geschichte der Leben-Jesu-Forschung. Tübingen [6]1951, 424. Vgl. im übrigen *G. Lohfink*, Der Ursprung der christlichen Taufe, in: ThQ 156 (1976) 35–54, 46–49.

[90] Vgl. *Merklein* 27–36.

[91] Vgl. *Oepke* 157.

2. Die Konzentration Jesu auf Israel

Wie beim Täufer sind auch bei Jesus Botschaft und Praxis durch drängende Naherwartung bestimmt: Die Situation spitzt sich zu; es bleibt keine Zeit mehr; eine letzte Entscheidung ist gefordert. Allerdings drängt nicht wie beim Täufer das Gericht heran, sondern das Heil. Die Basileia Gottes hat sich genaht (Mk 1,15; Lk 10,9), und zwar in dem Sinn, daß sie bereits Gegenwart wird (Lk 11,20; 17,20f). In dieser Gegenwartseschatologie[92] liegt ein weiterer Unterschied zum Täufer. Freilich hebt die Gegenwart des Heils das Herandrängende, noch Ausständige des Heils nicht auf. Deshalb zwingt nicht nur beim Täufer, sondern auch bei Jesus die eschatologische Konstellation zum Handeln: Israel muß sich zum wahren Gottesvolk sammeln lassen, weil der καιρός gekommen ist. Die folgenden Abschnitte werden unter immer neuen Gesichtspunkten zeigen, wie sehr es Jesus um die Sammlung Israels geht[93]. Hier soll zunächst auf ein mehr äußerliches Phänomen hingewiesen werden:

Jesus hat sich bei seiner Wirksamkeit auf jüdisches Gebiet konzentriert. Nazaret, Nain, Kana, Kafarnaum, Chorazin und Betsaida sind Orte mit alteingesessener jüdischer Bevölkerung[94]. Es gibt keinen einzigen Anhaltspunkt, daß Jesus jemals jüdisches Gebiet *um einer Lehrtätigkeit vor Heiden willen* verlassen hätte. Wenn er jüdisches Gebiet verließ (Mk 5,1; 7,24; 8,27), dürfte er sich in Wirklichkeit um jüdische Randgruppen in Grenzgebieten bemüht haben. Die betreffenden Texte sagen ja auffallenderweise gerade nicht, daß Jesus Gerasa, Tyrus oder Cäsarea Philippi betreten habe, sondern sprechen stets von dem *ländlichen Territorium,* das jeden dieser antiken Stadtstaaten umgab[95].

Selbstverständlich konnte Jesus überall, selbst in rein jüdischem Gebiet, auf Heiden stoßen. Er hat bei derartigen Begegnungen mehrere Male auch Heiden geheilt. Solche Heilungen von Heiden werden aber in der synoptischen Tradition ausdrücklich als Ausnahmen erzählt[96]: Sowohl in der Geschichte vom Hauptmann von Kafarnaum (Lk 7,1–10) als auch in der von der Syrophönizierin (Mk 7,24–30) wird der Bezug zu Israel explizit hergestellt: „Nicht einmal in Israel habe ich solchen Glauben gefunden" (Lk 7,9); „Es ist nicht recht, den Kindern [sc. Israels] das Brot wegzunehmen" (Mk 7,27).

In diesem Zusammenhang darf nicht übersehen werden, daß es sehr nahe bei

---

[92] Ausführlicher zur Gegenwartseschatologie Jesu: *J. Becker,* Das Heil Gottes. Heils- und Sündenbegriffe in den Qumrantexten und im Neuen Testament. Göttingen 1964, 199–203; *H. Merklein,* Die Gottesherrschaft als Handlungsprinzip. Untersuchung zur Ethik Jesu. Würzburg ³1984, 158–165.
[93] Zum Begriff der „Sammlung Israels" im Rahmen des Wirkens Jesu vgl. *H.-D. Wendland,* Die Kirche als göttliche Stiftung. Leipzig 1938, 10.12; *Jeremias* ²1973, 164–174 (167: „Wir müssen es ganz scharf zuspitzen: der *einzige* Sinn der gesamten Wirksamkeit Jesu ist die Sammlung des endzeitlichen Gottesvolkes"); *Pesch; H. Geist,* Jesus vor Israel – der Ruf zur Sammlung, in: *Müller* 31–64.
[94] Vgl. *A. Alt,* Die Stätten des Wirkens Jesu in Galiläa territorialgeschichtlich betrachtet, in: *ders.,* Kleine Schriften zur Geschichte des Volkes Israel 2. München 1953, 436–455, 441–450.
[95] Vgl. *Alt* (s. Anm. 94) 452–455; *Jeremias* ²1959, 30f; besonders aber: *G. Theißen,* Lokal- und Sozialkolorit in der Geschichte von der syrophönikischen Frau (Mk 7,24–30), in: ZNW 75 (1984) 202–225, 207f.
[96] Vgl. *Jeremias* ²1959, 24–27.

den Orten der Wirksamkeit Jesu eine Vielzahl von Städten hellenistischen Typs mit überwiegend heidnischer Bevölkerung oder zumindest starken heidnischen Bevölkerungsanteilen gab: zum Beispiel Sepphoris, Skythopolis, Gabai, Hippos, Gadara, Gerasa, Cäsarea Philippi, Tiberias. Jesus scheint in keiner dieser Städte je gewirkt zu haben[97]. Vielleicht hat er sie während seiner öffentlichen Wirksamkeit sogar bewußt gemieden. Statt dessen zieht er nach Jerusalem hinauf, also dorthin, wo Israel zusammengefaßt und repräsentiert ist. „Wer ganz Israel ansprechen wollte, mußte es in Jerusalem tun."[98]

All das ist kein Zufall, sondern zeigt, daß Jesus bewußt nur in Israel gewirkt hat[99]. Ein Auftreten unter Heiden wäre leicht möglich und vielleicht sogar äußerst erfolgreich gewesen. Jesus konzentriert sich jedoch auf Israel, weil er angesichts der herandrängenden Basileia das Gottesvolk sammeln muß[100]. Dies zeigt noch deutlicher die folgende Zeichenhandlung:

3. Die Aussendung der Zwölf

Jesus hat – wohl schon aus einem größeren Jüngerkreis – zwölf Jünger ausgewählt und sie paarweise ausgesandt: „Und er schuf Zwölf, daß sie mit ihm zusammen seien und daß er sie zur Verkündigung aussende mit der Vollmacht, die Dämonen auszutreiben" (Mk 3,14; vgl. 6,7 und Mt 10,6[101]).

Mit dem Aorist ἐποίησεν ist auf ein einmaliges Geschehen an einem bestimmten Ort und zu einer bestimmten Zeit hingewiesen. Jesus konstituiert mit einer demonstrativen Geste, die sich einprägt, einen Kreis von zwölf Jüngern[102]. Die Zwölfzahl kann sich nur auf die Zwölfzahl der Stämme Israels beziehen. Mit den zwölf Stämmen aber ist ein zentraler Punkt endzeitlicher Hoffnung Israels angesprochen. Denn obwohl das System der zwölf Stämme damals längst nicht mehr existiert – nach zeitgenössischer Anschauung gibt es nur noch 2½ Stämme: Juda, Benjamin und die Hälfte von Levi[103] –, erhofft man für die eschatologische Heilszeit die volle Restitution des Zwölfstämmevolkes. Bereits das Ende des Buches Ezechiel schildert in breit ausgebauter Programmatik, wie die in der Endzeit wieder zum Leben gebrachten zwölf Stämme ihren endgültigen Anteil am Land zugewiesen bekommen (37; 39,23–29; 40–48)[104].

Vor dem Hintergrund dieser lebendigen Hoffnung kann die Konstitution

---

[97] Vgl. *Alt* (s. Anm. 94) 438.447.450–455; *Jeremias* ²1959, 30.

[98] *M. Hengel,* Die Ursprünge der christlichen Mission, in: NTS 18 (1971/72) 15–38, 31.

[99] Gut herausgearbeitet von *Vögtle* 1961, 65–74.

[100] Vgl. *Pesch* (s. Anm. 68) 36–38.

[101] In Mt 10,6 (ohne 10,5b) ist ein authentisches Jesuslogion erhalten, das von der Aussendung der Zwölf zu den „verlorenen Schafen des Hauses Israel" spricht. Zur Rekonstruktion vgl. *Trautmann* 218–225.

[102] Die Einsetzung der Zwölf geht mit Sicherheit auf den historischen Jesus zurück. Vgl. *B. Rigaux,* Die „Zwölf" in Geschichte und Kerygma, in: *H. Ristow – K. Matthiae* (Hg.), Der historische Jesus und der kerygmatische Christus. Berlin ²1962, 468–486; *W. Trilling,* Zur Entstehung des Zwölferkreises. Eine geschichtskritische Überlegung, in: *R. Schnackenburg – J. Ernst – J. Wanke* (Hg.), Die Kirche des Anfangs (FS H. Schürmann). Leipzig 1977, 201–220; *Trautmann* 167–233.392–394; *Sanders* 98–106.

[103] Vgl. *Jeremias* ²1959, 18.   [104] Vgl. im übrigen Anm. 10.

von zwölf Jüngern durch Jesus nur als bewußt gesetztes „eschatologisches Erfüllungszeichen" begriffen werden[105]. Die Zwölf veranschaulichen die jetzt durch Jesus beginnende[106] Erweckung und Sammlung Israels zum endzeitlichen Zwölfstämmevolk[107]. Sie veranschaulichen diese Sammlung schon allein durch das Faktum, daß sie als *Zwölf* geschaffen werden; aber selbstverständlich auch dadurch, daß sie bald darauf (oder sofort?) zu ganz Israel *ausgesandt* werden (Mk 6,7–13).

Die Schaffung und Aussendung der Zwölf veranschaulicht aber nicht nur den Willen Jesu, das eschatologische Israel zu sammeln. Die Zeichenhandlung muß auch im Zusammenhang seiner Basileia-Botschaft gesehen werden. Die Zwölf sollen ja das Reich Gottes verkünden (Mk 3,14; Lk 9,2) und durch das Austreiben der Dämonen gegenwärtig machen (Mk 3,15; 6,7). Man muß sogar noch weitergehen: Nicht nur ihre Tätigkeit, sondern schon sie selbst und die Tatsache ihres Gesandtseins sind *Zeichen* der jetzt aufscheinenden Basileia[108]. Sie veranschaulichen durch ihre Existenz und ihre Tätigkeit den Anspruch Gottes auf Gesamt-Israel, und zwar auf ein Israel, das sich seiner Herrschaft ganz unterwirft.

Es hieße freilich die Tiefendimension einer solchen Symbolhandlung weit unterschätzen, wenn man sie nur als *Veranschaulichung* oder als *Demonstration* betrachten würde. Sie ist gewiß beides. Aber sie ist darüber hinaus Initiation von Zukünftigem, das sich im prophetisch gesetzten Zeichen schon vorwegnehmend realisiert und in seiner anfanghaften Realisation das Zukünftige bereits entwirft. Mit der Konstitution der Zwölf und mit ihrer Verkündigung des Reiches Gottes beginnt bereits die Existenz des endzeitlichen Israel, in welchem die Herrschaft Gottes alles umfassen wird[109].

Im übrigen zeigt sich in der Schaffung der Zwölf jene Korrelation von Reich Gottes und Volk Gottes, ohne die man Jesus nicht versteht. Die Basileia braucht ein Volk, in dem sie sich durchsetzen und in dem sie aufstrahlen kann. Sonst wäre sie ortlos[110].

---

[105] Vgl. *H. Schürmann*, Die Symbolhandlungen Jesu als eschatologische Erfüllungszeichen, in: BiLe 11 (1970) 29–41.73–78; *Trautmann* 228–230.

[106] Viele Forscher (z. B. *Vögtle* 1961, 73) bringen die Konstitution der Zwölf mit der „galiläischen Krise" in ursächlichen Zusammenhang. Eine solche Position muß sich jedoch allzusehr auf Mt 19,28 stützen. Sie übersieht, daß die Zeichenfunktion der Zwölf durchaus eine Wandlung erfahren konnte. Vgl. im einzelnen *Lohfink* ⁶1985, 33 f.

[107] Wenn *Kümmel* (1943, 31) sagt, die Zwölf repräsentierten „den Ruf Jesu an das ganze Volk", so ist das zwar richtig, aber entschieden zuwenig. Denn die Zwölfzahl signalisiert ja nicht nur, daß *ganz* Israel gerufen ist, sondern noch mehr, daß es jetzt um die Schaffung des *eschatologischen* Israel geht, welches wieder ein Zwölfstämmevolk sein wird.

[108] Gegen *Kümmel* (1943, 28–32.42), für den allein Jesus, nicht aber die Jünger Zeichen der nahen Basileia sind. Dieselbe Position wie Kümmel vertritt *E. Gräßer*, Jesus und das Heil Gottes. Bemerkungen zur sog. „Individualisierung des Heils", in: *G. Strecker* (Hg.), Jesus Christus in Historie und Theologie (FS H. Conzelmann). Tübingen 1975, 167–184, 172.

[109] Vgl. *Trautmann* 387.

[110] Dazu ausführlich: *Lohfink* 1985. Vgl. auch *Oepke* 159: „Die Botschaft von dem Königtum Gottes, der Mittelpunkt von Jesu Verkündigung, steht in unlöslicher Beziehung zum Gottesvolkgedanken."

Wenn es bei Jesus so etwas wie „Stiftung" gibt, dann vor allem in der „Setzung" und „Schaffung" der Zwölf. Indem diese Zeichenhandlung den *Anspruch* Jesu ausdrückt, hat sie sogar eine juridische Dimension. Nur: Sie bezieht sich nicht auf eine neu zu gründende Kirche, sondern auf das zu sammelnde Israel.

4. Die Heilungen

Seitdem in der Bibelwissenschaft der eschatologische Horizont des Wirkens Jesu schärfer in den Blick trat, ist klar, daß Jesu Heilungswunder im Zusammenhang mit seiner Basileia-Verkündigung gesehen werden müssen: Seine Machttaten sind prophetische Zeichenhandlungen, welche die *Nähe* der Basileia ansagen. Genau das ist der ursprüngliche Sinn des Gleichnisses vom sprossenden Feigenbaum (Mk 13, 28 f): Wenn dessen Zweige saftig werden, weiß man in Palästina: Der Sommer ist nahe. Ebenso soll man wissen, wenn man *das alles,* nämlich die vielen Machttaten Jesu, sieht: Das Reich Gottes ist nahe (vgl. Lk 21, 31)[111].

Die Machttaten Jesu an den Kranken und sozial Isolierten sind aber nicht nur prophetische Ansage für die Nähe der *kommenden* Basileia. Sie eröffnen, wie das alle Zeichenhandlungen Jesu tun, die Heilszukunft als bereits *gegenwärtig:* „Wenn ich mit dem Finger Gottes die Dämonen austreibe, dann ist ja das Reich Gottes schon zu euch gekommen" (Lk 11, 20). Man muß deshalb genaugenommen sogar sagen: „Jesu Exorzismen sind nicht Prolepse des Gottesreiches, nicht zeichenhafte Vorwegnahme, sondern die Zukunft hat in solchen Taten die Gegenwart schon eingeholt; also ist die noch nicht eingeholte Gegenwart ein Anachronismus."[112] Auf jeden Fall stehen die Heilungen Jesu in festem Zusammenhang mit seiner Basileia-Botschaft. Wo das Reich Gottes anbricht, endet alle Krankheit.

Gerade weil die Heilungswunder Jesu so viel mit dem Kommen des *Reiches Gottes* zu tun haben, haben sie auch entscheidend mit dem *Volk Gottes* zu tun. Sie dienen der Restitution Israels, in welchem es in der eschatologischen Heilszeit keine Kranken mehr geben darf. Dieser Volk-Gottes-Bezug der Machttaten Jesu wird besonders in dem Jubelruf Lk 7, 22 deutlich: „Blinde sehen, Lahme gehen, Aussätzige werden rein, Taube hören, Tote werden auferweckt, und Armen wird das Evangelium verkündet." Es gibt keinen durchschlagenden Grund, diesen Text Jesus abzusprechen[113]. Er spielt in freier und souveräner Form auf die Heilsverheißungen des Jesajabuches (vor allem auf 35, 5 f) an, das neben dem Propheten Ezechiel offenbar den entscheidenden Schrifthinter-

---

[111] Vgl. *G. Lohfink,* Zur Möglichkeit christlicher Naherwartung, in: *G. Greshake – G. Lohfink,* Naherwartung, Auferstehung, Unsterblichkeit. Untersuchungen zur christlichen Eschatologie. Freiburg ⁵1986, 38–81, 42 f.

[112] *J. Becker* in: *W. H. Schmidt – J. Becker,* Zukunft und Hoffnung. Stuttgart 1981, 101. Vgl. auch *Merklein* 65.71.

[113] Vgl. das vorsichtige und differenzierende Urteil von *Becker* (s. Anm. 87) 83 f und *Merklein* (s. Anm. 92) 162–164.

grund darstellt, mit dessen Hilfe Jesus sein eigenes Wirken gedeutet hat. Bei Jesaja ist nun aber das Heilwerden der Kranken und Bedrückten integrierender Teil der endzeitlichen Restitution Israels. In der Heilszeit, die das Jesajabuch verkündet, wird Gott sein Volk heilen und führen (57,18); er wird seine Wunden verbinden (30,26) und kein Mensch wird in jenen Tagen in Israel mehr sagen: „Ich bin krank" (33,24).

Auch die Heilungswunder Jesu sind also Zeichenhandlungen, die Künftiges ansagen und es zugleich schon zur Gegenwart machen. Sie zielen unmittelbar auf die Sammlung und Erneuerung Israels. Für Jesus darf im endzeitlichen Gottesvolk niemand vom Heil ausgeschlossen sein: weder die Außenseiter noch die Sünder, noch die Kranken.

5. Die Sammlungsbitte

Wir haben uns bisher vorwiegend mit den *Zeichenhandlungen* Jesu beschäftigt. Im folgenden soll es stärker um seine *Worte* gehen. Zu der am wenigsten umstrittenen Wortüberlieferung gehört nun aber das Vaterunser. In diesem Gebet begegnet klar und markant das Thema der Basileia: „Es komme dein Reich" (Lk 11,2). Das Volk-Gottes-Thema scheint im Vaterunser zu fehlen. Nach allem, was wir bisher über die Korrelation von Reich Gottes und Volk Gottes bei Jesus gesehen haben, wäre gerade das aber höchst auffällig. Tatsächlich ist das Volk-Gottes-Thema da; es verbirgt sich in der 1. Vaterunserbitte „Es werde geheiligt dein Name" (Lk 11,2), die mit der 2. Bitte formal und inhaltlich eng zusammengehört[114].

In der 1. Vaterunserbitte geht es nicht um die Aktivität des Menschen wie etwa in Lev 22,32 oder Jes 29,23, sondern um Gottes ureigenes Werk: sein endzeitliches Handeln[115]. Allerdings wird nicht um ein Handeln Gottes gebetet, welches in ferner, noch weit entrückter Zukunft läge. Das Geschehen, in welchem Gott seinen Namen heiligt, und das Kommen des Reiches stehen beide in der gleichen zeitlichen Spannung zwischen *schon* und *noch nicht,* zwischen sich bereits erfüllender Gegenwart und noch ausstehender Zukunft, wie wir sie sonst bei Jesus beobachtet haben. Gott wird schon in nächster Zukunft seinen Namen definitiv heiligen[116] – ja, er hat mit dieser Heiligung bereits begonnen. Was ist konkret gemeint?

Die Formel, daß Gott seinen Namen heiligt, findet sich im gesamten Alten Testament *nur bei Ezechiel*[117], und sie hat dort einen präzisen, genau umrisse-

---

[114] Zum Parallelismus zwischen der 1. und 2. Bitte vgl. *J. Jeremias,* Das Vater-Unser im Lichte der neueren Forschung, in: *ders.,* Abba. Studien zur neutestamentlichen Theologie und Zeitgeschichte. Göttingen 1966, 152–171, 161.164; *A. Vögtle,* Das Vaterunser – ein Gebet für Juden und Christen?, in: *M. Brocke – J. J. Petuchowski – W. Strolz* (Hg.), Das Vaterunser. Gemeinsames im Beten von Juden und Christen. Freiburg 1974, 165–195, 169f.
[115] Vgl. *S. Schulz,* Q. Die Spruchquelle der Evangelisten. Zürich 1972, 89; *Schlosser* 1, 251f.
[116] Zu beachten ist der Aorist. Vgl. *Schlosser* 1, 252.
[117] Einzige Ausnahme: Sir 36,4! Dort ist – wie in 1 QM 11,14f – die Heiligung des Namens göttliches Gerichtshandeln an denen, die sich Gott widersetzen (36,2f. 5–12). Allerdings taucht dann so-

nen Sinn. Ihr Inhalt ist keineswegs variabel. Gott heiligt seinen Namen dadurch, daß er Israel von überall her sammelt, es erneuert und es wieder zu einem heiligen Volk macht. Vgl. Ez 20, 41 und vor allem 36, 23: „Meinen großen, bei den Völkern entweihten Namen, den ihr mitten unter ihnen entweiht habt, werde ich wieder heiligen. Und die Völker – Spruch Jahwes – werden erkennen, daß ich Jahwe bin, wenn ich mich an euch vor ihren Augen als heilig erweise." Anschließend führt der Text aus, auf welche Weise sich Gott an Israel als heilig erweist und so seinen Namen heiligt: 1. durch die Sammlung des Volkes aus der Zerstreuung, 2. durch die Rückführung des Volkes in sein Land, 3. durch die Gabe eines neuen Herzens und eines neuen Geistes, die wahre Toraerfüllung möglich machen, 5. dadurch, daß Israel zum wahren Gottesvolk wird (36, 24–28).

Obwohl für Jesus eine Sammlung Israels aus dem Exil keine Rolle mehr spielen konnte, war er in der Lage, die Sprache Ezechiels zu übernehmen[118]. Denn Ezechiel meint eben, wie die obige Zusammenstellung zeigt, mit der Heiligung des Namens nicht nur die Rückführung Israels aus der Diaspora, sondern zugleich dessen endzeitliche Restitution.

„Geheiligt werde dein Name!" heißt also konkret: „Sammle und erneuere dein Volk! Laß es zum wahren Gottesvolk werden!" Diese vom Alten Testament her geforderte Präzisierung der 1. Vaterunserbitte zeigt erneut den tiefen Zusammenhang zwischen Reich Gottes und Volk Gottes bei Jesus. Gerade indem Gott durch die Sammlung Israels seinen Namen heiligt (1. Bitte), kommt sein Reich (2. Bitte).

6. Das Gleichnis vom Sämann

Meist wird bei der Auslegung des Gleichnisses vom Sämann (Mk 4, 3–9)[119] die Aussaat des Samens mit der *Wortverkündigung* Jesu gleichgesetzt, wobei offenbar die urchristliche Kommentierung des Gleichnisses in Mk 4, 13–20 großen Einfluß ausübt. Eine solche Deutung ist jedoch bei einem Gleichnis, das wie alle Saatgleichnisse von der Basileia handelt (vgl. Mk 4, 26.30; Mt 13, 24), wenig einsichtig. Denn Jesus hat das Kommen der Basileia keineswegs auf seine Verkündigung eingeengt. Gewiß, das Reich kommt schon, indem er es proklamiert oder indem er es den Armen Israels zuspricht. Aber es kommt, wie wir sahen, genauso in den Machttaten und Zeichenhandlungen Jesu. Von daher gesehen ist es von vornherein unwahrscheinlich, daß Jesus im Gleichnis vom Sä-

---

fort in 36, 13–19 assoziativ, wohl beeinflußt durch Ez 36, der Motivkomplex der Sammlung Israels auf.

[118] Dabei könnte das *Quaddisch*, in welchem gebetet wird „verherrlicht und geheiligt werde sein großer Name", eine vermittelnde Rolle gespielt haben. Aber auch hinter dieser Eulogie des Quaddisch steht deutlich Ez 36–38. Vgl. *J. Elbogen*, Der jüdische Gottesdienst in seiner geschichtlichen Entwicklung. Hildesheim ⁴1962, 93.

[119] Für eine ausführliche Begründung von Abschnitt 6 vgl. *G. Lohfink*, Die Metaphorik der Aussaat im Gleichnis vom Sämann (Mk 4, 3–9), in: À cause de l'Évangile. Études sur les Synoptiques et les Actes (FS J. Dupont). Paris 1985, 211–228.

mann die Aussaat einfachhin mit der Verkündigung des Wortes gleichgesetzt hat.

Maßgebend für die richtige Auslegung muß die Metaphorik der Aussaat im Alten Testament sein, und zwar ist speziell nach denjenigen alttestamentlichen Belegen zu fragen, in denen *Gott* der Säende ist. Dann zeigt sich sofort: Wenn im Alten Testament von Gott selbst gesagt wird, daß er aussät, so geht es ausnahmslos um das Säen *von Menschen,* wobei mit diesen Menschen stets Israel gemeint ist. Gott hat sein Volk unter die Völker gesät (Sach 10, 9), oder er sät es in der kommenden Heilszeit im Lande neu aus, damit es zum wahren Israel wird und zugleich zu jenem unermeßlich großen Volk heranwächst, das den Patriarchen verheißen wurde (Hos 2, 1–3.25). Besonders instruktiv ist Jer 31, 27 f: „Seht, es werden Tage kommen – Spruch Jahwes –, da säe ich über das Haus Israel und über das Haus Juda eine Saat von Menschen und eine Saat von Vieh. Wie ich über sie gewacht habe, um auszuwurzeln und einzureißen, zu zerstören, zu vernichten und zu schaden, so werde ich über sie wachen, um aufzubauen und einzupflanzen – Spruch Jahwes." Jer 31, 27 f zeigt sehr schön, wie nahe die Bilder des *Bauens* (vgl. Mt 16, 18), der *Pflanzung* (vgl. Mt 3, 10) und der *Aussaat* (vgl. Mk 4, 3–9) beieinanderliegen. Wenn Gott in diesen Bildern der Handelnde ist, geht es stets um die endzeitliche Erneuerung Israels[120].

Wendet man diese Beobachtungen auf das Gleichnis vom Sämann an, so ergibt sich ein ausgezeichneter Sinn. Das Gleichnis sagt dann, daß durch das Werk des Sämanns in Israel die endzeitliche Erneuerung des Gottesvolkes eingeleitet wurde. Bei diesem Werk, das Gott durch Jesus tut, treten nun freilich Widersacher auf. Jesus wählt, stellvertretend für vielerlei mögliche Feinde der Saat, nach einem beliebten Schema volkstümlichen Erzählens *drei* Opponenten, welche die Saat in verschiedenen Phasen ihres Wachstums bedrohen: 1. sofort nach der Aussaat, 2. nach dem Aufkeimen, 3. im weiteren Verlauf des Wachstumsprozesses. Das Werk Gottes, die Schaffung des wahren, endzeitlichen Israel, ist also vom Anfang bis zum Ende von mächtigen Opponenten bedroht. Allerdings liegt hier noch nicht die Pointe des Gleichnisses. Diese ergibt sich erst am Ende in V. 8: Trotz aller Bedrohungen und aller Verluste bringt der Acker im ganzen einen reichen Ertrag. Das heißt aber: Das Werk Gottes wird gelingen. Das endzeitliche Israel wächst schon heran und wird seine Frucht bringen[121].

Das Gleichnis vom Sämann braucht also keineswegs auf eine Darstellung des Schicksals des Wortes eingeengt zu werden – so wenig dieser Aspekt auszuschließen ist. Es läßt sich genausogut und der theozentrischen Saatmetaphorik des Alten Testaments kongenialer auf die eschatologische Erneuerung Israels hin auslegen. Dann aber setzt auch Mk 4, 3–9 die Korrelation von Reich Gottes und Volk Gottes voraus. Denn die endzeitliche Aussaat des Volkes Gottes wird ja als Gleichnis für das Kommen der Basileia erzählt.

---

[120] Auch in der zwischentestamentlichen Literatur ist die hier beschriebene Metaphorik nicht unbekannt. Vgl. äthHen 62, 8: „Die Gemeinde der Heiligen und Auserwählten wird gesät werden."
[121] Vgl. *G. Lohfink,* Das Gleichnis vom Sämann (Mk 4,3–9), in: BZ 30 (1986) Heft 1.

7. Die Parabel vom Festmahl

Unsere Auslegung des Sämannsgleichnisses wird durch die Parabel vom Festmahl (Lk 14, 16–24) erhärtet[122]. Auch hier geht es um das eschatologische Werk Gottes, dessen eigentlicher Ort das Gottesvolk ist. Sieht man einmal davon ab, daß die Parabel vom Festmahl ihren Stoff nicht wie Mk 4, 3–9 der Natur, sondern der gesellschaftlichen Sphäre entnimmt, so zeigen sich erstaunliche Gemeinsamkeiten: Nach einer Exposition (V. 16 f) nehmen zunächst drei negative Teile (VV. 18–21) breiten Raum ein. Dann kommt die Wende zum Positiven, die zugleich die Pointe der Parabel enthält (VV. 21.23 c). Wie im Gleichnis vom Sämann liegt also das Schema 3 + 1 vor, wobei auf dem letzten, positiven Teil das „Achtergewicht" ruht.

Das Festmahl mußten damalige jüdische Hörer als das große eschatologische Mahl verstehen, das Gott veranstaltet (vgl. V. 15). Wenn es zu diesem Mahl eigens Eingeladene gibt (V. 17), so kann es sich nur um das Gottesvolk insgesamt[123], nicht aber um einen begrenzten Teil von ihm handeln[124]. Anhand von drei exemplarischen Fällen schildert die Parabel, wie sich sämtliche Eingeladenen entschuldigen und fernbleiben. Genauso wie die Aussaat in Mk 4, 3–9 scheint auch das Festmahl in Lk 14, 16–24 zu scheitern. Da bringt der letzte Teil des Gleichnisses die Wende: Der Hausherr lädt die Armen und Außenseiter der Stadt ein, damit das Mahl stattfinden kann (V. 21). Und wie im Gleichnis vom Sämann steht nun am Ende das Motiv der Fülle: „damit mein Haus voll wird" (V. 23).

Der frühen Kirche mußte sich bei all dem eine Deutung auf die Heidenmission geradezu aufdrängen (vgl. Mt 22, 8–10). Jesus formuliert aber in dieser Parabel noch sehr indirekt. Er sagt lediglich: Das Festmahl der Basileia findet auf jeden Fall statt. Wenn die Geladenen nicht wollen, lädt sich Gott andere ein. Er verschiebt sein Vorhaben nicht und läßt es von niemandem verhindern. – Auch hier liegt die Korrelation von Reich Gottes und Volk Gottes auf der Hand: Zu einem Festmahl braucht man Menschen. Das Reich Gottes braucht ein Volk.

8. Die Völkerwallfahrt

Die Parabel vom Festmahl verrät gegenüber dem Sämannsgleichnis bereits eine Zuspitzung der Situation. Es gibt nicht nur mächtige Opponenten; ein Sich-

---

[122] Lk 14, 16–24; Mt 22, 1–10 und ThomEv 64 sind redaktionelle Bearbeitungen einer älteren Fassung des Gleichnisses. Zum Inhalt dieser älteren Fassung vgl. *A. Weiser*, Die Knechtsgleichnisse der synoptischen Evangelien. München 1971, 63 f. In der lukanischen Fassung sind 14, 22.23 a b (24?) traditionsgeschichtlich sekundär. V. 23c bildete ursprünglich einmal den Abschluß von 21.

[123] So mit Recht *A. Vögtle*, Die Einladung zum großen Gastmahl und zum königlichen Hochzeitsmahl, in: *ders.*, Das Evangelium und die Evangelien. Düsseldorf 1971, 171–218.

[124] Daß zum Mahl der Basileia zunächst nur die Führer Israels oder die Gerechten oder die Reichen des Volkes eingeladen werden und erst nach deren Absage die Armen und die Sünder, widerspräche völlig der Botschaft und Praxis Jesu. So richtig *E. Haenchen*, Das Gleichnis vom großen Mahl, in: *ders.*, Die Bibel und wir. Tübingen 1968, 135–155, 153 f.

Verweigern Gesamt-Israels kommt in Sicht. Die Parabel dürfte deshalb eher am Ende der öffentlichen Wirksamkeit Jesu anzusetzen sein. Noch einen Schritt weiter geht das radikale *Drohwort* Mt 8, 11 f par Lk 13, 28 f, das uns bereits im Rahmen der matthäischen Ekklesiologie beschäftigt hat. Es ist bedeutsam, weil es für Jesus die Vorstellung von der Völkerwallfahrt bezeugt[125]. Ursprünglich dürfte es folgendermaßen gelautet haben[126]: „Ich sage euch: Sie werden vom Aufgang und vom Niedergang kommen und mit Abraham, Isaak und Jakob im Reich Gottes zu Tische liegen. Ihr aber werdet hinausgeworfen werden."

Das Wort blickt voraus in die Zeit der Heilsvollendung. Die *Stammväter Israels* sind von den Toten auferstanden und mit dem Gottesvolk der Endzeit vereint. Sie werden wegen des jüdischen Heilsvertrauens auf die Väter (besonders auf Abraham) eigens genannt. Gerade dadurch erhält der Ausschluß der jetzigen Generation seine ganze Schärfe. Selbstverständlich sind die Stammväter nur als pars pro toto genannt. Mit ihnen sind alle Gerechten Israels auferstanden. Das Reich Gottes kommt zu seiner Vollendung[127]. Die Vollendung wird wie in Lk 14, 16–24 im Bild des Festmahls dargestellt. Zu diesem Mahl aber kommen andere von überall her. Da sie den jüdischen Hörern Jesu gegenübergestellt sind, können mit ihnen nur die Heiden gemeint sein. Die Heidenvölker erhalten Anteil an jenem Mahl, das an sich gerade dem jetzigen Israel bereitet war. Dieses aber wird hinausgeworfen.

Daß Jesus hier auf den alttestamentlichen Motivkomplex der Völkerwallfahrt (vgl. Jes 2, 2–5; 60; Jer 3, 17; Sach 8, 20–23) zurückgreift, liegt auf der Hand. Entscheidend an diesem Motivkomplex ist folgendes: Die Heiden, die sich von überall her nach Jerusalem aufmachen, sind nicht aufgrund missionarischer Aktivität gläubig geworden, sondern durch den faszinierenden Glanz, den die Zionsstadt ausstrahlt. Das Heil, das im Gottesvolk sichtbar wird, lockt sie herbei. Die Heidenvölker erhalten ihren Anteil am Heil Gottes, indem sie an Israel Anteil erhalten.

Man kann das Verhalten Jesu allein vor dem Hintergrund dieser Vorstellung wirklich verstehen. Nur so wird plausibel, warum er sein Wirken, trotz aller Offenheit für die Heiden (Mt 8, 5–10), strikt auf Israel begrenzt. Er muß in Israel wirken, denn nur wenn im Volk Gottes das Licht des Gottesreiches aufstrahlt, können sich die Heiden in der endzeitlichen Völkerwallfahrt auf den Weg machen und Gott in Israel finden.

---

[125] Zur Authentizität von Mt 8, 11 f vgl. *F. Hahn*, Das Verständnis der Mission im Neuen Testament. Neukirchen-Vluyn ²1965, 26–28.
[126] Die Lukasfassung ist in ihrer Zweiteilung sekundär. Zur Rekonstruktion vgl. *Schulz* (s. Anm. 115) 323 f; zur Authentie *Merklein* (s. Anm. 92) 118.
[127] Vgl. *Jeremias* ²1959, 47 f.

9. Die Gerichtsworte über Israel

Matthäus- und Lukasevangelium enthalten eine relativ große Zahl von Gerichtsworten Jesu über Israel[128]. Zu ihnen zählt der bereits behandelte Spruch Mt 8, 11 f, ferner Sprüche gegen Chorazin und Betsaida (Lk 10, 13 f), gegen Kafarnaum (Lk 10, 15), gegen Jerusalem (Lk 13, 34 f) und vor allem gegen „dieses Geschlecht" (vgl. bes. Lk 11, 29–32.49–51). Fast all diese Gerichtsworte sind über die Logienquelle vermittelt und dürften in der nachösterlichen Israelmission (genauer: bei deren Scheitern) einen festen Sitz im Leben gehabt haben[129]. Das schließt freilich keineswegs aus, daß sie auf Jesus selbst zurückgehen. Folgendes ist ihnen gemeinsam:

Sie fassen, sieht man von Lk 10, 13–15 ab, Gesamt-Israel ins Auge. Besonders deutlich ist das in den Worten über αὕτη ἡ γενεά. „Dieses Geschlecht" meint die gegenwärtig lebende Generation Israels, die mit der eschatologischen Botschaft und Praxis Jesu konfrontiert ist. Wie sehr es um das Schicksal Gesamt-Israels geht, wird aber auch daran deutlich, daß in Mt 8, 11 f; Lk 10, 13 f und Lk 11, 29–32 Heiden dem Gottesvolk antithetisch gegenübergestellt werden.

Die genannten Gerichtsworte rechnen mit einer definitiven Verweigerung Israels. Jesus hat sie mit Sicherheit nicht zu Beginn seines öffentlichen Auftretens gesprochen. Sie setzen eine längere Wirksamkeit Jesu voraus, ja, sie sind wahrscheinlich sogar schon in einer Situation gesprochen, in der sich sein gewaltsamer Tod abzeichnet. Sie zeigen, daß für Jesus Israel in die entscheidende Krise seiner Geschichte getreten ist. Noch ist freilich die Entscheidung des Volkes nicht endgültig. Noch immer besteht eine letzte Hoffnung, daß die Hörer Jesu die Zeichen der Zeit begreifen und ihre eigene Situation verstehen (Lk 12, 54–57). Gerade deshalb gerät Jesus ja auch in die sprachlich zugespitzte Form der Gerichtsrede hinein. Die Schärfe der Drohung will Umkehr in letzter Stunde bewirken.

Äußerst auffällig ist, in welchem Maß Jesus einzelne Städte Israels oder sogar das gesamte Volk als *Kollektiv* angreift[130]. Hätte er nicht sorgfältiger zwischen dem sich verweigernden Teil des Volkes auf der einen Seite und seinen Jüngern und Sympathisanten auf der anderen Seite unterscheiden müssen? Die Universalität seiner Gerichtsdrohung dürfte nicht nur von der Redegattung her bedingt sein; sie muß noch tiefere Gründe haben. Diese werden vor allem darin liegen, daß es Jesus eben um Gesamt-Israel geht. Er will nicht nur einen Teil des Volkes gewinnen, und schon gar nicht eine *Restgemeinde* gründen[131], sondern

---

[128] Zum Thema des Gerichts bei Jesus vgl. vor allem *Becker* (s. Anm. 87) 86–104.

[129] Vgl. *Lührmann* (s. Anm. 31) 24–48.84.87 f.93 f; *Schulz* (s. Anm. 115) 323–378.

[130] Schon von hier aus gesehen zeigt sich die Mißverständlichkeit der häufig wiederholten These, daß es Jesus primär um den einzelnen gegangen sei. Diese These vertreten z. B. *H. Conzelmann*, Art. Eschatologie IV, in: RGG 2, 665–672, 667 f; *G. Klein*, „Reich Gottes" als biblischer Zentralbegriff, in: EvTh 30 (1970) 642–670, 657; *Gräßer* (s. Anm. 108) 182 f; *H. Schürmann*, Gottes Reich – Jesu Geschick. Jesu ureigener Tod im Licht seiner Basileia-Verkündigung. Freiburg 1983, 35 f (der seltsamerweise die eschatologischen Zeichenhandlungen Jesu zu Ausnahmen degradiert).

[131] So z. B. *K. L. Schmidt*, Art. ἐκκλησία, in: ThWNT 3, 502–539, 530. Dagegen wenden sich heute fast alle Forscher. Vgl. besonders *J. Jeremias*, Der Gedanke des „Heiligen Restes" im Spätjudentum

für ihn hängt alles davon ab, daß das gesamte Gottesvolk einschließlich seiner Führer die Basileia annimmt. Es ist eine ähnliche Situation wie später bei Paulus (vgl. oben § 2,4). Auch dieser begnügt sich ja keineswegs damit, daß ein „Rest" Israels erwählt bleibt. „Ganz Israel" muß gerettet werden, damit die ganze Welt durch Israel das Heil finden kann. So zeigen gerade die Gerichts- und Drohworte Jesu noch einmal seinen unbedingten Anspruch auf das gesamte Israel[132].

10. Die Jünger Jesu

Die Drohworte gegen Israel markieren deutlich einen Einschnitt im Wirken Jesu. Wie ging es weiter? Hat Jesus, als er die Gleichgültigkeit des Volkes sah, die Zielrichtung seines Wirkens geändert und sich von da an ganz auf den Jüngerkreis konzentriert, um ihn zum Kern einer späteren Kirche zu machen?[133] Eine solche Neubestimmung der Funktion des Jüngerkreises ist exegetisch nicht zu erweisen. Es mag zwar sein, daß sich Jesus zuletzt stärker der Jüngerbelehrung gewidmet hat. Damit veränderte er jedoch keineswegs das Wesen und die Aufgabe des Jüngerkreises. Dieser hatte während der Zeit Jesu vom Anfang bis zum Ende die gleiche Aufgabe. Worin bestand sie?

Die beste Antwort gibt Lk 10, 2: „Die Ernte ist groß, aber der Arbeiter sind nur wenige. Bittet daher den Herrn der Ernte, Arbeiter in seine Ernte zu senden." Der „Herr der Ernte" ist selbstverständlich Gott. Die Ernte ist uraltes biblisches Bild für das Gericht, aber auch für die eschatologische Heilszeit. Das Einbringen der Ernte muß die Sammlung Israels zum Gottesvolk der Endzeit meinen. Es kann gar nicht genug Menschen geben, sagt Jesus, die bei dieser Sammlungsbewegung mithelfen. Denn die Zeit drängt wie in den Tagen der Ernte. Jesus hat deshalb Jünger zur Arbeit in der eschatologischen Ernte berufen (Mk 1, 17) und ausgesandt[134]. Sie sind Mitarbeiter Jesu zur Sammlung Israels angesichts der nahen Basileia[135].

Darüber hinaus hat der Jüngerkreis von Anfang an eine zweite Aufgabe, die freilich mit der ersten eng zusammenhängt[136]: Die Jünger sollen in ihrer Exi-

---

und in der Verkündigung Jesu, in: *ders.* (s. Anm. 114) 121–132, dort 129–131; *Schlosser* 2, 583. Allerdings sieht K. L. Schmidt durchaus den Bezug des „Restes", den er als *pars pro toto* versteht, auf Gesamt-Israel.

[132] Vgl. *Dahl* 149.

[133] So z. B. *T. Schmidt*, Der Leib Christi. Eine Untersuchung zum urchristlichen Gemeindegedanken. Leipzig – Erlangen 1919, 250 f.

[134] Vgl. *Pesch* (s. Anm. 68) 26–28. Zur Historizität der Jüngeraussendung s. vor allem *Hengel* (s. Anm. 98) 35 f.

[135] Grundlegend: *Hengel* 1968, 80–89.

[136] *F. Mußner* (Gab es eine „galiläische Krise"?, in: *P. Hoffmann* [Hg.], Orientierung an Jesus [FS J. Schmid]. Freiburg 1973, 238–252) teilt, wie viele vor ihm, die Funktion des Jüngerkreises Jesu in zwei Phasen: Zunächst sind die Jünger „Multiplikatoren" Jesu; nachdem Jesus jedoch in Galiläa gescheitert ist, zieht er sich auf den engeren Jüngerkreis zurück und macht ihn „zum Kern der kommenden Heilsgemeinde" (247). Eine solche „Umfunktionierung des Jüngerkreises" (244) ist jedoch weniger wahrscheinlich. Es gibt bei Jesus von Anfang an *Jüngerunterweisung*, und Jesus wirkt bis zum Ende *öffentlich*.

stenz als einzelne und als Gemeinschaft *zeichenhaft* darstellen, was in Gesamt-Israel geschehen soll[137]: völlige Hingabe an das Evangelium vom Reich Gottes, radikale Umkehr zu einer neuen Lebensordnung, gewalt- und herrschaftsfreie Kommunikation, Sammlung zu einer brüderlichen und schwesterlichen Gemeinschaft. Im Grunde wäre an dieser Stelle jetzt die gesamte Jüngerunterweisung Jesu zu entfalten. Das kann selbstverständlich nicht geschehen. Festzuhalten ist hier nur folgendes:

Jene Nachfolge, die den Jüngerkreis prägt und seine Existenz bestimmt, soll diesen nicht gegen das übrige Israel abschließen. Denn die Radikalität neuer Existenz ist *von allen* in Israel gefordert, auch von den „ortsgebundenen" Anhängern Jesu. Verschieden sind nur die konkreten *Gestaltungsformen* dieser Radikalität[138]: sie haben der jeweiligen Lebenssituation zu entsprechen. Jesus hat nicht alle Menschen in Israel zu Jüngern berufen, wohl aber alle in die vollkommene Hingabe an das Reich Gottes[139]. Der Jüngerkreis unterscheidet sich also nicht *prinzipiell* durch größere Radikalität vom übrigen Israel, sondern nur dadurch, daß er die ihm spezifische Existenzform der *Nachfolge* lebt, oder auch dadurch, daß er in jene Hingabe an das Reich Gottes, die ganz Israel leben soll, *bereits jetzt* eingetreten ist. Auch in diesem Sinne ist er für Israel geöffnet und ständig auf ganz Israel ausgerichtet.

Damit ist klar: Der Jüngerkreis ist nicht der „heilige Rest" Israels, und er ist erst recht keine *neue Gemeinde* innerhalb oder außerhalb des Gottesvolkes, die Jesus, als er auf zunehmenden Widerstand stieß, zum *Ersatz* oder zur *Ablösung* für Israel bestimmt hätte. Er ist vielmehr von seinem bleibenden signifikanten Bezug auf Gesamt-Israel her zu definieren. Er soll das endzeitliche Gottesvolk, um das es Jesus geht, präfigurieren[140]. Er soll zeichenhaft darstellen, was ganz Israel werden soll. Er soll die eschatologische Existenz Israels unter der Herrschaft Gottes jetzt schon beginnen lassen[141]. Insofern ist er – selbstverständlich niemals unabhängig von Jesus, sondern immer nur in der Bindung an ihn – Zeichen der nahen Basileia[142].

---

[137] Die Zeichenhaftigkeit der Jünger für Gesamt-Israel hat besonders *Schürmann* herausgestellt.
[138] Ausführlicher hierzu *Lohfink* ⁶1985, 42–88, bes. 50–52.
[139] Vgl. *Hengel* 68–70.80 f.
[140] Insofern – und nur insofern – darf man den Jüngerkreis Jesu als „Kern der eschatologischen Heilsgemeinde" bezeichnen. Diese Terminologie verwenden *Schnackenburg* 151; *Vögtle* 1961, 82; *K. Müller,* Jesu Naherwartung und die Anfänge der Kirche, in: *ders.* 9–29, 22.
[141] Gegen *Kümmel* (1965, 292–294), der die endzeitliche Existenz des Gottesvolkes für das Verständnis Jesu ganz in die Zukunft verlegt. Ähnlich *Conzelmann* (s. Anm. 130) 668: „Jesus sammelt das Gottesvolk ausschließlich durch seinen Ruf und erwartet die sichtbare Sammlung beim Anbruch des Reiches." Ähnlich *L. Goppelt,* Theologie des Neuen Testaments 1: Jesu Wirken in seiner theologischen Bedeutung. Göttingen 1975, 257. Zu dieser Verkennung der Relevanz der präsentischen Eschatologie Jesu für das Gottesvolk vgl. Lohfink 1985, 176.
[142] Vgl. *Schnackenburg* 154 f.160; *Merklein* 66. – Siehe auch oben Anm. 108.

11. Das letzte Mahl

In welchem Verhältnis steht Jesu letztes Mahl zu seiner Reich-Gottes-Praxis, das heißt zu dem Versuch, ganz Israel im Blick auf die nahe Basileia zu sammeln? Ist Jesus in diesem Mahl bei seiner Hinwendung zu Israel geblieben, hat er sie gar vertieft und bekräftigt, oder hat er sich angesichts seines Todes von Israel abgewandt und durch die Institution der Eucharistie etwas Neues, nämlich die Kirche (verstanden als *neues* Gottesvolk) gestiftet?[143]

Zunächst einmal fällt auf, daß Jesus trotz des Todes, den er auf sich zukommen sieht, an seiner Erwartung des Reiches Gottes festhält. Dies zeigt der sogenannte „eschatologische Ausblick" Mk 14,25 par Lk 22,16.18. Er lautet in der kürzeren, markinischen Fassung[144]: „Amen, ich sage euch: Ich werde nicht mehr von der Frucht des Weinstocks trinken bis zu jenem Tag, da ich neu davon trinke im Reiche Gottes." Jesus bleibt also dabei, daß jenes Mahl der vollendeten Basileia, von dem in Mt 8,11f und Lk 14,16–24 die Rede gewesen war, stattfinden wird. Der eschatologische Ausblick in Mk 14,25 ist nicht nur Todesprophetie, sondern Bekräftigung all dessen, was Jesus über das Kommen der Basileia verkündet hatte[145]. Die Frage ist nur: Mit welchem Volk wird das Mahl des Reiches Gottes gefeiert werden?

Für die Antwort auf diese Frage ist die in Mk 14,17 überlieferte Nachricht, daß Jesus sein letztes Mahl μετὰ τῶν δώδεκα gefeiert habe[146], von entscheidender Bedeutung. Die Zwölf waren ja als Realsymbol für das zu sammelnde eschatologische Israel konstituiert worden. Wenn ihnen jetzt im Rahmen des letzten Mahles in einer feierlichen Geste Brot und Wein dargeboten werden, so erreicht offenbar die Repräsentation Israels durch die Zwölf ihre letzte Verdichtung. Nicht ihnen privat, sondern ihnen *als dem Realsymbol für Gesamt-Israel* eignet sich der in den Tod gehende Jesus in der Darreichung des Brotes und des Weines als Heilsgabe zu[147].

Aber nicht nur die auffällige Wahl der Zwölf zu Tischgenossen zeigt, wie dezidiert Jesus sein letztes Mahl auf Gesamt-Israel ausrichtet. Einen ebenso wichtigen Anhaltspunkt bietet die Applikation seines Todes „für die Vielen", die in dem Deutewort zum Wein (Mk 14,24) ausgesprochen wird[148]. Mit diesem ὑπὲρ

---

[143] Letzteres vertrat z.B. *F. Kattenbusch*, Der Quellort der Kirchenidee, in: Festgabe A. von Harnack. Tübingen 1921, 143–172: „Das Abendmahl ist der Akt der Gründung seiner ἐκκλησία, seiner ‚Gemeinde' als solcher, gewesen" (169). Allerdings verstand Kattenbusch diese Ekklesia als das wahre Israel (171).

[144] Eine ausführliche Interpretation des „eschatologischen Ausblicks" bietet *H. Patsch*, Abendmahl und historischer Jesus. Stuttgart 1972, 89–150.

[145] Vgl. *J. Blank*, Der „eschatologische Ausblick" Mk 14,25 und seine Bedeutung, in: *Müller – Stenger* (s. Anm. 73) 508–518, 514.

[146] An dieser besonderen Rolle der Zwölf beim letzten Mahl würde auch eine zusätzliche Präsenz des „Lieblingsjüngers" (vgl. Joh 13,23) nichts geändert haben. Symbole brauchen zwar Eindeutigkeit, aber sie werden nicht am Reißbrett konstruiert.

[147] Vgl. *Dahl* 163. Ähnlich, wenn auch vorsichtiger: *Patsch* (s. Anm. 144) 149.

[148] Das markinische ὑπὲρ πολλῶν und seine Position im Weinwort dürfte gegenüber dem paulinischen ὑπὲρ ὑμῶν (1 Kor 11,24) ursprünglich sein. Vgl. *Patsch* (s. Anm. 144) 74–79.87.181; *R. Pesch*, Das Markusevangelium 2 (HThK 2/2). Freiburg 1977, 374.

πολλῶν deutet Jesus seinen bevorstehenden Tod im Lichte von Jes 53, 11 f als stellvertretenden Sühnetod[149]. Aber wer sind die „Vielen", denen er seinen Tod als sühnende Heilsgabe zueignet?

Meist lautet die Antwort: alle Menschen![150] Diese Auffassung kann von den πολλοί in Jes 52, 14 f und Mt 8, 11 und außerdem von der johanneischen Gestalt des Brotwortes in Joh 6, 51 c ausgehen. Sie hat manches für sich und dürfte letztlich auch richtig sein. Nur übergeht sie eine Zwischenstufe[151]. Jesu gesamte Existenz war zuerst *Dasein für Israel* und nur durch dieses Dasein für Israel *Dasein für die Völker* (vgl. Joh 11, 50–52). Nur wenn ganz Israel das Heil findet, können auch die Völker das Heil finden. Von hier her gesehen ist es ausgeschlossen, daß Jesus in der Stunde des letzten Mahles sein Volk, dem seine ganze Sendung galt, vergessen und an Israel vorbei vom Heil für die Völker hätte sprechen können. Wie sollte in diesem Fall das Heil überhaupt zu den Völkern gelangen? Und was war dann mit Israel? Dem, was wir bisher von Jesus gesehen haben, entspricht es allein, wenn er mit den „Vielen" zunächst Israel meint und erst *vermittelt durch Israel* die Völker insgesamt[152]. Jesus hätte dann die Hingabe seines Lebens als eine Setzung von Sühne interpretiert, und zwar von Sühne für jenes Israel, das sich seiner Botschaft verweigert hatte und das sich jetzt anschickte, ihn zu töten[153].

Exegetische Positionen, die behaupten, das Sühneschema sei als Deutekategorie erst von der nachösterlichen Gemeinde eingeführt worden und mit der Basileia-Botschaft Jesu nicht in Einklang zu bringen, da das Heil der Basileia bereits bedingungsloses Erbarmen sei, das jede Sühne ausschlösse[154], haben weder begriffen, was in der Bibel *Sühne* bedeutet, noch haben sie die *Geschichtlichkeit* der auf Israel zukommenden Basileia verstanden.

Die Nähe der Basileia ist bei Jesus keine zeitlose Nähe des *semper et ubique,* sondern die Basileia ist einmaliges, jetzt zu ergreifendes, nicht beliebig wieder-

---

[149] Vgl. *Patsch* (s. Anm. 144) 180–182.

[150] So z. B. *Oepke* 175; *R. Schnackenburg,* Art. Kirche, in: LThK 6, 167–172, 168; *J. Jeremias,* Die Abendmahlsworte Jesu. Göttingen ³1960, 219–223; und vor allem *Patsch* (s. Anm. 144) 166–168. 183.224.

[151] *Pesch* (s. Anm. 68) 41 weist zu Recht darauf hin, daß der Sühnetod Jesu schon allein deswegen nicht von Anfang an *explizit* universal verstanden worden sein kann, weil von der Urgemeinde nach Ostern gar nicht sofort Heidenmission betrieben wurde. – Einen wichtigen Einblick in die Geschichte der Universalisierung des Sühnetodes Jesu von einem Tod *für das Bundesvolk Israel* bis zum Tod *für alle, die glauben,* bietet auch die Traditions- und Redaktionsgeschichte von Röm 3, 25 f. Vgl. hierzu *P. Stuhlmacher,* Zur neueren Exegese von Röm 3, 24–26, in: *E. E. Ellis – E. Gräßer* (Hg.), Jesus und Paulus (FS W. G. Kümmel). Göttingen 1975, 315–333, 330 f; *G. Lohfink,* Universalismus und Exklusivität des Heils im Neuen Testament, in: *W. Kasper* (Hg.), Absolutheit des Christentums. Freiburg 1977, 63–82, 63–66.

[152] Die Deutung der „Vielen" zunächst auf *Israel* ist auch vom zeitgenössischen Verständnis von Jes 53, 11 f (Prophetentargum) und vom Sprachgebrauch in Qumran her gesehen wahrscheinlicher. Vgl. *Pesch* (s. Anm. 148) 360.

[153] So auch *Pesch* (s. Anm. 148) 359 f; *ders.* (s. Anm. 68) 29 f; *M. Hengel,* The Atonement. The Origins of the Doctrine in the New Testament. London 1981, 72; *Merklein* 140 f; *ders.,* Der Tod Jesu als stellvertretender Sühnetod. Entwicklung und Gehalt einer zentralen neutestamentlichen Aussage, in: Pastoralblatt für die Diözesen Aachen, Berlin ... 37 (1985) 66–73, 68.

[154] Vgl. etwa *P. Fiedler,* Jesus und die Sünder. Frankfurt – Bern 1976, 280 f.

holbares, eben *eschatologisches* Angebot Gottes. Wenn sich in Jerusalem die Repräsentanten Israels Jesus verweigern, dann schlägt *Israel* die Basileia definitiv aus. Schlägt aber Israel die Basileia aus, so hat es den Sinn seiner Existenz verfehlt, das Heil für sich selbst und für die Völker verspielt und das Erwählungshandeln Gottes ad absurdum geführt[155]. Nur so ist der furchtbare Ernst der Drohworte, die Jesus gegen Ende seiner öffentlichen Wirksamkeit spricht, erklärbar. In dem Augenblick, da sich Israel durch die Beseitigung Jesu der Basileia definitiv verweigert, entsteht eine Situation, in der nichts mehr so ist, wie es zu Beginn in Galiläa war, und in der Mk 1, 15 („nahegekommen ist die Basileia") eben nicht mehr einfach wiederholt werden kann. Der καιρός ist vorüber und vertan. In dieser Situation hilft nur eine Heilssetzung Gottes, die angesichts der Verweigerung Israels von neuem unverdient und ungeschuldet Leben einräumt. Genau solches Geschehen aber meint die Bibel mit „Sühne"[156]. Der Sühnegedanke steht nicht im Widerspruch zur Basileia-Botschaft Jesu, sondern die Basileia fordert als geschichtlich zukommendes und auf die Annahme durch ein Volk angewiesenes Heil in der Situation ihrer Ablehnung gerade die Setzung von Sühne.

Wahrscheinlich bedeutet es gar keinen Widerspruch zu dem Gesagten, wenn man formuliert, erst im Tode Jesu erweise sich endgültig das wahre Wesen der Basileia, insofern diese selbst noch in der Situation der Vernichtung ihres Repräsentanten Leben einräume und sich eben so als unwiderruflich geschenktes Heil erweise[157]. Man hat dann nur auf einer anderen, stärker systematischen und weniger der Sprache der Bibel entsprechenden Ebene formuliert.

Wir dürfen also sagen: Jesus bleibt selbst angesichts des sicheren Todes bei seiner Hinwendung zu Israel, ja, er beweist seine Hinwendung zu Israel in diesem Augenblick tiefer und radikaler als je zuvor. Es zeigt sich somit, daß die Gerichtsworte gegen „dieses Geschlecht" extreme Sprachversuche gewesen sind, das Volk doch noch zu gewinnen. Als auch diese Versuche fehlschlagen, bleibt nur noch der Weg des Gottesknechtes, der die Schuld der Vielen auf sich lädt. Jesus weicht, als sich Israel verweigert, nicht auf eine Kirche aus – davon zeigen die Abendmahlsworte keine Spur –, sondern er bleibt bei Israel und wendet sich ihm erst recht zu.

12. Das Ergebnis

Mit dem Tode Jesu muß dieser Abriß enden. Die neutestamentlichen Texte über Ostern gehören nicht mehr zur Geschichte des irdischen Jesus, sondern zur Geschichte und Theologie der frühen Kirche. Denn auch wenn man überzeugt ist, daß Auferweckung und Erhöhung Jesu reales Geschehen sind, so ist dieses doch als transzendentes Geschehen dem Zugriff des Historikers entzogen. Historisch unmittelbar zugänglich sind nur das Osterkerygma und die Er-

---

[155] Vgl. *Merklein* (s. Anm. 153) 1985, 68.
[156] Vgl. *B. Janowski*, Sühne als Heilsgeschehen. Studien zur Sühnetheologie der Priesterschrift und zur Wurzel KPR im Alten Orient und im Alten Testament. Neukirchen-Vluyn 1982.
[157] In diesem Sinn: *Merklein* 142.

scheinungen, insofern sie psychische Phänomene sind, nicht aber der erscheinende Christus selbst. Aufgrund von neutestamentlichen Worten des Auferstandenen kann deshalb niemals *historisch-apologetisch* argumentiert werden. Aber solche Argumentation ist auch gar nicht notwendig. Die Texte, die wir untersucht haben, geben ein erstaunlich kohärentes Bild:

1. Jesus hat sich in seinem Wirken bewußt auf die jüdische Bevölkerung Palästinas konzentriert. Heilungen von Heiden sind selten und werden als Ausnahmen dargestellt. Eine spezifische Lehrtätigkeit vor Heiden ist nirgendwo überliefert.

2. Diese Konzentration auf die jüdischen Bevölkerungsanteile Palästinas ist bei Jesus eindeutig heilsgeschichtlich motiviert: Es geht ihm um die endzeitliche Sammlung Israels. Vor allem die Konstitution der Zwölf zeigt programmatisch den Anspruch Jesu auf das gesamte Zwölfstämmevolk. Es geht nicht nur um den *Rest* Israels und schon gar nicht um eine *Sondergemeinde* innerhalb oder außerhalb Israels.

3. Die *Partikularität* dieser Konzentration auf Israel schließt *Universalität* in keiner Weise aus[158], denn Jesus denkt in dem Schema der Völkerwallfahrt: Das Heil Israels wird das Heil der Völker ermöglichen. „Jesus kommt gerade zu Israel, weil seine Sendung der ganzen Welt gilt. Es handelt sich um einen *repräsentativen* Universalismus."[159]

4. Immer wieder zeigt sich bei Jesus eine feste Korrelation zwischen der Proklamation des Gottesreiches und der Sammlung Israels. Seine eschatologische Verkündigung schließt die Sammlung des Gottesvolkes nicht aus, sondern fordert sie gerade. Wie die Basileia ihre *Zeit* hat, so hat sie auch ihren *Ort*. Sie braucht ein Volk, in dem sie sich durchsetzen kann.

5. Wie Lk 10,2 und 11,2 zeigen, ist für Jesus die Sammlung Israels das eschatologische *Werk Gottes*, um das gebetet werden muß. Gleichzeitig aber ist er selbst derjenige, der dieses Werk tut.

6. In dem Werk der Sammlung Israels gibt es eine Dialektik zwischen *Alt* und *Neu:* Auf der einen Seite geht es Jesus um die Wiederherstellung Israels. Gleichzeitig ist die Sammlung des Gottesvolkes aber ein Geschehen eschatologischer Neuschöpfung, für das der Begriff der Sammlung, wie das Sämannsgleichnis zeigt, nicht ausreicht. Man muß deshalb zusätzlich von der *Schaffung des wahren Israel* als der eschatologischen Heilsgemeinde sprechen. Die seit Barn 5,7 nicht selten anzutreffende Rede vom *neuen* Gottesvolk[160] sollte allerdings vermieden werden. Sie ist mißverständlich, da sie im Sinne einer *Ablösung Israels* verstanden werden könnte[161].

---

[158] Vgl *Bosch* (s. Anm. 15) 111–115; *Schnackenburg* 150; *Lohfink* 1985.

[159] *J. Munck*, Paulus und die Heilsgeschichte. Kopenhagen 1954, 266.

[160] So z.B. *G. Gloege*, Reich Gottes und Kirche im Neuen Testament. Darmstadt ²1968, 245 u.ö.; *Oepke* 168 u.ö.; *O. Cullmann*, Petrus. Jünger – Apostel – Märtyrer. Das historische und das theologische Petrusproblem. Zürich 1952, 212; *O. Kuss*, Bemerkungen zu dem Fragenkreis: Jesus und die Kirche im Neuen Testament, in: ThQ 135 (1955) 28–55. 150–183, 43; *Bosch* (s. Anm. 15) 137.

[161] Gegen den Begriff „neues Gottesvolk" wenden sich mit Recht *Vögtle* 1959, 63; *Müller* (s. Anm. 140) 20; *Geist* (s. Anm. 93) 62.

7. Jesus kann zwar, wie der Täufer, von einer Scheidung sprechen, die mitten durch Israel geht (vgl. vor allem Lk 12, 49–53). Er benutzt die Kategorie der Scheidung jedoch nicht, um äußerlich sichtbar das wahre Israel vom ungläubigen Israel zu sondern[162]. Der Jüngerkreis, den Jesus um sich sammelt, hat gerade nicht die Funktion, eine derartige Scheidung zu markieren. Der Jüngerkreis ist vielmehr Präfiguration des ganzen endzeitlichen Gottesvolkes. Er bleibt auf Gesamt-Israel bezogen, und es gehört zu seinem Wesen, daß er diese Relationalität beibehält.

8. Bei der Hinwendung zu Gesamt-Israel bleibt Jesus auch angesichts des Todes, ja, er bekräftigt und vertieft sie noch: Während des letzten Mahles interpretiert er seinen bevorstehenden Tod als Setzung von Sühne durch Gott für ganz Israel, durch die dem Volk von neuem die Möglichkeit der Annahme der Basileia eröffnet wird.

9. Das sich aufgrund unserer historischen Rückfrage (§ 3, 1–11) darbietende Bild ist nicht nur in sich kohärent, es stimmt auch in erstaunlicher Weise mit der Sicht der neutestamentlichen Autoren, die zu Beginn erarbeitet wurde (§ 2, 1–5), überein. Die einzige wichtige Differenz (über die im folgenden noch zu sprechen ist) liegt darin, daß die urchristliche Theologie auch noch den *nachösterlichen* Fortgang der Konfrontation zwischen Evangelium und Israel reflektieren und die erneute Verweigerung Israels konstatieren mußte. Dabei ergaben sich innerhalb des Neuen Testament hinsichtlich der definitiven Rolle des sich verweigernden Israels zwei ganz verschiedene Positionen. Negativ urteilen Matthäus, Lukas und der Verfasser der Apokalypse, positiv urteilt Paulus. Dieser dürfte dem Denken Jesu, wie es sich uns vor allem im letzten Mahl gezeigt hat, bei weitem am besten gerecht geworden sein.

10. Die Kategorie „Kirchenstiftung" wird weder Jesus noch der neutestamentlichen Theologie gerecht. Sie liegt, wie wir sahen, nicht einmal in Mt 16, 18 f vor – zumindest nicht auf der redaktionellen Sinnebene, die Matthäus diesem Text gegeben hat. Und die Tradition, die er in 16, 18 f verarbeitete, braucht hier nicht diskutiert zu werden, da sie in ihrem entscheidenden Punkt, dem Bau der Ekklesia, wohl kaum auf den historischen Jesus zurückgehen dürfte[163]. Dagegen spricht allein schon das μου τὴν ἐκκλησίαν, das sich gegenüber dem älteren, freilich immer noch nachösterlichen ἐκκλησία τοῦ θεοῦ als sekundär erweist. Gegen die Echtheit von Mt 16, 18 spricht aber auch die Beobachtung, daß Petrus in der Jerusalemer Urgemeinde nicht als Felsenfundament, sondern als eine von drei Säulen am eschatologischen Tempel der Ekklesia galt (vgl. Gal 2, 9)[164]. Möglicherweise ist die Mt 16, 18 zugrunde liegende Tradition überhaupt erst im Zusammenhang mit dem antiochenischen Zwischenfall (Gal 2, 11–13) entstanden[165]. Auf jeden Fall spricht derart vieles gegen eine Situierung von Mt 16, 18 im Wirken des historischen Jesus, daß diese Tradition für

---

[162] Vgl. *H. Flender*, Die Botschaft Jesu von der Herrschaft Gottes. München 1968, 24.
[163] Vgl. die in Anm. 3 genannte Literatur.
[164] Vgl. *Pesch* (s. Anm. 3) 102.
[165] Vgl. *Bornkamm* (s. Anm. 40) 302†; *Pesch* (s. Anm. 3) 101–104.

die Frage nach einem ekklesialen Willen Jesu nicht herangezogen werden kann. Sollte aber Mt 16,18 – entgegen all diesen Indizien – in seinem Kern doch authentisch sein, so kann dort mit der ἐκκλησία bzw. dem *qahal* nur die eschatologische Heilsgemeinde des wahren Israel ins Auge gefaßt sein, die für die Basileia gesammelt wird[166]. Auch in diesem Fall wäre es unzulässig, von „Kirchenstiftung" zu sprechen.

§ 4. Schlußfolgerungen

Am Ende muß der Versuch stehen, das gewonnene Ergebnis fundamentaltheologisch auszuwerten. Als grundlegende Einsicht hat sich uns ergeben, daß Jesus Israel zum endzeitlichen Gottesvolk sammeln wollte. Dieser Wille Jesu steht nicht nur in Einklang mit seiner Basileia-Botschaft, er ist sogar ihr notwendiges Korrelat. Denn Gott kann seine Basileia nur in dem Maß aufrichten, in welchem sie ein konkretes Volk formt und verändert. Das Kommen des Gottesreiches und die eschatologische Neuschöpfung Israels gehören deshalb untrennbar zusammen. So wenig Jesus die Proklamation der Basileia aufgegeben hat, so wenig hat er je die Sammlung Israels aufgegeben.

Von hier aus gesehen erledigen sich alle historischen Konstruktionen, die davon ausgehen, daß Jesus in dem Augenblick, da er sah, daß sich ihm Gesamt-Israel verweigerte, eine Kirche gegründet oder zumindest ihre Gründung ins Auge gefaßt habe. Hypothesen dieser Art dienen der Harmonisierung: Sie möchten einerseits daran festhalten, daß Jesus Israel sammeln wollte, möchten aber andererseits eine sich entfaltende nachösterliche Kirche, die in diesem Fall als „neues Israel" verstanden wird, auf Jesus selbst zurückführen. Damit beides zusammengehen kann, wird eine Wende postuliert, bei der Jesus seine Bemühung um Gesamt-Israel aufgab und statt dessen die Kirche gründete. Nicht nur, daß in einer solchen Konstruktion die Kirche zum *Ersatz* oder zur *Substitution* für Israel wird – wir haben gesehen, daß Jesus gerade in jenem kritischen Augenblick, da ihm der sichere Tod bevorstand und er diesen Tod deuten mußte, erst recht an Israel festhielt.

Eine beliebte Variante der gerade skizzierten Lösung macht den Ursprung der Kirche nicht im Leben des irdischen Jesus, sondern ausschließlich in den Sendungsworten des Auferstandenen bzw. in der Ostererfahrung der Jünger fest. Auch hier geht es um einen Ausgleich zwischen dem Israel-Willen Jesu und der anscheinend neuen Größe „Kirche". Nur wird hier wegen der anerkannt großen historischen Schwierigkeiten die Wende zur Kirche nicht mehr beim irdischen Jesus, sondern statt dessen einfach beim auferstandenen Christus angesetzt[167]. Auch diese Lösung, die sich derzeit auf einen gewissen Konsens

[166] Vgl. *K. Berger,* Volksversammlung und Gemeinde Gottes. Zu den Anfängen der christlichen Verwendung von „ekklesia", in: ZThK 73 (1976) 167–207, 204–207.
[167] So z.B. *W. Michaelis,* Täufer, Jesus, Urgemeinde. Die Predigt vom Reiche Gottes vor und nach Pfingsten. Gütersloh 1928, 133 f; *Kümmel* 1943, 42 f; *Conzelmann* (s. Anm. 4) 49 f. Von diesen Auto-

berufen kann, vermag nicht zu befriedigen[168]. Gegen sie spricht noch nicht unbedingt, daß sie einer fundamentaltheologischen Begründung der Kirche im Willen des irdischen Jesus den Boden entzieht. Damit müßte man sich abfinden. Unerträglich ist hingegen das Verständnis von Auferstehung, das diese Lösung impliziert. Denn die Auferweckung Jesu setzt zwar definitiv und eindeutig frei, was Jesus im Sinne Gottes schon immer gewesen war, aber sie setzt nicht in Diskontinuität zu seinem irdischen Wirken neue Fakten. Man kann nicht mit Hilfe der Erscheinungen des Auferstandenen bzw. des Osterkerygmas theologisch komplettieren, was man beim irdischen Jesus gern hätte, aber historisch nicht findet.

Eine weitere Variante der skizzierten Lösungsversuche möchte den historischen Schwierigkeiten entkommen, indem sie formuliert, Jesus habe zwar nicht in einem förmlichen Stiftungsakt die Kirche gegründet, wohl aber *kirchenrelevante* Akte gesetzt[169]. Formulierungen dieser Art sind jedoch zumindest mißverständlich, solange nicht hinzugefügt wird, daß sich diese „kirchenrelevanten" Akte ihrer Intention nach eben eindeutig auf Israel und gerade nicht auf eine von Israel losgelöste „Kirche" richteten.

Keines der genannten Denk- oder Formulierungsschemata kann der Fundamentaltheologie wirklich weiterhelfen. Will diese historisch redlich und theologisch plausibel Jesus und die Kirche zusammenbringen, so gibt es für sie nur eine einzige Möglichkeit: bei jenem Willen Jesu anzusetzen, der sich historisch tatsächlich nachweisen läßt – bei seinem Willen, Israel zu sammeln. Im folgenden soll noch einiges über die Vorteile und die Grenzen dieses Ansatzes gesagt werden. Zunächst: Was sind seine Vorteile?

Ein wichtiger Vorteil wurde bereits formuliert: Es liegt ein eindeutiger Wille vor, der historisch faßbar ist, weil er sich in der gesamten Praxis Jesu auswirkt und in klarer Korrelation zur Basileia-Botschaft steht. Dieser Wille Jesu hat sich zumindest in *einer* markanten Zeichenhandlung ausgedrückt, die ins Juridische hineinreicht: in der Schaffung und Aussendung der Zwölf. Jesus hat mit dieser Zeichenhandlung klargestellt, daß die Basileia Gottes ein konkretes und in seinen Umrissen klar definiertes Volk braucht, das sich ihr unterwirft.

---

ren hat besonders W. G. Kümmel innerhalb der neueren Diskussion des Verhältnisses *Jesus – Kirche* einen außerordentlichen Einfluß ausgeübt. Er sieht die Kontinuität zwischen dem Wirken des irdischen Jesus und der Entstehung der Kirche nach Ostern allein in der Person Jesu (Jesus als exklusives Zeichen der Basileia!) und in der (äußerlich verstandenen) Selbigkeit des Jüngerkreises. Die Kirche ist die Tat des eschatologisch handelnden Gottes, der Jesus durch die Auferweckung in dessen messianisches Amt eingesetzt und so dem Jüngerkreis ein neues, endzeitliches Geschichtsbewußtsein ermöglicht hat: Seit Ostern ist die Zeit des eschatologischen Gottesvolkes angebrochen! Mit der Sammlung Israels durch den irdischen Jesus hat die Kirche hingegen offenbar nichts zu tun. Vgl. zu W. G. Kümmel das Referat bei *Heinz* 230–240.

[168] Vgl. die Einwände von *Thyen* 133 gegen H. Conzelmann.

[169] So formuliert z. B. *H. Fries,* Fundamentaltheologie. Graz 1985, 376 f: „Es gibt keinen im Leben des irdischen Jesus erkennbaren einzelnen Stiftungsakt, gleichsam eine Stiftungsurkunde der Kirche. Es gibt aber eine Reihe von Tatsachen, Ereignissen und Handlungen, an denen abgelesen werden kann, daß der irdische Jesus an eine Kirche im Sinne einer mit ihm verbundenen Gemeinschaft gedacht und sie intendiert hat."

Damit ist bereits ein zweiter Aspekt genannt, der für die Fundamentaltheologie von Wichtigkeit ist: Korrelat des Gottesreiches sind nicht fromme Individuen, die sich *in freier Initiative* zu Konventikeln, Bruderschaften oder Gemeinden zusammenschließen, um unter den Bedingungen der Basileia zu leben. Korrelat des Gottesreiches ist vielmehr ein konkretes Volk, das seit altersher erwählt ist, das also der *Initiative Gottes* entstammt und das in der Tora bereits eine umfassende Gesellschaftsordnung besitzt, die ihm – so der Glaube Israels – von Gott selbst geschenkt ist. In diesem von Gott längst erwählten und durch die Tora geformten Israel sollte nach dem Willen Jesu die Basileia ihren Ort haben[170]. Von hier aus erweisen sich alle kongregationalistischen Kirchenauffassungen[171], wie sie vor allem in der liberalen protestantischen Theologie des 19. Jahrhunderts verbreitet waren, als unhaltbar. Als unhaltbar bzw. als irrelevant erweist sich aber auch die ständig wiederholte Behauptung, Jesus habe dem Kreis derer, die ihm nachfolgten, keine Organisation, keine Verfassung und keinerlei feste Struktur gegeben[172]. Diese Überlegung ist nämlich nur in einer ganz vordergründigen Weise richtig. Sie verliert sofort ihren Sinn, wenn man beachtet, daß die Jünger Jesu einerseits ganz auf Israel ausgerichtet sind, welches eben schon längst eine umfassende Gesellschaftsordnung besitzt, und daß andererseits im Ethos Jesu, besonders in seiner Jüngerunterweisung, diese Gesellschaftsordnung unter neue, eschatologische Vorzeichen gestellt wird, die durchaus auf die gesellschaftliche Veränderung Israels zielen.

Für einen fundamentaltheologischen Ansatz bei der Sammlung Israels spricht schließlich noch ein dritter Aspekt, der an das gerade Gesagte anknüpfen kann: Jesus wollte das alte Zwölfstämmevolk nicht nur *restituieren,* sondern er betrachtete das Geschehen, das mit seinem öffentlichen Wirken begann, als die eschatologische *Neuschöpfung* Israels durch Gott. Genau in diesem Zusammenhang haben etwa der Gewalt- und Herrschaftsverzicht, den er vom Gottesvolk fordert, und der absolute Primat der Liebe ihren Ort. Jesus interpretiert die Gesellschaftsordnung Israels da, wo es erforderlich ist, neu, bzw. er zentriert sie auf ihre wahre Mitte. Deshalb ist es völlig falsch, ihm den gesellschaftlichen Willen abzusprechen. Der gesellschaftliche Wille Jesu richtet sich allerdings nicht auf die menschliche Gesellschaft im allgemeinen, sondern allein auf das Gottesvolk. Dieses soll jene von den Propheten verheißene Gesellschaft werden, die ganz unter der Herrschaft Gottes und nicht mehr unter der Herrschaft von Menschen steht (vgl. Mk 10, 42–45)[173]. Wenn Jesus von seinen

---

[170] Vgl. *Müller* (s. Anm. 140) 20.

[171] *Heinz* 23 faßt sie folgendermaßen zusammen: Die Kirche entstand „als Konföderation religiöser, in freier Initiative von frommen Individuen gegründeter Ortsgemeinden". Vgl. auch O. *Linton,* Das Problem der Urkirche in der neueren Forschung. Uppsala 1932, 3–30.

[172] So z.B. *P. Wernle,* Die Anfänge unserer Religion. Tübingen – Leipzig ²1904, 52.55.69 f; *E. Troeltsch,* Die Soziallehren der christlichen Kirchen und Gruppen: GS 1. Aalen ²1965, 967; *Conzelmann* (s. Anm. 4) 50.

[173] Dazu ausführlicher: *Lohfink* ⁶1985, 57–70. Der Verzicht auf „Herrschaft" schließt weder *Autorität* noch *Amt* aus. Nach Mk 10, 43 f darf es in der Jüngergemeinde ja durchaus „Große" und „Erste" geben, solange sie „Diener" und „Sklaven" der übrigen Jünger sind.

Jüngern Herrschafts- und Gewaltverzicht verlangt, so geht es ihm dabei genau um jene neue gesellschaftliche Form Israels, die der Gottesherrschaft entspricht[174]. Nimmt man diesen Willen Jesu, der das alte Heilsvolk Israel in die eschatologische Gestalt seiner Existenz hineinführen will, ernst, so ist nicht einzusehen, wieso die Theologie überhaupt noch einen „Offenbarungsfortschritt" braucht, der aus dem Willen Jesu zum endzeitlichen *Israel* den Willen zur *Kirche* macht. Weder die sittliche Radikalität noch die eschatologische Dringlichkeit, noch die gesellschaftliche Konkretheit, mit der Jesus das Gottesvolk angesichts des Gottesreiches verändern will, könnte durch eine Wende Jesu zur Kirche überboten werden. Die Fundamentaltheologie wird deshalb gut daran tun, ihren ekklesiologischen Ansatz exakt in dem Willen Jesu zur eschatologischen Sammlung Israels festzumachen und nirgendwo anders.

Nach den Vorteilen müssen nun freilich auch die Grenzen dieses Ansatzes genannt werden. Sie sind einfach damit gegeben, daß die Kirche mit jenem Israel, das Jesus sammeln und erneuern wollte, gar nicht völlig identisch ist. Inwiefern nicht? Schwierigkeiten macht dabei keineswegs die *eschatologische* Komponente. Wer behauptet, das eschatologische Bewußtsein Jesu schließe den Gedanken an eine gegenwärtige Kirche aus[175], oder gar dekretiert, nach dem Verständnis Jesu solle das Gottesvolk der Endzeit erst bei der eschatologischen Vollendung in Erscheinung treten[176], nimmt weder die präsentische Dimension der Eschatologie Jesu ernst, noch hat er die tiefgreifende Korrelation zwischen Reich Gottes und Volk Gottes begriffen. Weil das Reich Gottes *schon jetzt* kommt, muß auch das endzeitliche Gottesvolk *schon jetzt* in Erscheinung treten. An dieser Stelle liegt also noch nicht die eigentliche Schwierigkeit des hier vorgeschlagenen Ansatzes. Sie liegt vielmehr darin, daß es Jesus um das *ganze* Gottesvolk ging. Er wollte gerade nicht einen heiligen Rest oder eine Sondergemeinde als das wahre Israel konstituieren. Auch den Jüngerkreis verstand er nicht als den Anfang einer derartigen Sondergemeinde. Dieser sollte vielmehr Präfiguration des gesamten endzeitlichen Israel sein.

So, wie sich die Dinge nach Ostern entwickelten, war die Kirche dann aber doch nur ein *Teil* Israels. Sie begriff sich zwar mit Recht als das wahre, endzeitliche Israel. Aber sie war historisch überhaupt nur das geworden, was sie war, weil der größere Teil Israels nicht geglaubt hatte[177]. Der Unglaube und die Verweigerung, mit der die Jesusgläubigen in Israel konfrontiert wurden, zwangen sogar, die Scheidung mitten durch Israel schon jetzt festzuschreiben und durch Grenzlinien juristisch und organisatorisch abzusichern. Eine solche Entwick-

---

[174] Hierzu ausführlicher: *G. Lohfink,* Der ekklesiale Sitz im Leben der Aufforderung Jesu zum Gewaltverzicht (Mt 5,39b – 42 / Lk 6,29f), in: ThQ 162 (1982) 236–253. Vgl. jetzt vor allem auch *M. N. Ebertz,* Das Charisma des Gekreuzigten. Zur Soziologie der Jesusbewegung. Diss. masch. Konstanz 1985.
[175] So z. B. *R. Bultmann,* Die Frage nach der Echtheit von Mt 16,17–19, in: *E. Dinkler* (Hg.), Exegetica. Aufsätze zur Erforschung des Neuen Testaments. Tübingen 1967, 255–277, 267.
[176] Siehe oben Anm. 141.
[177] Daß die Verweigerung Israels der Wendepunkt zur Kirche gewesen sei, hat vor allem *F. Peterson* betont (Die Kirche, in: *ders.,* Theologische Traktate. München 1951, 409–429, 411).

lung aber hatte Jesus noch nicht ins Auge gefaßt. Man kann deshalb sehr wohl von dem Willen Jesu *zum eschatologischen Gottesvolk* sprechen, nicht aber im selben Sinn und auf derselben Ebene von einem Willen *zur Kirche.*

Diese Grenze hat die Fundamentaltheologie sorgfältig zu beachten. Sie darf durchaus, wie es in diesem Kapitel geschah, vom Willen Jesu her historisch argumentieren – aber immer nur, solange sie mit genügender Deutlichkeit sagt, daß die „Kirche", so wie sie sich faktisch nach Ostern darstellt, noch nicht das *ganze Israel* ist, das Jesus gewollt hat. Die Fundamentaltheologie müßte dahin kommen, die Kirche ganz von Israel her zu definieren; aber nicht nur als das wahre, endzeitliche Israel, welches an Christus geglaubt hat, sondern gleichzeitig als ein Fragment, das aus der Not der Geschichte geboren ist und das von seinem innersten Wesen her weiter auf Gesamt-Israel ausgespannt bleibt. Hält die Fundamentaltheologie diese bleibende Bezogenheit der Kirche auf das ganze Israel fest, so darf sie die Kirche unmittelbar auf Jesus beziehen. Und zwar nicht nur in dem vagen Sinne, daß die innere Dynamik der Botschaft Jesu die Kirche hervorgebracht habe[178], sondern in dem präzisen und für die Fundamentaltheologie allein genügenden Sinn, daß der *Wille Jesu zum eschatologischen Gottesvolk in seiner Gesamtheit und in seiner Fülle* die Kirche mitumfaßt.

LITERATUR

Dahl, N. A., Das Volk Gottes. Eine Untersuchung zum Kirchenbewußtsein des Urchristentums. Darmstadt ²1963.

Frankemölle, H., Jahwebund und Kirche Christi. Studien zur Form- und Traditionsgeschichte des „Evangeliums" nach Matthäus. Münster 1974.

Heinz, G., Das Problem der Kirchenentstehung in der deutschen protestantischen Theologie des 20. Jahrhunderts. Mainz 1974.

Hengel, M., Nachfolge und Charisma. Eine exegetisch-religionsgeschichtliche Studie zu Mt 8,21 f. und Jesu Ruf in die Nachfolge (BZNW 34). Berlin 1968.

Jeremias, J., Jesu Verheißung für die Völker. Göttingen ²1959.

–, Neutestamentliche Theologie. Gütersloh ²1973.

Kümmel, W. G., Jesus und die Anfänge der Kirche, in: *E. Gräßer – O. Merk – A. Fritz* (Hg.), Heilsgeschehen und Geschichte. Marburg 1965, 289–309.

–, Kirchenbegriff und Geschichtsbewußtsein in der Urgemeinde und bei Jesus. Zürich 1943.

Lohfink, G., Die Korrelation von Reich Gottes und Volk Gottes bei Jesus, in: ThQ 165 (1985) 173–183.

–, Die Sammlung Israels. Eine Untersuchung zur lukanischen Ekklesiologie. München 1975.

–, Hat Jesus eine Kirche gestiftet?, in: ThQ 161 (1981) 81–97.

–, Wie hat Jesus Gemeinde gewollt? Zur gesellschaftlichen Dimension des christlichen Glaubens. Freiburg ⁶1985.

Merklein, H., Jesu Botschaft von der Gottesherrschaft. Eine Skizze. Stuttgart 1983.

Müller, K. (Hg.), Die Aktion Jesu und die Re-Aktion der Kirche. Jesus von Nazareth und die Anfänge der Kirche. Würzburg 1972.

Oepke, A., Das neue Gottesvolk in Schrifttum, Schauspiel, bildender Kunst und Weltgestaltung. Gütersloh 1950.

---

[178] So z. B. *M. Goguel,* Jésus et l'Église, in: RHPhR 13 (1933) 197–241, 238; *ders.,* Le problème de l'Église dans le christianisme primitif: RHPhR 18 (1938) 293–320, 296; *A. Loisy,* L'Évangile et l'Église. Bellevue ⁴1908, 134 f.; vgl. auch die Schlußbemerkung bei *Heinz* 425.

Pesch, R., Der Anspruch Jesu, in: Orien. 35 (1971) 53–56.67–70.77–81.

Sanders, E. P., Jesus and Judaism. London 1985.

Schlier, H., Ekklesiologie des Neuen Testaments, in: MySal 4/1, 101–221.

Schlosser, J., Le Règne de Dieu dans les dits de Jésus 1.2. Paris 1980.

Schnackenburg, R., Gottes Herrschaft und Reich. Eine biblisch-theologische Studie. Freiburg ³1963.

Schürmann, H., Der Jüngerkreis Jesu als Zeichen für Israel, in: *ders.*, Ursprung und Gestalt. Erörterungen und Besinnungen zum Neuen Testament. Düsseldorf 1970, 45–60.

Thyen, H., Der irdische Jesus und die Kirche, in: *G. Strecker* (Hg.), Jesus Christus in Historie und Theologie (FS H. Conzelmann). Tübingen 1975, 127–141.

Trautmann, M., Zeichenhafte Handlungen Jesu. Ein Beitrag zur Frage nach dem geschichtlichen Jesus. Würzburg 1980.

Trilling, W., Das wahre Israel. Studien zur Theologie des Matthäus-Evangeliums. München ³1964.

Vögtle, A., Der Einzelne und die Gemeinschaft in der Stufenfolge der Christusoffenbarung, in: *J. Daniélou – H. Vorgrimler* (Hg.), Sentire ecclesiam (FS H. Rahner). Freiburg 1961, 50–91.

–, Jesus und die Kirche, in: *M. Roesle – O. Cullmann* (Hg.), Begegnung der Christen (FS O. Karrer). Stuttgart – Frankfurt 1959, 54–81.

4. KAPITEL

DIE WIRKLICHKEIT DER KIRCHE IM NEUEN TESTAMENT

Karl Kertelge

Die Kirche ist nach dem Zeugnis des Neuen Testaments eine geschichtliche und theologische Wirklichkeit zugleich. Eine Darstellung der Kirche im Neuen Testament hat daher das Ineinander ihrer geschichtlichen Gestalt und ihres theologischen Anspruchs zu bedenken.

Die Kirche des frühen Christentums ist „Kirche im Werden"[1]. Das Werden ihrer geschichtlichen Gestalt kann anhand der einzelnen Schriften und Schriftgruppen des Neuen Testaments verfolgt werden. Damit werden zugleich auch die unterschiedlichen Sehweisen und Akzente im theologischen Verständnis der Kirche deutlich, die von den neutestamentlichen Schriften je nach ihrem geschichtlichen Standort und ihrer thematischen Ausrichtung entwickelt wurden. Daher ist nicht mit einem einheitlichen Bild von der geschichtlichen und theologischen Wirklichkeit der Kirche im Neuen Testament zu rechnen. Das Verständnis von „Kirche" in den vorsynoptischen Traditionen und den synoptischen Redaktionen, in der vorpaulinisch-urchristlichen Überlieferung, im Stephanuskreis, bei Paulus und den Deuteropaulinen, im Hebräerbrief, in den johanneischen Schriften und der Johannesapokalypse ist nicht von vornherein für alle diese Zeugnisse gleich; es ist vielmehr mitbestimmt vom jeweiligen Überlieferungsstand der Einzelschriften, den besonderen geschichtlichen und gesellschaftlichen Konkretionen der Kirche in den verschiedenen Lebenskreisen (Gemeindebildungen) und nicht zuletzt von der Art und Dichte der theologischen Reflexion, die das Thema „Kirche" bei den einzelnen Autoren gefunden hat. Die dabei entstehenden theologischen Konzeptionen von Kirche sind nicht leicht miteinander auszugleichen.

Dies hat Heinrich Schlier in seiner eingehenden und übersichtlichen Darstellung des Kirchenverständnisses in den neutestamentlichen Schriften veranlaßt, die unterschiedlichen Ansätze in den einzelnen Schriften nicht im Sinne einer einheitlichen „neutestamentlichen Ekklesiologie" zu systematisieren, sondern sie „in ihrer ganzen Offenheit für weitere Reflexionen ... nebeneinander stehen zu lassen" und am Ende nur noch im „Rückblick" gewisse Gemeinsamkeiten herauszustellen, die auch eine Bestimmung des „Wesens" der Kirche im Neuen Testament erlauben[2].

---

[1] So der Titel des Sammelbandes von *Hainz* 1976.
[2] *Schlier* 102 und 207.

Mit Schlier haben wir der Pluralität und dem fragmentarischen Charakter neutestamentlicher Ekklesiologie Rechnung zu tragen. Zugleich soll es uns aber auch darum gehen, besonders *die* Elemente aufzuzeigen, die von ihrem Ursprung her die geschichtlichen Konkretionen von „Kirche" ermöglicht und zugleich ihre innere Einheit und Identität in allem geschichtlichen Wandel gewährleistet haben. Hierzu können einleitend schon Beobachtungen zum Sprachgebrauch von *ekklēsia* im Neuen Testament dienlich sein.

§ 1. Zum neutestamentlichen Sprachgebrauch von ekklēsia

Das Wort *ekklēsia* ist schon sehr früh zum terminus technicus für die Kirche des Urchristentums geworden, und zwar sowohl als Bezeichnung für die Kirche als ein Ganzes als auch für die Gemeinden am Ort und die „Hausgemeinden"[3]. Die Briefe des Apostels Paulus bezeugen alle drei Wortbedeutungen. Darüber hinaus belegen diese Briefe auch noch die allgemeinere Bedeutung von *ekklēsia* als „Versammlung", nämlich als gottesdienstliche Versammlung, zu der die Gemeinde zusammenkommt, so in 1 Kor 11,18; 14,19.28.34 f. Dieser frühe Sprachgebrauch im Neuen Testament läßt erkennen, wie sehr mit der gottesdienstlichen Versammlung, nach 1 Kor 11,20 dem Herrenmahl, als Ursprungs- und Darstellungsort der Kirche als ganzer und der Gemeinde im einzelnen zu rechnen ist[4]. Wenn wir annehmen können, daß sich im urchristlichen Sprachgebrauch von *ekklēsia* noch die griechische Grundbedeutung als „Volksversammlung" (vgl. Apg 19,32.39 f) durchgehalten hat[5], dann dürfte die urchristliche Verwendung dieses Terminus in der Bedeutung von „Gemeinde", „Kirche" auch den „Öffentlichkeits"-Aspekt signalisieren, der der gottesdienstlichen Gemeindeversammlung eigen war und der das Selbstverständnis einer „offenen", ihrer Sendung bewußten Gemeinde erkennen läßt.

Für den ältesten urchristlichen Sprachgebrauch ist vor allem die alttestamentlich-jüdische Begriffsgeschichte von *ekklēsia* maßgebend gewesen. *Ekklēsia* ist schon in der Septuaginta Wiedergabe des hebräischen *qāhāl*, genauer von *qᵉhal Jahwe* = Volksgemeinde Jahwes (in der Septuaginta meistens wiedergegeben mit *ekklēsia kyriou*). In dieser begriffsgeschichtlichen Perspektive ist die Verwendung des Ausdrucks *ekklēsia tou theou* im ältesten Urchristentum schon vor Paulus von erheblicher Bedeutung. Im *ekklēsia*-Begriff des Urchristentums lebt der Volk-Gottes-Gedanke der alttestamentlich-jüdischen Überlieferung weiter. Auch wenn hierbei nicht von einer einfachen Kontinuität zwischen dem

---

[3] Vgl. besonders *Klauck.*

[4] Nach 1 Kor 10,16 f erwächst aus der eucharistischen Teilhabe am Herrn die Gemeinschaft und die Einheit seines ekklesialen „Leibes". Die zentrale Bedeutung des „Herrenmahles" bezeugt auch Apg 2,42 mit dem Stichwort „Brotbrechen" neben den anderen ekklesialen Konstituenten „Lehre der Apostel", „Gemeinschaft" *(koinōnia)* und „Gebet".

[5] Vgl. *K. Berger*, Volksversammlung und Gemeinde Gottes, in: ZThK 73 (1976) 167–207. Zur Problematik des Übergangs der Bedeutung von *ekklēsia* als aktueller „Volksversammlung" zu einer festen „Gruppenbezeichnung" bei Berger vgl. kritisch *Merklein* 1979, 59–63.

alttestamentlichen Volk-Gottes-Gedanken und dem neutestamentlichen Sprachgebrauch auszugehen ist[6], so wird damit doch die heilsgeschichtlich-theologische Dimension deutlich, in der sich die Kirche des Urchristentums gesehen und verstanden hat. Sie ist „*ekklēsia* Gottes" (Gal 1, 13; 1 Kor 15, 9). Mit dieser Kennzeichnung beansprucht die Gemeinde der an Jesus Christus Glaubenden die Qualität des „Gottesvolkes", und zwar nicht nur im Sinne einer kultisch-sittlichen Erneuerung des altbundlichen Gottesvolkes, sondern im Sinne der eschatologischen Heilstat Gottes, der sich in Tod und Auferstehung Jesu sein Volk als besonderes „Eigentum" (1 Petr 2, 9) neu beruft. Diese Sicht von der „in Jesus Christus" neuberufenen *Gottesvolkgemeinde*[7] ist konstitutiver Bestandteil des urchristlichen Glaubensverständnisses schon vor Paulus. Ihre erste Ausprägung können wir mit guten Gründen in der Jerusalemer Urgemeinde erkennen[8], wo, nicht ohne innergemeindliche Spannungen (Stephanus), die vorgegebene jüdische Gottesvolkkonzeption mit ihren konstitutiven Elementen von Tempel und Tora auf die Juden und Nichtjuden umfassende, universal-christliche Gottesvolkgemeinde hin geöffnet wurde. Die Begriffsbildung von *ekklēsia* ist daher in den neutestamentlichen Schriften wesentlich durch das Moment der universalen Berufung von Juden und Heiden bestimmt, die nach Eph 2, 16 in dem „einen Leib" der Kirche als versöhnte Teile vereint sind. Wenn der Epheserbrief die Kirche bevorzugt als den „Leib Christi" vorstellt, dann ist an dieses Geschehen der Einigung des Getrennten, aber organisch Zusammengehörigen, im Werk Jesu Christi und das Bleiben des Geeinten in der Lebensgemeinschaft mit Jesus Christus zu denken.

Diese universalkirchliche Linie bleibt auch im Doppelwerk des *Lukas* erhalten, wovon in diesem Zusammenhang abschließend und repräsentativ für die spätere Entwicklung im Urchristentum die Rede sein soll. Lukas bezeichnet die urchristlichen Gemeinden, die nach den österlichen Ereignissen von Jesu Tod, Auferstehung, Himmelfahrt und Geistsendung in und um Jerusalem entstehen, als *ekklēsia* bzw. *ekklēsiai*. Diese Bezeichnung begegnet, anders als bei Matthäus, nicht im Evangelium des Lukas; er hat sie konsequent der *nachösterlichen* Gestalt der Jüngergemeinde vorbehalten, die freilich von Jesus schon zur Zeit seines Erdenwirkens ins Leben gerufen war. Von *ekklēsia* spricht er von Apg 5, 11 an im Singular wie im Plural und setzt dabei die begriffliche Angemessenheit dieses Wortes zur Bezeichnung der geschichtlichen Wirklichkeit der ur-

---

[6] Hierzu mit guten Gründen *Schrage* 180–186 und *Roloff* 1980, 1000 f. Der Artikel von Roloff bietet einen guten Überblick über das neutestamentliche Wortvorkommen und die Begriffsbildung von *ekklēsia*.

[7] Die Verbindung von *ekklēsia tou theou* mit *en Christō Iēsou* in 1 Thess 2, 14 (vgl. 1, 1) und Gal 1, 22 hält die grundlegende Bedeutung des Christusgeschehens für die Existenz der Kirche bzw. der Gemeinden fest; ebenso die Wendung *ekklēsiai tou Christou* in Röm 16, 16.

[8] Vgl. *Merklein* 1979, 62 f; *Roloff* 1980, 1001 f. Auch wenn Paulus in Gal 1, 13 und 1 Kor 15, 9 mit *ekklēsia tou theou* die „Selbstbezeichnung der Jerusalemer Urgemeinde als ,Gemeinde Gottes'" aufnimmt (*Roloff* 1002), ist damit nicht ein partikuläres Kirchenverständnis – weder für Jerusalem noch für Paulus – zu belegen. Die universalkirchliche Dimension war sowohl für die Jerusalemer „Urgemeinde" als auch für die Sicht des Apostels Paulus in der betonten Rückführung der *ekklēsia* auf die Urheberschaft Gottes angelegt.

christlichen Gemeinden als selbstverständlich voraus. „Kirche" *(ekklēsia)* sind die Christen in Jerusalem (5,11; 8,1; 15,4; 15,22) wie in ganz Judäa (9,31; 11,22), in Antiochien (11,26; 13,1; 14,27; 15,3) und in den von Paulus gegründeten Missionsgemeinden (14,23; 15,41 u. ö.). „Kirche" sind sowohl die Einzelgemeinden an den verschiedenen Orten als auch die Gesamtheit der in Gemeinden lebenden Christen (12,1; 20,17.28). Damit wird freilich nicht die institutionelle Verfaßtheit der Einzelgemeinden und der Gesamtkirche für sich und im Verhältnis zueinander näher reflektiert. Aber es wird in der Darstellung der Apostelgeschichte deutlich, daß „Kirche" in *beiden* Gestalten – als Ortsgemeinde und als universale Gesamtgemeinde – konkret wird und daß das Kirche-Sein der christlichen Gemeinden sowohl ihre Zugehörigkeit zu dem durch die zwölf Apostel repräsentierten neubundlichen Gottesvolk als auch den durch die Apostel geleiteten Prozeß der Einheitsfindung zwischen den verschiedenen Teilen (Judenchristen – Heidenchristen) einschließt.

Um von der *Wirklichkeit* der Kirche des Neuen Testaments zu sprechen, genügt es freilich nicht, sich allein am Sprachgebrauch von *ekklēsia* zu orientieren[9]. Die Wirklichkeit von Kirche begegnet dort, wo das Glaubenszeugnis der Jünger Jesu weitergegeben wird und wo aufgrund dieses Zeugnisses Zentren des *gelebten* Glaubens entstehen. Daher kommt der urchristlichen Missionsbewegung für die Darstellung der ekklesialen Wirklichkeit der Anfangszeit hervorragende Bedeutung zu.

§ 2. Die Herausbildung christlicher Gemeinden

Die Entwicklung des frühen Christentums der Anfangszeit war von zwei Grundgegebenheiten bestimmt, von der Geistmitteilung nach Apg 2 und von der Herausbildung selbständiger Lebenszentren im kritischen Gegenüber zu Israel nach dem Martyrium des Stephanus (Apg 6–7). Beides hängt miteinander zusammen. Die Mitteilung des Heiligen Geistes wurde als die endzeitliche Geistspende Gottes an Israel verstanden. Darauf verweist die Pfingstpredigt des Petrus in Apg 2,16–21 mit dem Zitat aus Joel 3,1–5: „Ich werde von meinem Geist ausgießen über alles Fleisch. Eure Söhne und eure Töchter werden prophetisch reden..." (V. 17). Die lukanische Interpretation des Pfingstgeschehens läßt damit deutlich erkennen, daß die durch die zwölf Apostel repräsentierte Urkirche die geschichtlich konkrete Gestalt des endzeitlichen Israel darstellt. Die anfängliche Kerngemeinde von Apg 2 weitet sich schon bald zur universalen Repräsentation der „Völker" (V. 5) aus, so daß nach der gezielten Darstellung des Lukas als erste Auswirkung des Pfingstgeschehens „an jenem Tag etwa dreitausend hinzugefügt wurden" (V. 41)[10]. Daß dieses

---

[9] Vgl. auch *Schnackenburg* 1966; *Frankemölle* 1984.
[10] Daß es sich hierbei nicht um eine Vorwegnahme späterer Heidenmission handelt, geht aus Text und Kontext deutlich hervor. Das hindert allerdings nicht, in der Aufzählung der „Völker" in

„neue Israel" nicht nur auf einer religiös-sittlichen Erneuerung des alten Israel beruht, tritt in letzter Schärfe in der Auseinandersetzung um Stephanus, in der Zerstreuung der Gläubigen (Apg 8, 1–4), in der Berufung des Paulus zum „Heidenapostel" (Gal 1, 15 f; vgl. Apg 9, 1–22) und in der Gründung neuer Gemeinden aus Juden und Heiden in Erscheinung[11]. Die Verkündigung des Evangeliums von Jesus Christus durch die ersten Christen führte zu einer Missions- und Glaubensbewegung, aus der zahlreiche Gemeinden in der griechischsprachigen *oikoumene* erwuchsen. Lukas nennt Apg 11, 19–26 als eine besonders wichtige Station auf diesem Weg die Gemeinde von Antiochien, wo griechischsprechende Judenchristen („Hellenisten", vgl. Apg 6, 1)[12] „auch den Griechen [= Heiden] das Evangelium von Jesus dem Herrn zu verkünden" begannen. Antiochien wird in der Folgezeit das wichtigste Zentrum der urchristlichen Missionsbewegung in Richtung auf die Nicht-Juden; zu den hervorragendsten Trägern dieser Bewegung werden Barnabas und Paulus (vgl. Apg 13, 1–3).

Dieser Vorgang ist missionstheologisch und ekklesiologisch von erheblicher Bedeutung. Die alttestamentlich-judenchristliche Idee von der endzeitlichen Sammlung Israels wendet sich zum urchristlich-paulinischen Gedanken vom „Evangelium Gottes", das die Völkerwelt durchdringt und Gottes Heilshandeln universal präsent macht. Über die grundlegende Verkündigung der ersten Apostel hinaus, die Lukas in den zwölf Aposteln repräsentiert sieht, entsteht in der Gemeinde von Antiochien nicht nur ein zweites Zentrum der urchristlichen Kirche neben Jerusalem. Vielmehr erreicht die über Jerusalem hinaus sich ausbreitende Kirche hier ihre universal-katholische Gestalt; sie wird zum Träger der Verkündigung des Evangeliums an „alle Völker" (Mt 28, 19). Paulus wird – mit und neben Petrus[13] – zum Repräsentanten dieser Bewegung und zum hervorragenden Verkünder des Evangeliums an die Völker. Dieser Sachverhalt läßt nicht übersehen, daß Paulus mit seinem Apostolat für die Heiden[14] in eine schon bestehende Bewegung eintritt, ihre apostolischen Anstöße übernimmt und ihre Verkündigungsinhalte theologisch weiterentwickelt.

Nach der Apostelgeschichte hat Paulus auf drei Missionsreisen das Evangelium in Kleinasien und Griechenland verkündigt und die Gläubiggewordenen zu Gemeinden zusammenwachsen lassen. Das organisatorische Vorbild für die Gemeinden waren die jüdischen Synagogengemeinden, in deren Umfeld sich die Christengemeinden zunächst konstituierten, von denen diese sich jedoch

---

V. 9–11 die universalkirchliche Konzeption des Lukas angezeigt zu finden. Vgl. *Lohfink* 1975, 96: In der Pfingsterzählung wird nach Lukas „die nun beginnende Entwicklung, in der die Kirche entsteht, vorweggenommen und zusammengefaßt".

[11] Hierzu besonders *Baumbach.*

[12] Vgl. *A. Weiser*, Die Apostelgeschichte, Kap. 1–12 (ÖTK 5/1). Gütersloh 1981, 168 f (Exkurs: Die „Hellenisten") und 274–279 (zu den christlichen Anfängen in Antiochien).

[13] Apg 10, 1–11, 18 hält mit der Taufe des Kornelius fest, daß Petrus als Erstapostel und Repräsentant der zwölf Apostel einen nicht unmaßgeblichen Anteil an der Entwicklung der Heidenmission hatte. Vgl. Gal 2, 1–10.11–14.

[14] Vgl. Gal 1, 15 f; Röm 1, 5; 11, 13.

immer mehr entfernten. Allerdings war mit dem Vorbild der Synagogen das Lebensbild der Christengemeinden keineswegs festgelegt. Wie die Synagoge war die christliche Gemeinde vor allem Gottesdienstgemeinde. Paulus setzt dies in seiner Mahnung zur Ordnung der Herrenmahlfeier in der Gemeinde von Korinth in 1 Kor 11 als selbstverständlich voraus: „wenn ihr in der Gemeinde *(en ekklēsia)* zusammenkommt..." (11,18). Angesprochen ist hier die Gemeinde, die in der regelmäßigen Gottesdienstfeier das „Gedächtnis" des Herrn (V. 24f) begeht und dadurch die entscheidende Inspiration für ihr Leben als „Gemeinde" erhält. Als Gemeindezentren dienten die Häuser der Christen[15]. Aber das Gemeindeleben reichte über die gottesdienstlichen Zusammenkünfte hinaus in den Alltag der Berufsarbeit und der gesellschaftlichen Verflechtungen. Eben dies war die andere Seite des Gemeindelebens. Die christlichen Gemeinden waren nicht nur auf die gottesdienstliche Mitte ihres Gemeinschaftslebens fixiert, sie waren nach ihren Möglichkeiten am Zeugnis für das Evangelium im Gegenüber zur heidnischen Umwelt beteiligt. Das Gemeinschaftsleben in der Gemeinde sollte jedem Glaubenden seinen festen Ort und damit auch die notwendige Hilfe für sein Christwerden geben. Allerdings war die gesellschaftliche Potenz der frühchristlichen Gemeinden noch relativ schwach entwickelt. Das zeigt sich nicht zuletzt in ihrer Zurückhaltung gegenüber *der* sozialen Frage der Antike, der Sklaverei[16]. Im Horizont einer intensiven Parusieerwartung ist die nur relative Aufmerksamkeit für eine politische Sendung des Christentums verständlich. In der Folgezeit sollte dies unter dem Wandel des Zeitverständnisses anders werden. Das Christentum der ersten Gemeinden war – von außen gesehen – eher auf Konsolidierung und Profilierung seiner eigenen Gemeinschaftsstrukturen konzentriert als auf gesellschaftliches Engagement nach außen. Eben diese Konzentration nach innen ermöglichte dann aber auch die notwendige Auseinandersetzung mit den politischen Herausforderungen der Folgezeit.

Die innerhalb der urchristlichen Missionsbewegung entstehenden Christengemeinden verstanden sich als „Kirche Gottes" bzw. „Gemeinden Gottes" *(ekklēsiai tou theou)*. In seinen Briefen spricht Paulus die Gemeinden am Ort ausdrücklich mit diesem kennzeichnenden Terminus an: „an die *ekklēsia* Gottes in Korinth" (1 Kor 1,2; 2 Kor 1,1). Ihre Würde als *ekklēsia* Gottes haben die Glaubenden an einem Ort aufgrund ihrer Berufung durch Gott, die an sie mit der Verkündigung des Evangeliums ergangen ist. Als *ekklēsia* wird also von Anfang an die Gemeinde der Glaubenden am Ort bezeichnet. Diese Ortsbindung von „Kirche" läßt jedoch nicht übersehen, daß dieser Begriff auch, schon aufgrund seiner alttestamentlich-jüdischen Vorgeschichte, die Gesamtheit des neuen Gottesvolkes umfaßt[17].

---

[15] Vgl. Apg 2,46; 5,42. Zum Gemeindeleben in den „Häusern" vgl. *Klauck.* Zur Darstellung der Apostelgeschichte: ebd. 47–56.

[16] Vgl. *J. Gnilka,* Der Philemonbrief (HThK 10/4). Freiburg 1982, 54–95: Die Sklaven in der Antike und im frühen Christentum.

[17] Auf das „Kirche-Sein" der Einzelgemeinden in der Sicht des Paulus legt *Hainz* (1972) besonderes

§ 3. Der Apostel und die Gemeinde

Christengemeinden entstehen in der Missionsbewegung des ersten Jahrhunderts in rascher Folge. Es verdient besondere Beachtung, unter welchen religiösen und soziokulturellen Voraussetzungen die Ausbreitung des Christentums im Mittelmeerraum im 1. und 2. Jahrhundert möglich gewesen ist[18]. Von diesen äußeren Bedingungen sind die spezifisch theologischen Gründe der Entstehung urchristlicher Gemeinden zu unterscheiden. Gemeinden entstehen durch die Verkündigung des Evangeliums. Daher ist der Glaube an Jesus Christus die erste, grundlegende Kennzeichnung dieser Gemeinden. Christliche Gemeinden sind zutiefst Glaubensgemeinden.

1. Evangelium, Glaube und Gemeinde

Der theologische Zusammenhang von Evangelium, Glaube und Gemeinde wird von *Paulus* in Röm 10,14 in der Form eines Kettenschlusses dargestellt und reflektiert: „Wie sollen sie nun den anrufen, an den sie nicht gläubig geworden sind? Wie sollen sie aber an den glauben, den sie nicht gehört haben? Wie sollen sie aber hören, ohne daß einer da ist, der ihnen verkündigt?" Aus der Verkündigung bzw. aus dem Hören des verkündigten Evangeliums erwächst der Glaube. Paulus hat diese rhetorisch wirksame Folge von Fragesätzen im Hinblick auf die Situation Israels formuliert. Das Wort ist ergangen, und Israel hat es gehört, aber es ist in seiner Mehrzahl nicht gläubig geworden. Aus der Klage über Israel wird in diesen Worten indirekt der Weg der Gemeindebildung deutlich. Wo das ergangene Wort Gottes gehört wird und Glauben wirkt, dort entsteht die neue Glaubensgemeinde, die nach Röm 9,6–33 als das Israel der „Wahl" Gottes erscheint. Im Glauben kommt das erwählende Handeln Gottes zum Tragen, so daß alle, die zum Glauben an Jesus Christus gelangen, „Kinder Abrahams" sind (Gal 3,7.29; vgl. Röm 4,11).

Die Gemeinden nehmen also aufgrund des Glaubens an der Berufung zum Gottesvolk des Neuen Bundes teil. Sie haben ihren festen Ort von Gott her und im Verhältnis zu ihm, das die Heilige Schrift des Alten und Neuen Testaments als „Bund" bezeichnet. Diesen ihren theologischen Ort haben sie inmitten ihrer geschichtlichen Situation zu bewahren und zu bewähren. Der Bewährung der Gemeinde als heiliges Volk Gottes dienen die zahlreichen paränetischen Ansprachen des Apostels in seinen Briefen, insbesondere die Mahnungen zur Heiligkeit: „Denn das ist der Wille Gottes, eure Heiligung" (1 Thess 4,3). Die

---

Gewicht. Allerdings sollte diese richtige Beobachtung nicht übersehen lassen, daß Paulus damit immer auch eine gesamtkirchliche Sicht verbindet. Die These von Hainz „Paulus kennt keine Gesamt-‚Kirche'" (ebd. 251) läßt sich so nicht halten. Zum Problem vgl. *Schnackenburg* 1973.

[18] Vgl. hierzu *Kertelge* 1982, hierin bes. die Beiträge von R. *Pesch* (Voraussetzungen und Anfänge der urchristlichen Mission) und N. *Brox* (Zur christlichen Mission in der Spätantike).

Glaubenden sollen selbst zum „lebendigen und heiligen Opfer" für Gott werden (Röm 12, 1), und das bedeutet: Denken und Handeln der Christen soll sich nicht nach den Maßstäben des Weltgeistes richten, sondern es soll „neu werden" (V. 2) und der Güte und Vollkommenheit Gottes entsprechen. Den Glaubenden gelten daher in Weiterführung paulinischer Theologie im 1. Petrusbrief die Prädikate des Bundesvolkes: „Ihr seid das ,auserwählte Geschlecht', die ,königliche Priesterschaft', das ,heilige Volk', das ,Volk, das sein Eigentum wurde', ,damit ihr die großen Taten dessen verkündet', der euch aus der Finsternis in sein wunderbares Licht gerufen hat. Einst wart ihr ,nicht [sein] Volk', jetzt aber seid ihr ,Volk Gottes' ..." (1 Petr 2, 9f). Ihnen gilt daher das Heiligkeitsgebot: „Seid heilig, denn ich bin heilig" (1, 16, mit Lev 19, 2).

2. Der Dienst des Apostels

Mit diesen Mahnungen wird auch das Verhältnis des Apostels zu seiner Gemeinde deutlich. Die Apostelbriefe des Neuen Testaments sind an Gemeinden gerichtet, die ihren Stand im Glauben gefunden haben, die aber angesichts der Gefährdungen der Anfangszeit der Erinnerung an den Grund ihrer Existenz und der Warnungen und Mahnungen bedürfen. Dies wird wiederum bei Paulus besonders deutlich. Der Apostel nimmt den „Mut" zu solcher anfordernden Rede aus der Autorität, die ihm durch die Berufung Gottes zukommt (vgl. Röm 15, 15). Insbesondere Paulus ist davon zutiefst überzeugt, daß der Apostel, „gesandt zur Verkündigung" (Röm 10, 15), dem Evangelium Gottes unmittelbar zugeordnet ist. Dies lassen seine auf Verdeutlichung und zum Teil auch auf Selbstverteidigung gestimmten Ausführungen an zahlreichen Stellen erkennen, so besonders Röm 1, 1; Gal 1, 1 sowie Gal 1–2 und 2 Kor 2, 14–7, 4 durchgehend. Die Leidenschaft, mit der Paulus hier zum Teil reagiert, versteht sich nicht nur durch die situationsbedingten Herausforderungen, in denen er den Glaubensgrund seiner Gemeinden bedroht sieht, sondern auch aus dem theologischen Grundverständnis seines Apostelseins.

Der Apostel steht unter einem besonderen Auftrag. Ihm ist der Herr erschienen (1 Kor 9, 1; 15, 8); durch den auferstandenen Herrn ist er mit dem Dienst am Evangelium betraut, der ihn ganz beansprucht (1 Kor 15, 10f; Gal 1, 15f). Dieser Dienst ist jeder persönlichen Beliebigkeit entzogen, ja, Paulus erklärt: „Es liegt ein Zwang *(ananke)* auf mir; wehe mir, wenn ich das Evangelium nicht verkündige" (1 Kor 9, 16). Dem entspricht es, daß er seinen apostolischen Dienst als „Verwaltertätigkeit" kennzeichnet, als eine *oikonomia,* mit der er betraut ist (V. 17, vgl. 4, 1f).

Durch seine Unmittelbarkeit zum Evangelium erlangt der Dienst des Apostels eschatologisch-soteriologische Dignität: „Denn Christi Wohlgeruch sind wir für Gott unter denen, die gerettet werden, und unter denen, die verlorengehen: den einen ein Geruch vom Tode zum Tode, den anderen ein Geruch vom Leben zum Leben" (2 Kor 2, 15). Durchschauen wir die bildhafte Rede des

Paulus an dieser Stelle[19], so liegt ihre theologische Bedeutung darin, daß der Apostel von Jesus Christus in Dienst genommen ist und dessen Anspruch als Kyrios zur Geltung zu bringen hat. Er hat ihn so zur Geltung zu bringen, daß die Hörer des Evangeliums im Glauben an Jesus Christus das Leben finden. Der Apostel hat daher in seiner Verkündigung wie in seiner ganzen Existenz den Durchblick auf den Christus des Evangeliums, den Gekreuzigten und Auferstandenen, zu ermöglichen (vgl. 4, 10–12). Nicht der Apostel ist wichtig, sondern Jesus Christus als der Kyrios (4, 5). Der Apostel hat hinweisende und interpretierende Bedeutung. Er hat einen unverzichtbaren Auftrag, der in der Transparenz seines Dienstes auf Christus hin realisiert wird. Seine apostolische Verkündigung und Existenz gewinnen Maßstäblichkeit für die Gemeinde, so daß er – ohne Selbstüberschätzung – sagen kann: „Werdet meine Nachahmer, wie ich Christi Nachahmer geworden bin!" (1 Kor 11, 1).

Was die Fragen nach Herkunft, Gehalt und Spannweite des urchristlichen Apostelbegriffs angeht, gibt das Apostelverständnis des Paulus gewiß keine erschöpfende Antwort. Hierzu bedürfte es der Berücksichtigung des Sendungsgedankens im Judentum (Äquivalent zum hebräischen *shaliah*), der die Herausbildung der Apostelbezeichnung im Urchristentum beeinflußt hat[20]. Dennoch kann der Apostelbegriff des Paulus, wie er sich aus seinen Briefen erheben läßt, entsprechend seinem eigenen apostolischen Selbstverständnis als repräsentativ für das Urchristentum gelten. In ihm zeigt sich mit der wünschenswerten Deutlichkeit das theologische Grundverständnis vom Apostel als dem Gesandten des Kyrios Jesus, dessen Auftrag es ist, „das Evangelium zu verkündigen – nicht mit [menschlich-kluger] Wortweisheit", sondern so, daß der Anspruch des Gekreuzigten darin zur Geltung kommt (1 Kor 1, 17). Paulus verkündigt betont Jesus Christus als den Gekreuzigten, als den alleinigen Grund des Heiles (1 Kor 2, 2; Gal 3, 1), worin immer auch das Kerygma vom Auferstandenen eingeschlossen ist (vgl. 1 Kor 15, 3–5.12.20). Für ihn ist dabei allerdings nicht unwichtig, daß seine Christusverkündigung mit der der Apostel „vor" ihm übereinstimmt (Gal 1, 17; 1 Kor 15, 8–11). So sehr ihm an der Verkündigung des gesetzesfreien Evangeliums unter den Heiden liegt, so sehr hält er an der Übereinkunft mit den Jerusalemer Aposteln und damit an der Einheit der Kirche aus Juden- und Heidenchristen fest. Dies ergibt sich deutlich aus dem Zusammenhang von Gal 2, 1–10 und 2, 11–14, wo Paulus an das „Apostelkonzil" und die Konsequenzen, die sich ihm daraus beim antiochenischen Zwischenfall ergeben haben, erinnert. Die Einheit der Kirche[21] entspricht der Wahrheit des einen Evangeliums, der er sich verpflichtet weiß.

---

[19] Vgl. *H. Windisch,* Der zweite Korintherbrief. Göttingen 1924 (Neudruck 1970), 96–99; *H. Schürmann,* Die apostolische Existenz im Bilde. Meditation über 2 Kor 2, 14–16 a, in: *ders.,* Ursprung und Gestalt. Düsseldorf 1970, 229–235.

[20] Aus der umfassenden Literatur hierzu ist besonders zu verweisen auf *K. H. Rengstorf,* Art. *apostolos,* in: ThWNT 1, 406–466; *Campenhausen; Roloff* 1965; *J.-A. Bühner,* Art. *apostolos,* in: EWNT 1, 342–351.

[21] Vgl. *Hahn – Kertelge – Schnackenburg.*

§ 4. Die Ordnung der Gemeinde und die Gemeindeordnungen

1. Ordnung der Gemeinde aus dem Geist Jesu

Anders als in der jüdischen Kultgemeinde und den Synagogengemeinden war das Leben in den frühchristlichen Gemeinden nicht schon durch Traditionen, Riten und eine hergebrachte Gesetzesauslegung geregelt, sondern durch Besinnung auf die Maßstäbe, die die Jünger in der Schule Jesu kennen und anzuwenden gelernt hatten. So sehr sich das urchristliche Gemeindeleben auch vorgegebener Formen der jüdischen bzw. jüdisch-hellenistischen Umwelt bediente – etwa in den Gemeindeversammlungen und beim eucharistischen Mahl –, so sehr wurden diese Formen und Regeln doch aus dem Geist des Glaubens an Jesus Christus neu geprägt. Von der Orientierung an Jesus Christus erwarteten die Glaubenden die Maßstäbe für ihr Handeln. Daher hatte die *Glaubenskatechese* ihren festen Ort im Leben der Gemeinden. Mt 18 bietet uns mit der Rede Jesu „über das Leben in der Gemeinde"[22] ein katechetisches Grundmodell für die Belehrung der Glaubenden über das Verhalten und Handeln in der Nachfolge Jesu. Diese „Gemeindeordnung" aus dem Geiste Jesu[23] nennt in deutlicher theologischer Akzentuierung durch den Evangelisten Matthäus die ethischen Grundsätze, die das Leben der Glaubenden im Verhältnis zueinander regeln oder, besser, inspirieren sollten, nämlich statt Anspruch auf selbstverdiente Größe die ständige Umkehr und Identifizierung mit den „Kleinen", die Sündenvergebung als Ermöglichung von Brüderlichkeit in der Gemeinde und die brüderliche Gemeinde als Raum des ständig eingeübten Vertrauens auf die größere Güte Gottes.

Diese *theologische Gemeindeordnung* stellt den Gedanken der Brüderlichkeit in den Vordergrund. Tatsächlich waren die urchristlichen Gemeinden von diesem Gedanken beseelt. Das Gebot der Nächstenliebe sollte im Verhalten der Glaubenden zueinander zunächst in der Weise der Bruderliebe erfüllt werden. Die Mahnung des Paulus: „Laßt uns allen Gutes tun, am meisten aber den Glaubensgenossen" (Gal 6,10) nimmt dem Liebesgebot nichts an universaler Geltung und Verbindlichkeit für die christlichen Gemeinden. Und die johanneische Wendung des Liebesgebotes „Liebet einander" (Joh 13,34; 15,12; vgl. 1 Joh 2,7–11; 4,7–21) macht die Jüngerschaft Jesu zum „Zeichen" für die Welt, die aus der Sünde ihrer Selbstverschließung erlöst und für die Gemeinde der Jünger Jesu gewonnen werden soll (vgl. Joh 3,16f).

Die Ordnung der urchristlichen Gemeinden war also eine Ordnung der brüderlichen Liebe. Die Mahnung zu brüderlicher Liebe, die die neutestamentlichen Schriften in verschiedenen Ausdrucksformen durchzieht, erhielt ihre stärkste Inspiration aus dem Vorbild Jesu selbst. Seine erbarmende Hinwendung zu den Armen, den Kranken und den Ausgestoßenen wurde als Appell

---

[22] So die Überschrift in der Einheitsübersetzung.
[23] Vgl. *Trilling* 1964, 106–123: Die „Gemeindeordnung" Kapitel 18; *ders.* 1960; kritisch zur Kennzeichnung als „Kirchen-" oder „Gemeindeordnung" *Frankemölle* 1974, 181. Hierzu wiederum *Schweizer* 1974, 106.

verstanden, die Gemeinde der „Brüder" nicht zu einer Gemeinde der Selbstgerechten werden zu lassen, sondern sie offen zu halten für alle, die „mühselig und beladen sind" (Mt 11,28).

2. Ordnungsstrukturen

Wie weit konnten die urchristlichen Gemeinden diese ihnen von Jesus eingestifteten Merkmale der Brüderlichkeit und der Offenheit durchhalten? Mußte es nicht von selbst mit dem Wachsen der Gemeinden auch zu rechtlichen Regelungen kommen, die den Prinzipien der Brüderlichkeit und der Offenheit gewisse Grenzen zogen? Tatsächlich haben die Gemeinden des Urchristentums bei allem Festhalten am „Gesetz Christi" (Gal 6,2) Strukturen herausgebildet, die das Lebensverhalten der Glaubenden zueinander immer mehr *rechtlich* zu regeln suchten.

Im Gefolge des neuzeitlichen Freiheits- und Emanzipationsdenkens konnte man hierin den fundamentalen Gegensatz von freiem Wirken des Geistes und zu Erstarrung führender gesetzlicher Regelung, von „Rechtskirche" und „Liebeskirche" entdecken. Rudolf Sohm hat diesen Gegensatz als Widerspruch des Kirchenrechts zum eigentlichen, „geistlichen" Wesen der Kirche interpretiert und diesen Widerspruch auf den „Sündenfall" des Urchristentums im Übergang zur „Katholischen Kirche" des Altertums zurückgeführt[24]. Er hat damit dem bis heute virulenten Thema des „Frühkatholizismus" verstärkte kontroverstheologische Geltung verschafft. Allerdings erweist sich diese dogmatische Entgegensetzung von „Geist" und „Recht" in einer geschichtlichen Beschreibung der Zusammenhänge von urchristlichen Anfängen und altkirchlicher Normativität nicht als sachentsprechend.

Rechnen wir mit der Urkirche als einem *geschichtlichen* Phänomen, das uns in der Entwicklung der Christengemeinden des 1. Jahrhunderts immer auch *konkret* begegnet, dann ist nicht zu übersehen, daß diese Gemeinden von Anfang an ein Mindestmaß an rechtlicher Regelung entwickelt haben. Einige Texte des Neuen Testaments zeigen, daß beides einander nicht entgegenstehen muß, ja sogar integrierend aufeinander bezogen ist. Das Gesetz der „unbegrenzten" Sündenvergebung (Mt 18,22) wird offenkundig begrenzt durch das Ausschlußrecht der Gemeinde: „Hört er [der Bruder] auch auf die Gemeinde nicht, dann sei er für dich wie ein Heide oder ein Zöllner" (Mt 18,17). Eben darin findet die Vollmachtübertragung Jesu an die Gemeinde (wie im Parallaltext Mt 16,19 an Petrus) ihre Konkretion. Allerdings bleibt im gesamten Text von Mt 18 deutlich, daß die Sündenvergebung und das Gewinnen des Bruders die Regel und sein Ausschluß der Grenzfall ist. Das Kirchenrecht dient hier also der Verdeutlichung der auf Brüderlichkeit angelegten Grundstruktur der Gemeinde.

Nicht anders ist es in der Anweisung des Paulus in 1 Kor 5,1–13. Das Urteil des Apostels über den hier vorgestellten Fall der Unzucht ist eindeutig: „Im

---

[24] *R. Sohm*, Kirchenrecht 1: Die geschichtlichen Grundlagen. München – Leipzig 1892 (1923), 16–22: Der Begriff der Ekklesia; 22–28: Die Organisation der Ekklesia (= Kertelge 1977, 45–60).

Namen Jesu, unseres Herrn, wenn ihr versammelt seid und ich mit euch im Geiste mit der Kraft unseres Herrn Jesus: übergebt diesen Menschen dem Satan – zum Verderben des Fleisches, damit sein Geist gerettet werde am Tag des Herrn" (5, 4 f). Was Paulus hier gebietet, ist ein Ordnungsakt höchster kirchenrechtlicher Gewalt, die in der Berufung auf den Namen des Herrn Jesus ihre eigentliche Begründung findet. Das Schlußwort des Paulus zu diesem Fall: „Schafft den Übeltäter weg aus eurer Mitte" (5, 13), muß als Anweisung zur Exkommunikation aus der Gemeinde verstanden werden. Sie findet ihre Erklärung in dem theologischen Sachverhalt, daß die Gemeinde Christus gehört und ihre Verbundenheit mit Christus nicht durch die Duldung eines offenkundigen sittlichen Fehlverhaltens eines ihrer Glieder verraten darf.

Im Kontext der zitierten Stelle läßt Paulus auch erkennen, daß er der Gemeinde zutrauen möchte, daß sie aus eigenen Kräften eine Ordnungsstruktur entwickelt, durch die strittige Fälle des Umgangs miteinander geregelt werden. „Gibt es denn unter euch wirklich keinen, der die Gabe hat, zwischen Brüdern zu schlichten?" (6, 5). In der Gemeinde von Korinth fehlte es nicht an „Gaben", an Charismen, die den einzelnen gegeben waren. Davon ist im 12. und 14. Kapitel des 1. Korintherbriefes ausführlich die Rede. Aber die Weisungen und Mahnungen des Paulus in diesem Brief lassen erkennen, daß bei aller Hochschätzung der geistgewirkten Gaben offenkundig die Regelungsstruktur der Gemeinde unterentwickelt blieb. So sehr Paulus auf das Wirken des Heiligen Geistes im Leben der Gemeinde setzte, so sehr hat er darauf Wert gelegt, die notwendigen rechtlichen Strukturen als subsidiäre Ordnungen zur „Auferbauung" der Gemeinde und zur Stützung ihrer Lebensvollzüge anzumahnen und zu fördern. In diesem Sinne mahnt Paulus in dem ältesten der uns erhaltenen Gemeindebriefe: „Erkennt die an, die unter euch arbeiten und euch im Herrn vorstehen und euch zurechtweisen. Haltet sie um so mehr in Ehren und liebt sie wegen ihres Wirkens!" (1 Thess 5, 12 f; vgl. 1 Kor 16, 15 f). Auch wenn die Amtsstruktur des Vorsteherdienstes hier noch nicht kirchenrechtlich fixiert erscheint, so gibt es gute Gründe, die geistliche „Arbeit" der Vorsteher in den für die Gemeinde bedeutsamen Charismen von 1 Kor 12, 28 wiederzufinden. Geist und Recht sind in der Charismenlehre des Paulus miteinander integriert und spannungsvoll zusammengefaßt.

Die anfänglich noch recht offene Verfassung der Gemeinden ließ verschiedene Entwicklungen zu. Feste Formen erhielt sie erst durch die Herausbildung der Gemeindeämter, für die die Charismen nach 1 Kor 12 zunächst nur die allerdings unverzichtbaren geistlichen Bedingungen darstellten.

§ 5. Charismen und Ämter in den Gemeinden

Die neutestamentliche Charismenlehre ist seit dem II. Vatikanischen Konzil verstärkt in das Blickfeld der „Lehre von der Kirche" und insbesondere der kirchlichen Pastoral getreten. Von den Erfahrungen der urchristlichen Gemeinden mit den Charismen, von ihrem geistdurchwirkten Glaubens- und Lebenszeugnis und von ihrem missionarisch-apostolischen Aufbruch erwarteten die Väter des Konzils wesentliche Anregungen für die notwendige Erneuerung des Gemeindelebens heute. Als Charismen werden dabei die „besonderen Gaben" verstanden, die der Heilige Geist schenkt und aus deren Annahme „jedem Glaubenden das Recht und die Pflicht erwächst, sie zum Wohl der Menschen und zum Aufbau der Kirche... zu gebrauchen" (AA 3). Von den Charismen wird hier im Zusammenhang mit dem „Apostolat der Laien" gesprochen. Mit Recht beruft sich das Konzil hierzu auf die Texte der paulinischen Überlieferung, insbesondere auf 1 Kor 12 und Eph 4, aber auch auf 1 Petr 4,16. Ein Problem ist allerdings mit der Beziehung der Charismen auf die besondere Sendung der „Laien" gegeben. Der Begriff „Laie" impliziert im theologischen Sprachgebrauch des Konzils die Unterscheidung der „Laien" von den Amtsträgern der Kirche, auch wenn grundsätzlich die Zugehörigkeit aller Glaubenden, einschließlich der Amtsträger, zum Gottesvolk des Neuen Bundes festgehalten wird (LG 9). Sehen wir im Neuen Testament auf das älteste Textzeugnis über die Charismen, 1 Kor 12, so ist zu beachten, daß „Charisma" hierin nicht von vornherein den Unterschied von „Laien" und Amtsträgern, sondern die durchgehende und tragende Dimension des Geistwirkens in der Gemeinde kennzeichnet, die in 1 Kor 12,27 der „Leib Christi" genannt wird. Im „Leib Christi" haben die einzelnen Glieder je nach Zuteilung durch den Heiligen Geist ihre besonderen Gaben und Berufungen zum Dienst am Ganzen (V. 11). Die Einheit des Geistwirkens und das Gliedsein an dem *einen* Leib gehen jeder weiteren Differenzierung in verschiedene Dienste voraus und bleiben ihre unaufgebbare Grundlage.

1. Die paulinische Charismenlehre

Als Charismen bezeichnet Paulus in 1 Kor 12 und Röm 12,3–8 die vom Heiligen Geist gewirkten „Kräfte" (*energēmata,* 1 Kor 12,6.11), die den einzelnen Christen als Gliedern der Gemeinde zuteil werden und durch die sie befähigt werden, an der „Erbauung der Gemeinde" (1 Kor 14,5.12.26) mitzuwirken. Mit dem Wort „Charisma" kennzeichnet Paulus insbesondere den Gabecharakter der geistgewirkten Kräfte, so besonders deutlich in 1 Kor 12,4 mit V. 7 und in Röm 12,6, wie er anderseits mit dem Wort „Diakonia" (1 Kor 12,5) ihren Dienstcharakter betont. Die vom Geist gewirkten Gaben werden so zum Ausdruck der Verbundenheit der Geistträger miteinander und der Verwiesenheit aneinander in der Gemeinde. Paulus verdeutlicht diesen „geistlichen" Sachverhalt in der Gemeinde mit dem Bild vom Leib und seinen Gliedern (1 Kor 12,12–26), wobei aus dem umfassend entwickelten Bild ein Realsymbol für die Gemeinde als „Leib Christi" wird: „Ihr aber seid Leib Christi und einzeln genommen Glieder" (V.27). Paulus betont damit sowohl die Einheit der Gemeinde als auch das Verhältnis der Gemeindemitglieder zueinander, das ein Verhältnis des Dienens ist und sein soll. „So sind wir, obwohl viele, *ein* Leib in Christus, im Verhältnis zueinander aber Glieder" (Röm 12,5). Die Einheit des

„Leibes" ist „in Christus" begründet, also in der Hinordnung zu ihm. Es liegt daher in der Konsequenz dieser Rede vom „Leib Christi", daß sodann im Epheserbrief Christus als das „Haupt der Kirche" bezeichnet wird (5, 23; vgl. 1, 22; 4, 15; Kol 1, 18).

„Charismen" sind in diesem Sinne nicht nur die von den Korinthern besonders geschätzten ekstatischen Kräfte wie die Glossolalie (1 Kor 12, 10.28.30 und Kap. 14 durchgehend), sondern auch und vor allem die „schlichten" Wirkkräfte und Dienste. Hierzu zählt Paulus in 1 Kor 12, 28 die „Hilfeleistungen" *(antilēmpseis)* und in Röm 12, 7 f die Gaben des „Dienens", des „Zuspruchs" und des „Erbarmens". Von solchen Charismen lebt der ganze Leib der Gemeinde, und zwar um so mehr, je unauffälliger und selbstverständlicher sie wirken.

2. Charisma und Amt

„Charisma" ist neutestamentlich gesehen nicht der Gegenbegriff zum „Amt", wie es moderne soziologische Betrachtungsweise nahelegt[25], sondern ein zugleich pneumatologischer und ekklesiologischer Leitbegriff. In ihm sind die verschiedenen auf das Gemeindeganze bezogenen Befähigungen und Dienste zusammengefaßt, zu denen nach 1 Kor 12, 28 auch die Dienste der Apostel, Propheten und Lehrer zu zählen sind. Die Charismenlisten, die Paulus in 1 Kor 12, 28 und etwas anders in Röm 12, 6–8 aufstellt, um mit ihnen die Vielfalt und Unterschiedenheit der geistgewirkten Gaben zu belegen, sind also nicht von vornherein amtstheologisch, sondern zunächst und fundamental geistlich-ekklesiologisch zu interpretieren. Im Blick auf die in 1 Kor 12, 28 eingeführten Amtsbezeichnungen der Apostel, Propheten und Lehrer bedeutet dies, daß die Dienste, die nach Paulus eine für die Kirche *(en tē ekklēsia,* V. 28 a) unverzichtbare Bedeutung haben und in diesem Sinne auch in einer festen Folge aufgeführt werden, innerhalb der Charismenliste ihren „geistlichen" Ort finden. Paulus rechnet auf dem Grund der vom Heiligen Geist gewirkten Befähigungen und in eben diesem Rahmen mit den besonderen Diensten, die wir im Blick auf die weitere Entwicklung der ekklesialen Strukturen als Grundformen der kirchlichen Ämter bezeichnen können. Die damit schon bei Paulus angezeigte Unterscheidung von Charisma und Amt sollte im Sinne der neutestamentlichen Überlieferung nicht zu den Gegensatzbildungen führen, die in einer kirchenkritischen Sicht gerne angenommen werden, um daraus in vereinfachender Form eine angebliche „demokratische" Unterschiedslosigkeit für die neutestamentliche Kirche zu reklamieren. Paulus bezieht die für den Aufbau der Gemeinde besonders wichtigen kerygmatisch-katechetischen Dienste der Propheten und Lehrer ebenso wie den für die Gesamtkirche grundlegenden Dienst der Apostel in die Aufzählung der Charismen mit ein, nicht um sie einzuebnen, sondern um ihren konkreten Ort innerhalb der ekklesia, der Ortsgemeinde wie der Kirche im ganzen, anzuzeigen.

---

[25] Diese Sehweise hat sich besonders im Anschluß an Max Weber herausgebildet, der dem „Amtscharisma" des „charismatischen Führers" jene verändernde Kraft zuschreibt, die die vorgegebene „Institution" nicht mehr zu entwickeln in der Lage ist.

3. Weitere Entwicklungen: Ausbildung bestimmter Amtsstrukturen

Wie sich in dem zunächst integrierten Verhältnis von Charisma und Amt immer mehr das *Gegenüber* von Amt und Gemeinde herausbildet, ist in Eph 4,7–16 zu erkennen[26]. Die Dienste der „Apostel", „Propheten", „Evangelisten", „Hirten" und „Lehrer" (V. 11) werden hier als die besonderen Gaben des erhöhten Herrn an seine Ekklesia interpretiert. Ihr Dienst soll allen Gliedern der Kirche zugute kommen, damit diese wiederum zum Aufbau des „Leibes Christi" befähigt werden (V. 12). Den kirchlichen Ämtern, wie sie hier grundlegend und exemplarisch zugleich dargestellt werden, werden *vermittelnde* Befähigungen und Funktionen zugeschrieben. „Charisma", in V. 7 die „jedem von uns" zugeteilte „Gnade" *(charis)* „nach dem Maß der Gabe Christi", gilt hier entsprechend der paulinischen Tradition zwar noch als Berufung und Befähigung aller Glaubenden in dem einen Leib Christi. Aber zu seiner Realisierung bedarf es verstärkt der besonderen Charismen der Amtsträger.

Das Bild, das wir damit von der Kirche des Urchristentums erhalten, ist keineswegs von vornherein ausgeglichen und amtlich festgestellt. Das spannungsvolle In- und Zueinander von Charisma und Amt in den verschiedenen Bereichen der urchristlichen Überlieferung bietet einen Einblick in das *Werden* der Kirche und ihrer Strukturen. Um ein umfassenderes Bild zu bekommen, müßten für den Bereich der paulinischen Gemeinden sicher auch noch die „Episkopen und Diakone" in Phil 1,1 sowie die „Vorstehenden" in 1 Thess 5,12, die „Erstlinge" *(aparchai)* in 1 Kor 16,15 f und Röm 16,5 und die von Paulus häufig erwähnten „Mitarbeiter" berücksichtigt werden. Die damit bezeichneten „Ämter" und Dienste sind an verschiedenen Orten und unter unterschiedlichen Voraussetzungen entstanden, sie sind nicht ohne weiteres miteinander identisch, aber sie konvergieren in der Herausbildung besonderer Verantwortungen für die Gemeinden und in der Berufung von Verantwortungsträgern, die ihre Autorität auf den Apostel zurückführen bzw. deren Zuständigkeiten von ihm anerkannt werden.

Neben der Entwicklung im Bereich der paulinischen Gemeinden ist auf die andersartige Gestaltung der Gemeindeordnung in den judenchristlichen Gemeinden hinzuweisen. Hier bildet sich nach dem Zeugnis der Apostelgeschichte schon relativ früh das Amt der Presbyter als Regel heraus (Apg 15,2.4.6 u.ö.). 1 Petr 5,1 bezieht sich auf das Amt der Presbyter als kirchliches „Regelamt" mit der Mahnung: „Weidet die Herde Gottes bei euch [und achtet auf sie], nicht gezwungen, sondern bereitwillig gemäß dem Auftrag Gottes..." Wenn nach Apg 14,23 Paulus mit Barnabas „in jeder Gemeinde durch Handauflegung Älteste bestellt" und nach Apg 20,17 die Ältesten der Gemeinde von Ephesus nach Milet kommen läßt, wo er ihnen in der Form einer Abschiedsrede eine Amtspar-

---

[26] Hierzu vgl. besonders *Merklein* 1973; *J. Gnilka,* Der Epheserbrief (HThK 10/2). Freiburg 1971, 205–220; *R. Schnackenburg,* Der Brief an die Epheser (EKK 10). Zürich – Neukirchen 1982, 171–196.

änese hält[27], dann bestätigt sich damit der Eindruck, daß in der Zeit der Abfassung dieser spätneutestamentlichen Schriften das Presbyteramt – auch im Bereich der paulinischen Gemeinden – die Regelform des kirchlichen Amtes geworden ist. Dieser Eindruck bleibt auch für die Überlieferung der Pastoralbriefe erhalten, wo die Amtsbezeichnungen „Presbyteros" und „Episkopos" mit- und nebeneinander gebraucht werden (so besonders Tit 1,6f), ohne daß durch die unterschiedliche Benennung auch schon verschiedene, voneinander abgehobene Ämter erkennbar werden, wie dies zweifellos in den Ignatiusbriefen der Fall ist. Deutlich unterscheidbare Amtsstrukturen sind dagegen im Verhältnis von „Diakonen" und „Presbytern" bzw. „Episkopen" in 1 Tim 3,8–13 (mit 3,1–7; 4,14; 5,17) gegeben. Zudem kommt nach 1 Tim 5,3–16 auch den „Witwen" in der Gemeinde ein quasiamtlicher Status zu[28].

Damit zeigt sich in den späteren Schriften des Neuen Testaments eine verstärkte Tendenz zur Ausbildung fester Amtsstrukturen – nicht zuletzt aus Gründen einer notwendigen Konsolidierung der wachsenden Gemeinden und einer wirkungsvollen Abwendung der Gefahren, die der Kirche in den gnostischen Strömungen des 2. Jahrhunderts entstanden. Um sachgemäß vom kirchlichen Amt zu sprechen, ist es im Sinne des Neuen Testaments freilich nicht genug, daß die Kirche bestimmte Amtsstrukturen herausgebildet hat, die letztlich auf die apostolische Überlieferung und das Amt der Apostel zurückverweisen. Wichtiger ist es, daß die verschiedenen Ämter ihre Autorität im Dienst am Evangelium Jesu Christi erweisen[29], das seine Identität im Wechsel der Situationen mit Hilfe der apostolischen Überlieferung bewahrt.

§ 6. Petrus und Paulus und die Nachfolge der Apostel

Die urchristliche Kirche verdankt ihre Existenz der Verkündigung des Evangeliums durch Jesus Christus und seine Apostel. Das Urchristentum war eine Verkündigungsbewegung. Mit der Verkündigung des Evangeliums setzten die Apostel das Werk Jesu Christi fort. So sehen es insbesondere die Synoptiker im Neuen Testament. Die Aussendung der Jünger impliziert den Auftrag zur Verkündigung des Evangeliums (vgl. Mk 3,14; 6,12; Mt 10,7; Lk 9,6)[30]. Im Evangelium wirkt Gottes Kraft zur Rettung für alle, die zum Glauben gelangen, Juden und Heiden (vgl. Röm 1,16). So versteht vor allem Paulus seine Sendung. Das Evangelium muß allen Menschen verkündigt werden; das liegt im Evangelium selbst als universaler Botschaft vom Heilswillen Gottes begründet. Seine Absicht war es, das Evangelium nicht nur im Osten der *„oikoumenē"*, son-

---

[27] Vgl. *Prast.*

[28] Hierzu *A. Sand,* Witwenstand und Ämterstrukturen in den urchristlichen Gemeinden, in: BiLe 12 (1971) 186–197, und *H. Kraft,* Art. *chēra,* in: EWNT 3, 1116–1118.

[29] Hierzu *Kertelge* 1972, 127–161.

[30] Dabei haben die Exorzismen und Krankenheilungen allerdings eine unverzichtbare, der Verkündigung integrierte Bedeutung.

dern auch im Westteil bis „nach Spanien" (Röm 15, 24), also weltweit, zu ver-
künigen. Sein Lebenswerk wurde eben diese umfassende Verkündigung mit
oder ohne Spanien, das bleibt dahingestellt, jedenfalls mit jener Wirkungsgeschichte, die sich über das Leben dieses Apostels hinaus in der Ausbreitung des
Christentums in der römischen Ökumene und in der Gründung von christlichen Gemeinden an zahllosen Orten zu erkennen gibt.

Nicht nur an Paulus, sondern auch an Petrus wird schon im Neuen Testament deutlich, wie das von den Aposteln verkündigte Evangelium zur universalen, „katholischen" Kirche geführt hat. Beide Apostel haben über ihre
Lebenszeit hinaus [31] große Ausstrahlung entwickelt, so daß sich ihr Gedächtnis
in der Gestalt von Schülern und Schulen niederschlug. Auf diese sind die Briefe
zurückzuführen, die nach dem Tode der Apostel in ihrem Namen geschrieben
wurden: die Briefe an die Kolosser und Epheser sowie die Pastoralbriefe, die als
Autor den Namen des Apostels Paulus tragen, und der 1. und 2. Petrusbrief.
Für beide Apostel ist zudem auf die Apostelgeschichte hinzuweisen, die das
grundlegende Wirken dieser beiden Apostel für die Kirche aus Juden und Heiden geradezu zu ihrem Thema gemacht hat. Schließlich ist in diesem Zusammenhang auch Mt 16, 17–19 zu nennen, eine Stelle, die nicht nur die
Einsetzung des Simon in das Petrusamt durch Jesus voraussetzt, sondern die
vor allem auch die geschichtliche Einschätzung dieses ersten Jüngers Jesu durch
die Gemeinde des Matthäus bzw. durch die Kirche in der Zeit des Matthäus erkennen läßt. Auf die Bedeutung der sekundären Apostelbriefe und der Stelle
Mt 16, 17–19 für die Entwicklung des Gedankens der Apostolizität soll kurz
eingegangen werden.

1. Apostelbriefe als Zeugnisse der apostolischen Tradition

Lange Zeit war es in der exegetischen Forschung umstritten, ob und wieweit im Neuen
Testament nicht nur mit „echten", sondern auch mit „unechten" Schriften zu rechnen sei.
Das Kriterium der Echtheit sollte ja die Herkunft der neutestamentlichen Schriften von
den Aposteln gewährleisten. Pseudonymität, also eine von den Aposteln geborgte Autorität bei den Verfasserangaben neutestamentlicher Schriften, konnte danach nur die Un-
glaubwürdigkeit des Inhaltes einer Schrift anzeigen. Diese eher populäre Einschätzung
des Phänomens der entliehenen Verfasserangaben ist längst einer sachkritischen Beurteilung gewichen [32]. Pseudonymität ist, auch in der antiken Literatur, nicht zuerst ein „moralisches" Phänomen, sondern Ausdruck für die Geltung einer Autorität auch über ihre
geschichtliche Lebenszeit hinaus. Daher ist es nur zu verständlich, daß sich frühchristliche Schriftsteller der Fiktion apostolischer Herkunft bedienten, um das Fortwirken der
Autoritäten der apostolischen Urzeit anzuzeigen. Sachlich ging es dabei um die Kontinuität von apostolischer Grundlegung und nachapostolischer Entwicklung. Dies soll am
Beispiel des Epheserbriefes verdeutlicht werden.

Als „auctor ad Ephesios" wird der Apostel Paulus genannt. Allerdings läßt bereits die
älteste handschriftliche Bezeugung dieses Briefes daran zweifeln, ob die Adresse „an die

---

[31] Als gutbegründetes Datum für den Tod dieser beiden Apostel ist nach wie vor die Verfolgung der
Christen in Rom durch Nero um 65 n. Chr. anzusehen.
[32] Vgl. *N. Brox,* Falsche Verfasserangaben. Stuttgart 1975.

Heiligen in Ephesus" von vornherein eindeutig war. Der Brief selbst läßt kaum eine persönliche Beziehung des Autors zur Christengemeinde in Ephesus erkennen. Er macht eher den Eindruck einer Homilie in Briefform. Hinzu kommt die Beobachtung, daß der Brief deutlich vom Stil, der Diktion und der theologischen Sprache der Paulusbriefe mit mehr persönlichem Charakter abweicht. Das bedeutet: Im Namen des Paulus bringt der Briefautor Lehrinhalte, Erinnerungen und Mahnungen zur Sprache, die den von ihm ins Auge gefaßten Adressaten, Christen der nachapostolischen Zeit, zur Vergewisserung ihres Christseins dienen sollten[33].

Nach Eph 2, 20 ist die hier angesprochene Gemeinde „auf das Fundament der Apostel und Propheten gebaut". Die „Apostel und Propheten" sind die Offenbarungsempfänger der Anfangszeit (3, 5). Zu ihnen gehört selbstverständlich auch Paulus. Er ist daher zusammen mit den übrigen Aposteln der Anfangszeit der Garant des wahren Evangeliums, auf das die Gemeinde auch und gerade in späterer Zeit angewiesen ist, vor allem dann, wenn sie den Verführern und Irrlehrern widerstehen soll. Hierauf dürfte Eph 4, 14 hinweisen und später noch stärker die Pastoralbriefe (vgl. besonders 1 Tim 4, 1 f)[34].

Sachlich liegt also den den Aposteln zugeschriebenen nachapostolischen Briefen und den auf sie bezogenen Erinnerungstexten die Erfahrung einer geschichtlich veränderten „Zeit der Kirche" zugrunde. Wodurch sollte die Kirche ihre Identität bewahren und Kirche Jesu Christi bleiben, wenn die Apostel als Erstzeugen des Werkes Christi schon der Vergangenheit angehörten? Die nächstliegende Lösung dieses Problems war die, daß die Kirche der nachapostolischen Zeit am Erbe der Apostel als dem „Testament" der Primärzeugen festhielt. Die Apostel sollten in ihrer Funktion als Garanten des einen, wahren Evangeliums Jesu Christi weiterwirken. Die nachapostolischen Schriften des Neuen Testaments, die sich ausdrücklich auf die grundlegende Verkündigung der Apostel und ihr über die eigene Zeit hinausschauendes „Vermächtnis" berufen, erfüllen zunächst diese Aufgabe, die „Lehre der Apostel" (Apg 2, 42) unverfälscht weiterzugeben und so eine Lehrnorm für das weitere Wirken der Kirche zu bieten.

2. Petrusamt und apostolische Kirche

Im Neuen Testament ist Petrus die zentrale Jüngergestalt in dem von Jesus berufenen Jüngerkreis und dementsprechend in der Urgemeinde der nachösterlichen Zeit. In den Zwölferlisten (Mk 3, 16–19; Mt 10, 2–4; Lk 6, 14–16; Apg 1, 13) wird er regelmäßig an erster Stelle genannt, in Mt 10, 2 ausdrücklich als *prōtos* eingeführt. Er gehörte zu den erstberufenen Jüngern Jesu (Mk 1, 16 Parr.). Noch vor allen anderen Jüngern kam ihm die Erscheinung des Auferstandenen zu, so nach 1 Kor 15, 5 und Lk 24, 34. An keiner anderen Stelle kommt die Vorrangstellung des Petrus so stark zum Ausdruck wie in Mt 16, 17–19. An der Authentizität dieses Textes war besonders der katholischen

---

[33] Der pseudoepigraphische Charakter des Epheserbriefes wird heute auch weitgehend von katholischen Exegeten angenommen. Vgl. die neueren Kommentare von Gnilka, Ernst, Mußner und Schnackenburg.
[34] Vgl. *K. Kertelge* (Hg.), Paulus in den neutestamentlichen Spätschriften. Freiburg 1981.

Theologie und Kirche im Blick auf das Petrusamt gelegen, das die Kirche im Primat des Bischofs von Rom geschichtlich und kirchenamtlich repräsentiert sieht. Das Problem der Echtheit dieser Stelle ist in der neueren historisch-kritisch arbeitenden Exegese weitgehend entschärft und einer traditionsgeschichtlichen Erklärung gewichen, die mit einer intensiven Verflechtung von ursprünglicher Jesusüberlieferung und redaktioneller Interpretation des Evangelisten rechnet[35]. Dennoch bleibt die Frage nach der ekklesiologischen Tragweite der Worte Jesu an Petrus. Das Interesse an Mt 16, 17–19 spitzt sich dabei zu der Frage zu, wieweit die dem Petrus übertragene Autorität in der Primatialgewalt des römischen Papstes ihren kirchlich wirksamen Ausdruck findet.

Diese Frage ist im Blick auf die Textstelle Mt 16, 17–19 nicht von vornherein illegitim, auch wenn wir die Möglichkeiten der Exegese und die Erwartungen einer späteren Ekklesiologie deutlich zu unterscheiden haben. Auch bei einer exegetisch sachgemäßen Interpretation der Worte Jesu an Petrus ist nicht zu übersehen, daß Petrus hier bereits im Lichte der *Wirkungsgeschichte* seiner historischen Person, seiner Berufung durch Jesus und seines Wirkens in der Urkirche dargestellt wird. Die Exegese stellt heute mit großer Einmütigkeit fest, daß das mehrgliedrige Wort Jesu an Petrus zwar die besondere Berufung des Petrus durch Jesus festhält, daß die Wiedergabe dieses Vorgangs hier aber auch die tatsächliche und theologisch reflektierte Stellung des Petrus in der Urkirche mit einbezieht. Schon der redaktionell von Matthäus gebildete Vers 17 bringt deutlich zum Ausdruck, daß der Grund für die fundamentale Bedeutung des Petrus für die Kirche nicht in einer menschlichen Qualität liegt, sondern in der „Offenbarung", die ihm vom „Vater im Himmel" zuteil wurde. Petrus ist „Fels" *(petra)* (V. 18) in dem Sinne, daß er der zuverlässige Zeuge des Evangeliums von Jesus Christus ist, an den Jesus selbst seine Kirche bindet – um des Evangeliums willen. Petrus wird zum authentischen Lehrer und Interpreten dieses Zeugnisses. Eben dies bringt V. 19a zum Ausdruck: Die Schlüsselgewalt ist bildhafter Ausdruck für die dem Petrus übertragene und von ihm de facto ausgeübte Lehrgewalt. Die Kirche bedarf des verbindlichen Lehrzeugnisses der Apostel, auch wenn diese, wie zur Zeit der Niederschrift des Matthäusevangeliums, schon gestorben sind und der Vergangenheit angehören. Ihr Lehrzeugnis wirkt weiter; hierauf, ganz konkret auf das Zeugnis des Apostels Petrus, stützt sich der Evangelist, wenn er seiner Gemeinde die Inhalte dieses Zeugnisses in der Gestalt des Evangeliums vorstellt. Sein Evangelium ist der Niederschlag apostolischer Überlieferung, für deren Zuverlässigkeit in besonderer Weise der Erstapostel Petrus bürgt.

---

[35] Aus der umfassenden Literatur hierzu: *A. Vögtle*, Messiasbekenntnis und Petrusverheißung, in: *ders.*, Das Evangelium und die Evangelien. Düsseldorf 1971, 137–170; *ders.*, Zum Problem der Herkunft von „Mt 16, 17–19", in: *P. Hoffmann* (Hg.), Orientierung an Jesus (FS J. Schmid). Freiburg 1973, 372–393; *P. Hoffmann*, Der Petrus-Primat im Matthäusevangelium, in: *J. Gnilka* (Hg.), Neues Testament und Kirche (FS R. Schnackenburg). Freiburg 1974, 94–114; *Ch. Kähler*, Zur Form- und Traditionsgeschichte von Mt 16, 17–19, in: NTS 23 (1977) 36–58; *R. Pesch*, Art. *Petros,* in: EWNT 3, 193–201 (Lit.).

Damit ist nicht nur das Phänomen der „apostolischen Tradition", sondern im Grunde auch schon die Idee der „successio apostolica" gegeben[36]. Das Evangelium bedarf des Verkündigers (vgl. Röm 10, 14 f). Nach dem gleichen Prinzip erfordert die apostolische Überlieferung den treuen *Lehrer* dieser Überlieferung und den Garanten ihrer Authentizität. Eben diese Sendung des Petrus bleibt auch über seine Lebenszeit hinaus als aktiv wahrzunehmende Aufgabe in der auf dem Fundament der Apostel gebauten Kirche bestehen. In anderer Weise bringt dies der Paulus der Pastoralbriefe mit der Adresse an die Apostelschüler Timotheus und Titus zum Ausdruck. Sie werden zu Tradenten und Hütern des apostolischen Erbes, das sie selbst wiederum den von ihnen eingesetzten Presbytern (Tit 1, 5; 1 Tim 5, 17–22) weiter vermitteln sollen. Der Sache nach geht es dabei um die Treue zum Evangelium, das in der nachapostolischen Zeit mit der gleichen Zuverlässigkeit wie in der Zeit der Apostel weiter verkündigt und ausgelegt werden soll. Die in der Folge von Aposteln, Apostelschülern und von ihnen eingesetzten Amtsträgern bestehende Kontinuität soll der Identität des Evangeliums in späterer Zeit dienen[37].

Nachneutestamentlich hat die Idee der Nachfolge der Apostel verstärkte Form angenommen, vor allem in der Berufung der erstarkenden Teilkirchen auf apostolischen Ursprung und auf Einsetzung ihrer ersten Bischöfe durch die Apostel, die schließlich auch zu rechtlichen Legitimationsnachweisen in der Gestalt von Bischofslisten führte, in denen die Herkunft von den Aposteln dokumentiert werden sollte[38]. Diese Ableitungen sind historisch sicher differenzierter zu beurteilen, als daß sie ohne weiteres durch das Neue Testament oder durch außer- und nachneutestamentliche Quellen belegt werden könnten. Aber sie bringen der *Sache* nach das zum Ausdruck, was die spätneutestamentlichen Schriften durchgehend durch die Verknüpfung der nachapostolischen Zeit mit der Zeit der Urapostel darzustellen suchten. Letztlich geht es um die *eine* Kirche, die ihre Identität als *apostolische* Kirche bewahrt, als die sie von Jesus Christus auf dem Fundament der Apostel erbaut ist.

§ 7. Urkirchliche Lebensvollzüge

Die urchristliche Kirche versteht sich als Kirche der missionarischen Verkündigung und des gelebten Glaubens. Die Verkündigung der Apostel führt zur Gründung von Gemeinden, in denen das Evangelium auf Glaubenspraxis hin ausgelegt und der Glaube in brüderlicher Gemeinschaft gelebt wird. Verkündigung und gelebter Glaube sind aufeinander bezogen. Soll der Glaube in der Ge-

---

[36] Vgl. bes. *O. Knoch*, Die „Testamente" des Petrus und Paulus. Stuttgart 1973. Knoch geht von der Sukzessionslehre der Kirchenkonstitution des Vaticanum II aus, die er hinsichtlich ihrer Berufung auf das neutestamentliche Zeugnis kritisch untersucht. Elemente eines frühchristlichen Sukzessionsgedankens sucht er vor allem in den „‚Testamenten' der Apostel" zu ermitteln: „Die Gattung der Abschiedsreden enthüllt, daß es sich dabei jeweils um den Versuch späterer Generationen und Epochen handelt, die ‚Sukzession' der zur Zeit der Verfasser solcher ‚Reden' vorhandenen, aber gefährdeten Tradition im Rückgriff auf die verpflichtende Vergangenheit für die Zukunft zu retten" (ebd. 28).
[37] Vgl. *Prast*.
[38] Ein frühes Zeugnis eines solchen Nachweises der apostolischen Sukzession bietet *Irenäus*, Haer. III 3, für die Kirche von Rom. Hierzu *L. Koep*, Art. Bischofsliste, in: LThK 2, 507.

meinde lebendig bleiben, ist er auf das ständig neue Hören des Evangeliums angewiesen. Umgekehrt wächst der Verkündigung aus dem Vollzug des Glaubenslebens in der Gemeinde die Möglichkeit zu, konkret zu werden und auf die wechselnden Situationen und ihre Herausforderungen orientierend und problemlösend einzugehen. So ergeben sich schon innerhalb der neutestamentlichen Schriften unterschiedliche Auslegungen und Akzentuierungen des überlieferten Evangeliums, die einander nicht die Richtigkeit ihrer Interpretation bestreiten, sondern die die spannungsvolle Einheit zwischen Verkündigung und gelebtem Glauben erkennen lassen. Zu sprechen ist in diesem Sinne von der Kirche als Glaubens- und Überlieferungsgemeinschaft.

1. Kerygma und Koinonia[39]

Verkündigter und gelebter Glaube stehen also in einem Wechselverhältnis. Im Hören auf das Wort wächst die Glaubensgemeinschaft nach außen und nach innen. Das apostolische Kerygma und die gemeindliche Koinonia der Glaubenden werden zu den hervorragendsten Kennzeichen der urchristlichen Kirche; so nach Apg 2, 42: „Sie blieben beständig bei der Lehre der Apostel und der Gemeinschaft *(koinōnia),* beim Brotbrechen und den Gebeten." Lukas entwirft damit nicht einfach ein stilisiertes Idealbild von der Urgemeinde. Er erinnert vielmehr die Kirche seiner Zeit an ihren normativen Ursprung in dem geistgewirkten Geschehen von Kerygma und Koinonia. Das apostolische Kerygma der Anfangszeit wird zur „Lehre der Apostel", die der Verkündigung der Kirche orientierende Kompetenz und Autorität gibt. Aus der Verkündigung des Evangeliums wächst dann auch Kirche als brüderliche Gemeinschaft, nämlich in der Weise der Gemeinschaft stiftenden *Teilhabe* an Jesus Christus, an den das Kerygma erinnert. Eben dies ist die Grundbedeutung von Koinonia: „Gemeinschaft (mit jemand) durch Teilhabe (an etwas)"[40]. In diesem Sinne unterstreicht das Wort „Koinonia" im Neuen Testament, insbesondere bei Paulus, den „Gemeinschafts"charakter von Kirche. Gemeinschaft entsteht in der Kirche nicht aus dem positiven Willen von Gleichgesinnten zum gesellschaftlichen Zusammenschluß, sondern aus der gemeinsamen Teilhabe der Glaubenden an dem, der sie beruft, und an dem von ihm geschenkten Heil. „Das Moment der ‚Teilhabe an etwas' ist als Ausgangspunkt immer mitgegeben."[41] Kirchliche Gemeinschaft entsteht so nach Paulus durch „Teilhabe am Leib und Blut Christi" (1 Kor 10, 16). Der Kontext dieser Stelle fordert die Beobachtung des theologischen Zusammenhangs zwischen der *Teilhabe* am eucharistischen Leib Christi und der *Eingliederung* in den „Leib Christi", der die Kirche ist (12, 27). Die theologische Bedeutung der Eucharistie für die Begründung und Erhaltung der

[39] Hierzu auch *K. Kertelge,* Kerygma und Koinonia, in: *P. G. Müller – W. Stenger* (Hg.), Kontinuität und Einheit (FS F. Mußner). Freiburg 1981, 327–339.
[40] *Hainz 1982,* 34.
[41] Ebd. – Vgl. *J. Hainz,* Art. *koinonia,* in: EWNT 2, 749–755.

Gemeinschaft und des Gemeinschaftslebens in der Kirche ist hierin nicht zu übersehen[42].

Das Gemeinschaftsleben der Glaubenden bleibt so gebunden an den Grund kirchlicher Gemeinschaft in Jesus Christus. In der Gemeinde nimmt das Glaubensleben der einzelnen daher notwendig den Charakter des *Dienstes* nach dem Beispiel Jesu Christi an. Im Dienst aneinander vollziehen die Glaubenden die Selbsthingabe Christi „für die vielen" mit (vgl. Mk 10, 45 Parr). Nach 2 Kor 8, 9 kann dieser Grundsatz sogar auf die Kollekte für die Jerusalemer Christen angewandt werden, die Paulus hier übrigens bezeichnenderweise als *koinōnia*, als „Teilnahme an dem Dienst für die Heiligen" (V. 4) kennzeichnen kann: „Ihr wißt ja von der Gnade unseres Herrn Jesus Christus, daß er um euretwillen arm wurde, da er reich war, damit ihr durch seine Armut reich würdet."

2. Brüderlichkeit und Sündenvergebung

Dieses Grundmotiv des brüderlichen Dienens um Jesu willen ist in abgewandelter Form auch in anderen Schriften des Neuen Testaments zu erkennen, so vor allem in der ekklesial gewendeten Form des Liebesgebotes Jesu im Johannesevangelium: „Wie ich euch geliebt habe, so sollt auch ihr einander lieben" (Joh 13, 34; 15, 12). Diese Interpretation des Liebesgebotes wäre mißverstanden, wenn in ihr lediglich eine „ekklesiogene" Engführung gesehen würde. Sie verdeutlicht auf besondere Weise die Unverzichtbarkeit der Dimension der Brüderlichkeit im urchristlichen Kirchenverständnis[43]. Die Gemeinde der Glaubenden ist der Raum der ständigen Einübung und Verwirklichung des Ethos Jesu, das wie das Evangelium prinzipiell universale Geltung hat. Gerade in der Verwirklichung der von Jesus geforderten Brüderlichkeit hat sich zu bewähren, daß Kirche nicht eine apokalyptisch fixierte, selbstgenügsame Sondergemeinde, nicht eine „geschlossene Gesellschaft", sondern die auf die Welt hin „offene Gemeinde" Jesu ist. Diese Gemeinde lebt nicht aus sich selbst und aus selbstentworfenen gesellschaftlichen Strukturen und Regelungsmechanismen, sondern aus den Einsichten in die Anforderungen der Nachfolge Jesu, und das bedeutet für das Gelingen von Gemeinde nach Mt 18 besonders auch: aus der Bereitschaft zur brüderlichen Vergebung, in der die von Gott gewährte endzeitliche Sündenvergebung ständig konkret werden will.

§ 8. Die Grundgestalt der Kirche im Zeugnis des Neuen Testaments

Das Neue Testament bietet uns in seinen einzelnen Schriften und Schriftengruppen recht unterschiedliche Einblicke in die lebendige Wirklichkeit der Kir-

---

[42] Bemerkenswert ist hierfür auch, daß die Vulgata in der Wiedergabe von Apg 2, 42 die „Gemeinschaft" aus der Feier des „Brotbrechens" hervorgehen läßt: „Erant autem perseverantes in doctrina Apostolorum, et communicatione fractionis panis, et orationibus."
[43] Vgl. oben S. 106 f.

che. Ihre *geschichtliche* Wirklichkeit zeigt sich nicht zuletzt auch in der Unabgeschlossenheit ihrer Geschichte. Sie ist Kirche im Werden. Als „Volk Gottes in Christus Jesus" weiß sie sich in der Geschichte und dem Heilswirken Jesu Christi begründet. Sie realisiert ihre Bindung an Jesus und den aus dieser Bindung resultierenden Auftrag in den in der Anfangszeit schnell wechselnden und sich entwickelnden Situationen – zunächst in der noch Halt und Schutz bietenden Umklammerung und Abhängigkeit vom Judentum Jerusalems und Palästinas, sodann in ihrer zunehmenden Öffnung auf die Heidenwelt und in der gegenseitigen Durchdringung von Judenchristentum und hellenistischem Heidenchristentum. Das Zeugnis der neutestamentlichen Schriften von der Kirche der Anfangszeit, von ihrer Gestaltwerdung, ihrer Verfolgung und ihrer Bewährung kann daher nicht einheitlich sein.

Um so beachtlicher ist es, daß sich in den verschiedenen neutestamentlichen Schriften aus den verschiedenen Zeiten und Orten doch so etwas wie eine *theologische Grundgestalt* der Kirche erheben läßt. In diesem Sinne ist es nicht überflüssig zu sehen, daß die Kirche nach dem Zeugnis des Neuen Testaments das Werk Jesu Christi ist – in der von den neutestamentlichen Schriften vorausgesetzten Identität des irdischen und erhöhten Herrn. Mt 16, 18 („werde ich meine Kirche bauen") hält den Zusammenhang der nachösterlichen Kirche mit dem Wirken des irdischen Jesus fest – auch und gerade angesichts seiner Sendung zu Israel[44]. Die von Jesus berufene und von seiner Sendung inspirierte Jüngergemeinde gewinnt in der urchristlichen Kirche die Gestalt einer auf die erlösungsbedürftige Welt hin offenen missionarischen Bewegung. Eben diese missionarische Bewegung blieb über die Zeit der Apostel hinaus in den Einzelgemeinden und in den organisatorischen Formen der Gesamtkirche erhalten. Die geschichtliche Entwicklung der Kirche in der nachapostolischen Zeit bedingte eine zunehmende Institutionalisierung ihrer Lebensformen. Angesichts der neuen Herausforderungen, die die Kirche in der Begegnung mit den hellenistischen Mysterienreligionen und der aufkommenden gnostischen Versuchung zu bestehen hatte, muß es als Mißverständnis oder als geschichtsvergessene Fehldeutung erscheinen, diese Entwicklung zum Institutionellen hin als Abfall von der „idealen" Anfangszeit und dem von den Aposteln, insbesondere von Paulus, verkündeten „reinen Evangelium" zu erklären. Das Schlagwort vom „*Frühkatholizismus*"der nachapostolischen Zeit hat einen stark kontrovers-

---

[44] Statt von „Stiftung der Kirche durch Jesus", was sicher kein neutestamentlicher Sprachgebrauch ist, wird heute etwas zurückhaltender von „*Herkunft* der Kirche von Jesus" gesprochen. So etwa, mit dem deutlichen Bemühen um eine differenziertere, dem exegetischen Befund Rechnung tragende Interpretation *K. Rahner*, Heilsgeschichtliche Herkunft der Kirche von Tod und Auferstehung Jesu, in: Schriften 14 (1980) 73–90; *ders.*, Autorität, in: Schriften 15 (1983) 326–351. Die Erklärung Rahners basiert auf der Unterscheidung von historisch-kritischer Nachweisbarkeit einer „Kirchenstiftung" durch ein authentisches Jesuswort und der theologisch relevanten Aussage von der „wirklichen Herkunft der Kirche von Jesus, dem Gekreuzigten und Auferstandenen", so daß „eine verbindliche Herkunft der Kirche von Jesus (dem vorösterlichen und auferstandenen) gegeben sein kann und gegeben ist, auch wenn man nicht ohne weiteres an einem Kirchenstiftungsakt Jesu in der Weise festhält, in der dieser Akt früher gedacht war" (ebd. 344f).

theologischen Klang erhalten [45]! Als Deutewort für einen angeblichen Gegensatz zwischen einer „Kirche des Geistes" und einer „Kirche des Rechtes" scheint es wenig geeignet zur Kennzeichnung des geschichtlichen Prozesses, in den die Kirche gegen Ende des 1. Jahrhunderts eingetreten ist. Die Katholizität der Kirche, die ihr von Anfang an als universalem Gottesvolk aus Juden und Heiden eigen war, tritt in der Folgezeit immer stärker auch in institutionellen Formen in Erscheinung. In diesem Sinne konnte der Kirchenhistoriker Albert Ehrhard 1935 die Bezeichnung „Frühkatholizismus" (als Kurzwort für die frühe katholische Kirche) zur Beschreibung dieser Entwicklung noch unverfänglich in den Titel des ersten Bandes seiner Darstellung der Alten Kirche aufnehmen: „Urkirche und Frühkatholizismus" [46]. Heute wird man diese Bezeichnung nicht ohne Erklärung des damit gemeinten Sachverhaltes verwenden können.

Nehmen wir die geschichtliche Entwicklung und Gestaltwerdung der Kirche in der Anfangszeit in den Blick, ist darin die *theologisch-geistliche* Wirklichkeit der Kirche nicht zu übersehen, auch wenn sie in den einzelnen Zeugnissen des Neuen Testaments in verschiedenen Aspekten und oft nur fragmentarisch zur Darstellung kommt.

Grundlegend ist für die Kirche der *Glaube an Jesus Christus* und sein Heilswirken, auch über seinen Tod hinaus als Auferstandener und Erhöhter. Im Glauben bleibt die Kirche mit ihm als ihrem Herrn verbunden. Diesen Glauben lebt und bezeugt sie inmitten einer Welt der Unerlöstheit und des anhaltenden Widerstandes gegen den Heilswillen Gottes. Der Glaube wird so zum unterscheidenden Merkmal der Kirche gegenüber der Welt. Das bedeutet nicht Ausgrenzung und Etablierung einer neuen Welt und einer Gesellschaft der Vollkommenen, sondern die Gewinnung einer missionarischen Identität, die die Glaubenden zum Zeugnis der grenzüberschreitenden *Liebe* nach dem Vorbild ihres Herrn befähigt. Sie bewirkt damit eine Veränderung der vorfindlichen Welt, ihre Bekehrung zum Evangelium. Aus dem Glauben an Jesus Christus und sein Evangelium erwächst schließlich die Hoffnung auf das Kommen des Reiches Gottes, die das Handeln der Glaubenden inspirieren und orientieren kann. Die Kirche ist der Raum, in dem diese christlichen Grundeinstellungen von Glaube, Liebe und Hoffnung eingeübt und bewährt werden.

---

[45] Dies ist besonders in der Monographie von *S. Schulz*, Die Mitte der Schrift. Der Frühkatholizismus im Neuen Testament als Herausforderung an den Protestantismus. Stuttgart – Berlin 1976, zu erkennen.
[46] Bonn 1935.

LITERATUR

Baumbach, G., Die Anfänge der Kirchwerdung im Urchristentum, in: Kairos 24 (1982) 17–30.

Campenhausen, H. von, Der urchristliche Apostelbegriff, in: StTh 1 (1947/48) 96–130.

Frankemölle, H., Jahwebund und Kirche Christi. Münster 1974.

–, Art. Kirche/Ekklesiologie. A. Biblisch, in: NHThG 2, 294–309.

Hahn, F. – Kertelge, K. – Schnackenburg, R., Einheit der Kirche. Grundlegung im Neuen Testament. Freiburg 1979.

Hainz, J., Ekklesia. Strukturen paulinischer Gemeinde-Theologie und Gemeinde-Ordnung. Regensburg 1972.

–, (Hg.), Kirche im Werden. Studien zum Thema Amt und Gemeinde im Neuen Testament. München 1976.

–, Koinonia. „Kirche" als Gemeinschaft bei Paulus. Regensburg 1982.

Kertelge, K., Gemeinde und Amt im Neuen Testament. München 1972.

– (Hg.), Das kirchliche Amt im Neuen Testament. Darmstadt 1977.

– (Hg.), Mission im Neuen Testament. Freiburg 1982.

Klauck, H.-J., Hausgemeinde und Hauskirche im frühen Christentum. Stuttgart 1981.

Lohfink, G., Die Sammlung Israels. Eine Untersuchung zur lukanischen Ekklesiologie. München 1975.

Merklein, H., Das kirchliche Amt nach dem Epheserbrief. München 1973.

–, Die Ekklesia Gottes. Der Kirchenbegriff bei Paulus und in Jerusalem, in: BZ 23 (1979) 48–70.

Pesch, W., Die sogenannte Gemeindeordnung Mt 18, in: BZ 7 (1963) 220–235.

Prast, F., Presbyter und Evangelium in nachapostolischer Zeit. Stuttgart 1979.

Roloff, J., Apostolat – Verkündigung – Kirche. Ursprung, Inhalt und Funktion des kirchlichen Apostelamtes nach Paulus, Lukas und den Pastoralbriefen. Gütersloh 1965.

–, Art. *ekklēsia*, in: EWNT 1 (1980) 998–1011.

Schlier, H., Ekklesiologie des Neuen Testaments, in: MySal 4/1, 101–221.

Schnackenburg, R., Die Kirche im Neuen Testament, ihre Wirklichkeit und theologische Deutung, ihr Wesen und Geheimnis. Freiburg (1961) ³1966.

–, Ortsgemeinde und „Kirche Gottes" im ersten Korintherbrief, in: *H. Fleckenstein* u. a. (Hg.), Ortskirche – Weltkirche (FS J. Kard. Döpfner). Würzburg 1973, 32–47.

Schrage, W., ‚Ekklesia‘ und ‚Synagoge‘, in: ZThK 60 (1963) 178–202.

Schweizer, E., Matthäus und seine Gemeinde. Stuttgart 1974.

Trilling, W., Hausordnung Gottes. Eine Auslegung von Matthäus 18. Düsseldorf 1960.

–, Das wahre Israel. Studien zur Theologie des Matthäus-Evangeliums. München 1964, 106–123.

5. KAPITEL

KIRCHE UNTER DEN HERAUSFORDERUNGEN DER GESCHICHTE

Peter Stockmeier

Die Offenbarung Gottes, die in Jesus von Nazaret letztgültig ergangen ist, ruft den Menschen in die Glaubensentscheidung, und zwar vor dem Hintergrund der geschichtlichen Erfahrung Israels. Diese wurde in der Sammlung der Jüngergemeinde durch Jesus nicht preisgegeben; tatsächlich hoben seine Anhänger auf die Erfüllung aller Verheißungen in seiner Gestalt und in seinem Wirken ab, ja sie bewältigten den Tod Jesu aus dem Glauben an ihn als den auferstandenen Christus und Kyrios. So grundlegend also Jesus von Nazaret und seine Verkündigung des Reiches Gottes für das Werden der Kirche ist, ihr Selbstverständnis hat sie im Rückgriff auf die ganze Geschichte Israels entfaltet.

§ 1. Geschichtlichkeit der Kirche und ihre Geschichtsverwiesenheit

Eine geschichtliche Betrachtungsweise der Kirche hat von den Menschen auszugehen, die sich dem Anruf Jesu von Nazaret zu Umkehr und Glauben (Mk 1, 15) öffneten. Diese Antwort erfolgte aus freiem Entscheid, und sie prägte das Verständnis seiner Anhänger so sehr, daß die Bekehrung als ein „zum Glauben kommen" (1 Kor 15, 2.11; Apg 2, 44) erscheint und der Begriff „Gläubige" als Selbstbezeichnung (2 Kor 6, 15, Apg 4, 32) dient. Vor allem aus der Ostererfahrung gewann „Glauben" jene Orientierung an Jesus, die das Leben seiner Gemeinde grundlegend prägte und zugleich das geschichtliche Datum für die Entstehung der Kirche bot. Angesichts der Parusieverzögerung sah sich die Gemeinschaft der Gläubigen zwar selbst genötigt, den Aufschub mit seinen geschichtlichen Implikationen als Zeit der Kirche zu begreifen, aber nicht zuletzt in diesem Fortgang erfuhr sie ihre Geschichtlichkeit.

1. Die Kategorie der „Geschichtlichkeit" und ihre Anwendung auf die Kirche

Die Redeweise von der „Geschichtlichkeit" der Kirche nimmt einen Begriff neuzeitlichen Denkens auf, der die Grundbefindlichkeit menschlichen Daseins beschreibt. Galt für G. W. F. Hegel († 1831), dem wir wohl die Wortschöpfung verdanken, die Selbstverwirklichung des Menschen im Laufe der Geschichte als unabweisbare Aufgabe, so hat die Existenzphilosophie gerade die anthropologische Note noch unterstrichen, insofern sie mit Geschichtlichkeit auf das verantwortliche Handeln des Menschen abhob, der im Bann der Vergangenheit auf Zukunft hin sein Wesen zu verwirklichen hat[1].

Überträgt man den Begriff Geschichtlichkeit auf die Kirche, dann ruft er den Glaubensentscheid der Anhänger Jesu ins Bewußtsein und damit die Tatsache, daß Kirche auf die initiierenden Akte Jesu hin aus dem Zusammenschluß gläubiger Menschen entstand. Die Vorgabe des Handelns und Verkündigens Jesu wird im Glauben als geschichtliche Offenbarungstat Gottes anerkannt. Insofern bleibt das Jesusgeschehen mit der Sammlung der Jüngergemeinde das grundlegende Datum für die Geschichtlichkeit der Kirche, auch wenn im Ursprung ihre spätere Gestalt nicht allseits sichtbar wird. Dieses Erscheinungsbild der Kirche in Raum und Zeit haben die Gläubigen in dem Spannungsverhältnis zwischen Ursprung und jeweiliger Situation verwirklicht und so im geschichtlichen Wandel Kontinuität bewahrt. In diesem umgreifenden Sinn korrespondiert der Begriff Geschichtlichkeit einer kirchenhistorischen Betrachtungsweise, da er die geschichtliche Dimension der Kirche mit Nachdruck betont, andererseits jedweden Spiritualismus der (Kirchen-)Geschichtsinterpretation theologischer oder philosophischer Art überläßt.

Allerdings bleibt solche Geschichtsdeutung im konkreten Glaubensvollzug des Menschen nicht ohne Belang. So wie das Jesusgeschehen als Höhepunkt der Offenbarungsgeschichte galt, betrachtete sich dementsprechend die Gemeinschaft der Gläubigen als eschatologische Sammlung des Gottesvolkes, und sie stellte sich so in den Zusammenhang der alttestamentlichen Heilsgeschichte, freilich im Bewußtsein, das neue Israel zu sein, in dem das Heil Gottes schon gegenwärtig ist. Die werdende Kirche ging darum auch nicht auf Distanz zur jüdischen Volksgemeinde, sondern eröffnete ihr die Erfüllung alter Verheißungen im Zwölfstämmevolk. Im Anschluß an den alttestamentlichen *qahal* erscheint die neue Glaubensbewegung denn auch als Kirche Gottes, die in Kontinuität zu Israel steht, aber durch das Wirken Jesu und den Empfang des Geistes alle Grenzen überschreitet. Vor diesem Hintergrund entfaltete sie ein Geschichtsbewußtsein, das im Licht des Christusereignisses den Zusammenhang mit dem bisherigen Offenbarungsgeschehen ebenso markiert wie den (zunehmenden) Abstand, um als endzeitliche ἐκκλησία Gottes Wirken in dieser Weltzeit zu repräsentieren.

Die christliche Glaubensgemeinschaft hat ihren Entscheid für Jesus von Nazaret in einen übergreifenden geschichtlichen Rahmen gestellt und so ihr Selbstverständnis als Kirche artikuliert. Aus dieser Geschichtsverwiesenheit kamen auf die Kirche Herausforderungen zu, denen sie nicht durch Verweis auf ihre übergeschichtliche Dimension ausweichen konnte, sondern die sie im

---

[1] Vgl. *G. Bauer* 285 f; ferner *A. Darlapp*, Art. Geschichtlichkeit, in: LThK 4, 780–783; *L. v. Renthe-Fink*, Geschichtlichkeit. Ihr terminologischer und begrifflicher Ursprung bei Hegel, Haym, Dilthey und York. Göttingen 1964; *J. Möller*, Geschichtlichkeit und Ungeschichtlichkeit der Wahrheit, in: *J. Ratzinger/J. Neumann* (Hg.), Theologie im Wandel. München 1967, 15–40.

Glauben zu bewältigen hatte. Insofern hebt die Rede von der Geschichtlichkeit der Kirche auf die Verwirklichung des Glaubens in jedweder Situation ab, wobei die Vergangenheit mit ihrem normativen Jesusereignis je die Gegenwartsgestalt der Kirche mitprägt.

2. Wesensverwirklichung in der Geschichte

Angesichts der unabweisbaren Geschichtlichkeit der Kirche stellt sich die Frage nach ihrer Wesensverwirklichung. Nun bereitet freilich die begriffliche Bestimmung des Wesens der Kirche einige Schwierigkeiten, vor allem wenn man von ihrem geschichtlichen Werden ausgeht und nicht eine spätere Definition zugrunde legt. Tatsächlich hatte die Kirche weder beim Tode Jesu noch nach dem Ausgang der Apostelzeit ihre Wesensform ausgebildet; vielmehr erfuhr sich die Sammlungsbewegung Jesu im Pfingstgeschehen neu in ihrem Glauben bestätigt und zugleich befähigt, als Gemeinschaft der Gläubigen unter dem erhöhten Herrn den Weg in die Geschichte anzutreten. Der Glaube an Jesus als Messias und Kyrios formte so vom Ursprung her die Kirche, und zwar im Horizont der Geschichte Israels, und im Vollzug dieses Glaubens verwirklichte sie ihre Wesensgestalt.

Die Vielzahl biblischer sowie frühchristlicher Bildworte wie Volk Gottes, Leib Christi, Braut Christi, Pflanzung des Vaters oder auch Bauwerk des Heiligen Geistes illustrieren die Spannweite des kirchlichen Selbstverständnisses. Alle diese Aussagen akzentuieren einen charakteristischen Zug der kirchlichen Glaubensgemeinschaft; die Isolierung eines Aspekts oder die Überfrachtung eines Bildwortes verengen jedoch die Vielfalt des ekklesiologischen Spektrums, auch wenn etwa vom inkarnatorischen Ansatz her tiefsinnige Zusammenhänge zwischen Christus und Kirche sichtbar werden. Im übrigen ist es bezeichnend, daß das Vaticanum II auf eine Wesensdefinition der Kirche in begrifflicher Sprache verzichtet hat und ihr Geheimnis statt dessen mit jenen Bildaussagen umschrieb, die im Neuen Testament bereitlagen.

Aufgrund dieses Befundes wird deutlich, daß die Kirche ihr „Wesen" in der Geschichte dadurch verwirklicht, daß sie in jeder Situation das Zeugnis des Glaubens ablegt. Indem sie in der Zeit dem Anruf Gottes durch Jesus von Nazaret Antwort gibt, konkretisiert sie ihr eigentliches Sein. Eine solche Geschichte der Glaubensantwort weist durchaus Kontinuität auf, auch wenn sie sich im Wandel der Zeiten unterschiedlich artikuliert. Dabei wird der Zusammenhang mit dem Ursprung, den das innere Wesen der Kirche verlangt, von dem in jeder Situation neu erbrachten Glaubensentscheid erwirkt. Nicht zuletzt darin erweist sich die „Geschichtlichkeit" der Kirche, die vom geschichtlichen Geschehen nicht nur am Rande berührt wird, daß sie sich in personaler Verantwortung realisiert, eingebettet in die Glaubensgemeinschaft der Vergangenheit und Gegenwart. Gerade das Christentum ist grundlegend auf das Ereignis Jesu von Nazaret verwiesen, und es kann darum seine geschichtliche Dimension nicht abstreifen. Die Anerkenntnis dieser „Geschichtlichkeit" der Kirche nötigt unweigerlich dazu, gängige Unterscheidungen der Ekklesiologie zu überprüfen. Nicht selten pflegt man aus einem nicht näher beschriebenen Wesen der Kirche Konstanten zu erschließen, die als Ausdruck einer transzendenten Wirklichkeit gelten; ihnen gegenüber unterliegen die Varianten dann dem geschichtlichen Wandel. In dem vieldiskutierten Verhältnis von Dogma und Geschichte hat diese Problematik eine scharfe Zuspitzung erfahren, deren Lösung innerhalb der katholischen Theologie gern zu Lasten der Geschichte geht. Eine eingehende historische Betrachtung erweist freilich nicht selten die geschichtliche Bedingtheit sogenannter Konstanten.

Insofern man übrigens unter Struktur ebenfalls das Allgemeine und Gleichbleibende versteht, ist auch gegenüber diesem Begriff Vorsicht geboten, vor allem wenn dadurch geschichtlich bedingte Formen des Gemeindelebens als übergeschichtlich ausgewiesen werden. Wesensverwirklichung in der Geschichte besagt also für die Kirche die Umsetzung des Glaubensentscheids in der jeweiligen Situation.

3. Geschichte der Kirche und Entwicklung

Die Rede von der „Geschichtlichkeit" der Kirche ist freilich belastet von einem verschiedenartigen Vorverständnis. Während nicht selten damit die Uneigentlichkeit des endlichen Seins im Sinne einer Relativierung unterstellt wird, erscheint der Begriff anderwärts als Kategorie für einen naturhaften Verlauf des Geschehens[2]. Nun ist die Kategorie „Entwicklung" mit gebotener Vorsicht durchaus in der Kirchengeschichtsschreibung einzusetzen, um die Vielfalt des kirchlichen Erscheinungsbildes im Laufe der Geschichte zu beschreiben; ihre Verwendung im naturwissenschaftlichen Bereich hat aber nicht nur die Übernahme beschleunigt, sondern weitgehend auch die Analogie der Aussage geprägt.

Die Vorstellung von einem keimhaften, aber noch nicht entwickelten Zustand der Kirche im Anfang, der sich im Laufe der Geschichte zu seiner Vollgestalt entfaltet, hat das Verständnis von Kirche tief beeinflußt, zumal sich auch hierfür das biblische Bild vom Leibe Christi oder die biblischen Wachstumsgleichnisse anzubieten scheinen. Der Vergleich kirchlicher Phänomene mit „Zweigen am Baum der Kirche"[3] bestätigt den Einfluß des evolutiven Denkens auf das Verständnis der Geschichte. Vor allem im Bereich der Dogmengeschichte meinte man, durch das Entwicklungsschema der ungeschichtlichen Tendenz begegnen zu können, die Geschichte des Glaubens auf Identität zu reduzieren[4]. Dem Versuch, die Geschichte der Kirche in Entwicklung aufgehen zu lassen, steht freilich die historische Tatsache von Rückentwicklungen des

[2] Vgl. *H. Volk*, Art. Entwicklung, in: LThK 3, 906–908.
[3] *H. Jedin*, Einleitung in die Kirchengeschichte, in: HKG(J) 1, 10.
[4] Vgl. *J. Ratzinger*, Das Problem der Dogmengeschichte in der Sicht der katholischen Theologie. Köln 1966.

Christentums entgegen und vor allem die Normativität der Heiligen Schrift, so daß auch aus diesem Gegenüber die Wechselbeziehung zwischen Ursprung und Geschichte sichtbar wird – eine Dialektik, in der sich Anfang und Ende begegnen.

4. Fortschritt und Verfall

Eng mit dem Entwicklungsmotiv in der Geschichte ist die Vorstellung von Fortschritt oder Verfall verbunden. Schon in der frühchristlichen Apologetik diente der Hinweis auf das Wachstum der Christenheit als Argument für die Wahrheit des Evangeliums; aber auch die vielfältigen Entwicklungen im Erscheinungsbild und in der Lehre der Kirche gelten weithin als Fortschritt. In geradezu klassischer Form hat Vinzenz von Lerins († um 450) diesem Prinzip Ausdruck verliehen, und zwar in unmittelbarem Vergleich mit dem Wachstum in der Natur:

> „So muß auch die Lehre der christlichen Religion diesen Gesetzen des Fortschritts folgen, daß sie mit den Jahren gefestigt, mit der Zeit erweitert und mit dem Alter verfeinert werde, dabei jedoch unverdorben und unversehrt bleibe und in dem gesamten Umfang ihrer Teile, sozusagen an allen ihr eigentümlichen Gliedern und Sinnen, vollständig und vollkommen sei, außerdem keine Veränderung zulasse, keine Beeinträchtigung ihrer Eigentümlichkeit und keine Veränderung ihres Wesens erleide."[5]

Ausgehend von einem organischen Kirchenbegriff, optiert Vinzenz für den Fortschritt der christlichen Religion, und zwar unter völliger Wahrung ihres Wesens; am Beispiel des wohl stoisch verstandenen Wesens von Arten pocht er auch auf die Grenzen solchen Wachstums, das eben nicht zur Veränderung des Eigentlichen führen darf. Mit Hilfe des bekannten Traditionsprinzips[6] sichert er den Wesensbestand der Glaubenslehren und damit die Identität mit dem Ursprung, so im Grunde die Rede vom Fortschritt entschärfend. Die Problematik zwischen dem geschichtlich existierenden Gläubigen und einer übergeschichtlichen Glaubenslehre bleibt also bestehen, ja sie wird am Beispiel der Kirche noch gesteigert. Tatsächlich bleibt auch die mittelalterliche Geschichtsschau zwiespältig. Neben der biblischen Norm der in Christus endgültig ergangenen Offenbarung begegnet uns immer wieder das progressistisch orientierte Geschichtsmodell, das etwa in der Chronik des Bischofs Otto von Freising († 1158) nachhaltigen Ausdruck gefunden hat[7]. Die neuzeitliche Weltmission be-

---

[5] Common. 23,9: FlorPatr 5,49.
[6] Common. 2,5: ebd. 5,11 f: „Id teneamus, quod ubique, quod semper, quod ab omnibus creditum est."
[7] Die gegenüber Augustinus konkretere Sicht der Civitas Dei verbindet sich mit dem Gedanken der Prosperität und mündet in die Aussage von der Kirche: „Um ihren Glauben an die Verheißung des Himmelreiches zu stärken, übertrug er ihr die oberste zeitliche Herrschaft über alle Reiche. So wuchs, wie gesagt, der Staat Christi allmählich und erhob sich schließlich zum höchsten Gipfel und zur Weltherrschaft" (Chronik oder die Geschichte der zwei Staaten [ed. W. Lammers]. Darmstadt 1961, 309).

flügelte trotz des Bruches der abendländischen Kircheneinheit diese Perspektive des Fortschritts, und selbst in den vorbereiteten Kapiteln über die Kirche, die freilich vom Vaticanum I nicht mehr definiert wurden, heißt es:

> „Wohl wächst die Kirche – und möge sie nur stets zunehmen in Glaube und Liebe, auf daß Christi Leib immer mehr aufgebaut werde –, wohl entfaltet sie sich je entsprechend ihrem Alter und der Verschiedenheit der Umwelt, in der sie lebt unter ständigen Kämpfen. Trotzdem bleibt sie unveränderlich in sich und in der von Christus empfangenen Verfassung. Nie kann deshalb Christi Kirche ihre Wesenszüge und ihre Gaben verlieren: ihr heiliges Lehramt, ihr Priesteramt und Hirtenamt. So ist Christus durch seinen sichtbaren Leib immerdar allen Menschen Weg, Wahrheit und Leben."[8]

Ausgehend von einem theandrischen Kirchenverständnis wird die Unveränderlichkeit des Wesens betont, aber trotz unverhohlener Skepsis auch ein Wachstum im Sinne der Auferbauung anerkannt, freilich ohne die innewohnende Aporie zwischen Identität und Wandel einer Lösung zuzuführen.

Nun hat man mit Recht auf die Fragwürdigkeit des Fortschrittsmotivs in der Theologie aufmerksam gemacht[9]. In der Tat ist die Frage berechtigt, ob der Glaube (oder das Glaubensverständnis) eines Augustinus oder Luther besser ist als jener des Paulus. Vor allem in der unterschwelligen Verknüpfung des Fortschrittsgedankens mit der Vorstellung technischer Verbesserung erweist sich die Fragwürdigkeit einer kirchengeschichtlichen Wachstumsperspektive. Die Quantifizierung der Wirklichkeit Kirche garantiert keinen Fortschritt an Qualität, so wenig wie eine kleine Herde (Lk 12, 32) ein Minus an Glauben nach sich zieht. Im Grunde bleibt die Orientierung der Gläubigen an der endgültig in Jesus von Nazaret ergangenen Offenbarung Gottes maßgebend, und sie bestimmt den Glaubensentscheid in jeder geschichtlichen Situation. Darum läßt sich die Geschichte der Kirche nicht einfach unter das Fortschrittsmotiv zwingen, auch wenn ihr Weg durch die Zeiten eschatologisch bestimmt ist.

Neben dem Aufstiegsschema hat in der Kirchengeschichtsschreibung schon frühzeitig die Abfallstheorie Platz gegriffen. Ihr liegt die Annahme zugrunde, die Kirche habe sich von ihrer ursprünglichen Höhe entfernt, und sie sei im Laufe der Jahrhunderte immer mehr in Verfall geraten. Schon während der Christenverfolgungen werden Stimmen laut, die den Abstand der kirchlichen Gegenwart vom Ideal der „ersten Liebe" kritisieren, und nach ihrem Ende wird das Lob auf Kaiser Konstantin (306–337) bald durch die Klage über den Urheber aller kirchlichen Dekadenz abgelöst. Die Magdeburger Centuriatoren suchten mit Hilfe dieses Verfallsmotivs die Notwendigkeit der Reformation geschichtlich zu erweisen, wobei das Maß der Erneuerung vom Ideal der Urgemeinde oder der alten Kirche sich zusehends auf eine evangelische Norm im Kanon selbst verengte[10].

---

[8] NR 391.
[9] *M. Seckler*, Der Fortschrittsgedanke in der Theologie, in: Theologie im Wandel (s. Anm. 1) 41–67; *ders.*, Im Spannungsfeld von Wissenschaft und Kirche. Freiburg 1980, 147–148.
[10] Vgl. *P. Stockmeier*, Die alte Kirche – Leitbild der Erneuerung, in: ThQ 146 (1966) 385–408.

Schon aus diesen Rückgriffen auf eine gleich wie verstandene Norm-Periode der Kirchengeschichte, mit der sich oftmals Vorstellungen von einem goldenen oder klassischen Zeitalter verbinden, erhellt ein ungeschichtliches Denken, insofern eine Epoche unter bestimmten Voraussetzungen verabsolutiert wird. Gewiß eignet der apostolischen Zeit als Grundlegung des Christuszeugnisses normative Qualität, ein Umstand, welcher der Urgemeinde den Charakter eines Leitbildes verlieh. Eine nüchterne Sicht der Kirchengeschichte vermag aber die Augen nicht zu schließen vor der Tatsache von Sünde und Schuld in der Kirche; trotz der Glaubenszeugnisse der Märtyrer geben die ersten drei Jahrhunderte nicht die Folie für einen späteren Abfall ab.

So erweist sich weder das Motiv vom Fortschritt noch jenes vom Verfall als angemessene Kategorie zur Charakterisierung der Kirchengeschichte, ja selbst die Redeweise von der „Entwicklung" überträgt leichthin naturhafte Leitbilder auf das Geschichtsgeschehen, in dessen Mitte der Mensch mit seinem Handeln steht. Damit soll nicht die Möglichkeit einer philosophischen oder theologischen Geschichtsschau in Abrede gestellt werden; aber auch und gerade der Kirchenhistoriker muß das Verhalten des Menschen angesichts der Offenbarung erheben und beschreiben. Geschichtlichkeit umschreibt so die Situation des zum Glauben gerufenen Menschen und seinen Entscheid in der jeweiligen Zeit und Umwelt.

§ 2. Geschichtliche Situationen und Entscheidungen

Der Mahnruf Jesu zu Umkehr und Glaube angesichts des nahegekommenen Reiches Gottes (Mk 1,15) sprengte den Rahmen der national-jüdischen Basileia-Erwartung auf der Grundlage des persönlichen Glaubens. Die Glaubenshaltung, nach Tod und Auferstehung zusehends am erhöhten Herrn orientiert, prägte die Anhängerschaft Jesu vom Ursprung her, und sie kennzeichnete grundlegend ihr Erscheinungsbild, wobei der futurische Charakter der Basileia – nun meist als Reich Christi verstanden – in den Vordergrund rückte. In aller Deutlichkeit kommt dies in einer Antwort auf die besorgte Frage des Kaisers Domitian (81–96) zum Ausdruck, wonach Christi Reich nicht von dieser Welt und Erde sei; es sei vielmehr ein Reich des Himmels und der Engel, das erst am Ende der Welt kommen werde, wenn Christus in Herrlichkeit erscheinen wird, um die Lebenden und die Toten zu richten und jedem nach seiner Lebensweise zu vergelten[11]. Der Kirche fällt dabei die Aufgabe zu, die Menschen für diese endzeitliche Basileia Gottes zu sammeln; allerdings macht sich alsbald eine Tendenz zur Verinnerlichung geltend, die vom Einwohnen des Reiches Gottes bei den Menschen, die an den Immanuel glauben, spricht[12] und schließlich zur Identifikation mit der Kirche führt.

---

[11] *Hegesipp* bei *Eusebius,* Hist. eccl. III 20,4: GCS 9, 1, 234.
[12] *Irenäus,* Adv. haer. III 25,1: Harvey 2,115.

Von Anfang an sah sich die Gemeinschaft der Gläubigen genötigt, ihren Standort in der Geschichte angesichts der Ansage der Basileia Gottes durch Jesus von Nazaret zu bestimmen. Gegenüber der damals vorherrschenden Reich-Gottes-Erwartung galt es, Distanz zu wahren und ebenso die Befürchtungen der jeweiligen politischen Macht zu zerstreuen. Man nahm die Herausforderungen an und entfaltete aus den Elementen der biblischen Basileia-Verkündigung jenes kirchliche Selbstverständnis, das trotz aller verabsolutierender Tendenzen sich seiner Geschichtlichkeit bewußt blieb.

1. Christlicher Glaube und antike Religiosität

Als Gemeinschaft jener Menschen, die in Jesus von Nazaret das endzeitliche Heil im Anbruch glaubten, standen die Christen keiner areligiösen Umwelt gegenüber. Sowohl im Ursprungsland Palästina wie im römischen Reich insgesamt sahen sie sich mit einer Vielfalt von Religionen konfrontiert, die zwangsläufig zur Stellungnahme herausforderte[13]. Vom Ursprung her erfuhr also der Jesus-Gläubige das Gegenüber zur Religion. Es handelt sich bei dieser Polarität um einen historischen Befund, der einerseits in dem Appell Jesu zu Umkehr und Glaube (Mk 1,15) gründet, andererseits die Tatsache antiker Religiosität trotz Entartung im einzelnen nicht plakativ als Dekadenz abwertet, um so vor einem dunklen Hintergrund den Aufstieg des Christentums zeichnen zu können. Während die Distanzierung vom Judentum trotz des Verflochtenseins in der Wurzel (vgl. Röm 11,18) in eine zunehmende Polemik ausartete und der Untergang Jerusalems samt des Tempels als gottverfügte Strafe erschien, setzte gegenüber dem religiösen „Heidentum" in der griechisch-römischen Welt eine subtile Auseinandersetzung mit weitreichenden Folgen ein.

Natürlich stieß der Polytheismus mit all seinen kultischen Praktiken auf entschiedene Ablehnung der Christen; dennoch ist eine Offenheit zu vermerken, aus der man unter Wahrung des Monotheismus den Dialog im Religiösen aufnahm. Die Intensität der Herausforderung mag vor allem der Umstand beleuchten, daß im römischen Staat Religion nicht Privatsache war, sondern Öffentlichkeitscharakter besaß, insofern man die salus publica an den Kult der Götter gebunden glaubte. Da die Verweigerung des Götterkultes demnach den Bestand des Staates gefährdete, stellte die Diskussion über die Religion für die in heidnischer Perspektive „gottlosen und irreligiösen" Christen eine unabweisbare Aufgabe dar. Vorbereitet durch eine zunehmende Rezeption einschlägigen Vokabulars und entsprechender Denkformen – erinnert sei nur an das römisch-religiöse Prinzip des „do ut des" –, bemühte man sich, das Christentum als vera religio auszuweisen. Der Herausforderung der religiösen Umwelt begegnete man also mit einem entschiedenen Nein zum Götterkult; andererseits öffnete man sich durchaus religiösen Verhaltensformen, allerdings unter strikter Wahrung des Monotheismus. Anstöße aus der alttestamentlich-jüdischen

---

[13] Siehe *Stockmeier* 1973.

Frömmigkeit förderten zudem eine solche Adaption, durch die ein rechtliches Element im Verständnis der Beziehung des Menschen zu Gott an Boden gewann und kultisch-sakrale Aspekte zusehends das kirchliche Leben formten.

Im Horizont dieser Diskussion vermochte Kaiser Konstantin der Große (306–337) das Christentum nach den Kriterien überkommener Religiosität in den römischen Staat zu integrieren. Die Rolle, welche er dabei der christlichen Kirche zuwies, entsprach weitgehend den heidnischen Kulten, deren Privilegien alsbald auch der christlichen Priesterschaft zuteil wurden. Gewiß brach die frühzeitig einsetzende Reflexion aus dem Glauben immer wieder diese kultische Funktion des Christentums für die Wohlfahrt des Staates auf; aber durch Gesetz vom 28. Februar 380 wurde jene Religion vorgeschrieben, die den Römern durch den Apostel Petrus überliefert worden sei, ohne daß dieser Vorgang einen Protest aus der Freiheit des Glaubens auslöste. Noch Augustinus († 430) hatte sich nach dem Fall Roms im Jahre 410 mit der „religiösen" Problematik des Christentums auseinanderzusetzen, als erneut der Vorwurf von seiten Ungläubiger erhoben wurde, das Christentum trage die Schuld an dieser Katastrophe. Die gern überschlagenen ersten zehn Bücher von „De Civitate Dei" weisen aus biblischem Glaubensbewußtsein diese Kritik zurück und bestätigen so die Tragweite der aufgezeigten Problematik. Ihre umgreifende Wirkung äußert die religiöse Interpretation des Glaubens nicht zuletzt in jener Gebetsformel des Sacramentarium Leonianum (6. Jahrhundert), welche die Feinde des römischen Namens mit den Gegnern der katholischen Religion gleichsetzt[14]. Diese Identifikation drückt jene Angleichung von Kirche und Gesellschaft aus, die im Mittelalter ihren stärksten Ausdruck gefunden hat, allerdings auch neue Konflikte heraufbeschwor, und dies nicht zuletzt aus dem Anspruch freiheitlicher Glaubensentscheidung.

2. Glaube und Philosophie

Mit dem Überschreiten der Grenzen des Judentums sah sich die christliche Glaubensbotschaft in eindringlicher Weise vor die Herausforderung geistiger Erkenntnis gestellt. Schon innerhalb des Neuen Testaments lassen sich die Ansätze einer erkenntnisorientierten Glaubensverwirklichung fassen, aber sie gewinnen eine neue Dringlichkeit in der Begegnung mit Gnosis und Philosophie.

Belastet war der aufkommende Dialog vor allem durch den Umstand, daß in der griechischen Philosophie Glauben als vorläufige Erkenntnisstufe und so weitgehend als Ausdruck minderwertiger Einfalt galt. Diese Alogia gipfelte für den selbstbewußten Hellenen in der Aussage der christlichen Verkündigung, daß im Kreuze für den Menschen das Heil verwirklicht und im Glauben zugänglich sei. Über Jahrhunderte hinweg belebte die Geringschätzung des Glaubens die antichristliche Polemik hin bis zur sozialen Diffamierung, und nicht zuletzt sie förderte das Bestreben frühchristlicher Theologen, den vorgegebe-

---

[14] *C. L. Feltoe,* Sacramentarium Leonianum. Cambridge 1896, 27.

nen Zwiespalt zu überwinden. Entgegen allen gnostisierenden Auflösungsversuchen der biblischen Heilswirklichkeit wahrten die Vertreter der Großkirche aber den geschichtlichen Charakter der Offenbarung bei ihren Bemühungen, christliches Glauben auf Erkennen hin auszulegen. Nicht von ungefähr taucht bereits im 2. Jahrhundert die Redeweise vom Christentum als der „wahren Philosophie", d. h. der „wahren Weisheit" auf, wobei der Appell an den Intellekt immer eingebettet blieb in die entsprechende Lebensform. Klemens von Alexandrien († vor 215) geht von einer grundsätzlichen Kongruenz von Glauben und Wissen aus und beansprucht das Axiom, wonach rationale Gotteserkenntnis zu wahrer Frömmigkeit führe, für seine Argumentation, wenn er betont: „Jetzt ist es an der Zeit, den Griechen darzutun, daß allein der Gnostiker wahrhaft fromm ist, damit die Philosophen erkennen, welcher Art der wahre Christ ist, und beschämt ihre eigene Torheit einsehen, in der befangen sie grundlos und oberflächlich den Christennamen verfolgen und zu Unrecht jene Gottesleugner nennen, die den wahren Gott erkannt haben."[15] Das Ideal des christlichen Gnostikers, der wahre Frömmigkeit repräsentiert, gewinnt innerhalb der Gemeinden immer stärker an Boden, wenngleich eine Opposition unter Betonung des schlichten Glaubens, alsbald vertreten im aufkommenden Mönchtum, für eine anhaltende Spannung innerhalb der Christenheit sorgt.

Der Dialog zwischen Glaube und Philosophie drängte dennoch zum Ausgleich von hebräischem Denken und griechischer Begrifflichkeit. Durch die Übernahme allgemeiner Wissenschaftsprinzipien wurden schon frühzeitig die Grundlagen für eine „gelehrte Theologie" gelegt und diese in dem Werk „De principiis" aus der Feder des Origenes († 253/254) erstmals in ein System gebracht. Die geradezu providentielle Einführung des Logos-Begriffs für das Christusverständnis führte weiter zur Interpretation des biblischen Gottesbildes im Sinne höchster Seinsaussagen der verschiedenen philosophischen Systeme. Unweigerlich hatte diese Begegnung von Evangelium und hellenischer Geistigkeit Transpositionen im Glaubensverständnis zur Folge, insofern das Seinsdenken im Horizont der Metaphysik die Oberhand gewann gegenüber der biblischen Botschaft vom handelnden Gott. Wenn dagegen Widerspruch laut wurde, wie bereits in der berühmten Frage Tertullians († nach 220): „Was hat Athen mit Jerusalem zu schaffen? Was die Akademie mit der Kirche?"[16], dann äußert sich darin nicht nur ein auf Biblizismus bedachter Konservatismus, sondern angesichts der häretischen Gruppierungen auch die allgemeine Sorge um das Ganze des Evangeliums.

Als „Hellenisierung des Christentums" hat die Begegnung von Glaube und Philosophie bis in die Gegenwart immer wieder Kritik gefunden, meist gekoppelt mit dem Abfallschema. Die missionarische Situation nötigte jedoch das frühe Christentum, die biblische Botschaft nach Art ihrer Hörer auszulegen und sich dabei der Denkformen der jeweiligen Umwelt zu bedienen. Tatsäch-

---

[15] *Klemens Al.*, Strom. VII 1,1: GCS 17,3.
[16] *Tertullian,* Praescr. haeret. 7,9: CChr 1,193.

131

lich erfolgte auf diesem Weg eine Inkulturation des Christentums in der hellenistischen Welt, die weithin bis in die Gegenwart sein abendländisches Erscheinungsbild prägt. Schränkt man den Begriff Hellenisierung nicht auf häretische Phänomene ein, dann hat die Verkündigung insgesamt auf ihrem Weg durch die Geschichte in einem erstaunlichen Wagemut Begriffe und Denkformen der hellenischen Welt aufgenommen, um so Gehör und Verständnis zu finden. Auch wenn dieser Vorgang im Blickwinkel späterer Situationen mit einem Verlust biblischer Unmittelbarkeit belastet erscheint, erweist sich die Hellenisierung des Christentums als Folge seiner Geschichtlichkeit. Allerdings kann man nicht der berechtigten Frage ausweichen, ob nicht unter anderen Situationen eine Reinterpretation erfolgen muß.

3. Kirche und Gesellschaft

Aus der engen Verflechtung von Religion und Gesellschaft im römischen Staat, die in der Übernahme von Titel und Funktion des pontifex maximus durch den Kaiser unübersehbar zum Ausdruck gekommen war, ergab sich für das Christentum die Notwendigkeit, seinerseits den eigenen Standort zu bestimmen. Der Zwang zur Klärung dieses Verhältnisses erwies sich um so dringlicher, je mehr in der heidnischen Öffentlichkeit die Erkenntnis wuchs, daß die Christen das überkommene, staatstragende politisch-religiöse System sprengten und deshalb in wachsendem Maße Repressalien ergriffen wurden. Nur aus diesem Umstand erklärt es sich, daß in der frühchristlichen Literatur das Thema Staat eine so beherrschende Rolle einnimmt und trotz aller Vorbehalte gegenüber seiner religiösen Dimension immer wieder Loyalitätsbekundungen erfolgten.

Gerade in der Situation der Verfolgung erwies sich, daß trotz aller dabei aufbrechenden ekklesiologischen Diskussionen das kirchliche Amt ein stabilisierender Faktor in den Gemeinden war. Dieser sozioinstitutionelle Befund ist zunächst das Ergebnis äußerer Bedrängnis, er gewann seine Konturen aber noch deutlicher in der nachkonstantinischen Kirche. Die Angleichung des Gemeindebewußtseins an römische Vorbilder oder die Übernahme juridischer Denkformen illustrieren das Phänomen einer Romanisierung, die den Geist imperialer Verwaltung spiegelt. Eingeübt in die Rolle einer Staatsreligion, heißt man im allgemeinen ohne große Skrupel Gewaltmaßnahmen gegen Häretiker und Juden gut. Man rühmt die Apostelfürsten Petrus und Paulus, weil sie zur Erweiterung des Imperium Romanum mehr geleistet hätten als die Legionen, und betrachtet Unheil für den Staat auch als Last in der Kirche. Gewiß brechen Kirchenmänner der Spätantike, allen voran Augustin, immer wieder dieses im Grunde altrömische Leitbild auf; andererseits zwingt das Versagen staatlicher Instanzen nicht selten die Kirche zur Übernahme „weltlicher" Funktionen.

Die Entstehung des Kirchenstaates, hervorgehend aus einem im „Patrimonium Petri" zusammengefaßten Landbesitz, hängt fraglos mit dem Rückgang des byzantinischen Einflusses in Italien zusammen und mit der zwangsläufig vom Papsttum wahrzunehmenden Fürsorge für die Menschen in den Wirren der Völkerwanderung, und zwar hin bis zu friedenstiftenden Aktivitäten. Der Versuch einer Legitimation des Kirchenstaates durch die sogenannte Konstantinische Schenkung und die darin vertretene Ausweitung der päpstlichen Herrschaft auch im weltlichen Bereich illustrieren freilich den Wandel im Selbstverständnis des kirchlichen Rom, insofern die Annahme einer Herausforderung zum rechtlichen Anspruch auf politische Herrschaft wird. Bis in das 19. Jahrhundert diente das Dokument, obwohl schon seit dem späten Mittelalter als Fälschung entlarvt, zur Begründung der päpstlichen Macht, und es nahm Einfluß auf die Gestalt des Papsttums und seiner kurialen Verwaltungsformen. Das Erscheinungsbild der Reichskirche war zugleich geprägt von den Interessen des Staates, für die man Bischöfe und Äbte in die Pflicht nahm (Investitur); die zunehmende Feudalisierung, also die Gliederung der Gesellschaft nach Ständen mit entsprechenden Privilegien, erfolgte nicht zuletzt nach dem Modell der himmlischen Hierarchie, und sie führte alsbald zur Identifikation klerikaler Standesinteressen mit weltlichen Herrschaftsaufgaben. Das Ideal eines christlichen Imperiums und die Vision einer christlich gestalteten Welt erwiesen sich jedoch, wie schon im konstantinischen Zeitalter, als ein Ziel, das immer wieder den Einspruch des Glaubens hervorrief.

Trotz dieser weitgehenden Anpassung an weltliche Ordnungsstrukturen blieb in der Kirche das Bewußtsein von der Eigenständigkeit ihrer geistlichen Sendung wach. Vor allem im Aufbruch der Reform seit dem 11. Jahrhundert, ausgehend von Cluny, aber auch getragen von den Armutsbewegungen, wurde Kritik laut, die sich aber nicht nur im Anspruch des Papstes gegenüber dem Kaiser erschöpfte, sondern auf die Erneuerung aus den Quellen des Evangeliums zielte. Das Programm der „libertas ecclesiae" forderte geradezu Eigenständigkeit und Unabhängigkeit der Kirche, wobei die Ordnung der Gesellschaft schwerer wog als das Ringen um Macht. Ohne Zweifel hat die Öffnung der Kirche auf die Welt bzw. den Staat hin ihre Gestalt gewandelt und in den Strudel politischer Konflikte gezogen; doch trotz dieser Gefahren pochte sie immer auf Eigenständigkeit gegenüber den Instanzen weltlicher Macht, um so ihre geistliche Sendung zu wahren.

§ 3. Einheit der Kirche und Vielfalt der Ämter

Die Einheit der Kirche erfuhr die Urgemeinde als Vermächtnis des erhöhten Herrn, und sie wurde von jenen verwirklicht, die zum Glauben fanden (Apg 2, 42). Nach Eph 4, 3 erscheint es als immerwährende Aufgabe, „die Einheit des Geistes zu wahren durch den Frieden, der euch zusammenhält". Ganz in der Perspektive dieser Auffassung verurteilt der Verfasser des 1. Klemensbriefes denn auch jeglichen Streit in der Gemeinde, indem er die Frage stellt: „Haben wir nicht einen Gott und einen Christus und einen Geist der Gnade, der über uns ausgegossen ist, und ist die Berufung in Christus nicht eine?"[17] Unter Beru-

---

[17] 1 Klem 46,6: Bihlmeyer-Schneemelcher 60.

fung auf den einen Gott wird hier die Einheit der Kirche beschworen, ein Leitmotiv, das uns in der Ekklesiologie der frühen Kirche immer wieder begegnet. Dabei ist bezeichnend, daß die Dienste der Auferbauung der Gemeinde geradezu als Bürgschaft für die Einheit der Kirche gelten.

1. Die Ausbildung des Episkopats

Während der Zwölferkreis unmittelbar in einer Berufung durch Jesus von Nazaret gründet, gehen die anderen „Ämter" in den frühen Gemeinden weitgehend auf deren Initiative zurück. Von den Charismen bis zu den Leitungsgremien bezeugen die neutestamentlichen Schriften ein breites Spektrum von Ordnungsformen, und man zögerte nicht, bei Bedarf neue Ämter, wie das Diakonat der Frau, zu schaffen. Gewiß sind sie alle auch in ihrem Verständnis von jener διακονία geprägt, die Jesus den Seinen erwiesen hat und die nun als Maß jedes Leitens in der Gemeinde gilt (Mk 10, 45; Lk 22, 26 f). Trotzdem überrascht angesichts der späteren Eingrenzung die Vielfalt der Dienste, aus denen sich der Episkopat als maßgebliches Amt herausgebildet hat. Der Terminus ἐπίσκοπος bezeichnete in der griechischen Umwelt einen Verwaltungsbeamten und die Übernahme dieses Titels scheint im Zusammenhang mit Funktionen der Aufsicht in den Gemeinden erfolgt zu sein. Anstatt „Episkopen und Diakone" wie bei Paulus (Phil 1, 1) bloß zu erwähnen, favorisiert sie die Didache gegenüber Propheten und Lehrern, und zwar unter ausdrücklichem Verweis auf „Verwaltungstugenden"[18].

Aus dem Verschmelzungsvorgang von presbyteraler und episkopaler Gemeindeordnung kristallisierte sich alsbald ein Vorrang des Bischofs heraus, der möglicherweise aus dem „Darbringen der Opfergaben"[19] resultiert, zumal das Leitbild der alttestamentlichen Priesterordnung starken Einfluß ausübte. Jedenfalls rückt Ignatius von Antiochien († um 110?) den Bischof in einen kultischen Zusammenhang, wenn er die Eucharistiefeier an seine Autorität bindet und ihn als Abbild Christi bzw. des göttlichen Vaters vorstellt. „Seid deshalb bedacht, eine Eucharistie zu gebrauchen", so schreibt der Bischof von Syrien, „denn eines ist das Fleisch unseres Herrn Jesus Christus und einer der Kelch zur Vereinigung mit seinem Blut, einer der Opferaltar, wie einer der Bischof zusammen mit dem Presbyterium und den Diakonen, meinen Mitknechten."[20] Seine dreistufige Ämterfolge von Bischof, Presbytern, Diakonen gegenüber dem dualen Nebeneinander von „Bischöfen und Diakonen" illustriert den Hintergrund der presbyteralen Gemeindeordnung des so geschichtsmächtigen Monepiskopats. Die Durchsetzung dieses Verfassungsmodells wurde fraglos durch die Auseinandersetzung mit der aufkommenden Häresie gefördert. Das Schwanken von Ämterformen bestätigt in diesem Zusammenhang noch Irenäus

---

[18] Did. 15: ebd. 8.
[19] 1 Klem 40, 4: ebd. 57.
[20] *Ignatius,* Philad. 4: ebd. 103; vgl. Smyrn. 8, 1 f.

von Lyon († um 200), wenn er gegenüber den Falschlehrern auf die Überlieferung pocht; neben den „Amtsabfolgen von Bischöfen", die er am Beispiel Roms illustriert, kennt er freilich auch die „successiones presbyterorum"[21]. Letztlich behaupten aber die Bischofsreihen ihren Vorrang, und zwar nicht nur wegen der allgemeinen Herleitung der Bischöfe von den Aposteln, sondern deshalb, weil in den von den Aposteln gegründeten Kirchen die ganze und unversehrte Offenbarung überliefert wurde.

„Gebt die Ursprünge eurer Kirchen an", verlangt Tertullian von den Häresien, „entrollt die Reihenfolge eurer Bischöfe, die sich von Anfang an durch Abfolge so fortsetzt, daß der erste Bischof einen aus den Aposteln oder den apostolischen Männern, jedoch einen solchen, der bei den Aposteln ausharrte, zum Gewährsmann und Vorgänger hat."[22] Diese apostolischen Kirchen bilden die Norm des frühchristlichen Glaubensbewußtseins, und unweigerlich kommt so den einzelnen Gliedern der jeweiligen Traditionskette eine außerordentliche Bedeutung zu, eben als Garanten der überlieferten Offenbarung. Ob diese Stabilisierung des bischöflichen Gemeindeleiters infolge häretischer, insbesondere gnostischer Strömungen bereits den Ursprung des Monepiskopats erklärt, muß allerdings offenbleiben. Gewiß haben auch andere Elemente zur Entstehung dieser Verfassungsform beigetragen, angefangen beim Selbstverständnis der Gemeinden über die ursprüngliche Gemeinschaft der Hauskirchen bis zu sozioinstitutionellen Einflüssen. Nicht zuletzt hat das biblische Hirtenmotiv auf das frühchristliche Bischofsamt ausgestrahlt und gerade in den Zeiten der Verfolgung erhöhtes Gewicht erlangt. Aufgrund der Quellenlage läßt sich also schwerlich *eine* Ursache ausmachen, die zur Entstehung des Monepiskopats führte; das Selbstverständnis der Gemeinden traf sich wohl mit Zwängen der jeweiligen Situation und führte so zur Ausbildung des Bischofsamtes.

Seit Mitte des 2. Jahrhunderts hatte sich der Monepiskopat allerorts in den christlichen Gemeinden durchgesetzt, und in der Folgezeit konturiert sich die Gestalt des Bischofs im Vollzug der Gemeindeleitung immer mehr. Als Vorsteher der eucharistischen Feier und Träger der kirchlichen Bußgewalt rückte er an die Spitze der jeweiligen Ortsgemeinde, ausgestattet mit einer Machtfülle, die ihn nach Auskunft der Didaskalie (2. Hälfte des 3. Jahrhunderts) geradezu zum Stellvertreter Gottes macht. Das Selbstverständnis und das persönliche Auftreten einzelner Bischöfe verstärkten diese herrschaftlichen Züge, wobei durch die Übernahme römischer Rechtsbegriffe eine Art magistratischer Stellung gezeichnet wird. Cyprian von Karthago († 258) pocht auf potestas und ius gegenüber den Abtrünnigen und hebt auf die „priesterliche Ehrenstellung" ab, deren Autorität letztlich im Prinzip apostolischer Nachfolge gründet[23]. Zwar betont auch er immer wieder die Verbundenheit des Bischofs mit dem Volk, das

---

[21] *Irenäus*, Adv. haer. 3, 3, 1: Harvey 2,9; 3, 2, 2: 2,7.
[22] *Tertullian*, Praescr. haeret. 32,1: CChr 1,212; vgl. ebd. 21.
[23] *Cyprian*, Ep. 61,3: CSEL 3,2,697: „sacerdotali honore", sowie ep. 33,1; vgl. *A. Beck*, Römisches Recht bei Tertullian und Cyprian. Neudr. Aalen 1967, 130 ff.

bei seiner Bestellung in entscheidender Weise mitwirkt; dennoch zeichnet sich bereits für ihn ein Handlungsspielraum ab, der aus einem Gegenüber zur Gemeinde resultiert und in konstantinischer Zeit durch Verleihung von Insignien und Ehrenrechten öffentlich anerkannt wurde[24]. Diese gesellschaftliche Stellung des Bischofs vertiefte Pseudo-Dionysius (5./6. Jahrhundert) in seiner Interpretation des Universums dahin, daß er den göttlichen Stand der Hierarchen als höchsten kennzeichnet, insofern in ihnen, nämlich den Bischöfen, die ganze Institution der kirchlichen Hierarchie vollendet ist[25]. Die Kanonistik des Mittelalters rezipierte das dionysische Ordnungssystem und festigte so das bischöfliche Amt im Rahmen der kirchlichen Hierarchie.

2. Der Primat des Bischofs von Rom

Geschichtlich betrachtet entstand der römische Primat im Rahmen des Episkopats, und es führt zu einer Verzeichnung der Wirklichkeit, wenn dieser umgreifende Aspekt außer acht bleibt. Methodisch erscheint es darum anachronistisch und unangemessen, vom neuzeitlichen Erscheinungsbild des Papsttums her seine Anfänge zu rekonstruieren, weil die historische Bestandsaufnahme zu leicht aus Beweisinteresse erfolgt. Andererseits eignet dem Papsttum als geschichtlicher Größe eine ekklesiologische Geltung, die es immer wieder ins Zentrum der Diskussion rückt.

Die zunehmende Bedeutung des Apostels Petrus im Zwölferkreis und sein durch verschiedene „Petrusbilder" neutestamentlicher Schriften bezeugter Vorrang führten nach Auskunft der Quellen zunächst nicht zu einer gezielten Übernahme dieses Anspruchs von seiten der römischen Gemeinde. Zwar bestreitet man in der Gegenwart kaum mehr den Aufenthalt Petri in Rom, der Hauptstadt des Imperiums, was für die Evangelisation von nicht zu unterschätzender Tragweite war; aber es klafft dennoch eine beachtliche zeitliche Lücke zwischen der Wirksamkeit des Erstapostels in der dortigen Gemeinde und der ersten Berufung eines römischen Bischofs auf ihn zur Begründung seiner kirchlichen Autorität. Wenn dennoch in Rom und darüber hinaus ein Petrusbewußtsein lebendig war, dann wurzelt dies offensichtlich in der Kenntnis seines Christusglaubens, den er letztlich mit dem Martyrium bezeugte. Der Glaube des Petrus verbürgt die Verkündigung Jesu, und er gilt zugleich als Gewährsmann für jene, die zum Glauben kommen. Nicht von ungefähr legten die Kirchenväter das Wort vom Felsen aus Mt 16, 18 auf den Glauben des Erstapostels hin aus. Wenn der Verfasser des 1. Klemensbriefes an dieses Glaubenszeugnis erinnert[26] oder Ignatius von Antiochien seine Autorität zusammen mit jener des Paulus beschwört[27], dann wird deutlich, daß die römische Gemeinde

---

[24] Dazu siehe *Th. Klauser*, Der Ursprung der bischöflichen Insignien und Ehrenrechte. Krefeld o. J.
[25] Vgl. *M. Grabmann*, Mittelalterliches Geistesleben. Abhandlungen zur Geschichte der Scholastik und Mystik. München 1926, 449–468.
[26] 1 Klem 5, 4.
[27] *Ignatius*, Rom. 4, 3; vgl. Smyrn. 3, 2.

sich der fundamentalen Bedeutung des Petrus für ihren eigenen Glauben voll-
auf bewußt war. Solches Petrusbewußtsein erschöpft sich freilich nicht in blo-
ßer Erinnerung, aus ihm resultiert erhöhte Verantwortung für den Glauben.
Sollte überdies der 1. Petrusbrief in nachapostolischer Zeit in Rom entstanden
sein, dann trat der Verfasser nicht nur im Namen des Erstapostels auf, sondern
er brachte auch römisches Petrusbewußtsein in seinem Mahnschreiben zur Geltung.

Trotzdem folgerte man aus der Anwesenheit des Apostels Petrus in Rom
zunächst keinen Vorrang seines Bischofs. Als Absender des Sendschreibens
nach Korinth nennt sich „die Kirche Gottes, die zu Rom in der Fremde
wohnt"[28], und weder kann der zu erschließende Verfasser als bischöflicher Gemeindeleiter gelten, noch ist die Intervention in der paulinischen Gemeinde
Griechenlands Ausdruck eines Primatsbewußtseins, da sie der Mitverantwortung der Gläubigen untereinander entspricht. Die etwas späteren Briefe des
Ignatius von Antiochien illustrieren gut solches Eingreifen über den Bereich der
Ortskirche hinaus. Durch das Ansehen der römischen Gemeinde, die auch er
rühmte, wurden neben bewährten Gläubigen immer auch Vertreter häretischer
Strömungen angezogen, deren Entlarvung und Ausscheidung ihr in besonderer
Weise das Merkmal der Rechtgläubigkeit eingetragen hat. Das berühmte Zeugnis des Irenäus von Lyon hebt auf Größe, Alter und Bekanntheit der von Petrus
und Paulus gegründeten Kirche zu Rom ab und folgert: „Mit einer solchen
(hanc) Kirche nämlich muß wegen ihres besonderen Vorranges jede Kirche
übereinstimmen, das heißt die Gläubigen von überall her; denn in einer solchen, nämlich von denen, die überall sind, wurde das bewahrt, was von den
Aposteln her Tradition ist."[29] Der Text, der vom Vaticanum I als historisches
Zeugnis für den päpstlichen Primat in der frühen Kirche angeführt wurde (DS
3057), ist leider nur in lateinischer Übersetzung des ausgehenden 4. Jahrhunderts erhalten, und er bringt auch wegen seiner grammatischen Konstruktion Schwierigkeiten. Bedenkt man, daß der Kontext auf die Bedeutung *einer*
„apostolischen" Kirche für den Glauben aller Christen abhebt, dann legt sich
für den Bischof von Lyon als Beispiel die römische Gemeinde nahe, eine Argumentation, die der altkirchlichen Ekklesiologie entspricht und die obige Wiedergabe des demonstrativen „hanc ecclesiam" rechtfertigt. Sein Hinweis auf
Rom unter allgemeiner Berufung auf Petrus und Paulus erfolgt also nicht im
Sinne eines primatialen Vorranges, sondern im Kontext altkirchlicher Theologie, um gegenüber dem Anspruch der Häresie die apostolische Tradition zur
Geltung zu bringen.

Ohne Zweifel gewannen in der Perspektive apostolischer Sukzession, wie sie
in den Bischofslisten ihren historisierenden Niederschlag fand, die jeweiligen
Gemeindeleiter erhöhte Bedeutung, und so traten seit Mitte des 2. Jahrhunderts auch in Rom einzelne Bischöfe stärker hervor. Eine Gestalt wie Bischof

---

[28] 1 Klem, praescr.: Bihlmeyer-Schneemelcher 35.
[29] *Irenäus,* Adv. haer. 3,3,1: Harvey 2,9.

Victor (186–198) entfaltete rege Aktivitäten, und zwar auch über seine Ortskirche hinaus; trotzdem haftet nach dem Bericht des Eusebius seinem autoritativen Vorgehen, sei es beim Ausschluß des Adoptianers Theodot oder im Osterfeststreit, kein primatialer Charakter an, da nach allgemeinem Brauch das Instrument der Synode aufgeboten war[30]. Andererseits ebnete das römische Petrusbewußtsein sicher einem besonderen Amtsverständnis den Weg, auch wenn Mt 16,16-18 erst im Laufe des 3. Jahrhunderts zur Begründung eines Vorranges römischer Bischöfe herangezogen wurde. Eingeführt in die theologische Diskussion (Tertullian) im Rahmen bußdisziplinärer und episkopalistischer (Cyprian) Auseinandersetzungen, diente das Wort zur Durchsetzung der römischen Praxis gegenüber der nordafrikanischen Übung der Wiedertaufe von Häretikern. Obwohl dagegen rasch Einspruch aus einem episkopalen Kirchenverständnis erhoben wurde, hielt die Diskussion darüber an und schärfte bis in die heidnische Öffentlichkeit hinein das Bewußtsein vom Rang des römischen Bischofs. Trotzdem traten bei der Neuorientierung der Religionspolitik unter Kaiser Konstantin die Päpste Miltiades (310–314) und Silvester (314–335) kaum in Erscheinung.

Erst in den aufkommenden Wirren des Arianismus rückte der apostolische Sitz von Rom wieder ins Rampenlicht; von Arianern ebenso wie von Athanasius († 373) um Entscheidungshilfe angegangen, sprach ihm die Synode von Serdika (342/343) den Rang einer Appellationsinstanz zu, ein Beschluß, der freilich von den Orientalen nicht mitgetragen war. Diese Beschränkung des römischen Vorrangs auf den Westen äußerte sich zusehends in jener Verrechtlichung des Petrusdienstes, die schließlich zur Ablösung der altkirchlichen Synodalstruktur führte und in den, den kaiserlichen Edikten nachgeahmten, päpstlichen Dekretalen zum Ausdruck kam. Mit Nachdruck berief man sich nun auf das Felsenwort und deutete es im Licht der kirchlichen Wirklichkeit, nicht zuletzt gegenüber der Annahme, der Vorrang Roms sei das Ergebnis einer synodalen Entscheidung. Im Anschluß an seine Vorgänger hat schließlich Papst Leo der Große (440-461) die Primatstheologie zur Vollgestalt entfaltet, indem er Christus als den eigentlichen Bischof der Kirche bezeichnete, der auch in ihm als Erben des Petrusamtes wirkt[31]. Gewiß haben auch äußere Umstände, wie etwa die Verlegung der kaiserlichen Residenz nach Konstantinopel, die Konkretisierung des römischen Primats begünstigt, aber es ist nicht zu übersehen, daß sich die Argumentation seit der Mitte des 3. Jahrhunderts auf theologischer Ebene vollzog. Dabei kam bei der Auslegung von Mt 16,18 immer wieder der Glaube des Petrus ins Spiel, dem entsprechend Ambrosius „den Primat des Bekenntnisses, nicht der Ehre, den Primat des Glaubens, nicht des Amtes" betonte[32]. Als Zeuge dieses Christusglaubens hat der Bischof von Rom auch im Osten Aner-

---

[30] *Eusebius,* Hist. eccl. V 23,3: GCS 9,1,488.
[31] Vgl. *Leo,* Serm. 3,2–4; 4,2–4 u.ö.
[32] *Ambrosius,* Incarn. 4,32: CSEL 79,239: „primatum confessionis utique, non honoris, primatum fidei, non ordinis".

kennung gefunden, wie es am eindrucksvollsten der Zuruf der Väter von Chalkedon auf die Verlesung des Tomus Leonis zum Ausdruck brachte: „Petrus hat durch Leo gesprochen."[33] Die juridische Umschreibung des Universalprimats stieß hingegen auf Vorbehalte, und dies um so deutlicher, je stärker sich das Papsttum mit den politischen Mächten des Abendlandes verband.

3. Die Synodal-Verfassung

Die Verwirklichung der kirchlichen Einheit bildete für das frühe Christentum in Betracht der lokalen Zentren eine dringliche Aufgabe, die angesichts des Glaubens an den einen Gott immer neu realisiert wurde. Im Gegensatz zum Einheitsverständnis des Mittelalters, das in der hierarchischen Spitze des Papsttums kulminierte, war die Christenheit des Altertums geprägt von einer starken Autonomie der Ortskirchen. Wie nun das Gemeindeleben selbst eine starke Beteiligung aller Gläubigen voraussetzte, so herrschten auch zwischen den einzelnen Ortskirchen lebhafte Kontakte; die universale Einheit erschien nicht nur als eschatologisches Ziel, sie wurde als konkrete Erfahrung erlebt.

Mit der zunehmenden Bedeutung der Bischöfe in den christlichen Gemeinden übernahmen diese auch weitgehend die Kommunikation zwischen den Ortskirchen. Eine ganze Reihe von Schreiben illustriert einen regen Austausch von Informationen und gegenseitigen Mahnungen; die Form der Briefe zeigt, daß dieser Verkehr schon nach festen Normen ablief und als gängige Praxis kirchlicher Gemeinschaft galt. „Wir müssen uns alle gemeinsam um eine gute Verwaltung der Kirche kümmern", erklärte Cyprian dem römischen Klerus[34]. Aus diesem Gemeinschaftsbewußtsein resultiert auch die Praxis, anderen Gemeinden die Erhebung eines Bischofs anzuzeigen oder einzelnen Mitgliedern sogenannte „Friedensbriefe" als Zeugnis ihres Glaubens auszustellen. Gewiß haben sich im Zuge der aufkommenden Metropolitanverfassung Großzentren herausgebildet, dennoch ist für die Kirche der Frühzeit die horizontale Verfaßtheit der Gemeinden charakteristisch.

Solche Verantwortung füreinander kam besonders in den seit dem ausgehenden 2. Jahrhundert einberufenen Bischofssynoden zum Tragen. Zwar ist die Frage nach der Zusammensetzung solcher Synoden schwierig zu beantworten; doch spielten fraglos auf ihnen die Bischöfe eine entscheidende Rolle, und ihre Namen gehen auch in die Unterschriftslisten ein. Das Prinzip der Kollegialität kennzeichnet diese Versammlungen, auf denen man Übereinstimmung in strittigen Fragen des Glaubens und der Disziplin zu erzielen suchte, um dann den Entscheid mit Autorität zur Geltung zu bringen, und zwar bis zur Absetzung von Bischöfen. Obwohl die Funktionsfähigkeit des Konzils nicht nur einmal an ihre Grenzen stieß, formte doch das synodale Leben das Erscheinungsbild der frühchristlichen Kirche, und es verdient Aufmerksamkeit, daß auch primatsbe-

---

[33] Actio III: ACO II, I 2, 81.
[34] *Cyprian*, Ep. 35: CSEL 3, 2, 571.

wußte Päpste der ausgehenden Antike die Einbindung in die Synode suchten[35]. Erst der Typ der päpstlichen Konzilien des hohen Mittelalters ließ die Versammlung von Bischöfen zu einer Art beratenden Körperschaft absinken; während noch das II. Konzil von Nizäa (787) in eigener Verantwortung Definitionen verkündete, dekretierte Papst Alexander III. (1159–1181) die Beschlüsse des II. Laterankonzils von 1179 kraft eigener Vollmacht. Das synodale Prinzip und damit die Kollegialität der Bischöfe verloren an Gewicht zugunsten der primatialen Autorität des Papstes, allerdings nur im Westen, während die Kirchen des Ostens, und zwar nicht erst seit der Trennung von 1054, auf dem horizontalen Verbund der Ortskirchen beharrten.

Die Kirche des Altertums hat dem Bewußtsein der Einheit wie in ihrem Handeln so auch in ihrem Glauben Ausdruck verliehen. Ausgehend vom Zentrum dieser Einheit, der Feier der Eucharistie, weitete sich solche Haltung zu universaler Gemeinschaft (κοινωνία, communio) der Gläubigen. In vielerlei Bildern und Begriffen haben die frühen Christen ihren Glauben an die *eine* Kirche bekannt, um so der Berufung zur Gemeinschaft Christi (1 Kor 1, 9) treu zu bleiben. Wenn Ignatius von Antiochien Agape geradezu als Synonym für Gemeinde verwendet[36], und Irenäus von Lyon mahnende Worte an Papst Victor richtet, für Frieden, Einheit und Liebe einzutreten[37], dann handelt es sich nicht nur um eine Haltung, sondern um die Umschreibung jener Gemeinschaft, die von der Eucharistie her geprägt ist und gerade in der römischen Kirche durch das Überbringen des „Fermentum" einen symbolträchtigen Ausdruck fand[38]. Zu den Kriterien dieser Gemeinschaft gehört selbstverständlich der Glaube der apostolischen Kirchen, von denen Häretiker nicht zur „pax" und „communio" zugelassen werden. Im übrigen ist die Gemeinschaft im Glauben nicht teilbar; wer von einer Ortskirche exkommuniziert wurde, kann nicht anderwärts der communio teilhaft bleiben. Der große Basilius († 379) ersuchte den Westen um Hilfe bei der Wiederherstellung der kirchlichen Einheit, erwartete aber auch Umsicht dabei, „mit wem man Gemeinschaft pflegen dürfe"[39].

Für Augustinus bestand die Catholica (ecclesia) in der communio des gesamten Erdkreises, die letztlich verbürgt wird durch den Heiligen Geist[40]. Einheit der Kirche als communio ist also die Gemeinschaft der Gläubigen mit Christus und untereinander, wobei die Eigenständigkeit der Gemeinden gewahrt bleibt. Unschwer ließ sich freilich dieses horizontale Kirchenverständnis im Blick auf Rom in die Vertikale wandeln. So erklärt schon Ambrosius mit Hilfe der caput-

---

[35] H. Jedin, Strukturprobleme der Ökumenischen Konzilien. Köln 1963; P. Stockmeier, Leo der Große und die Anfänge seiner synodalen Tätigkeit, in: AHC 12 (1980) 38–46.
[36] Ignatius, Philad. 11,2: Bihlmeyer-Schneemelcher 105; ferner Smyrn. 12,1; Rom. praescr.
[37] Eusebius, Hist. eccl. V 24,9f: GCS 9,1,494.
[38] Vgl. L. Voelkl, Apophoretum. Eulogie und Fermentum als Ausdrucksformen der frühchristlichen Communio, in: Miscellanea Georgio Belvederi. Rom 1954, 391f.
[39] Basilius, Ep. 70: Courtonne 1,165.
[40] Augustinus, Enarr. in Ps 56,13: CChr 39,703: „communicare orbi terrarum". Vgl. A. Altendorf, Einheit und Heiligkeit der Kirche. Untersuchungen zur Entwicklung des altchristlichen Kirchenbegriffs im Abendland von Tertullian bis zu den antidonatistischen Schriften Augustins. Berlin 1932.

mundi-Vorstellung, daß sich von Rom aus die Rechte der ehrwürdigen communio in alle (anderen Kirchen) ergießen[41], und es fiel nicht schwer, damit den corpus-Gedanken zu verbinden und nach einem pyramidalen Modell für den Bischof von Rom die caput-Rolle in Anspruch zu nehmen[42]. Die Auseinandersetzung mit der Ostkirche einerseits und dem westlichen Kaisertum zum andern führte zu einem geschlossenen Kirchenverständnis im Sinne der Papstmonarchie.

§ 4. Alternative Leitbilder von Kirche

Die Tatsache, daß schon innerhalb der neutestamentlichen Schriften verschiedene Entwürfe von Kirche begegnen, bewahrt uns vor der naiven Vorstellung einer homogenen Gemeindewirklichkeit des Ursprungs, die – verbunden mit dem Ideal der Reinheit – sich erst im Laufe der Geschichte zersplittert habe. Vielmehr findet man von Anfang an ein differenziertes Glaubenszeugnis und variable Gemeinschaftsformen, die sich freilich im Bekenntnis zu Jesus als Christus und Kyrios trafen. Die Aufgabe der Verkündigung und die je andersartigen Gegebenheiten der soziokulturellen Umwelt führten schon frühzeitig zu Sonderformen christlicher Gruppen, neben den hellenistischen Gemeinden etwa judenchristliche, die durch betonte Wahrung überkommener Traditionen immer mehr an die Peripherie der Großkirche gerieten und schließlich in häretischen Strömungen aufgingen, ein Vorgang, der nicht zuletzt von häresiologischer Polemik gefördert wurde[43].

Die Vielfalt des christlichen Glaubenszeugnisses im Ursprung und die Durchsetzung einer Normgemeinde (Normkirche) hängt also von zahlreichen Faktoren ab, auch wenn die Polarität von Orthodoxie und Häresie das Verhältnis zu alternativen Glaubensgruppen besonders prägt. Ohne Zweifel hat der Anspruch auf eigene Offenbarung, vor allem in gnostischen Gruppen, schon frühzeitig zur Entstehung von Sondergemeinden geführt, deren Existenz die Entwicklung entsprechender Normen zur Bestimmung ihrer Legitimität nötig machte. Zwischen Distanzierung und Integration eröffnet sich allerdings ein weites Feld, auf dem sich Einheit in Vielfalt zur Geltung bringen konnte. Im Verlauf der Geschichte traten so viele Bewegungen auf, die das Erscheinungsbild der Großkirche bis in die Gegenwart prägen oder – sofern sie nicht untergingen – sich als eigenständige Größe behaupteten. Deshalb hat auch eine Geschichte der Kirche diese Ausdrucksformen des Christentums zu berücksichtigen.

---

[41] *Ambrosius*, Ep. 11, 4: PL 16, 986.
[42] Die Bulle „Unam sanctam" von Bonifaz VIII. (1294–1303) argumentiert höchst realistisch gegen die Griechen: „Diese eine Kirche hat nur ein Haupt, nicht zwei Köpfe wie ein Monstrum." Vgl. *Y. Congar*, Die Lehre von der Kirche. Von Augustinus bis zum Abendländischen Schisma, in: HDG 3/3c, 139–192.
[43] Vgl. *G. Strecker* in: *W. Bauer* 245–287.

1. Die „Kirche" Markions

Unter den christlichen Sondergruppen der Frühzeit verdient die „Kirche" Markions besondere Erwähnung, weil sie durch ihre theologischen Prinzipien und ihre Organisation für die Großkirche eine starke Herausforderung darstellte[44]. Der Gründer Markion († um 160) stützte sich in antijudaistischer Grundhaltung auf einen biblischen Kanon nach dem Maß des Apostels Paulus und stellte so unter weitgehender Preisgabe des Alten Testaments bzw. neutestamentlicher Schriften das Evangelium vom guten Gott gegen das Gesetz. Gnostische Mythen boten ihm das Modell, um das Heilsgeschehen Gottes in Jesus von Nazaret zu deuten, und zwar als Befreiung des Menschen aus einer schlechten Schöpfung. Erlösung erlangt nur jener Getaufte, der in weltfeindlicher Askese dem materiellen Kosmos entflieht und seinen Glauben bis zum Martyrium unter Beweis stellt. Nur solche Menschen zählten zur „Kirche" der Markioniten, der durch ethische Radikalität einerseits und Revision der Offenbarung zum andern ein erheblicher Erfolg beschieden war. Eine straffe Organisation sicherte dieser „Afterkirche" – mehr als gnostischen Sekten – den Fortbestand bis ins 5. Jahrhundert, obwohl sie die Vertreter der Großkirche mit Nachdruck bekämpften und Kaiser Konstantin schon ein Verbot erlassen hatte. Der Anspruch auf Reform sowie das Leitbild einer heiligen Gemeinde forderte die Großkirche nicht nur zum Widerspruch heraus; sie sah sich zugleich genötigt, die ganze Offenbarung sicherzustellen (Kanon) und ihr eigenes Erscheinungsbild gegenüber der markionitischen Gründung zu rechtfertigen.

2. Mönchtum und Armutsbewegungen

Das Leitbild von der heiligen Kirche gehört vom Ursprung her zu den treibenden Kräften des Christentums. Unter den verschiedenen Formen seiner Verwirklichung nimmt das Mönchtum einen wichtigen Platz ein, zumal es über alle individuellen Züge hinaus immer auch eine ekklesiologische Tragweite besaß[45]. Angestoßen durch den Appell Jesu zu radikaler Nachfolge und unter Aufnahme asketischer Motive haben Gläubige bereits vor der sogenannten Konstantinischen Wende mönchische Lebensweise verwirklicht, wie z. B. der „Ureinsiedler" Paulus von Theben († 341). Antonius der Große († 356) wurde angeblich durch den Bericht vom reichen Jüngling (Mk 10, 17–22 par) zu einem Leben in Vollkommenheit aufgerüttelt. Die klassische Beschreibung seines Lebens durch Bischof Athanasius von Alexandrien († 373) zeigt im übrigen die Absicht zur Integration des Mönchtums in die Gemeinde, zumal für das Koinobitentum die Urgemeinde von Jerusalem (Apg 4, 32–35) als Leitbild diente. Als Reaktion auf eine aufkommende Verweltlichung der Kirche läßt sich jedenfalls die Entstehung des Mönchtums nicht pauschal deuten, obschon das Blutzeug-

---

[44] *Harnack.*
[45] *Frank* 20–50.

nis der Verfolgungszeit sein Selbstverständnis bestimmte. Wenn Orosius († nach 418) die Mönche als Christen bezeichnet, die sich gegenüber der zerstreuenden Tätigkeit in der Welt auf das Werk des Glaubens beschränken, dann wird hier Glaube gewiß einseitig für die mönchische Lebensform reklamiert, verklärt durch den Topos vom „engelgleichen Leben". Andererseits erhoben sich Stimmen gegen eine Abwertung des Lebens in der Welt, die für Johannes Chrysostomus († 407) als Raum ein und derselben Vollkommenheit für alle Gläubigen galt. Die Mönchsbewegung erwies sich so als Anstoß zur innerkirchlichen Erneuerung, deren Impulse weitgehend integriert wurden, allerdings mit der Vorgabe einer Differenzierung; so verkörpert das Mönchtum bis in die Gegenwart die Orthodoxie oder rechte Lehre.

Ein regelrechter Konflikt bahnte sich in den mittelalterlichen Armutsbewegungen an, die weithin von Laienkreisen aus dem Bestreben nach apostolischer Vollkommenheit getragen waren; hier machte sich zudem ein Gegensatz zur reichen Kirche geltend, die plötzlich einem sozial-religiösen Phänomen gegenüberstand, das sie nicht in ihr überkommenes Ordnungsgefüge einzugliedern vermochte[46]. Das immer wieder aufbrechende Reformmotiv, ein Leben der Armut nach Art der Urgemeinde zu führen, beflügelte die Anhänger dieser Erneuerungsbewegungen, ein Maßstab, der unweigerlich zum Konflikt mit der Kirche führen mußte. Zwar hatte die innerkirchliche Reform mit Gregor VII. (1073–1085) zur Festigung der hierarchischen Ordnungsform geführt und zugleich die neuen Anstöße aus dem Mönchtum in sie integriert; dennoch hat sich in der Armutsbewegung, die zunächst nicht in der Form eines Ordens auftrat, über ein Reformideal evangelischen Christentums hinaus der Protest gegen den Feudalismus in der Kirche zur Geltung gebracht. In ihrer sozialen Zusammensetzung, welche die gängigen Standesgrenzen aufhob und auch Frauen einschloß, sowie mit dem Anspruch auf Predigt forderte sie die Reaktion der kirchlichen Amtsträger heraus, die sie entweder in die Ketzerei abdrängte oder in die Mitte der Kirche heimzuholen suchte. Tatsächlich verbanden sich mit den Armutsbewegungen auch dualistische Prinzipien und spiritualistische Ideen, wie z. B. bei den Katharern, so daß gegen einzelne Gruppierungen schließlich die weltliche Macht aufgeboten wurde. Aber nicht nur in diesem Zusammenhang bestätigte sich, daß der Einsatz des Schwertes letztlich der Kraft des Glaubens nicht Einhalt zu gebieten vermochte.

3. Die Ostkirchen

Das Zerbrechen der Glaubenseinheit führte bereits in der ausgehenden Antike zur Entstehung eigener Kirchen, die sich bis in die Gegenwart trotz widriger Umstände behaupteten. Während der Arianismus im Laufe des 4. Jahrhunderts theologisch und politisch bewältigt wurde, gelang es den Ökumenischen Kon-

---

[46] Vgl. *Grundmann* 195–198; *E. Werner,* Pauperes Christi. Leipzig 1956; *Stockmeier* (s. Anm. 10) 390–393.

zilien von Ephesus (431) und Chalkedon (451) nicht mehr, Nestorianer und Monophysiten in die Kirche zu integrieren, und dies trotz wiederholter Unionsversuche. Neben den christologischen Differenzen, deren trennendes Gewicht im nachhinein noch gesteigert wurde, spielten bei der Entstehung dieser Sonderkirchen entscheidend politisch-nationale Elemente eine Rolle. In Syrien hatten weitgehend christliche Lebensformen den Vorrang vor der Theologie, und in Ägypten machte sich eine regionale Zentralisation geltend, so daß die Glaubensentscheidungen der Konzilien immer unter den Vorbehalt eines lokal gefärbten Christentums gerieten, was die Rezeption erschwerte. Die Verbindung mit der Reichskirche wurde zudem durch den Einfall von Persern und Arabern alsbald unterbrochen, und umgehend erhielten die lokalen Besonderheiten unter dem nestorianischen Bekenntnis ebenso wie unter den monophysitischen Gläubigen Auftrieb. Der nationale Stolz, gesteigert durch das andersartige Glaubensbewußtsein, führte nicht selten dazu, daß man die Eroberer geradezu als Befreier von der Zentralmacht in Konstantinopel begrüßte, während umgekehrt die Orthodoxie wegen ihrer Verflechtung mit den Interessen des Reiches ihrer ökumenischen Verantwortung kaum mehr nachkam[47].

Im Mittelalter hat das Morgenländische Schisma noch deutlicher das Unvermögen der Kirche demonstriert, aufkommende Differenzen im Geist der Einheit zu bewältigen. Nicht erst durch den Bann vom 16. Juli 1054 gegen den Patriarchen von Konstantinopel, Michael Kerullarios, wurde deutlich, daß die Entfremdung zwischen lateinischer und griechischer Kirche zum Bruch geführt hatte[48]. Die unterschiedliche Praxis im kirchlichen Leben machte schon lange eine Distanz zwischen Rom und Konstantinopel bewußt, wobei die dogmatische Diskussion über das filioque sachlich wohl unangemessen in den Vordergrund geschoben war. Tatsächlich drifteten die Kirchen auseinander, weil die sprachliche Verständigung Schwierigkeiten bereitete, das kirchliche Leben bis in die Feier der Liturgie je anderen Leitbildern folgte und das Ordnungsgefüge der Pentarchie sich nur schwer den extremen Primatsansprüchen Roms zuordnen ließ; politische Interessen und persönliche Verhaltensweisen erschwerten darüber hinaus eine Verständigung. Am Beispiel der Liturgie läßt sich wohl am eindrucksvollsten die Andersartigkeit östlichen Christentums erfahren, das in der mystischen Feier des Gottesdienstes die Begegnung Gottes mit der Welt vollzieht. Diese eigentümliche Art religiöser Erfahrung wirkte sich auf die Rezeption der Glaubenswirklichkeit insgesamt aus und prägte so auch das kirchliche Leben, nicht zuletzt durch das bewußte Bewahren der Tradition gegenüber einer fortschreitenden Entwicklung. Unionsversuche, auf höchster Ebene aus-

---

[47] Zu den Unionsbemühungen, und zwar auch der lateinischen Kirche, siehe *B. Spuler* (Hg.), Religionsgeschichte des Orients in der Zeit der Weltreligionen, in: HO 1 (1961) 8, 2; *J. Hajjar,* Zwischen Rom und Byzanz. Die unierten Christen des Nahen Ostens. Mainz 1972.

[48] Vgl. *A. Michel,* Humbert und Kerullarios. 2 Bde. Paderborn 1924–1930; *J. Gauss,* Ost und West in der Kirchen- und Papstgeschichte des 11. Jahrhunderts. Zürich 1967.

gehandelt, fanden aufgrund mangelnder Vermittlung kaum Resonanz im Kirchenvolk[49].

4. Die reformatorischen Kirchen

Aus einer anhaltenden Kritik an der mittelalterlichen Kirche verdichtete sich das geschichtsdeutende Leitmotiv vom Abfall so sehr, daß der Ruf nach Reform an Haupt und Gliedern schließlich einmündete in die Spaltung der abendländischen Christenheit. Zwar vollzog sich die Loslösung Martin Luthers († 1546) von der alten Kirche nur langsam; doch führte die Abkehr von den bisherigen Autoritäten wie päpstlichem Lehramt oder Konzil aufgrund seines Schriftprinzips zwangsläufig zu einem neuen Kirchenverständnis. Kraft des Wortes Gottes ist die Kirche gegenwärtig in der Gemeinschaft der Gläubigen, die in Christus ihr Haupt hat; der eschatologisch geprägte Geheimnischarakter verbietet es, ihr Wesen aus einem sichtbaren Erscheinungsbild abzuleiten – Folgerungen, die unweigerlich zum Zusammenstoß mit Rom führten und schließlich die Trennung besiegelten[50].

Ohne Zweifel war mit Luthers Kritik an der römisch-katholischen Kirche die härteste Anfrage an ihr Selbstverständnis gerichtet, und es läßt sich trotz überzogener Polemik im einzelnen nicht leugnen, daß es offenkundige Mißstände gab und die Vorwürfe weithin berechtigt waren. Das Schuldbekenntnis Papst Hadrians VI. (1522–1523), auf dem Reichstag von Nürnberg 1522 vorgetragen von seinem Legaten Francesco Chierogati, war Zeichen eines redlichen Willens zur Reform, das aber ohne energische Maßnahmen zur Behebung der Gravamina der deutschen Nation die Bewegung Luthers nicht mehr zu kanalisieren vermochte[51]. Überdies ist das neue Kirchenverständnis, das im Zuge der Reformation zum Tragen kam, nicht nur aus der Konfrontation zu erklären, sondern vor allem aus der Wiederbelebung des biblischen Ursprungs, wobei die Frage nach dem Verhältnis von Gott und Mensch in den Vordergrund rückte. Von diesem Ansatzpunkt aus wird Kirche deutlicher als Gemeinschaft gelebt, kommt betonter das Wort Gottes zur Geltung und bestimmt die Erfahrung eines gnädigen Gottes das Glaubensbewußtsein. Obwohl die Praxis des reformatorischen Christentums sich weder spalterischen Tendenzen noch politischen Verwicklungen zu entziehen vermochte, forderte es die alte Kirche zur Überprüfung der eigenen Vergangenheit heraus. Erneuerungsbewegungen katholischerseits hatten solche Impulse bereits aufgenommen, aber das zu spät kommende Konzil von Trient (1545–1563) diente nur mehr der Konsolidierung und Reform der katholischen Kirche[52]. Die Integration reformatorischen Lebens aus dem

---

[49] *H.-G. Beck*, Geschichte der orthodoxen Kirche im byzantinischen Reich (KIG 1/D1). Göttingen 1980, 193–207.
[50] *B. Lohse* (Hg.), Der Durchbruch der Reformatorischen Erkenntnis bei Luther. Darmstadt 1968; *O. Bayer*, Promissio. Geschichte der reformatorischen Wende in Luthers Theologie. Göttingen 1971.
[51] Vgl. *E. Iserloh*, Geschichte und Theologie der Reformation im Grundriß. Paderborn 1980, 48–50.
[52] *H. Jedin*, Geschichte des Konzils von Trient. 4 Bde. Freiburg 1950–1975; *ders.*, Katholische Reformation oder Gegenreformation? Luzern 1946.

Glauben erweist sich so als Aufgabe einer Katholizität aus dem Ursprung, die nach einer langen Phase der Polemik immer mehr als unabweisbare Verpflichtung empfunden wurde.

5. Wiederaufleben des synodalen Prinzips

Zwiespältige Papstwahlen haben schon immer das hierarchisch im Bischof von Rom kulminierende Ordnungsgefüge der katholischen Kirche in Frage gestellt; doch mit dem Ausbruch des großen Schismas (1378–1417) nach dem Tode des eben von Avignon nach Rom zurückgekehrten Gregors XI. (1370–1378), das mit einer Doppelwahl anhob und schließlich mit der Wahl Alexanders V. (1409–1410) in eine Dreiheit von Päpsten auslief, war vollends die Autorität des Papsttums dem Verfall preisgegeben. In dieser Situation wurde der Ruf nach einem Konzil laut, um das Schisma zu beheben und den innerkirchlichen Frieden wiederherzustellen[53]. Nicht von ungefähr erfolgte diese Appellation an ein Gesamtkonzil, wurde doch schon seit dem 12. Jahrhundert von einzelnen Kanonisten die Ansicht vertreten, daß bei einem eventuellen Irrtum des Papstes die „Repräsentation" der Gesamtkirche einzugreifen habe, die im Verbund mit ihm als die größere und umfassendere Instanz galt. Danach liegt die Leitung der Kirche im allgemeinen beim Papst; unter außerordentlichen Umständen wie Schisma oder Häresie des Papstes geht sie auf die Gesamtkirche über gemäß dem Grundsatz: „Quod omnes tangit, ab omnibus approbari debet." Die konziliare Theorie griff fraglos auf die Praxis des Synodalwesens in der Alten Kirche zurück und suchte sie angesichts der ausweglosen Lage verschiedener päpstlicher Obedienzen für die Einheit der Kirche zur Geltung zu bringen. Das Konzil von Pisa (1409) verschärfte die Spaltung allerdings zur „verfluchten Dreiheit" von Päpsten mit all den verwirrenden Folgen für die Christenheit, so daß der Ruf nach einer Erneuerung an „Haupt und Gliedern" nur noch lauter wurde. Angesichts dieser Lage gewann auf den Reformkonzilien des 15. Jahrhunderts schließlich die radikalisierte Konzilstheorie des Marsilius von Padua († 1342/43) Einfluß, der, ausgehend von einem demokratischen Kirchenbegriff, erklärte, in einem Konflikt stehe einem Generalkonzil aller Gläubigen oder ihrer Beauftragten die Entscheidung zu[54]. In den berühmten Konstanzer Dekreten „Haec sancta" (Sessio V) und „Frequens" (Sessio XXXIX) kam angesichts der verfahrenen Situation im Gefolge der Flucht des Papstes Johannes XXIII. (1410–1415) die Lehre von der Superiorität des Konzils zur Geltung, eine Auffassung, die weitgehend von der zeitgenössischen Theologie geteilt wurde. Über alle Diskussion der Verbindlichkeit dieser Konstanzer Dekrete hinweg ist jedenfalls historisch festzuhalten, daß es dem Konzil von Konstanz (1414–1418) gelang, die Einheit der Kirche wiederherzustellen, und zwar durch die Wahl eines neuen Papstes.

---

[53] Vgl. *Bäumer.*
[54] Defensor pacis II 18, 8.

Mit der Wiederherstellung der Nachfolge Petri durch ein Generalkonzil – allerdings führte das Konzil von Basel (1431–1437) bereits wieder zu einem Schisma – verstummte keineswegs der Anspruch synodaler Selbstverwaltung einzelner Kirchen. Vor allem im sogenannten Gallikanismus brach diese Tendenz durch, wonach die französische Kirche (ecclesia gallicana) aufgrund alter Tradition Unabhängigkeit von der römischen Kurie und Entscheidungsfreiheit auf konziliarer Basis verlangte. Schon in der pragmatischen Sanktion von Bourges (1438), als Staatsgesetz ergangen, haben die konziliaren Reformdekrete den Aufstieg der französischen Nationalkirche geprägt, gleichzeitig die Abhängigkeit vom Staat beschleunigt. Die sogenannten Vier Gallikanischen Artikel von 1682 formulierten erneut die Einschränkung der päpstlichen Gewalt gegenüber Konzil und König, und diese Grundsätze bestimmten trotz eines Wandels in der Haltung zu Rom die Kirchenpolitik bis zum I. Vatikanischen Konzil.

In dieser Zeit erfaßten episkopalistische und synodale Strömungen auch die Kirchen anderer Länder. Als Febronianismus kennzeichnet man den nationalkirchlichen Entwurf des Trierer Weihbischofs Johann Nikolaus von Hontheim († 1790), der unter dem Pseudonym Justinus Febronius eine Leitungsgewalt der Bischöfe unter dem Ehrenvorrang des Papstes vertrat und dem Staat weitgehende Vollmachten im kirchlichen Bereich einräumte[55]. Obwohl der Widerruf des Verfassers und die politischen Umwälzungen an der Wende zum 19. Jahrhundert episkopalistischen Tendenzen auf reichskirchlicher Grundlage weitgehend den Boden entzogen, blieb die Frage nach der synodalen Struktur der Kirche akut.

§ 5. Die Vatikanischen Konzilien

Die Neuordnung Europas nach der Französischen Revolution und der Napoleonischen Expansionspolitik hatte trotz aller Umwälzungen dem Papsttum zunächst den alten Bestand des Kirchenstaates gesichert. Alle Maßnahmen Roms, die auf Erhaltung der früheren Zustände zielten, stießen freilich auf den Widerstand nationaler Strömungen in Italien, zudem gerieten sie in Konflikt mit den emanzipatorischen Tendenzen des 19. Jahrhunderts. Das Verhältnis von Kirche und Staat in den verschiedenen Ländern gestaltete sich unterschiedlich; vor allem erwachte wegen staatlicher Eingriffe in den kirchlichen Bereich, wie sie etwa in Deutschland durch die Säkularisation erfahren worden waren, ein weltweites Rombewußtsein, in dessen Sog sich unter Pius IX. (1846–1878) die päpstliche Obmacht steigerte, nicht zuletzt unter dem Anspruch der Freiheit gegenüber staatskirchlicher Bevormundung. Für die deutsche Kirche symbolisierte Bonifatius († 754) die leitende Idee, daß ihre Zukunft vom engen Anschluß an Rom abhängt. Die Nuntien griffen zunehmend in die Angelegenheiten der Ortskirchen ein, und die Bischöfe wurden zu engerem Kontakt mit

---

[55] Siehe *V. Pitzer*, Justinus Febronius. Göttingen 1976.

Rom aufgefordert. Man stellte gegen das Prinzip ortskirchlicher Eigenständigkeit einen neuen Zentralismus, der durch die missionarischen Aktivitäten in der Tat weltumspannende Züge annahm, getragen von Ultramontanen unterschiedlicher Richtungen. Schon im Jahre 1819 war das zweibändige Werk „Du Pape" aus der Feder von Joseph Marie de Maistre († 1821) erschienen, in dem der Primat des Papstes und seine Unfehlbarkeit nicht aus biblischen oder patristischen Quellen abgeleitet, sondern politisch nach dem Modell absoluten Herrschertums begründet worden waren; trotz seiner offenkundigen Mängel übte es auf ultramontane Kreise einen starken Einfluß aus und ebnete mit seiner Papstverherrlichung den Weg zur Dogmatisierung der Lehre von der Infallibilität. Pius IX. selbst, durch die Revolution von 1848 in seiner anfänglichen Aufgeschlossenheit gehemmt, vertrat zusehends einen restaurativen Rigorismus, der seinen markantesten Niederschlag im „Syllabus errorum" von 1864 fand, jenem kurzschlüssigen Dokument päpstlicher Verurteilungspraxis gegen Rationalismus und Liberalismus[56].

1. Das I. Vatikanische Konzil

Vor diesem Hintergrund politischer und geistiger Auseinandersetzungen wurde der Ruf nach einem Konzil immer stärker. Papst Pius IX. nahm ihn auf und eröffnete zwei Tage vor der Bekanntgabe des „Syllabus" einem Kreis von Kardinälen seine Absicht, durch ein Konzil den Bedrängnissen zu steuern. Eingeholte Gutachten, vor allem jenes des deutschen Kurienkardinals Karl August von Reisach († 1869), pflichteten diesem Plan bei, nicht zuletzt deshalb, weil das Konzil von Trient (1545–1563) die Leugnung der kirchlichen Hierarchie und einer obersten Lehrautorität nicht klar verurteilt habe. Das Thema Kirche, seit dem hohen Mittelalter immer dominierend in den theologischen und politischen Auseinandersetzungen, motivierte offensichtlich den Konzilsplan von Anfang an, und zwar mit dem Ziel einer Wiederherstellung kirchlicher Autorität.

Die Ankündigung des Konzils am 29. Juni 1868 löste in der Öffentlichkeit ein zwiespältiges Echo aus; die Erregung wuchs, als in der Jesuitenzeitschrift „Civiltà Cattolica" die Erwartung ausgesprochen wurde, es sollten die Lehren des Syllabus sowie die Unfehlbarkeit des Papstes durch einfache Akklamation definiert werden. Nicht nur in Deutschland regte sich Widerspruch, formuliert vor allem durch den Münchener Kirchenhistoriker Ignaz von Döllinger († 1890) in seiner Artikelreihe „Der Papst und das Konzil"; auch in Frankreich herrschte die Meinung vor, eine Dogmatisierung der päpstlichen Infallibilität sei nicht opportun.

Begleitet von dieser Diskussion wurde das Konzil am 8. Dezember 1869 eröffnet. Schon die ersten Debatten über den katholischen Glauben und über

---

[56] Vgl. *C. Mirbt*, Geschichte der katholischen Kirche von der Mitte des 18. Jahrhunderts bis zum Vatikanischen Konzil. Berlin 1913.

Seelsorgeprobleme überlagerte zunehmend das Thema der päpstlichen Unfehlbarkeit, deren Anhängern es gelang, nicht nur 380 Unterschriften für eine Definition zu sammeln, sondern auch die Geschäftsordnung des Konzils zu ihren Gunsten zu ändern. Die Gegner einer solchen Erklärung, darunter Bischöfe, die bedeutende Theologen waren, wie Karl Josef von Hefele († 1893), fühlten sich majorisiert und entfalteten ihrerseits eine intensive Aktivität, indem man vor allem unter Verweis auf historische Fakten wie den Fall des Papstes Honorius (625–638) die Unmöglichkeit einer Definition geschichtlich zu erweisen suchte[57]. Das Schema „Von der Kirche Christi" war nämlich um einen Anhang über die Unfehlbarkeit ergänzt worden, der weitgehend den Gang der Debatte bestimmte. Eingebettet in die Diskussion über den Primat des Papstes allgemein, der ihm „die volle Gewalt, die ganze Kirche zu weiden, zu regieren und zu verwalten" (DS 3059), zuerkannte, wurde schließlich am 18. Juli 1870 von einer überwältigenden Mehrheit – die Minorität hatte das Konzil verlassen – das Dogma von der Unfehlbarkeit verabschiedet, wobei ausdrücklich dem vermittelnden Vorschlag einer rechtlichen Einbindung des Papstes in die Gesamtkirche das „ex sese, non autem ex consensu Ecclesiae" entgegengestellt wurde (DS 3065–3075). Der unmittelbar folgende Ausbruch des deutsch-französischen Krieges ließ die Zahl der Konzilsteilnehmer ständig schrumpfen, so daß weitere Vorlagen über Mission und Kirchenzucht nur mehr unzureichend diskutiert wurden. Als schließlich gar Rom mit Ausnahme der Leostadt von piemontesischen Truppen besetzt wurde, vertagte Papst Pius IX. am 20. Oktober 1870 das Konzil.

Vorgeschichte und Verlauf des I. Vatikanischen Konzils illustrieren, wie sehr die Konstitutionen „Dei Filius" und „Pastor aeternus" Ergebnis der geistigen und politischen Situation des 19. Jahrhunderts waren, wobei nur die Dekrete über den Jurisdiktionsprimat sowie die Infallibilität von der ursprünglich geplanten umfassenden Aussage über die Kirche übrigblieben. Nachdem die weltliche Macht des Papsttums – getroffen von den Schlägen gegen den Kirchenstaat – geschwunden war, trachtete man nun, es auf geistig-religiöse Weise aufzuwerten. Gleichzeitig ließen sich damit alle episkopalistischen Strömungen zurückdrängen und ein streng hierarchisches Kirchenbild verwirklichen. Die Kirche erschien geradezu reduziert auf die Amtsträger, an deren Spitze der mit Jurisdiktionsprimat und Infallibilität ausgestattete Papst steht. Für zahlreiche Konzilsväter bildete die Monarchie das Leitbild der Kirchenverfassung. Gewiß berief sich die Kirchenversammlung immer wieder auf biblische Quellen und Zeugnisse der Tradition. Aber schon das Vorziehen des Dogmas über den Primat des Papstes und seine Unfehlbarkeit weist auf eine Kopflastigkeit in der Ekklesiologie hin, die das Bild des Leibes Christi einseitig interpretierte. Einblick in ihre Gedankengänge vermittelt der Entwurf zu dieser Konstitution, wonach die katholische Kirche ausschließlich das Heil verbürgt und als sicht-

---

[57] Siehe *P. Stockmeier,* Causa Honorii und Karl Josef von Hefele, in: ThQ 148 (1968) 405–428; *B. Tierney,* Origins of Papal Infallibility 1150–1350. Leiden 1972.

bare Gesellschaft ihre feste Form, die Verfassung, unmittelbar von Christus hat. In diesem Ordnungsgefüge besitzt der Papst höchste Autorität, die universal wahrgenommen wird und so die Rolle der Bischöfe beschränkt, auch wenn das Verhältnis beider letztlich ungeklärt blieb. In ihrer juridischen Sprache unterstreichen die Dekrete das zentralistische Kirchenverständnis des I. Vaticanums, das durch die Kodifikation im kirchlichen Rechtsbuch – promulgiert im Jahre 1917 – seinen Ausdruck fand.

2. Das II. Vatikanische Konzil

Überraschend für die Christenheit kündigte Papst Johannes XXIII. (1958–1963) am 25. Januar 1959 ein allgemeines Konzil an, dessen Zweckmäßigkeit angesichts der primatialen Entscheidungen des Vaticanum I sowie der Identität von vorbereitenden Kommissionen und kurialen Behörden nicht allseits auf Einsicht stieß. Erwartungen auf eine ökumenische Versammlung unter Einschluß aller christlichen Bekenntnisse wurden alsbald gedämpft; immerhin hat die Teilnahme von Beobachtern aus anderen christlichen Kirchen eine Transparenz gebracht, die sich in einer kaum für möglich gehaltenen Freiheit der Diskussion bestätigen sollte. Die dem Konzil gestellte Aufgabe des „aggiornamento" wurde geradezu in einer Aufbruchsstimmung angepackt, und sie erfaßte weite Bereiche des christlichen Lebens, nicht zuletzt bedingt durch die Präsenz von Bischöfen der ganzen Welt.

Auf den vier Sitzungsperioden von 1962–1965 machte sich von Anfang an ein kollegiales Verantwortungsbewußtsein der Bischöfe geltend; die Kurie griff nur gelegentlich ein[58]. Neben innerkirchlichen Themen wie Liturgie und Offenbarung erhielten Fragen des Verhältnisses zur nichtkatholischen Welt hohen Stellenwert. Das Dekret über den Ökumenismus, die Erklärung über das Verhältnis zu den nichtchristlichen Religionen mit ihrer positiven Stellungnahme zu den Juden oder die Deklaration über die Glaubensfreiheit illustrieren – neben „Gaudium et spes" – die neue Standortbestimmung der Kirche in der Welt, wobei der Verzicht auf eine Verurteilung von Irrtümern schon formal den Abstand zu den Dekreten des I. Vaticanum markiert. Von entscheidender Tragweite für ihr Selbstverständnis ist die dogmatische Konstitution über die Kirche, die auf eine Definition der Kirche verzichtet, sich jedoch biblischer Bilder wie „Leib Christi" und „Volk Gottes" bedient, um ihr Mysterium zu umschreiben.

In den Ausführungen über die Kollegialität der Bischöfe erfuhr die Lehre vom Primat des Papstes fraglos eine umgreifende Ergänzung, auch wenn ihre Tragweite für die konkrete Verfassungswirklichkeit der Kirche noch unklar bleibt. Aus den Quellen des frühen Christentums erneuert, wurde so das Kirchenverständnis der communio wieder aufgegriffen, das die Horizontale in der

---

[58] Zum Verlauf des Konzils und zur Entstehung der Texte siehe LThK.E 1–3. Freiburg 1966–1968; ferner *D. A. Seeber*, Das Zweite Vatikanum. Konzil des Übergangs. Freiburg 1966.

Gemeinschaft der Ortskirchen zur Geltung bringt. Das Gewicht der Einzelkirche gegenüber der päpstlichen Zentralgewalt, die Aufwertung des Laien im kirchlichen Leben und die Betonung der Kooperation statt Durchsetzung der Autorität lassen die Kirche in einem neuen Licht erscheinen, das ihrer eschatologischen Dimension entspricht.

Es verwundert nicht, daß aus der Fixierung auf das Vaticanum I schon während der Konzilsdebatten zahlreiche Einsprüche gegen die vorgesehenen Aussagen erhoben wurden, die nach Abschluß der Kirchenversammlung sogar in eine antikonziliare Protestbewegung einmündeten[59]. Für sie schien das überkommene Leitbild einer starr verstandenen Tradition plötzlich durch die Verlautbarungen des Vaticanum II in Frage gestellt. Doch der Vorwurf einer billigen Anpassung trifft auf das Konzil nicht zu. Versuchte es doch die Kirche durch ein Schöpfen aus den Quellen der Heiligen Schrift und der Theologie der Väter zu erneuern. Darin manifestierte sich die Geschichtlichkeit der Kirche, daß sie aus dem Ursprung den Glauben der Gegenwart neu vermittelte.

Von ihren Anfängen her hat die Gemeinschaft der Gläubigen auf die Herausforderungen der Geschichte geantwortet und ihr Selbstverständnis als Kirche der Weisung Christi gemäß zu verwirklichen gesucht. Dieses ihr geschichtliches Handeln erfolgte aus gläubiger Verantwortung gegenüber der Offenbarung Gottes, und sie hat so auf dem Weg der Geschichte ihr Wesen vollzogen. Zwischen Ursprung und je situationsbedingter Verwirklichung der Kirche hat ihre Wesensgestalt vielfältigen Ausdruck erfahren, so daß die Überlieferung als spannungsreiches Zeugnis von Möglichkeiten und Konkretionen erscheint.

Aufgrund dieses Befundes steht die katholische Kirche in der geschichtlichen Kontinuität mit dem Ursprung. Ihr Weg durch die Jahrhunderte ist als Geschichte gläubiger Menschen zwar immer gezeichnet von Entscheidungen in einer konkreten Situation, aber diese Verwirklichung von Kirche erfolgte jeweils im Rückgriff auf das Glaubenszeugnis der Apostolischen Zeit und im Dialog mit den Trägern der Überlieferung. Ohne Zweifel schloß dieses Geschehen Wandlungen mit ein, die freilich mit der Kennzeichnung als Fortschritt oder Verfall nur unzureichend charakterisiert sind. Zutreffender spricht man von dem gläubigen Bemühen, die Herausforderung des Christusereignisses in die Gegenwart umzusetzen, um so in ständiger Aneignung Gottes Heilstat zu bewahren. Insofern haftet dem Vollzug gläubigen Daseins in der Kirche Geschichtlichkeit in voller Tragweite an, zumal sie die Verbundenheit der Gegenwartskirche mit dem Ursprung auf dem Weg der Geschichte gewährleistet.

---

[59] Siehe *A. Holzer*, Vatikanum II. Reformkonzil oder Konstituante einer neuen Kirche. Basel 1977.

LITERATUR

Althaus, H. (Hg.), Kirche. Ursprung und Gegenwart. Freiburg 1984.

Bäumer, R. (Hg.), Die Entwicklung des Konziliarismus. Darmstadt 1976.

Bauer, G., „Geschichtlichkeit". Berlin 1963.

Bauer, W., Rechtgläubigkeit und Ketzerei im ältesten Christentum. (Stuttgart 1957) Tübingen ²1964.

Dvornik, F., Byzanz und der römische Primat. Stuttgart 1966.

Frank, K. S., Grundzüge der Geschichte des christlichen Mönchtums. Darmstadt ⁴1983.

Grundmann, H., Religiöse Bewegungen im Mittelalter. Anhang: Neue Beiträge zur Geschichte der religiösen Bewegungen im Mittelalter. Hildesheim ²1961.

Harnack, A. v., Marcion. Das Evangelium vom fremden Gott. Eine Monographie zur Geschichte der Grundlegung der katholischen Kirche. Leipzig ²1924; Neudr. Darmstadt 1960.

Hasler, A. B., Pius IX. (1846–1878). Päpstliche Unfehlbarkeit und 1. Vatikanisches Konzil. Stuttgart 1977.

Heiler, F., Altkirchliche Autonomie und päpstlicher Zentralismus. München 1941.

Hertling, L., Communio und Primat – Kirche und Papsttum in der christlichen Antike –, in: US 17 (1962) 91–125.

Horst, U., Unfehlbarkeit und Geschichte. Studien zur Unfehlbarkeitsdiskussion von Melchior Cano bis zum I. Vatikanischen Konzil. Mainz 1982.

Imkamp, W., Das Kirchenbild Innozenz' III. (1198–1216). Stuttgart 1983.

–, Die Konzilsidee des lateinischen Mittelalters (847–1378). Paderborn 1984.

Jedin, H., Bischöfliches Konzil oder Kirchenparlament. Ein Beitrag zur Ekklesiologie der Konzilien von Konstanz und Basel. Basel 1963.

Kamlah, W., Christentum und Geschichtlichkeit. Untersuchungen zur Entstehung des Christentums und zu Augustins „Bürgerschaft Gottes". Stuttgart ²1951.

Krämer, W., Konsens und Rezeption. Verfassungsprinzipien der Kirche im Basler Konziliarismus. Münster 1980.

Martin, V., Les origines du gallicanisme. 2 Bde. Paris 1938–1939.

Martimort, A.-G., Le gallicanisme de Bossuet. Paris 1953.

Müller, C. D. G., Geschichte der orientalischen Nationalkirchen. Göttingen 1981.

Oberman, H. A., Werden und Wertung der Reformation. Tübingen ²1979.

Pottmeyer, H. J., Unfehlbarkeit und Souveränität. Die päpstliche Unfehlbarkeit im System der ultramontanen Ekklesiologie des 19. Jahrhunderts. Mainz 1975.

Rahner, H., Kirche und Staat im frühen Christentum. München 1961.

Schillebeeckx, E., Die Signatur des Zweiten Vatikanums. Rückblick nach drei Sitzungsperioden. Freiburg 1965.

Schoiswohl, J., Fortschritt in der Kirche. Graz 1969.

Schwaiger, G., Päpstlicher Primat und Autorität der Allgemeinen Konzilien im Spiegel der Geschichte. München 1977.

Seeliger, H. R., Kirchengeschichte – Geschichtstheologie – Geschichtswissenschaft. Düsseldorf 1981.

Sieben, H. J., Die Konzilsidee der Alten Kirche. Paderborn 1979.

Stockmeier, P., Glaube und Religion in der frühen Kirche. Freiburg 1973.

–, Glaube und Kultur. Studien zur Begegnung von Christentum und Antike. Düsseldorf 1983.

Stöve, E., Kirchengeschichte zwischen geschichtlicher Kontinuität und geschichtlicher Relativität. Heidelberg 1981.

Ullmann, W., Die Machtstellung des Papsttums im Mittelalter. Graz 1960.

Weinzierl, E. (Hg.), Die päpstliche Autorität im katholischen Selbstverständnis des 19. und 20. Jahrhunderts. Salzburg 1970.

Wojtowytsch, M., Papsttum und Konzile von den Anfängen bis zu Leo I. (440–461). Stuttgart 1981.

Zeeden, E. W., Die Entstehung der Konfessionen. München 1965.

6. KAPITEL

ANTHROPOLOGISCHE DIMENSIONEN DER KIRCHE

Peter Hünermann

Die Kirche versteht sich als Resultat der Offenbarung Gottes in der Geschichte, als Resultat der erlösenden Selbstmitteilung Gottes an die Sünder (vgl. Bd. 2, Kap. 3). Als solche muß in ihr die Wahrheit des Verhältnisses von Gott und Mensch und der Menschen untereinander aufleuchten, wie Gott es von Anfang her gewollt und in seiner Selbstmitteilung neu gestiftet hat. In diesem Sinne weiß sich Kirche berufen, Zeichen des angebrochenen Reiches Gottes, Anbruch erfüllten menschlichen Miteinanderseins zu sein. Soll ihr Anspruch glaubwürdig sein, so muß die Kirche dem Menschsein in seiner ganzen Breite und Fülle in sich Raum geben. Wenn Fundamentaltheologie Kirche als glaubwürdiges Mysterium Gottes erweisen will, kommt sie nicht um die kritische Frage herum, ob Kirche – trotz aller immer möglichen sündhaften Verkehrung – grundsätzlich die Dimensionen menschlichen Miteinanderseins bejaht hat und bejaht.

Damit ergibt sich ein weiterer Gesichtspunkt: Ist Kirche Resultat göttlicher Selbstmitteilung und damit eschatologische Gemeinschaft Gottes und der Menschen, so kann solches Raumgeben für die grundlegenden Vollzüge menschlicher Existenz nicht einfache Assimilation der faktischen menschlichen Realität sein. Zum Aufweis der Glaubwürdigkeit von Kirche gehört deswegen auch die Reflexion darauf, wie die Grundzüge des Menschseins jeweils in eine eschatologische Vollendung hinein entfaltet werden. Anbruch vollendeten Menschseins aber ist die Kirche nicht im Sinne einer „heilen Welt". Nur als ständig sich bekehrende Gemeinschaft wächst Kirche der Vollgestalt des Menschseins entgegen. Umkehr setzt das Eingeständnis der eigenen Sünde voraus. Im Blick auf ihre anthropologische Dimension kann die Sünde eine doppelte Gestalt annehmen: Entweder kann sich Kirche an die faktisch gegebenen Formen des Menschseins anpassen und ausliefern, oder sie kann ihre eigene faktische Gestalt unmittelbar als Anbruch erlösten Menschseins und damit als Maßstab gültigen Menschseins ausgeben. Beides bedeutet sowohl eine Reduktion des Menschseins als auch einen Verstoß der Kirche gegen ihr eigenes Wesen, zu dem die ständige Umkehr *(metanoia)* dazugehört.

Der doppelten fundamentaltheologischen Aufgabenstellung entsprechend sollen in jedem Paragraphen zuerst die wesentlichen Dimensionen des Menschseins umrissen werden. In einem nächsten Schritt wird auf Jesus Christus, seine Botschaft und Praxis, das Mysterium seines Todes und seiner Auferstehung wie auf die Kirche selbst geblickt, um aufzuzeigen, wie die anthropologische Dimension gewahrt und zugleich in ihre eschatologische Vollendung hinein vollzogen wird.

Um welche anthropologischen Grundzüge geht es? Als leibhaftiges Dasein (§ 1) steht der Mensch je schon in der Einheit des Menschengeschlechtes, die er personal als Miteinandersein (§ 2) zu vollziehen hat. Daraus ergeben sich die eigentümlichen Züge seines Natur- und Weltbezugs (§ 3) sowie die Geschichtlichkeit des Menschen und ihre Ausprägung in den jeweiligen kulturellen Daseinsgestalten (§ 4).

§ 1. Das leibhaftige Dasein des Menschen und die Kirche

1. Die anthropologische Forschung der letzten Jahrzehnte hat die entscheidende Differenz des Menschen zum Tier in der Leiblichkeit des Menschen entdeckt[1]: Der Mensch *ist* Körper, und der Mensch *hat* Körper. Er ist einerseits dadurch gekennzeichnet, daß er Leib ist: hineingespannt in eine unabsehbare Fülle von gegebenen Beziehungen, bestimmt durch eine Vielzahl von Determinanten. Auf der anderen Seite verhält sich der Mensch vermittels seines Leibes zu seinem Leib: Er ist seines Körpers inne. Als leibhaftiges Dasein unterliegt der Mensch physikalischen, chemischen Gesetzmäßigkeiten ebenso wie den allgemeinen organischen und animalischen Strukturen. Er ist ins Auseinander und Nacheinander zerdehnt, sein Dasein ist raum-zeithaft. Es wächst, blüht auf und verwelkt. Zugleich aber ist der Mensch durch seinen Leib so auf sich selbst hin konzentriert, daß er sich leibhaftig allem zu stellen vermag, ja sich allem grundsätzlich stellen muß. Diese Mächtigkeit des Sich-verhalten-Könnens, durch welche sich der Mensch in seinem Leibe aufrichtet, von allem Distanz gewinnt, wird von der mittelalterlichen Philosophie die Fähigkeit des Menschen zur „reditio completa in seipsum" genannt[2]. Die scholastische Philosophie sah in dieser Begabung des Menschen die Signatur seiner Geistigkeit. In der neuzeitlichen Philosophie R. Descartes' wird aus dieser Zweipoligkeit des einen leibhaftigen Menschen die strikte Dichotomie von Seele und Leib[3]. Die moderne anthropologische Forschung hat gegen Descartes gezeigt, wie die Leiblichkeit des Menschen selbst ganz und gar vom Sich-verhalten-Können des Menschen geprägt wird. Am eindrucksvollsten zeigt sich dies in Grenzsituatio-

---

[1] Die Deutung des Menschen von seiner Leiblichkeit her findet sich in den unterschiedlichsten philosophischen Konzeptionen, in Feuerbachs Spätwerk ebenso wie in der behavioristischen Anthropologie (J. B. Watson, B. F. Skinner), der Verhaltensforschung (K. Lorenz, I. Eibl-Eibesfeldt, A. Portmann) und der philosophischen Anthropologie (M. Scheler, A. Gehlen, H. Plessner, E. Cassirer, G. Siewerth). Zugleich aber wurde die Sonderstellung des Menschen gerade in der Fähigkeit zum Sich-verhalten-Können gesehen, das Selbstreflexion und distanzierte Wahrnehmung von Objekten als solchen ermöglicht. Daraus entspringt eine grundsätzliche Weltoffenheit, die sich in Sprache, Kultur und Technik manifestiert. Vgl. dazu an neuerer Literatur: *Splett, Frey, Pannenberg*.
[2] Vgl. *Thomas von Aquin*, S.c.g. IV 11; dazu *Rahner* 1957, 129–242.
[3] Vgl. *R. Descartes*, Meditationes de prima philosophia (dt.-lat. Ausg., ed. L. Gäbe). Hamburg 1959, Meditatio II 40–61; *ders.*, Die Prinzipien der Philosophie (übers. v. A. Buchenau). Leipzig 1922, I 8 u. ö.

nen, in denen der Mensch die reale Unmöglichkeit des Sich-verhalten-Könnens noch auf personale Weise so vollzieht, daß er seinem Leib die Antwort überläßt, nämlich im Lachen und Weinen[4]. Im Lachen und Weinen manifestiert sich so in letzter Eindringlichkeit die Leibhaftigkeit menschlichen Personseins und das Personsein des menschlichen Leibes.

Weil der Mensch in dieser Weise Körper ist und Körper hat, weil er sich leibhaftig zu allem verhält und so aus einer jeweiligen Distanz heraus an alles herantritt, eignet ihm eine fundamentale Exzentrizität[5]. Gerade als Leibhaftiger ist der Mensch durch eine unabgeschlossene Offenheit gekennzeichnet. Er steht jeweils in einem Mit-Sein, hat Welt, bewegt sich in der Zeit.

Aufgrund dieser unlösbaren Verschränkung von Körper-Sein und Körper-Haben ergeben sich die charakteristischen Eigenheiten des Menschseins: Das Ausreifen der Personalität ist verknüpft mit dem Auswachsen des Leibes; es ist in sich selbst ein leibhaftiger Prozeß. Zeugung wie Bildung des Menschen sind ebenso materiale wie personale, biologische wie kulturelle Geschehensabläufe. Die sich entfaltende Grundstruktur menschlichen Daseins ist in der neuzeitlichen Philosophie treffend als *„vermittelte Unmittelbarkeit"*[6] bezeichnet worden. Die Unmittelbarkeit des Körpers ist an sich selbst auf die Vermittlung durch die leibhaftige Personalität des Menschen angelegt. Diese Vermittlung aber führt ihrerseits immer wieder in die Unmittelbarkeit der leibhaftigen Existenz zurück, und zwar in eine durch die Vermittlung veränderte Unmittelbarkeit.

2. Diese Grundbestimmung des Menschseins begegnet in Jesus Christus, seiner Botschaft, seiner Lebenspraxis in eigentümlicher Radikalität. Die Offenheit, in die der Mensch hineinsteht, ist das Reich Gottes. Dieses Reich drängt hier und jetzt heran im Wort Jesu Christi, in seinem Umgang mit den Sündern und Kranken. Jesus lebt die leibhaftige Exzentrizität des Menschen als Einheit mit dem Vater. So ruft er jene, die seiner Botschaft glauben, in seine Nachfolge.

Diese leibhaftige Bestimmung des Menschseins gehört zum Wesen der Kirche; denn ihr Fundament ist der Glaube an den Tod Jesu Christi zur Erlösung der sündigen Menschheit und an seine Auferweckung durch den Vater. Das Sterben Jesu Christi wird als Hingabe des eigenen leibhaftigen Wesens in unbedingter Identifikation mit den Sündern bekannt, ein Geschehen, in dem die Einheit Jesu Christi mit dem Vater eine neue, nicht mehr überbietbare leibhafte Präsenz gewinnt: die Herrlichkeit des zum Vater Erhöhten.

---

[4] Vgl. *Plessner* 1970, 165: „Gemeinsam ist Lachen und Weinen, daß sie Antworten auf eine Grenzlage sind. Ihr Gegensatz beruht auf den einander entgegengesetzten Richtungen, in denen der Mensch in diese Grenzlage gerät. Da sie sich nur auf zweifache Weise als Grenzlage zu erkennen gibt, in der den Menschen jedes mögliche Verhalten unterbunden ist, treten auch nur zwei Krisenreaktionen von Antwortcharakter auf. Lachen beantwortet die Unterbindung des Verhaltens durch unausgleichbare Mehrsinnigkeit der Anknüpfungspunkte, Weinen die Unterbindung des Verhaltens durch Aufhebung der Verhaltensmöglichkeit des Daseins."
[5] Zum Begriff „Exzentrizität", der bei H. Plessner den Geistbegriff etwa M. Schelers ersetzt und erläutert, vgl. *Plessner* 1970, 41–47; *ders.* 1965. Dazu *Hammer*.
[6] Vgl. *Plessner* 1970, 49–55.

Kirche ist geprägt durch die Gemeinschaft des Todes Jesu Christi und die Hoffnung auf die Auferweckung mit ihm. Das bedeutet: Die Kirche hat ihren Ort jeweils in der leibhaftigen Existenz des Menschen, in der Annahme der Raumzeitlichkeit, der Übernahme des Ausgesetztseins, im Bekenntnis zur Schuld, in der unverschleierten Anerkennung von Leiden, Sterblichkeit und Tod. Kirche lebt diese conditio humana. Sie ist gewiesen, diese leibhaftigen Realitäten in der Kraft des Kreuzes Jesu gleichfalls in Solidarität zu umfangen, allerdings aus jener Exzentrizität heraus, die in Jesus Christus aufgebrochen und im Glauben an seine Auferweckung als real erfüllte ergriffen wird.

Die damit gegebene Spannung manifestiert sich ebenso in Wort und Sakrament wie in der Praxis der Kirche. Die Kirche verkündet das geschichtlich konkrete Wort Jesu von Nazaret. Sie proklamiert seinen Tod als Erlösungsgeschehen, sie verkündet die Osterbotschaft als Evangelium vom erhöhten und wiederkommenden Herrn. Sie glaubt, daß die Sakramente, die Waschung der Taufe, die eucharistische Speise und der eucharistische Trank, Unterpfand und Vermittlung ewigen Lebens sind. Sie bekennt, daß der Becher frischen Wassers, der dem Geringsten gereicht wird, seinen ewigen Lohn finden wird. Dem jeweiligen materialen leibhaftigen Tun wird so eine unendliche Gewichtigkeit zuerkannt.

Der Glaube und seine Praxis verändert die leid- und schuldbestimmte Unmittelbarkeit des Menschen. Denn wo das Wort verkündet und gehört, das Sakrament gefeiert, die christliche Praxis real wird, da decken sie die in der Unmittelbarkeit gegebenen Verhältnisse als jene auf, aus denen heraus Umkehr notwendig und möglich, weil gebahnt ist. Das jeweilige Resultat von Wort, Sakrament und Diakonie aber ist eine neue Unmittelbarkeit, die ihrerseits ein geschichtliches Versöhntsein umschließt. An dieser leibhaftigen Auswirkung haben Wort, Sakrament und Diakonie den realen Erweis des Geistes und der Kraft. Deshalb bedürfen sie aber – sollen sie nicht leere Riten und Gesten sein – der leibhaftigen Einbindung in die jeweiligen privaten und öffentlichen Geschehensstrukturen, damit sie ihre Eigentümlichkeit überhaupt entfalten können. Nur wo im Vollzug ihre kritisch überführende und aufdeckende Potenz freigesetzt wird, ergibt sich als Resultat ein Anbruch wahrer Versöhnung mit Gott im leibhaftigen Lebensraum des Menschen[7].

Die skizzierte Struktur der Kirche als leibhaftiger eschatologischer Größe verbietet jeden Spiritualismus. Er wäre ebenso Verrat an Jesus Christus, seiner Inkarnation, seinem Kreuz und seiner Auferstehung wie Verrat am Menschen. Wie die Kirche in der Vergangenheit den Gnostizismus und Manichäismus abwehren mußte, so den heutigen Spiritualismus in der Form der Weltjenseitigkeit, in dem Kirche säuberlich aus den Dimensionen der leibhaftigen Welt und ihrer Geschichte, aus Politik und Wirtschaft, aus den Interessen und Machtkämpfen herausdividiert wird. Die Kirche gehört demgegenüber in ihrer Leib-

---

[7] Vgl. dazu *Schupp*, bes. 201–287.

haftigkeit gerade in all diese Sphären hinein, so freilich, daß sie durch ihre Vollzüge all diese gegebenen Unmittelbarkeiten ihrer Erlösungsbedürftigkeit und -möglichkeit überführt.

Nur durch solchen leibhaftigen Vollzug wird vermieden, daß Kirche die eigene Leibhaftigkeit absolut setzt, ihr geschichtliches Wort in Magie verkehrt, ihre Sakramente in Sakramentalismus, ihre Diakonie in Aberglauben und Fetischdienst, der sich fortsetzt in Kirchenherrschaft und politischem Messianismus linker oder rechter Couleur.

§ 2. Miteinandersein und Kirche

1. Menschen leben wesentlich *in* einem Miteinandersein. Der Mensch begegnet seinen Mitmenschen zunächst nicht als einem rein äußerlichen, vorfindlichen Faktum wie etwa einem Stein. Der Mensch stößt auf den anderen Menschen nicht zunächst als „Sache", um dann in einem mühseligen Prozeß diese „Sache" von anderen Dingen zu unterscheiden. Der Mensch konstruiert nicht aufgrund von Beobachtungen der Bewegungsabläufe gleichsam hinter dieser Sache ein Selbst bzw. ein Du als letzten Träger dieser Äußerungen. Vielmehr bewegt sich der Mensch von vornherein in einer Offenheit, in der ihm das Selbstsein des anderen – wenngleich in und vermittels von Zeichen, Gesten und Ausdrucksformen – erschlossen ist. Der Mensch wird geboren als Wesen, das zum Hören der Stimme des anderen, zum Verstehen der Anrede bestimmt ist. Er bedarf der Zuwendung des anderen wie er seinerseits auf Sprache und Kommunikation angelegt ist. Menschen sind so in leibhaftiger Weise in einen Raum des Miteinanderseins, der Offenheit füreinander gestellt. Alle Formen und Gestalten des Umgangs miteinander sind Auslegungen und Ausprägungen dieser fundamentalen Offenheit: Liebe wie Haß, Gleichgültigkeit wie Interesse sind von daher allererst ermöglicht. In diesem Sinn kann vom Miteinandersein als einer Wesensverfassung des Menschen gesprochen werden. Sie ist transzendental gegenüber allen kategorialen Vollzügen. Wenn dieses Miteinandersein als eine apriorische Prägung menschlichen Daseins charakterisiert wird, dann nicht im Sinne einer transzendentalen „Geistigkeit". Vielmehr ist gerade die Leibhaftigkeit des Menschen im Blick, sein reales Körpersein und Körperhaben ist diese Weise der Offenheit[8].

Weil diese Offenheit eine leibhaftige ist, durchläuft sie mannigfache Phasen des Werdens, ist sie immer körperlich-personaler und somit leibhaftig-freiheitlicher Art. Begegnen Menschen einander grundsätzlich als Du und Ich, so liegt

---

[8] Vgl. dazu einerseits vor allem die Dialogphilosophie *Bubers*, die die Priorität der Ich-Du-Beziehung gegenüber der Ich-Es-Beziehung des Menschen zur Geltung gebracht hat. Vgl. dazu *Casper*. Andererseits ist auf soziologischer Seite für die Gesellschaftswissenschaft grundlegend geworden die Studie von *Mead*, der die Selbstwerdung des Menschen und die Konstituierung von Welt gerade aus der primären Situation gesellschaftlicher Interaktion aufgrund signifikanter Symbole erklärt; vgl. dazu *Raiser*. Zum Ganzen *Theunissen; Welte*.

in solcher Erfahrung der Anspruch wechselseitiger Anerkennung. Der Anspruch auf fundamentale Ebenbürtigkeit gerade aufgrund des Menschseins ist unabweisbar mit den Menschen gegeben. Das Bedürfnis nach solcher Anerkennung durchwaltet den Menschen bis in alle Fasern seiner Leibhaftigkeit hinein. Dieses Verlangen findet zwar eine je unterschiedliche kulturelle Ausprägung, ist aber als solches nicht erst ein Produkt einer gewissen kulturellen Entwicklungsstufe. Die Goldene Regel (Mt 7, 12) spricht in ihrer Abstraktheit und Formalität dieses Grundprinzip menschlichen Miteinanderseins aus. Es ist evident, daß sie in verschiedenen geschichtlichen und kulturellen Kontexten mit unterschiedlichem Inhalt gefüllt worden ist. Dies beeinträchtigt nicht ihre durchgängige interkulturelle Geltung[9].

Ein Blick in die Geschichte lehrt ebenso, daß der Mensch immer wieder versucht, der Sorge um die eigene Anerkennung dadurch Genüge zu tun, daß er den anderen Menschen unterwirft. In der Sorge um die Sicherstellung der eigenen Anerkennung wird dem anderen Menschen durch die Unterwerfung die Möglichkeit genommen, die Anerkennung zu verweigern. Daß in solcher Versklavung aber auch die Möglichkeit freier Anerkennung ausgelöscht wird, manifestiert die innere Perversion dieses Miteinanderseins.

Der rechte Vollzug des Miteinanderseins und seine Perversion durchdringen sich in der faktischen Geschichte unaufhörlich. I. Kant konstatiert in seiner „Religion innerhalb der Grenzen der bloßen Vernunft", es genüge, daß der Mensch unter Menschen sei, daß Menschen zu wechselseitiger Unterwerfung, Verletzung, zum Bösen gereizt seien[10].

Die verschiedenen Formen, in die sich das leibhafte Miteinandersein der Menschen auszeitigt, sind so faktisch immer auch durch das Auftreten von Verkehrungen kontaminiert.

Da menschliches Miteinandersein leibhaftiger Art ist, so ist es gekennzeichnet durch Nähe und Ferne ebenso wie durch Vertrautheit und Fremdheit. Räumlich-zeitliche Beziehungen sind jeweils unlösbar verknüpft mit personaler Verbundenheit bzw. Distanz. Beides tritt in unterschiedlichsten Intensitätsgraden auf. Diese Zweipoligkeit entspricht der spezifischen Körperlichkeit des Menschen. Aus diesem Zusammenhang ergibt sich eine gewisse Abfolge von Gestalten des Miteinanderseins, angefangen von der Ehe, in der die Einheit des Fleisches in der persönlichen Zuwendung der Partner und in der Bindung aneinander vollzogen wird, über die Gemeinschaft der Familie mit ihren blutsmäßigen, affektiven und personalen Banden, hin zu dem immer schon wesentlich durch die Geschichte und kulturelle Formen geprägten Verbund der Großfamilien bzw. Sippen. Natürlich empfängt jede Ehe und Familie eine gewisse Prä-

---

[9] Vgl. dazu die Theorie der Entwicklung moralischen Bewußtseins bei *Kohlberg* 7–255. Zum Begriff einer transzendentalen Kommunikationsgemeinschaft, in der immer schon die Situation idealer Kommunikation in reziproker Anerkennung aller Teilnehmer realisiert ist, vgl. *Habermas, Apel.*
[10] *I. Kant,* Die Religion innerhalb der Grenzen der bloßen Vernunft: WW in 6 Bänden (ed. W. Weischedel) 4. Wiesbaden 1956, B 129.

gung durch die kulturelle Epoche, in die sie eingebettet ist. Die Konstitutiva von Ehe und Familie aber sind nicht in gleicher Intensität kulturgeschichtlich bestimmt, wie dies für die Großfamilie und die Sippe zutrifft[11].

Diese blutsmäßig bestimmten Formen von Zusammengehörigkeit und Miteinandersein sind ihrerseits einbezogen in die vielfältigen Formen freier Vergesellschaftung, die aus gemeinsamen Interessen und Zwecken, aus der wechselseitigen Angewiesenheit auf Ergänzung hervorgehen und in sich wiederum mannigfache Abstufungen von Äußerlichkeit und innerer Verbundenheit zulassen.

In all diesen vielfältigen Gestalten des Miteinanderseins bilden sich institutionelle Momente und Institutionen heraus, d. h. Gefüge von typischen Handlungen und Rollen, verbunden mit einem gewissen Konsens in bezug auf die normativen Grundlagen und die Bedürfnisse sowie die korrespondierenden kulturellen Symbole. In ihnen verkörpert sich die spezifische Weltoffenheit des Menschen[12].

Die gegenwärtige geschichtliche Situation hat zur Ausbildung einer globalen Menschheitsgesellschaft geführt. Prinzipiell wird jedem Menschen die Anerkennung als Rechtssubjekt zuteil. Zugleich sind Recht und Pflicht aller zur Daseinsförderung in bezug auf die Grundbedürfnisse und fundamentalen Freiheitsbezüge anerkannt. Zu den „klassischen" Menschenrechten sind so in jüngster Zeit die neuen Menschenrechte, wie das Recht auf Arbeit, kulturelle Rechte etc., hinzugekommen[13]. Dieser umfassende Typus von Gesellschaft ist ermöglicht und real vermittelt durch die Massenkommunikationsmittel ebenso wie durch das ökonomische und bildungsmäßige Zusammenwachsen der Menschheit. Im Rahmen dieser Menschheitsgesellschaft haben die Staaten als Größen souveränen Rechtes eine neue Bestimmung gegenüber früheren Zeiten erfahren. Zwar bildet die Sicherung des inneren und äußeren Friedens durch eine entsprechende Rechtsordnung und geeignete Maßnahmen nach außen noch immer den vornehmsten Zweck des Staates. Zugleich sind dem neuzeitlichen Staat eine Fülle von administrativen, ökonomischen, sozialen Funktionen zugewachsen, die ihrerseits wiederum – durch überstaatliche Zusammenschlüsse – in übergeordneten Institutionen eingeordnet sind.

Die Versuchungen und Gefährdungen der neuzeitlichen Gesellschaft und der modernen Staatswesen liegen in der unerhörten Machtkonzentration, die es erlaubt, den Lebensraum der Menschheit im ganzen zu zerstören. Aspekte dieses Zustandes sind die umfassende Manipulationsmöglichkeit weitester Bevölkerungskreise durch Massenmedien, Informationstechniken, umfassende

---

[11] *R. König*, Soziologie der Familie, in: *A. Gehlen – H. Schelsky*, Soziologie. Düsseldorf 1955, 121–158; *ders.*, Soziologie der Familie, in: *ders.* 7, 60–130.
[12] Vgl. *Berger – Luckmann*; *Habermas*.
[13] Vgl. *W. Heidelmeyer*, Die Menschenrechte. Paderborn 1972; *J. Schwartländer* (Hg.), Menschenrechte – Eine Herausforderung der Kirche. München 1979. Zur kirchlichen Auffassung der Menschenrechte vgl. *Johannes XXIII.*, Enzyklika „Pacem in terris"(1963) Nr. 8–45, in: Texte zur Katholischen Soziallehre. Hg. v. KAB. Kevelaer 1977, 273–283.

Administration, die Möglichkeit zur Eliminierung ganzer Kulturen und schließlich die Zerstörung des Lebensraumes selbst. In all diesen Formen real möglichen Mißbrauches manifestiert sich die Verweigerung der Anerkennung anderer auf eine eigentümlich neuzeitliche Weise. Es wird die Eigenständigkeit und unableitbare Originalität der einzelnen, der Gruppen, ganzer Völker, es wird die unaufhebbare Würde der Menschheit nicht respektiert[14].

2. Wie präsentiert sich Kirche in diesem Feld menschlichen Miteinanderseins als die leibhaftige eschatologische Gemeinschaft?

Jesus Christus hat von Beginn seines öffentlichen Wirkens an Menschen in eine Gemeinschaft geführt, die Zeichen und realer Anbruch des Reiches Gottes ist. „Wer den Willen Gottes tut, der ist mir Bruder, Schwester und Mutter" (Mk 3, 35). Jesus hat das Miteinandersein gelebt als Anfang endgültiger Gemeinschaft mit Gott. Seine Mähler mit den Sündern, vor allem aber die Feier des Abendmahls zeigen, wie diese Gemeinschaft für Jesus ein leibhaftiger Vollzug ist[15].

Nach dem Vaticanum II tritt das Wesen der Kirche als Gemeinschaft vor allem in der Feier der Eucharistie hervor, denn sie ist „der Höhepunkt, dem das Tun der Kirche zustrebt, und zugleich die Quelle, aus der all ihre Kraft strömt" (SC 10). Was ist der Grund dafür?

Kreuz und Auferweckung Jesu Christi werden in den neutestamentlichen Schriften als Vollendung menschlichen Miteinanderseins charakterisiert. Jesus ist den Tod „für uns", „für die Vielen", „für unsere Sünden" gestorben (vgl. 1 Kor 15, 3; Mk 14, 25; Gal 1, 4; Röm 4, 25; 1 Petr 2, 11–14 u. ö.). Paulus entfaltet diese Glaubensüberzeugung von der „Pro-Existenz" Jesu Christi in besonders eindringlicher Weise. Jesus Christus hat in seinem Tod das menschliche Geschick, Sünde, Fluch, Gottesferne bis in alle Abgründigkeit hinein auf sich genommen. Gerade weil sein Mit-Sein mit den Menschen so bis ins äußerste geht, ist er von Gott, dem Vater, mit Herrlichkeit bekleidet worden. So bekennen die Christen ihrerseits im Glauben, daß sie nicht mehr sich selbst gehören, nicht einmal mehr sich selbst sterben. Sie gehören im Leben und Sterben ihrem Herrn (vgl. Röm 15, 7; Gal 2, 20; 2 Kor 5, 21; Gal 3, 13; Röm 3, 25; Röm 14, 9 u. ö.).

Diese Gemeinschaft mit Jesus Christus, die vollendete menschliche communicatio in Kreuz und Auferweckung, wird in der Feier der Eucharistie begangen.

Dieser Feier eignet sakramentaler Charakter, weil das vollendete, gemeinschaftsstiftende Geschehen von Kreuz und Auferweckung als gegenwärtiges begangen wird. Was von seiten Jesu Christi her vollendet ist, wird von seiten der Kirche in grundsätzlicher und definitiver Weise bejaht. Ihr einer sakramentaler Vollzug ist – von Jesus Christus her – bereits Vollendung, von seiten der

---

[14] Vgl. dazu etwa *C. F. v. Weizsäcker*, Das Friedensproblem, in: *ders*. 35–46; *Dams*.
[15] Vgl. *W. Trilling*, Die Botschaft Jesu. Exegetische Orientierungen. Freiburg 1978, 19–56; *G. Lohfink*, Wie hat Jesus Gemeinde gewollt? Zur gesellschaftlichen Dimension christlichen Glaubens. Freiburg ⁵1984; *R. Pesch*, Wie Jesus das Abendmahl hielt. Der Grund der Eucharistie. Freiburg 1977, 69–86.

Gemeinde her Antizipation, weil Anbruch der Vollendung. So aber kommt der feiernden Gemeinde die Kraft zu, in die communio mit dem Herrn auch in der Realität des Alltags hineinzuwachsen[16].

Halten wir also fest, daß Kirche sich als leibhaftige eschatologische Gemeinschaft gerade in der Feier der Eucharistie erweist[17]. Aber gibt es daneben nicht vielfältige andere Formen von Gemeinsamkeit in der Kirche?

Kirche kennt als weltweite Gemeinschaft der Gläubigen die unterschiedlichsten Strukturen des Miteinanderseins: angefangen von der Ehe, gelebt als Sakrament christlichen Glaubens, über die Familie als ecclesiola, die Gemeinde, in der die Kirche eine Entsprechung zur Nachbarschaft, zum Dorf, zum Stadtviertel besitzt, über die Diözesen und Kirchen eines Landes bzw. eines Kontinentes hin bis zur Weltkirche. Jeder dieser Gestalten von Kirche korrespondieren Organisationsformen und spezielle Sozialbeziehungen.

Es unterliegt keinem Zweifel, daß hier die allgemeinen Strukturen menschlichen Miteinanderseins in der Kirche auftauchen, allerdings werden sie nicht aus menschlichen Bedürfnissen begründet, sondern aus jener Zusammengehörigkeit, die sich von Jesus Christus, seinem Tod und seiner Auferweckung her ergibt (vgl. GS 40.42). Alle diese Formen sind zutiefst nicht Not- und Bedürfnisgemeinschaften, sondern Gnadengemeinschaften. So sind sie letztlich hingeordnet auf Kirche als eucharistische Gemeinschaft. Sie sind in sich reale und christliche, damit aber auch immer begrenzte Ausdrucksformen jener sakramentalen Verbundenheit mit Jesus Christus, dem gekreuzigten und erhöhten Herrn.

Aus diesen Zusammenhängen ergibt sich, daß die Kirche allgemeine Gestalten des Miteinanderseins, d.h. authentische Gestalten der Freiheit bzw. der wechselseitigen Anerkenntnis, die sich in der Menschheit herausbilden, aufgreifen und rezipieren kann, ja rezipieren muß, wenn anders sie dem Menschsein in sich den Raum nicht verweigern will. Die entscheidende Transformation in der Aufnahme solcher Gestalten des Miteinanderseins aber wird darin bestehen müssen, daß sie diese Formen der Freiheit von ihrer eschatologischen Erfüllung in Jesus Christus her versteht und real setzt.

Die Kirche sündigt gegen ihr eigenes Wesen, wo sie das erreichte Freiheitsniveau der Menschen nicht rezipiert. Sie setzt mit solchen restaurativen Tendenzen dann ihre eigene faktische Gestalt des Miteinanderseins absolut. Auf der anderen Seite sündigt die Kirche ebenso, wo sie solche Gestalten des Miteinanderseins und ihre Legitimierungen unbesehen übernimmt, ohne sie von ihrem eschatologischen Charakter her entsprechend umzuprägen. Beide Formen der Verfehlung zeigten sich sehr deutlich in den Diskussionen um Demokratie und das Demokratieverständnis in der Kirche.

---

[16] Vgl. *P. Hünermann*, Reflexionen zum Sakramentenbegriff des II. Vatikanums, in: *E. Klinger – K. Wittstadt* (Hg.), Glaube im Prozeß (FS K. Rahner). Freiburg 1984, 309–324.

[17] Zum Verständnis der Sakramente als sich in menschlicher Kommunikation gestaltender Institutionen vgl. *Hünermann 1977; ders. 1982; R. Schaeffler*, Wahrheit und Institution. Sprachphilosophische Überlegungen zu einem theologischen Thema, in: *W. Kern* (Hg.), Die Theologie und das Lehramt. Freiburg 1982, 152–200.

Wo die Kirche in der Treue zu ihrem eigenen geschichtlichen Wesen sich in ihren unterschiedlichsten Ausprägungen als Gemeinschaft vom eucharistischen Mysterium her versteht, da besitzt sie zugleich eine orientierende Funktion für das Miteinandersein der Menschen. Sie weist in der konkreten Strukturierung des Miteinanderseins vor in die Vollendung und deckt damit zugleich Gefährdungen und Verkehrungen menschlichen Miteinanderseins in den unterschiedlichsten Ausprägungen auf. Diese kritische Potenz eignet der Kirche allerdings nur dort, wo sie ihre eigene sakramentale Struktur nicht einfach als objektive Gegebenheit voraussetzt, sondern sie zum bestimmenden Moment ihrer Praxis macht.

§ 3. Der menschliche Natur- und Weltbezug und die Kirche

1. I. Kant hat Natur definiert als den „Inbegriff aller Dinge sofern sie Gegenstände unserer Sinne, mithin auch der Erfahrung sein können, worunter also das Ganze aller Erscheinungen, d. i. die Sinnenwelt, mit Ausschließung aller nichtsinnlichen Objekte, verstanden wird"[18]. Geht man von dieser Bestimmung der Natur als Rahmen aus, so haben die Naturwissenschaftler des 19. und 20. Jahrhunderts eine staunenswerte Verflechtung der sinnlichen Gegebenheiten, eine unerhörte Dynamik ihrer Innovationskraft, ihre Kontinuität und den Ereignischarakter ihrer Bewegungen entdeckt. In seinem Fragment „Die Natur" spricht Goethe deswegen von der unvergleichlichen Künstlerin, die gleichsam mühelos von den größten zu den kleinsten Werken übergeht, allen ihren Bildungen eine eigene Existenz, einen eigenen Gedanken mitgibt und zugleich alles in der Einheit hält[19].

Der Mensch wurde charakterisiert als Körper-Sein und Körper-Haben. Indem er sich in dieser Weise in der Natur befindend aus der Natur erhebt, ist er zum einen ganz und gar von den Zusammenhängen und Wechselspielen der Natur durchwaltet. Zugleich aber werden in seinem Personsein, in seinem Sich-Verhalten, die Natur und ihre dynamisch über sich hinaustreibenden Wechselspiele in ein Verhältnis zu sich selbst gesetzt. Im Sich-Erheben des Menschen erhebt sich die Natur. Welt ist so konstituiert als natürlichmenschliche Welt.

Der Rückbezug auf die Natur und das Heraustreten der Natur im Selbstverhalten des Menschen spiegelt sich in den unterschiedlichsten Aspekten menschlichen Lebens, im Geborenwerden und Sterben ebenso wie im Gesundsein und Krankwerden. Die Verflochtenheit des Menschen in die Natur und das Sich-Verhalten zu ihr gewinnt eine besondere Prägnanz in Arbeit

---

[18] *I. Kant*, Metaphysische Anfangsgründe der Naturwissenschaft: WW (s. Anm. 10) 5 (1957), Vorrede, A III.

[19] *J. W. v. Goethe*, Gedenkausgabe der Werke, Briefe und Gespräche (ed. E. Beutler) 16: Naturwissenschaftliche Schriften T. 1. Zürich 1949, 921–924.

und Feier. Der Mensch lebt nicht naturwüchsig in der Natur, er lebt in und aus der Natur vermittels seiner Arbeit. Zu diesem Gefüge im ganzen verhält er sich in der Feier[20].

Überblickt man die Geschichte der Arbeit, so zeigen sich tiefgreifende Wandlungsprozesse. Sammler und Jäger leben von den Früchten der Natur. Ihnen wird dort nachgestellt, wo sie sich finden. Mit dem Ackerbau, der Viehzucht kommt Kulturarbeit zustande. Das Land und das Vieh werden vom Menschen gepflegt, um unter möglichst günstigen Bedingungen ihre für den Menschen lebensnotwendigen Produkte zu erbringen. Bei dieser Art von Arbeit ist klar, daß lediglich der Boden als letzte Produktivkraft gilt.

Mit der Ausbildung der neuzeitlichen Arbeit verändert sich der Naturbezug in qualitativer Hinsicht. Bei dieser Entwicklung lassen sich drei Etappen unterscheiden: In der Herstellung durch Manufakturen wird der Arbeitsprozeß selbst in eine Fülle von Einzeloperationen zerlegt, und diese werden mechanisiert. Es wird zum ersten Mal eine Massenproduktion ermöglicht. Zugleich werden die gesellschaftlichen Verhältnisse, etwa die handwerklichen Zünfte, in Frage gestellt. Die Arbeit wird jetzt als Produktivkraft gefaßt, das Kapital bildet das universale Medium des Tausches und der Verrechnung.

Ein nächster Schritt in der Entwicklung der Arbeit ist die Erfindung der Dampfmaschine. Damit wird eine maschinelle Energiezufuhr zur Abwicklung der einzelnen Arbeitsvorgänge möglich. Die Energie, die bislang vom Menschen und seiner Arbeit ausging, wird jetzt weitgehend durch die Natur selbst aufgebracht. Mit der gesteigerten und differenzierten Massenproduktion entsteht zugleich ein neues Gefüge von Bedürfnissen in der Gesellschaft, das jeweils perfektioniert wird.

Eine dritte Stufe in der Entfaltung der Arbeit zeigt sich in den letzten Jahrzehnten: Zur maschinellen Energiezufuhr, zur hochkomplexen Zerlegung der einzelnen Arbeitsgänge, zur äußerst spezifizierten Bedürfnisweckung und Befriedigung durch Massenprodukte kommt die selbständige Steuerung solcher Prozesse durch die Elektronik. Es beginnt die Phase der Automation. Parallel mit dieser „Verselbständigung" der Arbeit geht die Entwicklung neuer Ausgangsstoffe als Rohmaterial für die Herstellung neuer Fertigprodukte einher. Gerade an diesen beiden Phänomenen, der hochgradigen „Verselbständigung" der Arbeit unter Schaffung neuer Grundmaterien, zeigt sich das Ausmaß in der Wandlung der Naturbeziehungen des Menschen. Es geht nicht mehr nur um natürliche Früchte, die durch die Arbeit in ihren Entstehungsbedingungen beeinflußt werden. Es geht um die Ausbildung einer natura secunda, einer Welt, die der Mensch als Welt des Menschen herrichtet und gestaltet. Der Lebensraum der menschlichen Gesellschaft ist heutzutage in einem außergewöhnlichen Umfang bereits das Arbeitsprodukt des Menschen[21].

Wie aber kann es gelingen, diese natura secunda in einer solchen Weise zu gestalten, daß sie mit der natura prima, als dem umfassendsten tragenden Grund, kompatibel bleibt? Wie lassen sich Strukturen ausbilden, die die jeweilige Rückkehr der einzelnen Momente der natura secunda zur natura prima gestatten? Es taucht die Frage auf, wie sich die eigentümliche Struktur des Menschen, der sich ja in der Natur aus der Natur erhebt und immerfort in die Unmittelbarkeit der Natur zurückkehrt, in der durch die Men-

---

[20] *J. Pieper*, Zustimmung zur Welt. Eine Theorie des Festes. München ³1964; *H. Cox*, Das Fest der Narren. Stuttgart 1970.

[21] Zu dieser spezifischen Form neuzeitlichen Daseins- und Weltverständnisses vgl. *M. Heidegger*, Die Technik und die Kehre. Pfullingen 1982; zu dem Prozeß, in dem sich dieses Verständnis herausbildet, sowie den jeweiligen Formen der Entfremdung des Menschen vgl. *P. Hünermann*, Technische Gesellschaft und Kirche, in: ThQ 163 (1983) 284–303.

schen herausgebildeten natura secunda bewahren läßt. Die Fragen des Umweltschutzes, die Erhaltung der Lebensfähigkeit der natura prima angesichts der Gefährdungen, die von den Produkten der natura secunda ausgehen, kreisen genau um dieses Problem.

Es liegt auf der Hand, daß mit der aufgewiesenen Entwicklung menschlicher Arbeit, mit den Wandlungen des Naturbezuges zugleich grundlegende gesellschaftliche Veränderungen einhergegangen sind. Die Qualität von Freiheit und Verantwortung, die der Mensch in seiner Arbeit übernimmt, verlangt selbstverständlich einen korrespondierenden Ausdruck auf der politischen Ebene ebenso wie im Bereich der Wirtschaft und der Bildung.

Mit der Wandlung des Naturbezuges, der Zunahme an Verfügungsmacht durch die Arbeit wächst selbstverständlich die Möglichkeit und die Realität von Mißbrauch. Mit der neuzeitlichen Entwicklung der Arbeit als jener Kraft des Menschen, aus der natura prima eine natura secunda zu entwickeln, ist zugleich die umfassendste Gefährdung des Menschen gegeben, auf Gedeih und Verderb mit seinem Lebensraum dem Menschen ausgeliefert zu sein. Es stellt sich von daher in einer sehr zugespitzten Weise die Frage nach der Sinnhaftigkeit der ganzen Entwicklung. Diese Frage wird nicht allein ausgelöst von der drohenden Möglichkeit einer totalen Vernichtung menschlichen Lebensraumes. Diese Frage bricht bereits auf im Hinblick auf die unerhörten Dependenzverhältnisse, die mit dem gegenwärtigen Zustand der Arbeit gegeben sind. Sie manifestiert sich in den weltweiten Phänomenen der Säkularisierung, der Entstehung von Immanenzideologien, der Unfähigkeit zu Trauer und Feier.

2. Wie ist Kirche selbst von diesem Verhalten des Menschen zur Natur geprägt, und wie und in welcher Form zeigt sich in der Kirche zugleich die eschatologische Umprägung dieses Verhältnisses?

Jesus Christus verkündet das Reich Gottes als Vollendung jenes Heilsratschlusses, den Gott in der Schöpfung grundgelegt hat. In der gläubigen Annahme des Evangeliums realisiert der Mensch so die ursprünglichsten Intentionen der schöpfungsmäßigen Anlagen. Dieses Reich Gottes, die Vollendung der Schöpfung und der Heilsgeschichte, aber ist ein freies, unableitbares Geschenk Gottes; es kann nicht durch Menschen herbeigearbeitet werden. Und doch ist es vermittelt durch menschliche Freiheit, vermittelt durch den Mitvollzug der göttlichen *dynamis,* sich zuhöchst offenbarend in der Hingabe am Kreuz. So sind in der Botschaft Jesu Christi zusammengebunden die Vorgabe der Natur, verstanden als Schöpfung, die Vollendung von Welt und Geschichte, verkündet als Geschenk Gottes, die Vermittlung beider Momente durch die menschliche Freiheit, insofern diese begnadete Freiheit ist. Das Verhältnis von Mensch und Natur, das sich in der Arbeit konkretisiert, wird so in der Verkündigung Jesu jeweils in einen umfassenden Rahmen gestellt, von wo aus alle Absolutsetzung der Arbeit und ihrer Ergebnisse wie des Ansehens, das sich aus Arbeit und Besitz ergibt, relativiert wird.

Im Glauben an Jesus Christus besitzt die Kirche das Unterpfand der Zusammengehörigkeit von Schöpfung und Erlösung. In ihrem Schöpfungsglauben bekennt die Kirche, daß die Welt von allem Anfang an im Wort geschaffen worden ist, im Hinblick also auf jene vollendete Gemeinschaft Gottes und der Menschen, die in Jesus Christus offenbar geworden ist. Schöpfung ist Voraussetzung und Anbruch einer Geschichte Gottes mit den Menschen, die zu einer höchsten Einheit führt. Die Abgründigkeit der Einheit Gottes mit der Schöpfung, die Unbedingtheit seines Heilswillens aber ist gerade im Kreuzesgeschehen und in der Auferweckung Jesu Christi offenbar geworden, insofern auch die Sünde, das rühmende Sich-Versteifen des Menschen in sich und seine eigene Leistung, von diesem Geschehen unterfangen ist. Aus diesem grundsätzlichen Zusammenhang von Schöpfung und Erlösung ergibt sich, daß der Wirklichkeit im ganzen eine Dynamik innewohnt, die ebenso theozentrisch wie anthropozentrisch zu bestimmen ist. Theozentrisch, weil der Mensch in seiner Natur zur vollendeten Gemeinschaft mit Gott bestimmt ist, anthropozentrisch, insofern er in bezug auf die Natur selbst in den Mittelpunkt der Dynamik rückt. Von daher ergibt sich eine grundlegende theologische Bejahung auch jener Entwicklung, die sich in der Moderne abspielt und zu einer bis dahin unbekannten Einbeziehung der Natur in die Bewegung des Menschen geführt hat. Von diesem fundamentalen Ja her ergibt sich jeweils die Aufdeckung jener Entfremdung, die in diesem Prozeß spielt. Ihre reale Einheit aber haben beide Momente im Kreuz Jesu Christi. Wie nimmt die Einheit von Schöpfung und Erlösung in der Kirche selbst, in ihrer Praxis Gestalt an? Wie vollzieht Kirche den damit gegebenen Überschritt über die Vorfindlichkeit der Natur?

Die grundsätzliche Antwort wird in der Sprache der johanneischen Theologie durch das Wort gegeben: „In der Welt, nicht von der Welt" (vgl. Joh 17, 14–19).

Ist Kirche in all ihren Erscheinungsformen wesentlich durch das In-der-Welt-Sein gekennzeichnet, so verbietet sich für sie jede Absonderung nach Art von Sekten. Es ist für Kirche nicht angängig, sich ganze Bereiche weltlicher Existenz zu untersagen, wie es etwa die Qumran-Gemeinde getan hat. Die Weisung, alles zu prüfen und, was gut ist, zu halten (1 Thess 5, 21), wiederholt sich deswegen in mannigfachen Abwandlungen im Neuen Testament. Immer wieder ist von der Welt im ganzen, von allem die Rede: „Alles ist euer" (1 Kor 3, 21); „alles ist mir erlaubt, aber nicht alles ist zuträglich" (1 Kor 6, 12 u. ö.).

Diese Art des In-der-Welt-Seins manifestiert sich in den frühen Gemeinden in einer fundamentalen Weise darin, daß die Gemeinden und die einzelnen Mitglieder der Gemeinden nicht nur angewiesen werden, von ihrer Hände Arbeit zu leben, sondern die Arbeit – auch in ihren gesellschaftlich-diskriminierten Formen – als wichtiges Moment eines Lebens aus dem Glauben selbst gewertet wird. So verweist Paulus die Gemeinden auf seine eigene Handarbeit (1 Kor 4, 12 u. ö.), ermahnt die Gemeinden zur Arbeit (1 Thesss 4, 11; 2 Thess 3, 10); die deuteropaulinischen Schriften setzen diese Tradition fort (Eph 4, 28), und die Haustafeln erweisen, wie selbst die Sklavenarbeit in die grundsätzliche Würdigung der Arbeit miteinbezogen wird: Auch in dieser verachteten Form dient man nicht Menschen, sondern dem Herrn selbst (Eph 6, 5–9; Kol 3, 22 – 4, 1 u. ö.).

Diese gläubige Anerkennung der Arbeit gerade auch in ihren mühseligen, gering geachteten Formen, ist in der Folge vor allem durch das Mönchtum in der Väterzeit und im Mittelalter – im Gegenzug zu feudalen Verfälschungen des Mönchtums – in den Reformbewegungen der Orden lebendig geblieben.

In bezug auf die Gemeinden und die Kirche als soziale Körperschaft im ganzen ergibt sich aus diesem In-der-Welt-Sein, daß die Gemeinden und die Kirche in den mannigfachsten Weisen angewiesen sind auf die Früchte der Arbeit und ohne diese Basis sowohl Gemeindeleben als auch kirchliches Leben nicht existieren kann. Es ist von daher für die neutestamentlichen Gemeinden bereits selbstverständlich, daß sie zum Erhalt ihres Gemeindelebens finanzielle Leistungen erbringen, zum Unterhalt jener beitragen, die das Evangelium verkünden, Dienste für die Gemeinden und im Namen der Gemeinde ausüben. Paulus zitiert 1 Kor 9, 14 eine anerkannte Gemeinderegel: „So hat der Herr auch verordnet, daß die, welche das Evangelium verkünden, vom Evangelium leben sollen." Damit ist aber zugleich auch gegeben, daß es in der Kirche eine entsprechende Administration geben muß, Regeln auch ökonomischer Art für die Bestellung zu diesen Diensten.

Ein weiterer wesentlicher Aspekt dieser engen positiven Beziehung von Gemeinde und Arbeit manifestiert sich in der Diakonie der frühen Gemeinden. Wer als Gemeindemitglied nicht mehr fähig ist, sich durch die Arbeit selbst zu erhalten und keine anderen Hilfsmittel besitzt, der wird durch die Früchte der Arbeit aller miterhalten. Bereits in der Apostelgeschichte wird von der Versorgung der Witwen gesprochen (6, 1), in den Pastoralbriefen erscheint das Institut der Witwen (vgl. 1 Tim 5, 3–16).

Die Spendenaktion des Paulus zugunsten der Jerusalemer Gemeinde zeigt, wie eine solche Mitverantwortung auch zwischen den Gemeinden verspürt und geübt wurde (vgl. 2 Kor 8, 1 – 9, 15).

Manifestiert sich in ganz grundlegender Weise die Anerkennung der Schöpfungswirklichkeit in der Kirche, die Angewiesenheit des Menschen auf die Natur als seine Einbettung, die Notwendigkeit der Arbeit, um das eigene Leben zu fristen, so tritt die grundsätzliche Zusammengehörigkeit von Schöpfung und Erlösung in Praxis und Gestalt der Kirche hier ebenso deutlich hervor.

Das Nicht-von-der-Welt-Sein der Kirche zeigt sich in einer fundamentalen Weise im Charakter der Arbeit selbst. Arbeit ist im gläubigen Verständnis Arbeit „für den Herrn" (vgl. Eph 6, 5–9), sie geschieht damit im gläubigen Verständnis nicht einfach zur Abhilfe der Notdurft, sie geschieht nicht ausschließlich um der Früchte willen. Sie steht in einem Verhältnis der Vorläufigkeit zum endgültigen Heil. Dies manifestiert sich unter anderem in der radikalen Relativierung von Ansehen, Geltung, Besitz als Resultaten der Arbeit und Ausdruck des Verfügen-Könnens des Menschen (vgl. 1 Kor 7, 29–31). Gerade weil die jungen christlichen Gemeinden ihr Dasein in Jesus Christus, in Gottes Gnade gründen, ist die Gründung und Rechtfertigung der Existenz im menschlichen

Ansehen, in der Anerkennung, im Besitz Götzendienst (vgl. 1 Kor 6,10; Eph 5,5). Ruhm gibt es für den Christen nur „im Herrn", in ihm ist er allein, was er wahrhaft ist (vgl. Hebr 13,13).

Dieser grundsätzlichen Einbeziehung der Arbeit und ihrer Früchte in die Bewegung des Glaubens, der über die Gestalt dieser Welt hinauszielt und im Kreuz und der Auferstehung des Herrn seinen Fixpunkt hat, entspricht die Ordnung der Zeit in den christlichen Gemeinden. Die Feier des Sonntags mit der Feier der Eucharistie markiert – durch die Unterbrechung der Arbeit – die Vorläufigkeit und die Einbeziehung dieser Arbeit und ihrer Früchte in eine Hoffnung auf Vollendung, die in Jesus Christus grundgelegt ist. In sinnfälliger Weise wird dies bezeichnet durch die Gaben von Brot und Wein, Früchte der Erde und der menschlichen Arbeit, die als Leib und Blut Jesu Christi gereicht werden.

Es wurde aufgewiesen, wie zum Sein der Kirche in der Welt auch die Angewiesenheit auf die Früchte der Arbeit für die Gemeindedienste und das Gemeindeleben gehört. Welche Form prägt das Nicht-von-der-Welt-Sein dieser Verflechtung mit der Welt, der natürlichen und arbeitsmäßigen Konditionen auf?

Norm der Gemeindedienste ist der Apostolat. Die Pastoralbriefe bezeugen diese Normativität des Apostolischen ebenso durch ihre Einzelaussagen wie durch ihre Konzeption im ganzen. Der Apostel aber wird gekennzeichnet als Mensch, der ganz und gar durch den Herrn in den Dienst genommen ist und so zugleich nicht für sich, sondern für die Menschen da ist. So bezeichnet sich Paulus ebenso als Sklave Jesu Christi (vgl. Röm 1,1) wie als Sklave der Korinther um Jesu willen (vgl. 2 Kor 4,5). Der Dienst in der Kirche und für die Kirche ist aufgrund dessen ganz darauf abgestellt, Menschen in die Umkehr und den Glaubensvollzug zu führen. Es wird damit bei jenen, die mit dem Dienst, insbesondere mit dem amtlichen Dienst betraut werden, eine Freiheit gegenüber einer versklavenden Bindung an die Frucht der Arbeit, den Besitz, den Erwerb vorausgesetzt (vgl. Tit 1,7). Dieser Gesichtspunkt muß aber auch die Form und den Umfang des Unterhalts bestimmen, welche die Gemeinde ihren Amtsträgern gewährt.

Analoges gilt für die Formen des Gemeindelebens im ganzen. Die Perikope Apg 6,1–7 zeigt, daß der diakonische Dienst dem Dienst am Wort untergeordnet bleiben muß, die Gemeinde sich nicht in eine Erwerbs- und Verteilungsgemeinschaft verwandeln darf, die dann auch noch, in nachgeordneter Form, Gemeinde des Wortes, Gemeinde des Glaubens wäre.

Die Geschichte zeigt, daß die Kirche gerade in diesem Bereich, in dem es um die „Regalien" geht, schwerste Anfechtungen und Sündenfälle zu verzeichnen hat. Hieronymus geißelt das Verhalten der Bischöfe, die die vom Staat gewährten Leistungen der christlichen Kaiser bedenkenlos ausnützen[22]. Johannes Chrysostomus wird verübelt, daß er sich gegen Aufwand und Luxus seiner

---

[22] Vgl. *Hieronymus*, Vita Malchi Monachi 1: PL 23, 55B: „postquam [ecclesia] ad Christianos principes venerit, potentia quidem et divitiis maior, sed virtutibus minor facta est". Dazu *Th. Klauser*, Der Ursprung der bischöflichen Insignien und Ehrenrechte. Krefeld o. J.

Amtsvorgänger und des Klerus wendet[23]. Die mittelalterliche Kirche weist in der Gestaltung ihrer Dienstämter und der Organisation dieses kirchlichen Lebens weitgehend feudalistische Züge auf.

Es ist keineswegs zufällig, daß die Impulse zur Aufsprengung einer solchen Verfallenheit der Kirche an Erwerb und Besitz, an die damit gegebene politische Macht, sehr oft von Mönchsbewegungen ausgehen: Cluny und die franziskanische Bewegung seien hier stellvertretend für viele Ansätze genannt.

Da die Glaubwürdigkeit der Botschaft des Evangeliums keine abstrakte, „theoretische", sondern vielmehr eine wesentlich durch das gläubige Leben der einzelnen und der Kirchengemeinschaft vermittelte Glaubwürdigkeit ist, verlagert sich in extremen Situationen diese Glaubwürdigkeit von den öffentlichen, gleichsam offiziellen Formen kirchlichen Lebens weitgehend auf jene Gemeinschaften, welche in ihrem Leben „realiter" das Nicht-von-der-Welt-Sein bezeugen.

Welche Perspektive ergibt sich heute im Blick auf die Kirche in einer technischen Gesellschaft? Als Kirche in der Welt wird sie in allen Formen ihres Dienstes und ihres Gemeinschaftslebens Züge einer technischen Gesellschaft tragen. Nur so kann sie wahrhaft glaubwürdige Zeugin des Evangeliums in der Gegenwart sein. Eine nostalgische Flucht aus der gegebenen Daseinsverfassung der Gesellschaft widerspräche dem Wesen von Kirche. Zugleich aber hat Kirche in all ihren Vollzugsformen ihr Nicht-in-der-Welt-Sein zu dokumentieren. Wie geschieht dies? Es wurde soeben aufgewiesen, wie die gegenwärtige Form der Arbeit der Erstellung einer natura secunda als Lebensraum des Menschen dient. Es wurde auf die unerhörte Gefährdung des Menschseins hingewiesen, die darin liegt, daß der so über seinen Lebensraum verfügende, ihn herstellende Mensch sich im immanenten Kräftefeld von Natur und Arbeit abschließt und gleichgültig wird gegenüber seiner Gottesbeziehung. Die neuzeitliche technische Gesellschaft ist zutiefst geprägt von der Gefährdung eines vollendeten Immanentismus. Hand in Hand mit dieser Gefährdung geht die Versuchung zu einer völligen, in sich selbst gründenden Autonomie des Handelns sowie die korrespondierende weltweite Angst des Menschen, an die Freiheit und an das Verfügen Mächtiger bzw. mächtiger Gruppen ausgeliefert zu sein.

Gläubiger Vollzug von Arbeit in der gegenwärtigen geschichtlichen Situation – eine erste reale Form von Kirchesein – besteht infolgedessen darin, in einer anderen Ausdrücklichkeit als früher Arbeit als Mitvollzug der Schöpfungs- und Erlösungsintention Gottes zu verstehen und zu übernehmen. Darin liegt nicht nur eine Aufsprengung der sich in sich beschließenden Immanenz neuzeitlicher Arbeit, darin liegt zugleich auch die Anerkennung, daß der seinen Lebensraum herstellende Mensch in Anspruch genommen ist von der schöpferischen, d. h. ins Dasein rufenden und dieses Dasein hegenden, ja erlösenden Liebe Gottes[24].

---

[23] Vgl. *Theodoret v. Cyrus*, Ecclesiastica historia 1,V 27–34: PG 82, 1256B–1265A; *Johannes Crysostomus*, De sacerdotio III 15. 16: PG 48, 652–656.
[24] Vgl. *Johannes Paul II.*, Enzyklika „Laborem exercens" (14. September 1981) Nr. 25.27, in: Verlautbarungen des Apostolischen Stuhls. Hg. v. Sekretariat der Deutschen Bischofskonferenz. Nr. 32. Bonn 1981, 52–55.58–61.

In bezug auf die Gestaltung der natura secunda als des Lebensraums des Menschen ergibt sich die Notwendigkeit, daß die einzelnen Glaubenden – je in ihrer Position – wie die Gemeinden und die Kirche im ganzen darauf hinarbeiten, daß dieser Lebensraum nicht ein Raum der Unfreiheit, des Abschneidens und Abtötens von Aktions- und Entfaltungsmöglichkeiten des Menschen wird, sondern Raum der Freisetzung und Ermöglichung von Freiheit. Gerade aufgrund des Schöpfungs- und Erlösungsglaubens sind Kirche und Christen gefordert, die ursprünglichsten, von Gott gehegten Intentionen in bezug auf die Schöpfung im ganzen auch in der von Menschen hervorgebrachten natura secunda zur Geltung zu bringen. Tragweite und Ausmaß der hier sich meldenden Verantwortung für die Gemeinden wie für die einzelnen Glaubenden lassen sich noch kaum hinreichend absehen. Sie betreffen das grundsätzliche Zeugnis, zu dem Kirche in bezug auf eine je stärker vom Menschen gestaltete Welt herausgerufen ist. Betroffen sind hier ebenso die Fragen der technischen Weiterentwicklung wie der Sinn- und Richtungsvorgabe für die Wirtschaftspolitik, Bildungs- und Gesundheitswesen oder die Fragen von Krieg und Frieden.

Wie, auf welchem Weg kann Kirche in ihrem Gemeindeleben, im Vollzug ihrer wesentlichen Dienste, dieser Herausforderung Genüge tun? Der Weg geht nicht über Programme und Planungen, der Weg der Kirche ist der Weg der Torheit der Predigt. Dies bedeutet ein Doppeltes. Auf der einen Seite wird Kirche ihre angemessene Gestalt in dieser technischen Gesellschaft nur finden, wenn sie sich real mit den Menschen, die in dieser Situation leben, identifiziert. Der Mensch, auch der Mensch der technischen Gesellschaft, kann es im tiefsten nicht abschütteln, daß er Geschöpf Gottes ist und daß er von Gott zum Heil berufen ist. Gerade als solcher aber leidet er faktisch unter allen Entfremdungen und Verkehrungen, die aus der Sünde, wie sie sich in der öffentlichen Daseinsverfassung bemerkbar macht, herrühren. Im Mitgehen der Leidensgeschichte und in der Bezeugung des Glaubens an die Treue des Schöpfers und die grenzenlose Zuwendung des erlösenden Gottes wachsen die Gemeinden und ihre Dienste, wächst die Kirche in jene Gestalt, die der Geist heute intendiert. Eine Kirche, die nicht Kirche des Volkes und Kirche für das Volk, die nicht Gemeinschaft an der Basis ist, degeneriert zum Subsystem einer umfassend systematisierten Gesellschaft.

§ 4. Geschichte, Kultur und Kirche

1. Geschichte und Kultur sind wesentliche Formen, in denen der Mensch existiert. Zur Leibhaftigkeit des Menschen gehört, daß er seine Lebenszeit hat von der Empfängnis und der Geburt bis zum Tod, daß er in Unumkehrbarkeit seinen Weg geht. Leibhaftige Zeit aber ist qualitativ bestimmte Jeweiligkeit. Es handelt sich immer um eine so oder anders gefüllte Zeit, die durch die Gegebenheiten und das Tun und Lassen der Menschen charakterisiert ist. So ist Zeit Geschehen, langweilige oder aufregende Situation, seliger Augenblick, tödlich

tröpfelndes Rinnen. All dies aber entfaltet sich in der Dreidimensionalität von Zukunft, Gegenwart und Vergangenheit. Gegenwart ist als qualitativ bestimmtes Hier und Jetzt nur gegeben im Modus des Sich-Entziehens in die Vergangenheit, wie sie andererseits andringende Künftigkeit ist, die Neues heraufführt und fordert.

Eingelassen in die Zeit, der Vergangenheit und Zukunft seiner Gegenwart inne, lebt der Mensch in der Geschichte. Zeit als Chronologie ist gegenüber der ursprünglich qualitativ bestimmten Geschichte eine Abstraktion. Sie ist die Mathematisierung jenes ursprünglichen Geschehens[25].

Insofern Vergangenheit, Gegenwart und Zukunft den Menschen in seinem Dasein immer schon eingenommen haben und zugleich im Sich-Verhalten des Menschen jeweils ausgelegt, bestimmt und konkretisiert werden, trägt Geschichte immer eine Gestalt von Kultur. Vergangene Geschichte reicht in ihrer kulturellen Gestalt in die Gegenwart hinein. Gegenwart ist jeweils eine ganz bestimmte Weise, Vergangenheit entsprechend der jeweiligen Kultur „zuzulassen". Die Zukunft als Herandrängendes, Kommendes, noch Unaufgedecktes wird gerade durch die kulturelle Gestalt für die Gegenwart zur bestimmten Aufgabe, zur befürchteten Unabsehbarkeit, zum ersehnten Raum.

Geschichte und Kultur hängen so aufs engste miteinander zusammen. Leibhaftiges Dasein des Menschen ist immer Dasein in der Geschichte und in den Formen einer Kultur. So definiert T. S. Eliot Kultur zu Recht als die „Gesamtform, in der ein Volk lebt – The whole way of life of a people – von Geburt bis zum Grabe, vom Morgen bis in die Nacht und selbst im Schlaf"[26].

Aufgrund der Zusammengehörigkeit von Geschichte und jeweiliger Kultur eignet beiden Grundzügen menschlicher Wirklichkeit die gleich tiefe, nicht aufhebbare Ambivalenz. Der Grundcharakter von Zeit als Gewähr und Entzug verbietet es ja, daß der Mensch sich je in der Zeit festmacht. So ist Geschichte im ganzen zutiefst geprägt von der Frage nach Sinn und Vergeblichkeit. Alle kulturellen Gestalten tragen den Januskopf von Hoffnung und Nichtigkeit.

Wie der Mensch in seinem Verhalten auf die vorgegebene Leiblichkeit angewiesen ist, diese infolgedessen immerwährend Voraussetzung bleibt, die er zwar gestalten, aber nie „in den Griff bekommen" kann, so daß alle Vermittlung immer wieder in Unmittelbarkeit umschlägt, so ergibt sich hier ein analoges Gefüge von Unmittelbarkeit und Vermittlung im Hinblick auf Geschichte und Kultur. Die Unmittelbarkeit aber trägt jeweils den Charakter radikaler Entzogenheit und Vorbehaltenheit.

Aufgrund dieser fundamentalen Ambivalenz von Kultur und Geschichte sind beide in allen Phasen ebenso Potential menschlicher Freiheit zur Förderung wie zum Verderben des Lebens, des Miteinanderseins, der Vermittlung von Mensch und Natur.

Zuspruch und Verheißung wie Anfechtung und Bedrohung, die sich dem

---

[25] Vgl. zu diesem ursprünglichen Zeitbegriff *Hünermann* 1967.
[26] *T. S. Eliot*, Zum Begriff der Kultur (übers. v. G. Hensel). Frankfurt 1961, 33.

Menschen durch die Geschichte und in den Gestalten der Kultur ergeben, finden ihre reine Thematisierung in Religion, Philosophie und Kunst. Hier wird in je unterschiedlicher Weise das Ganze der Geschichte, das Ganze der Kultur in *einem,* nicht im Hinblick auf das Vielerlei Gestalt. In Religion, Philosophie und Kunst gewinnen Geschichte und Kultur ihren prägnantesten Ausdruck. Dabei unterscheiden sich diese drei Formen jeweils durch das Medium, in dem hier das Ganze des Lebens in einem hervortritt: Das Medium der Kunst ist das Werk – sei es das Sprach-, Ton- oder Bildwerk. Das Medium der Philosophie ist das Denken, das Medium der Religion ist der Kult als erster und fundamentaler Vollzug von Andacht zum entzogenen, schrecklichen und nahen göttlichen Geheimnis.

2. Wie bestimmt sich Kirche im Hinblick auf Geschichte und Kultur?

Jesus Christus tritt mit seiner Botschaft von der erfüllten Zeit und der hereindrängenden Nähe des Reiches Gottes in einen scharfen Kontrast zum Geschichtsverständnis nicht nur seiner jüdischen Mitbürger, sondern auch der damaligen hellenistischen Welt. Weil Gott sich zur Zukunft des Menschen gemacht hat, deswegen ist alles geschichtliche Wirken, alles Sich-Verhalten zu Gegenwart, Vergangenheit und Zukunft bereits eingeholt vom ankommenden Gott. Seine Zukunft ist nicht ausständig, entzieht sich nicht, ist vielmehr im Anbruch. Deswegen gilt: „Wer bittet, empfängt, wer sucht, der findet, wer anklopft, dem wird aufgetan" (Mt 7, 8). In radikalster Weise manifestiert sich dieses Eingeholtsein der irdischen Realität im Tode Jesu Christi. So wird im hohenpriesterlichen Gebet die Stunde der Passion die Stunde der Verherrlichung genannt: „Vater, die Stunde ist gekommen, verherrliche den Sohn, damit der Sohn dich verherrliche" (Joh 17, 1). Im Hinblick auf Botschaft und Geheimnis Jesu Christi gehört für die Kirche und den christlichen Glauben die Geschichte auf der einen Seite zur Gestalt dieser Welt, die vergeht. Zugleich aber ist diese Geschichte jener Ort, an dem die Zukunft Gottes anbricht, ja die Geschichte ist im ganzen eingeholt von dieser anbrechenden Zukunft Gottes selbst. So sieht sich die Kirche in die Geschichte gestellt, an die Geschichte verwiesen, vollzieht diese Geschichte aber von der bereits hereinbrechenden Zukunft Gottes her. Kirche versteht sich in diesem Sinn als eschatologische, „bleibende" Gemeinschaft in der Geschichte. Dies bedeutet im Hinblick auf die Zukunft, daß sich die Kirche nicht als vergängliche Größe ansieht, die irgendwann einmal in der Geschichte abgelöst werden wird. Ihren Ausdruck hat diese Glaubensüberzeugung an vielen Stellen des Neuen Testamentes gefunden, so etwa im Wort, das Petrus, dem Erstzeugen österlichen Glaubens, gilt: „Du bist Petrus der Fels, und auf diesen Felsen will ich meine Kirche bauen, und die Pforten der Hölle werden sie nicht überwältigen" (Mt 16, 18).

Von dieser Beziehung zur Geschichte her ergibt sich, daß die Kirche von ihren frühesten Anfängen an die gesamte Menschheitsgeschichte, die zurückliegende wie zukünftige, als die ihr wesenhaft zugehörige Geschichte betrachtet. Die Vielzahl der Völkergeschichten mit ihren Religionen werden insgesamt als gebrochene Verweise auf jenes Heil gesehen, das für die Kirche selbst konstitutiv ist (vgl. NA 2). Sie sind Ausdruck ebenso der Sündhaftigkeit der Menschen wie ihrer Erlösungssehnsucht. Die Geschichte des alttestamentlichen Gottesvolkes ist Anbahnung der eigenen Geschichte der Kirche, insgesamt Verheißung dessen, was in ihr real geworden ist. „Vielmals und auf mancherlei Art hat Gott von alters her zu den Vätern gesprochen durch die Propheten. In der Endzeit dieser Tage hat er zu uns gesprochen durch den Sohn, den er zum Erben des Alls eingesetzt, durch den er auch die Welt geschaffen hat" (Hebr 1, 1 f).

Bezieht die Kirche so einerseits die gesamte Menschheitsgeschichte auf Jesus Christus als jene Mitte, die in ihr selbst lebendig ist, so bezieht sich die Kirche ihrerseits aktiv auf die Völker, ihre Geschichte und ihre Kultur, insofern sie sich gesandt weiß, Jesus Christus, das Licht der Völker, diesen Völkern zu vermitteln (vgl. AG 5–9). Der Weg der Kirche zu den Völkern ist jene reale Weise, wie die Kirche die eschatologische Einheit der Geschichte vollzieht.

Wie die Kirche sich in der Geschichte existierend durch die Zukunft Gottes konstituiert weiß, die in Jesus Christus, seinem Leben, seinem Tod und seiner Auferstehung angebrochen ist, so bewegt sie sich in den jeweiligen Kulturen. Sie kann sich aber weder damit identifizieren noch kann sie ihre eigenen Aktivitäten als kulturschaffend verstehen, ihre Resultate nicht einfach als Kulturgüter ansehen. Sie kann ihre Eigenart nur dadurch in angemessener Weise zum Ausdruck bringen, daß sie die in allen Kulturen gegebenen Momente des Zuspruchs und der Hoffnung aus der Ambivalenz der Geschichte herauslöst und in den Bogen ihrer endgültigen Hoffnung einbezieht. Im damit gegebenen Spannungsverhältnis aber geschieht Evangelisierung der Kultur[27]. Je lebendiger die Kirche vom Geist erfüllt ist, desto spannungsreicher wird das jeweilige Verhältnis zwischen Kirche und Kultur sein. Es kennzeichnet Zeiten des Kleinglaubens und der Schwäche der Kirche, wenn diese Auseinandersetzung durch Anpassung und Konformismus gleichsam zum Erliegen kommt. Es kennzeichnet ebenso eine Depravation des Glaubens, wenn die Kirche einfachhin kulturbestimmend sein will bzw. sich selbst als kulturelle Größe versteht.

Die Versuchung und Gefährdung der Kirche, die mit diesem Spannungsverhältnis gegeben ist, zeigt sich in allen Epochen der Kirchengeschichte. In den verschiedensten Spielarten wurde das Wesen der Kirche immer wieder in seiner kulturellen Bedeutung gesehen. So etwa in der Patristik, wenn von bedeutenden Bischöfen ebenso wie vom Kaiser und der damaligen christlichen Bildungsschicht die religio christiana mit ihrem Monotheismus als krönendes Moment des einen, den Weltkreis dominierenden Reiches gesehen wird. Selbstverständnis und Praxis des Renaissancepapsttums bieten ein nicht weniger eloquentes Beispiel als die Verurteilung von Galilei. Aber auch die Einstufung der Kirche

---

[27] Zur Frage der Evangelisierung vgl. *Paul VI.,* Evangelii nuntiandi (8. 12. 1975), in: Nachkonziliare Dokumentation 57. Trier 1976; weiter: Die Evangelisierung Lateinamerikas in Gegenwart und Zukunft. Schlußdokument der 3. Vollversammlung des lateinamerikanischen Episkopats in Puebla (13. Februar 1979) Nr. 385–443, in: Stimmen der Weltkirche. Hg. v. Sekretariat der Deutschen Bischofskonferenz. Nr. 8. Bonn 1979, 82–91.

als Bildungsanstalt für das Volk, welche die sittliche Basis für das aufgeklärte Staatswesen zu schaffen hat, gehört derselben Verkehrung und Verkennung des Wesens von Kirche an.

Das oben charakterisierte Spannungs- und Differenzierungsverhältnis aber gilt ebenso in bezug auf die eigene Überlieferungsgeschichte des Glaubens in der Kirche. Kirche und Gemeinden können sich nicht anders zurückbeziehen auf ihr eines Maß, Jesus Christus, den Gekreuzigten und Auferweckten, als vermittels der eigenen Geschichte. Diese Geschichte der Kirche, ihre eigene Vergangenheit erscheint aber im ersten Hinblick notwendigerweise als kulturelle Vergangenheit, die rezipiert wird von einer Kirche, die durch eine ganz bestimmte kulturelle Gegenwart geprägt ist. Wahrung und Auslegung der Glaubenslehre und Theologie erscheinen als eine besondere Form der allgemeinen Geistesgeschichte. Liturgie und Kult mit allem, was dazu gehört an Kirchenbauten, Musik, Entfaltung der Sprache, sind jeweils eingebunden in Geschichte und Überlieferung der bildenden Kunst, der Dichtung, der Musik usw. Die Formen des Gemeindelebens, die Spiritualität der einzelnen Gruppen und Gemeinschaften innerhalb der Kirche, die sich ausprägenden Formen öffentlicher Gemeinschaftlichkeit, die kirchlichen Beziehungen zu Recht, Gesellschaft, Staat, erscheinen als Gestalten einer Kultur der Innerlichkeit wie einer Kultur menschlichen Miteinanderseins.

Wie aber gewinnt Kirche, und zwar durch diese Geschichte, Zugang zu ihrem einen Maß Jesus Christus? Die Antwort umfaßt einen negativen und einen positiven Teil. Sie gewinnt diesen Zugang zu ihrem Maß nicht unvermittelt durch die Geschichte. Bei den Versuchen, diese Geschichte aufgrund ihrer jeweiligen kulturellen Ausprägungen zu überspringen, ist verborgen leitend lediglich die eigene Kultur. Sie gewinnt in solchen Verfahren unbedingte Maßstäblichkeit, weil nicht damit ernst gemacht wird, daß Jesus Christus, die Offenbarung Gottes, leibhaftig geschichtlich in kulturellen Vorgegebenheiten und Formen erschienen ist.

Positiv aber steht die Kirche damit vor der Aufgabe, sich ihre eigene Tradition, die in kulturell geprägten Gestalten vorliegt, jeweils anzueignen in einem geistgetragenen Innovationsprozeß. In diesem Prozeß muß in bezug auf die mannigfach vorliegenden kulturellen, geistesgeschichtlichen Gestalten, in denen das Evangelium gewahrt und ausgelegt ist, jeweils darauf geachtet werden, wie sich in ihnen der Überstieg über die Kultur, das Eingeholtsein und damit Überbotensein der jeweiligen Kultur von der Zukunft Gottes her manifestiert. Eine solche Blickweise aber setzt voraus, daß Kirche und Gemeinden, daß die einzelnen Glaubenden, Amtsträger und Theologen sich bewußt sind, daß die jeweils gegenwärtige kulturelle Gestalt der Kirche auch Teil der Gestalt dieser Welt ist, welche vergeht. Aneignung der eigenen Traditionen als Zugang zu Jesus Christus vollzieht sich so nur in einem ständigen Innovations- und Bekehrungsprozeß. Die jeweiligen Gestalten der Tradition werden dabei zurückgelassen wie Schalen, welche das Leben des Glaubens notwendigerweise aufsprengt. Als solche zurückgelassenen Schalen aber markieren sie zugleich den Weg des Glaubens wie Grenzsteine, die dem Glauben in seinem hier und jetzt geforderten Überstieg eine auf die Zukunft offene Abgrenzung geben.

§ 5. Abschließende Reflexion

Es wurde zu Beginn dieses Kapitels die hier zu befolgende fundamental-theologische Methode charakterisiert. Kirche kann nicht glaubwürdig sein, wenn sie nicht den Grundzügen des Menschseins in sich Platz einräumt, und zwar in jener Weise, die zugleich ihrem eigenen Anspruch genügt, Gemeinschaft eschatologischen Heiles zu sein und damit – zumindest im Anbruch – selbst eschatologische Züge zu tragen. Von daher wurden zunächst jeweils die anthropologischen Dimensionen charakterisiert und dann nach ihren Realisationen in der Kirche gefragt. Was ist das Resultat? Die fundamentaltheologische Reflexion vermag zwar aufzuweisen, daß diese genannten wichtigsten anthropologischen Wesenszüge in grundsätzlicher Weise einen Platz in der Kirche haben und hier auch entsprechend dem eschatologischen Charakter der Kirche in einer spezifischen Auslegung erscheinen. Zugleich aber verbleibt eine nicht eindeutig hinwegzuschaffende Ambivalenz, insofern zu einer vorbehalt-losen Bejahung der gestellten Fragen der geistgetragene Vollzug jener anthropologischen Dimensionen in der Kirche eingefordert ist. Gerade hier aber erwies der jeweilige kurze orientierende Umblick in der Kirchengeschichte die mannigfachen Mängel und Verkehrungen. Die Glaubwürdigkeit der Kirche und ihrer Botschaft läßt sich so durch die fundamentaltheologische Reflexion immer nur unzulänglich und annäherungsweise aufzeigen. Zumutung und Wagnis des Glaubens bleiben bestehen. Die eigentliche Entscheidung zum Glauben kann immer nur fallen in einem Setzen auf den Geist Gottes und Jesu Christi, der auch Sünde und Versagen der Kirche und der Glaubenden durch sein belebendes Wirken aufzuheben vermag.

LITERATUR

Apel, K. O., Transformation der Philosophie. 2 Bde. Frankfurt 1973.

Berger, P. – Luckmann, Th., Die gesellschaftliche Konstruktion der Wirklichkeit. Mainz 1970.

Buber, M., Das dialogische Prinzip. Heidelberg 1979.

Casper, B., Das dialogische Denken. Eine Untersuchung der religionsphilosophischen Bedeutung F. Rosenzweigs, F. Ebners und M. Bubers. Freiburg 1967.

Cassirer, E., Was ist der Mensch? Versuch einer Philosophie der menschlichen Kultur. Stuttgart 1960.

Coreth, E., Was ist der Mensch? Grundzüge einer philosophischen Anthropologie. Innsbruch ³1980.

Dams, Th., Weltwirtschaft im Umbruch. Konfrontation oder Kooperation mit der Dritten Welt? Freiburg 1978.

Eibl-Eibesfeldt, I., Menschenforschung auf neuen Wegen. Die naturwissenschaftliche Betrachtung kultureller Verhaltensweisen. Wien 1976.

Erikson, E., Identität und Lebenszyklus. Frankfurt 1966.

Frey, Chr., Arbeitsbuch Anthropologie. Christliche Lehre vom Menschen und humanwissenschaftliche Forschung. Berlin 1979.

Gadamer, H. G. – Vogler, P. (Hg), Neue Anthropologie 1–7. Stuttgart 1972–1975.
Gehlen, A., Sozialanthropologie. Hamburg 1963.
–, Der Mensch. Seine Natur und seine Stellung in der Welt. Frankfurt 1966.
Habermas, J., Vorbereitende Bemerkungen zu einer Theorie der kommunikativen Kompetenz, in: ders. – *N. Luhmann,* Theorie der Gesellschaft oder Sozialtechnologie – Was leistet die Systemforschung? Frankfurt 1971, 101–141.
Hammer, F., Die exzentrische Position des Menschen. Methode und Grundlinien der philosophischen Anthropologie H. Plessners. Bonn 1976.
Hünermann, P., Der Durchbruch geschichtlichen Denkens im 19. Jahrhundert. Freiburg 1967.
–, Sakrament – Figur des Lebens, in: *R. Schaeffler – P. Hünermann,* Ankunft Gottes und Handeln des Menschen. Thesen über Kult und Sakrament. Freiburg 1977, 51–87.
–, Die geschichtskritische und kreative Bedeutung des christlichen Kults, in: *W. Strolz – S. Ueda* (Hg.), Offenbarung als Heilserfahrung im Christentum, Hinduismus und Buddhismus. Freiburg 1982, 33–54.
Kamlah, W., Philosophische Anthropologie. Sprachkritische Grundlegung und Ethik. Mannheim 1972.
Kohlberg, L., Stufe und Sequenz. Sozialisation unter dem Aspekt der kognitiven Entwicklung, in: ders., Zur kognitiven Entwicklung des Kindes. Frankfurt 1974, 7–255.
König, R. (Hg.), Handbuch der empirischen Sozialforschung. Stuttgart 1973 ff.
Landmann, M., Der Mensch als Schöpfer und Geschöpf der Kultur. München 1961.
–, Philosophische Anthropologie. Berlin ²1964.
Lorenz, K., Vergleichende Verhaltensforschung. Grundlagen der Ethologie. Wien 1978.
Marcuse, H., Der eindimensionale Mensch. Neuwied 1967.
Marquard, O., Art. Anthropologie, in: HWP 1, 362–374.
Mead, G. H., Geist, Identität und Gesellschaft aus der Sicht des Sozialbehaviorismus. Frankfurt 1973.
Neidhart, W. – Ott, H., Krone der Schöpfung? Humanwissenschaften und Theologie. Stuttgart 1977.
Pannenberg, W., Was ist der Mensch? Die Anthropologie der Gegenwart im Lichte der Theologie. Göttingen ²1964.
–, Die Bestimmung des Menschen. Menschsein, Erwählung und Geschichte. Göttingen 1978.
–, Anthropologie in theologischer Perspektive. Religiöse Implikationen anthropologischer Theorien. Göttingen 1983.
Pesch, O. H., Freisein aus Gnade. Theologische Anthropologie. Freiburg 1983.
Piaget, J., Erkenntnistheorie der Wissenschaft vom Menschen. Berlin 1972.
Plessner, H., Die Stufen des Organischen und der Mensch. Berlin 1965.
–, Philosophische Anthropologie. Lachen und Weinen. Das Lächeln. Anthropologie der Sinne. Frankfurt 1970.
Portmann, A., Zoologie und das neue Bild vom Menschen. Hamburg 1956.
Raiser, K., Identität und Sozialität. George Herbert Meads Theorie der Interaktion und ihre Bedeutung für die theologische Anthropologie. München 1971.
Rahner, K., Geist in Welt. Zur Metaphysik der endlichen Erkenntnis bei Thomas von Aquin. München 1957.
–, Hörer des Wortes. Zur Grundlegung einer Religionsphilosophie. München (1941) ²1963; Freiburg 1971.
Scheler, M., Vom Ewigen im Menschen. Leipzig 1921.
–, Die Stellung des Menschen im Kosmos. Darmstadt 1928.
Schupp, F., Glaube – Kultur – Symbol. Versuch einer kritischen Theorie sakramentaler Praxis. Düsseldorf 1974.
Siewerth, G., Der Mensch und sein Leib. Einsiedeln 1953.
–, Metaphysik der Kindheit. Einsiedeln 1957.
Skinner, B. F., Jenseits von Freiheit und Würde (dt. v. E. O. Ortmann). Hamburg 1973.
Splett, J., Konturen der Freiheit. Zum christlichen Sprechen vom Menschen. Frankfurt 1974.
Theunissen, M., Der Andere. Studien zur Sozialontologie der Gegenwart. Berlin 1965.
Watson, J. B., Behaviorismus. Hg. u. mit einem Vorw. v. C. F. Graumann. Köln 1968.
Weizsäcker, C. F. v., Der Garten des Menschlichen. Beiträge zur geschichtlichen Anthropologie. München 1977.
Welte, B., Dialektik der Liebe. Gedanken zur Phänomenologie der Liebe und zur christlichen Nächstenliebe im technischen Zeitalter. Frankfurt 1973.

KIRCHE ALS INSTITUTION

Medard Kehl

§ 1. Begriffserklärung: Was bedeutet „Institution"?

Als „*Gemeinschaft* der Glaubenden" ist die Kirche heute mehr gefragt denn je; Stichworte wie Kirchentage, Basisgemeinden, Initiativgruppen, Gebetskreise, Solidarität der Kirchen in den reichen und armen Ländern belegen das zur Genüge. In diesen Trend zur Gemeinschaft wird jedoch eine Dimension von Kirche kaum oder nur sehr widerstrebend einbezogen: nämlich ihr institutioneller Charakter. Kommt Kirche ausdrücklich als *Institution* zur Sprache, verbinden sich bei vielen Zeitgenossen damit Assoziationen wie: bürokratischer Apparat, Traditionsfixiertheit, hierarchische Herrschaftsstrukturen. „Gemeinschaft im Glauben" – ja; aber „Institution im Glauben" – lieber nicht! Eine rein äußerlich-organisatorische, geschichtlich und soziologisch durchaus hilfreiche Funktion mag man vielleicht der institutionalisierten Kirche noch zugestehen; aber daß sie auch *theologisch* im innersten Bereich des gemeinsamen Glaubens ihren Ort haben soll, läßt sich nur schwer verständlich machen. Deswegen bleibt eine gläubig-existentiell vollzogene „Identifizierung mit der (institutionellen) Kirche" gegenwärtig für viele Christen ein ungelöstes Problem.

Diese Differenz zwischen Gemeinschaft und Institution bringt nun aber gerade für das katholische Kirchenverständnis eine beträchtliche Gefährdung mit sich. Versteht sich doch die katholische Kirche im ganzen und in ihren einzelnen Grundvollzügen als wesentlich auch institutionelle (und nicht nur gemeinschaftliche) Gestalt des Glaubens.

1. Zum soziologischen Institutionsbegriff

Von der heutigen Soziologie her läßt sich der Begriff „Institution" ganz allgemein und noch sehr vorläufig so umschreiben: Eine Institution ist ein Gefüge von geschichtlich gewordenen, relativ gleichbleibenden und typischen Vollzugsformen eines sozialen Gebildes. In diesen Vollzugsformen manifestiert sich ein soziales Gebilde als solches auf verbindliche Weise gegenüber den einzelnen Mitgliedern und gegenüber seiner Umwelt; hier tritt es *als* übergreifende Einheit, die mehr ist als die Summe ihrer Glieder, sichtbar handelnd in Erscheinung. Solche Vollzugsformen sind z.B. feste Rollenverteilungen in einem sozialen System, bewährte Traditionen, eingespielte Riten und Symbole, anerkannte sittliche Normen, legitime Rechtssetzungen, autoritative Vollmachten usw. Die Einheit solcher gleichbleibenden, für eine Gemeinschaft typischen Vollzüge macht sie zu einer „Institution", gibt ihr einen „institutionellen Charakter".

Je komplexer eine Gemeinschaft wird (hinsichtlich ihrer Geschichte, ihrer inneren Pluralität, ihrer Ausdehnung, ihrer Zielsetzung und der effizienten Anwendung ihrer Mittel zu diesen Zielen), um so stärkeres Gewicht erhalten solche funktionierenden, von den jeweiligen Intentionen und Interessen der einzelnen relativ unabhängigen Vollzugsformen, die den dauerhaften Bestand, die Ordnung und die Einheit der Gemeinschaft gewährleisten. Dadurch wird eine solche Gemeinschaft aber auch von ihren Mitgliedern zunehmend als eine „äußere", vorgegebene und ihnen (z. T. fremd und bedrohlich) gegenüberstehende Größe erfahren, die *inhaltlich* (in ihren Ziel- und Wertvorstellungen) immer weniger von ihnen selbst mitgetragen wird. In einem solchen Institutionalisierungsprozeß „objektiviert" sich eine Gemeinschaft; sie gibt sich eine *objektive* Form, die die einzelnen Subjekte übersteigt und – im Maße der Komplexität der Gemeinschaft – eine relative Eigenständigkeit erhält. Der so beschriebene „formale" (d. h. von den inhaltlichen Vollzügen der einzelnen Subjekte relativ abgehobene) Charakter macht die entscheidende Eigenart alles Institutionellen aus.

2. Zum theologischen Institutionsbegriff

Dieser Sachverhalt trifft weitgehend auch auf die empirische Gestalt der Kirche zu, die sich allerdings durch den spezifisch theologischen Sinngehalt ihrer Vollzüge von allen anderen Institutionen wesentlich unterscheidet. Die Kirche beansprucht, die den einzelnen Glaubenden und ihren persönlichen Gemeinschaftsformen unverfügbar vorgegebene „Setzung" (lat. „institutio") Jesu Christi und seines Geistes zu sein. Sosehr sie natürlich nur aus den konkreten Glaubenden besteht, leitet sie doch ihre Entstehung, ihren bleibenden Bestand und ihre Einheit nicht einfachhin „von unten", also nachträglich aus dem spontanen Versammlungswillen der einzelnen Gläubigen ab, sondern „von oben", d. h. aus der Berufung und Sammlung durch den Geist des Auferstandenen.

Dieses theologische Selbstbewußtsein prägt sich strukturell vor allem dort aus, wo die vier Grundvollzüge von Kirche institutionalisiert werden: wo also ihre Verkündigung und Lehre (Martyria), ihr liturgisch-sakramentales Tun (Leiturgia), ihr Dienst an den Notleidenden dieser Erde (Diakonia) und ihre ganze gemeinschaftliche Lebensordnung (Koinonia) eine objektive, allgemein verbindliche und repräsentative Form annehmen, die an eine amtliche, auf Jesus Christus zurückgeführte und ihn zugleich „repräsentierende" Kompetenz (= das hierarchische Amt) gebunden ist und von ihr legitimiert wird. In all diesen institutionalisierten Vollzügen tritt die Kirche *als* solche in relativer Eigenständigkeit und Vorgegebenheit den einzelnen Glaubenden gegenüber; hier „objektiviert" sie sich in einer die einzelnen übersteigenden Form, so daß mit

Recht gesagt werden kann: Die *Kirche* handelt hier; *sie* verkündet das Wort, *sie* feiert Gottesdienste, *sie* lehrt und betet, *sie* dient den Menschen, *sie* erläßt Gesetze und Weisungen usw. Diese institutionellen Formen mögen sich zwar geschichtlich immer wieder ändern und zuweilen auch eine überzogene Verrechtlichung des kirchlichen Lebens mit sich bringen; grundsätzlich jedoch gelten sie als unabdingbar notwendig für die katholische Kirche und ihr theologisches Selbstverständnis[1].

Die Frage ist nur: Wie läßt sich dieser Anspruch theologisch plausibel begründen angesichts der Schwierigkeiten, die immer mehr Gläubige mit diesem institutionellen Charakter der Kirche haben? Vor einer Antwort müssen wir das Vorfeld unserer Frage bereiten: nämlich den sozialgeschichtlichen Hintergrund der heute auch im Bereich des Glaubens in aller Schärfe aufgebrochenen Differenz zwischen „Gemeinschaft" und „Institution" darstellen. Die Kirche teilt ja auf ihre Weise in diesem Punkt das Schicksal der ganzen neuzeitlichen Sozialgeschichte (zumindest in der westlich orientierten Hemisphäre). Viele Schwierigkeiten mit der Institution Kirche haben ihren Grund deswegen weniger im eigentlich theologischen Bereich als vielmehr im geschichtlichen und soziologischen; sie lassen sich somit auch besser erst einmal auf diesem Feld lösen, ehe die eigentlich theologische Sinngebung einzusetzen hat.

§ 2. Die neuzeitliche Institutionenproblematik

1. Subjektive Freiheit und gesellschaftliche Institution

Vor der europäischen Aufklärung des 18. und 19. Jahrhunderts galten die Institutionen, vor allem Kirche und Staat, im allgemeinen Bewußtsein als schlechthin vorgegeben: Sie sind von Gott oder der menschlichen Natur gesetzte Einrichtungen, die der Freiheit des einzelnen Menschen weithin unverfügbar gegenüberstehen und sie – um eines menschenwürdigen Lebens willen – notwendig zur Ein- und Unterordnung verpflichten[2]. Im Zuge der Aufklärung jedoch wird diese undialektische Gegenüberstellung aufgelöst: Immer mehr Menschen werden sich ihres „Subjekt-Seins" bewußt; die eigene theoretische und praktische Vernunft gilt jetzt als der jedem Erkennen und Handeln zugrunde liegende schöpferische Grund. Dieses Subjekt-Sein im Bereich des praktisch-sittlichen Handelns macht die *Freiheit* des Menschen aus: Sie ist die

---

[1] Wir sprechen im Zusammenhang dieses Kapitels nur von diesem primären, auch theologisch bedeutsamen institutionellen Charakter der Kirche, der sich also in ihren Sakramenten, Amtsstrukturen, Glaubensbekenntnissen, Dogmen, Lehrtraditionen und Rechtsordnungen darstellt. Die sekundären Institutionen der Verwaltung und Organisation, die den bürokratisch-formalen Charakter der Kirche am ehesten verstärken, sind als reine (soziologisch mehr oder weniger sinnvolle) „Mittel zum Zweck" der primären Institutionen einzustufen. Theologisch sinnvoll sind sie deswegen nur insoweit, als sie den theologischen Sinngehalt der primären Institutionen transparent machen können.

[2] Vgl. *Kehl* 12–19.

Fähigkeit der Selbstbestimmung auf Grund des eigenen, vernünftigen (d. h. verallgemeinerungsfähigen) Willens. Auch wenn viele Menschen zu diesem freien Subjekt-Sein tatsächlich niemals oder nur in sehr beschränktem Maß hinfinden (aus eigener Unfähigkeit oder auch aus gesellschaftlicher Verhinderung), auch wenn diese Freiheit häufig bedroht ist, sie an sich selbst (z. B. an ihrer Maßlosigkeit) und an den gesellschaftlichen Widerständen scheitert, so bleibt sie doch seit der Aufklärung als die Mitte menschlichen Selbstwertgefühls unbestritten.

Mit dieser Entdeckung des Subjekts geht auch eine grundsätzlich veränderte Einstellung zu den Institutionen einher: Sie werden als geschichtlich bedingtes Werk der menschlichen Freiheit durchschaut. Von daher müssen sich in der Neuzeit die Institutionen dadurch legitimieren, daß sie die allen zu eigene subjektive Freiheit als Grundlage und Zweck jeder gesellschaftlichen Ordnung anerkennen. Seit der Aufklärung ist eine Freiheitsgeschichte in Gang gekommen, die unnachgiebig auf der gesellschaftlichen Verwirklichung der subjektiven Freiheit aller und ihres vernünftigen Selbstbestimmungswillens beharrt[3].

Allerdings zeigt sich dann gerade in der Französischen Revolution, daß das Problem der politischen Verwirklichung der Freiheit damit allein noch nicht gelöst ist[4]. Denn diese auf sich gestellte, von allen Vorgegebenheiten der Geschichte sich emanzipierende Freiheit gelangt weder zu einer verläßlichen gesellschaftlichen Ordnung, noch kann sie den „reinen Schrecken des Negativen" (Hegel) bannen, den sie mit ihrer totalen, ja unmenschlich-totalitären Kritik und Destruktion des Vorgegebenen verbreitet. Gerade im Zusammenhang mit der politischen und der industriellen Revolution taucht vielmehr eine gesellschaftliche Möglichkeit auf, die zu einer neuen Perversion der Freiheit führen kann: nämlich zur Situation der Entzweiung von subjektiver Freiheit und gesellschaftlich-objektiven Verhältnissen. Es ist *das* Grundproblem der entstehenden „bürgerlichen Gesellschaft"[5].

Nach Hegel ist diese neue Gesellschaftsform dadurch gekennzeichnet, daß sich die ihrer subjektiven Freiheit bewußt gewordenen Bürger und die gesellschaftlichen Institutionen immer stärker voneinander entfernen und entfremden. Denn in den neuzeitlichen Gesellschaften wird ja weithin die Befriedigung aller individuellen Bedürfnisse der einzelnen Subjekte als Letztzweck angesehen (und nicht die Solidarität aller zum gemeinsamen Wohl). Dadurch aber beschränkt sich *einerseits* der einzelne mehr und mehr auf die grundsätzlich grenzenlose Willkür und Beliebigkeit seiner privaten Bedürfnisbefriedigung; insofern die Gesellschaft und ihre Institutionen ihm diese gewähren, stimmt er auch mit ihrer Ordnung überein. Seine Freiheit jedoch *in* diese objektive gesellschaftliche Ordnung einzubringen, um sie wirklich freiheits- und vernunftgemäß zu gestalten, dazu wird er immer weniger bereit und fähig; er begnügt sich mit der privaten Lebenswelt als dem fast ausschließlichen Wirkfeld seiner Frei-

---

[3] Vgl. *J. B. Metz – J. Moltmann – W. Oelmüller*, Kirche im Prozeß der Aufklärung. München 1970; *J. B. Metz*, Glaube in Geschichte und Gesellschaft. Mainz 1977.

[4] Vgl. *J. Ritter*, Hegel und die französische Revolution. Köln 1957.

[5] *G. W. F. Hegel*, Grundlinien der Philosophie des Rechts (ed. J. Hoffmeister). Hamburg ⁴1967.

heit. Dazu tragen aber die neuzeitlichen gesellschaftlichen Verhältnisse gleicherweise ihren Teil bei. Denn sie entwickeln auf der *anderen Seite* (z. B. durch die neuen Möglichkeiten der Technik und der Industrialisierung, der Rationalisierung und Bürokratisierung, vor allem auch der damit gegebenen arbeitsteiligen Produktionsverhältnisse) eine Eigenständigkeit, die sich zunehmend von den konkreten Personen entfernt und ein in sich funktionierendes Eigenleben entfaltet. Dabei geraten die Individuen zugleich in eine immer größere Abhängigkeit von solchen gesellschaftlichen Großinstitutionen (wie Wirtschaft, Arbeitsmarkt, Recht, Bildungswesen, Konsumindustrie, Verwaltung usw.), die zwar ihre persönlichen Bedürfnisse weitgehend befriedigen, auf die sie aber immer weniger wirksamen Einfluß nehmen können. Der Übermacht gesellschaftlicher Institutionen korrespondiert die Ohnmacht des individuellen Subjekts.

Erfahrbar wird dieses wechselseitige Sich-voneinander-Entfremden u. a. darin, daß fast alle öffentlich relevanten Sozialbeziehungen immer mehr von ihrem Tauschwert her bestimmt werden[6]: Was nicht zum Tausch (mit Geld oder anderen gleichwertigen Ersatzgütern und -leistungen) dienlich scheint, wird in die gesellschaftlich unverbindliche Privatsphäre abgedrängt. Es taugt eben nicht mehr dazu, den Menschen in seinem öffentlich-gesellschaftlichen Subjekt-Sein zu bestimmen. Unter dieses Verdikt fallen sehr viele humane Werte wie z. B. Religion („Religion ist Privatsache!"), Tradition, Spiel oder auch die Fähigkeit zu lieben, zu vergeben, zu trauern, zu sterben[7]. Daß dadurch die öffentlichen Verhältnisse und gerade auch die sie repräsentierenden Institutionen als immer un-menschlicher, anonymer und bedrohlicher erlebt werden, ist verständlich.

Hegel hat in seiner Rechtsphilosophie eine Vermittlung zur Lösung dieses Grundkonflikts vorgeschlagen, die als Denkmodell auch heute noch aufgegriffen und weitergedacht zu werden verdient. Er spricht von einer Gesellschaft, die auf der Grundlage der *„konkreten Freiheit"* beruht[8]. Das bedeutet: Die subjektive Freiheit des einzelnen bleibt „abstrakt", wenn sie sich von den vorgegebenen gesellschaftlichen Institutionen in das Schneckenhaus privaten Glücks zurückzieht („abstrahiert"). „Konkret" wird sie nur, indem sie sich in die oft so widerständigen und fremden Formen der sozialen Wirklichkeit hineinbegibt und diese mit dem Geist der Freiheit belebt und gestaltet. Sie muß sich also, um eine konkrete gesellschaftliche Wirklichkeit zu werden, „aufheben" in die objektiven Gestalten des sozialen Lebens hinein, wobei dieses „Aufheben" drei Momente unbedingt einschließt: a) das *Bewahren* (conservare) der subjektiven

---

[6] M. Horkheimer – Th. W. Adorno, Dialektik der Aufklärung. Frankfurt 1971; Metz (s. Anm. 3) 29–43.

[7] Vgl. das Synodendokument: Unsere Hoffnung. Ein Bekenntnis zum Glauben in dieser Zeit, in: Gemeinsame Synode der Bistümer in der Bundesrepublik Deutschland. Offizielle Gesamtausgabe 1. Freiburg 1976, 84–111.

[8] Hegel (s. Anm. 5) § 260. Daß Hegel diese „konkrete Freiheit" im Rahmen seiner Rechtsphilosophie vor allem im „vernunftgemäßen" modernen (preußischen ...) Staat verwirklicht sieht, braucht uns hier nicht zu beschäftigen; uns kommt es nur auf das Denkmodell als solches an.

Freiheit in ihrer eigentlichen Intention, eben der Kraft zur schöpferischen Gestaltung und zur kritischen Veränderung der Verhältnisse; b) das *Wegnehmen* (tollere) der „schlechten", sich auf sich selbst und die eigene Bedürfnisbefriedigung als Letztzweck versteifenden Individualität; und schließlich c) das *Emporheben* (elevare) des Subjekts auf die Ebene der solidarischen Verantwortung für das ganze soziale Zusammenleben. In dem Maße, wie sowohl die einzelnen bereit sind, sich in dieser Weise auf die gesellschaftlichen Institutionen hin zu öffnen, als auch umgekehrt die Institutionen in der Lage sind, der subjektiven Freiheit diesen Freiraum schöpferischer Mitgestaltung einzuräumen, kann eine Vermittlung zwischen den beiden auseinanderdriftenden Polen des gesellschaftlichen Lebens gelingen. Denn erst so läßt sich erfahren, daß beide aus dem gleichen „Stoff" der Freiheit gewoben sind und *einander* zu ihrer sozialen Selbstverwirklichung vermitteln.

2. Neuere sozialwissenschaftliche Institutionstheorien

Diese „ideale" Vermittlung gelingt in der gesellschaftlichen Wirklichkeit nur sehr unvollkommen. Davon zeugen auch die verschiedenen *modernen Institutionstheorien*, die – in jeweils anderer Option und Gewichtung – die Ambivalenz alles Institutionellen auf den Begriff bringen wollen.

So haben für *A. Gehlen*[9] die Institutionen zunächst einmal die Aufgabe, das „Mängelwesen" Mensch von seinem instinktungebundenen, weltoffenen und damit stets riskanten, suchenden Verhalten zu „entlasten"; als Ersatz für die fehlende Instinktsicherheit ordnen und stabilisieren sie menschliches Verhalten und bewahren es vor dem Chaos. Zugleich ermöglichen sie durch eine immer weitergehende entlastende Erfüllung primärer Bedürfnisse das Entstehen stets neuer, höherer, das menschliche Dasein schließlich im ganzen leitender und sinngebender Gestaltungen (z. B. der Kultur, des Rechts, des Kultes). Diese „obersten Führungssysteme" tragen einen absoluten Wert und zugleich einen absoluten Verpflichtungscharakter in sich; deswegen kann und muß sich der Mensch ihnen ganz um ihrer selbst willen (und nicht um irgendwelcher Zweckmäßigkeit oder um seiner Bedürfnisbefriedigung willen) hingeben. Erst solche unbedingt „selbstwertigen", jeden Mittel-Zweck-Zusammenhang übersteigenden, objektiven Daseinsformen (als Typus: der archaische Kult) gelten als Institution im vollen Sinn; und der einzelne Mensch erfüllt seine Bestimmung allein in der ungefragten Selbstaufgabe in diese Institutionen hinein.

Allerdings gibt es nach Gehlens kulturpessimistischer Auffassung gegenwärtig weder Institutionen, die einer solchen Hingabe wert sind, noch den Menschen, der dazu fähig wäre. Dies vor allem deswegen, weil nach dieser Theorie die Möglichkeit einer positiven, auch institutionstragenden und -gestaltenden

---

[9] *A. Gehlen,* Urmensch und Spätkultur. Frankfurt ²1964. Eine ausführlichere Darstellung dieser und der folgenden Institutionstheorien findet sich in: *Kehl* 21–51 (Lit.).

Kraft der kritisch reflektierenden, zweckrationalen Subjektivität der Neuzeit völlig abgelehnt wird.

H. Schelsky teilt in seinen institutionstheoretischen Arbeiten[10] diese Skepsis der Gegenwartsbeurteilung nicht ganz. Nach ihm tragen Institutionen auch in der Neuzeit in sich die Kraft, sich durch Erneuerung, d. h. durch neue institutionalisierte Antworten auf neue subjektive Bedürfnislagen, zu erhalten und weiterzuentwickeln. Das bedeutet für unser gegenwärtiges kulturelles System, daß die neuzeitliche Bedürfnisstruktur des Subjekts (also das Bedürfnis nach kritischer Reflexion, nach zweckrationalem „Hinterfragen" alles Vorgegebenen, nach persönlicher freiheitlicher Mitbestimmung in den gesellschaftlichen Verhältnissen usw.) in neuen institutionellen Formen aufgefangen und befriedigt werden muß. In der „Institutionalisierung der Dauerreflexion" kann diese Spannung stabilisiert und fruchtbar gemacht werden, und zwar durch die verschiedenen institutionalisierten Formen des Gesprächs, der Diskussion, der kollektiven Mitverantwortung, des Protestes usw. Ob es hier allerdings nur bei einer Domestizierung der subjektiven Freiheit und ihrer „gefährlichen" Reflexionskraft bleibt und nicht auch zu einer realen, mehr Freiheit ermöglichenden Veränderung der Institution kommt, ist bei dieser Theorie die große Frage.

N. Luhmann [11] behandelt dieses Problem auf der viel abstrakteren Ebene der soziologischen Systemtheorie. Diese beschäftigt sich nicht ausdrücklich mit der Vermittlung von Freiheit und Institution, sondern mit bestimmten Mechanismen, die ein gesellschaftliches System im Verhältnis zu seiner komplexeren Umwelt entfaltet, um seinen Bestand zu erhalten und sich in einem evolutionären Wandel weiterzuentwickeln. In diesem Rahmen haben die Institutionen oder (wie Luhmann lieber sagt) „Institutionalisierungen" ihren Ort: Sie dienen heute dazu, in einem immer komplexer werdenden gesellschaftlichen System einen Konsens hinsichtlich der unüberschaubar vielen Wert- und Verhaltenserwartungen generell vorauszusetzen und festzuschreiben, egal ob dieser Konsens nun tatsächlich besteht oder nicht. „Institutionalisierung dient dazu, Konsens erfolgreich zu überschätzen"[12]. Das bedeutet: Weil heute in fast allen gesellschaftlichen Beziehungen ein wirklicher Konsens aller in *inhaltlichen* Fragen kaum mehr her- und festzustellen ist, aber dennoch unabdingbar nötig ist für das Funktionieren des gesellschaftlichen Zusammenlebens, darum wird dieser Konsens einfach unterstellt und auch verbindlich formuliert, um von dieser Voraussetzung aus dann gesellschaftlich miteinander handeln zu können. Dieser *formal* vorausgesetzte Konsens drückt sich gerade in den gesellschaftlichen

---

[10] *H. Schelsky,* Auf der Suche nach Wirklichkeit. Düsseldorf 1965, bes. 33–35.250–275; *ders.* (Hg.), Zur Theorie der Institution. Düsseldorf 1970.
[11] Vgl. *J. Habermas – N. Luhmann,* Theorie der Gesellschaft oder Sozialtechnologie? Frankfurt 1972, bes. 7–100.291–405; *N. Luhmann,* Soziologische Aufklärung. Opladen ²1971; *ders.,* Funktion der Religion. Frankfurt 1977.
[12] *N. Luhmann,* Institutionalisierung – Funktion und Mechanismus im sozialen System der Gesellschaft, in: *H. Schelsky* (Hg.), Zur Theorie der Institution. Düsseldorf 1970, 30.

Institutionen aus (z. B. in Bräuchen, Verfahrensregeln, Gesetzen, Riten, Umgangsformen, Normen, Ämtern usw.); sie sind gleichsam der formalisierte Konsens eines gesellschaftlichen Systems.

Unsere gegenwärtigen hochkomplexen Gesellschaftssysteme brauchen immer stärker solche völlig verallgemeinerten, formalisierten Grundvoraussetzungen (etwa in Fragen der Moral, des Rechtes, der Werte, der Religion), um überhaupt noch existieren zu können. In ihnen muß es deshalb so flexible und formale Institutionalisierungen geben, daß sie gleichsam unbegrenzt für jeden nur denkbar möglichen inhaltlichen Konsens offen bleiben; sie müßten „für Unabsehbares, nahezu Beliebiges Konsensunterstellungen erzeugen können"[13]. Ob dies den traditionellen Institutionen (Staat, Kirche, Familie usw.) noch möglich ist, bezweifelt Luhmann; sie halten eben zu unbeweglich an inhaltlichen Vorgaben fest. Das Frag-würdige dieser Konzeption liegt darin, daß durch die extreme Formalisierung des Institutionsbegriffs das mit inhaltlichen Zielvorstellungen (wie z. B. Menschenwürde, Solidarität, humane Gesellschaftsordnung, Einsatz für Gerechtigkeit und Frieden) gefüllte Problem der subjektiven Freiheit und ihrer Vermittlung mit der gesellschaftlichen Realität ausgeblendet und damit keiner theoretischen und praktischen Lösung entgegengeführt wird.

Eine entgegengesetzte Position vertritt jene *institutionskritische* Richtung, die sich im Umfeld der „kritischen Theorie" der sogenannten „Frankfurter Schule" (Th. W. Adorno, M. Horkheimer, J. Habermas) gebildet und gerade in den vergangen zwei Jahrzehnten eine große öffentliche Bedeutung erlangt hat. Im Anschluß an die Gesellschaftslehre von K. Marx und an die Psychoanalyse von S. Freud entwickelt *J. Habermas* in seinen früheren Schriften eine Gesellschaftstheorie, die vom Vernunftinteresse der Emanzipation bestimmt ist und in der Utopie der universalen, herrschaftsfreien Kommunikationsgemeinschaft ihr institutionskritisches Leitmotiv hat[14]. Danach sind Institutionen in der gegenwärtigen gesellschaftlichen Situation primär Mechanismen der Repression; durch sie werden im Interesse der Herrschenden alle jene gesellschaftlichen Bedürfnisse unterdrückt, die an sich nach dem fortgeschrittenen Stand der Produktivkräfte erfüllt werden könnten, aber wegen ihrer gefährlichen, die herrschenden Produktionsverhältnisse verändernden Kraft nicht erfüllt werden dürfen. In einem solchen gesellschaftlichen Kontext werden Institutionen vor allem dazu gebraucht, durch bestimmte stabilisierende Weltbilder, Normen und Herrschaftsstrukturen eine ungerechte Gesellschaftsordnung zu legitimieren. Sie verhindern oder verzerren systematisch eine wirklich herrschaftsfreie, öffentliche und willensbildende Kommunikation über eine gerechte Gesellschaftsordnung. Allein die zwanglose Kommunikation im *Diskurs*, der als „Gegeninstitu-

---

[13] *Luhmann* (s. Anm. 12) 38.
[14] Vgl. *J. Habermas*, Erkenntnis und Interesse. Frankfurt 1971; *Habermas – Luhmann* (s. Anm. 11) 101–290; *J. Habermas*, Legitimationsprobleme im Spätkapitalismus. Frankfurt ⁴1979; *Höhn.*

tion schlechthin" begriffen wird, insofern er von allen autoritären Herrschaftsansprüchen und allen praktischen Handlungszwängen befreit ist, vermag diese institutionelle Repression zu durchschauen und abzubauen. Im Diskurs allein kann sich das emanzipatorische Erkenntnisinteresse heute noch artikulieren. Dieses ist letztlich darauf gerichtet, gleichsam in einem „Vorgriff" auf die „ideale Sprechsituation" jener universalen Kommunikationsgemeinschaft, in der alle als grundsätzlich gleichberechtigte Gesprächspartner akzeptiert sind, diese bereits jetzt auch praktisch (eben im Diskurs) zu realisieren und dadurch das repressive Institutionengefüge der Gesellschaft ansatzweise außer Kraft zu setzen.

In dieser Theorie bekommt das Interesse der kritischen, sich emanzipierenden Subjektivität ein deutliches Übergewicht vor jeder gesellschaftlich-objektiven Vorgegebenheit. Die institutionsbejahende und -gestaltende Kraft der subjektiven Freiheit tritt hinter ihrem institutionskritischen und -destruierenden Interesse zurück.

Dagegen wird im wissenssoziologischen Ansatz von *P. L. Berger* und *Th. Luckmann*[15] die Frage nach der Vermittlung von Subjekt und gesellschaftlich-institutioneller Objektivität ausdrücklich gestellt. Sie vollzieht sich danach in drei Phasen:

1) Im Modus der „Externalisierung" (Entäußerung) schafft sich der Mensch seine Lebenswelt; er „äußert" sich notwendig in bestimmten Sinngehalten und Verhaltensweisen, die dadurch die Form eines gesellschaftlichen Lebenszusammenhangs annehmen. Darin geschieht immer auch schon „Institutionalisierung", insofern bestimmte Verhaltensweisen und Sinngehalte habituell vollzogen und als typisch-normativ für das Zusammenleben akzeptiert werden.

2) Der Modus der „Objektivierung" solcher gesellschaftlicher Lebensformen besteht vor allem darin, daß diese „institutionale Welt" innerhalb der Folge menschlicher Generationen weitergegeben und überliefert wird. Spätere Geschlechter erfahren die soziale Lebenswelt nicht mehr als ihre eigene „Externalisierung", sondern als etwas objektiv Vorgegebenes und durch Tradition Überkommenes, das ihnen wie ein „äußeres, zwingendes Faktum"[16] gegenübertritt und deswegen auch immer wieder ausdrücklicher Legitimation und sozialer Kontrollmechanismen bedarf.

3) Der Modus der „Internalisierung" schließlich bewirkt, daß sich die einzelnen Subjekte mit der geschichtlich-gesellschaftlichen Vorgabe ihrer Lebenswelt identifizieren und sie sich persönlich aneignen. Sie übernehmen die ihnen in diesem Kontext zustehende Rolle und lassen so die objektivierte gesellschaftliche Wirklichkeit auch für sich subjektiv wirklich werden.

Daß diese drei Phasen der Vermittlung von Subjekt und Objekt dennoch nicht zu einem in sich geschlossenen Kreislauf formal-institutioneller Selbster-

---

[15] *Berger – Luckmann; P. L. Berger,* Einladung zur Soziologie. Olten 1969.
[16] *Berger – Luckmann* 62.

haltung degenerieren müssen, dafür sorgen in der Regel bestimmte gesellschaftliche Katastrophen, die eine Desintegration überkommener Strukturen bewirken, oder auch zwischenkulturelle Kontakte, die einen „kulturellen Schock" auslösen, oder schließlich relevante Randgruppen , die die Selbstverständlichkeit der herrschenden Gesellschaftsordnung in Frage stellen. Vor allem aber kommt dabei auch der persönlichen Freiheit der einzelnen eine große Bedeutung zu; denn im Prozeß der Rollenübernahme, der Rollendistanzierung, der Rollenverneinung, der Rollenumwandlung usw. erfahren die einzelnen, daß ihre soziale Welt doch eine von Menschen konstruierte, also verstehbare und veränderbare Welt ist, die die Freiheit stets neu provoziert.

In religionssoziologischer Perspektive behandelt *F. X. Kaufmann*[17] das Phänomen der gegenwärtigen katholischen Kirche als einer Institution, die sich nur sehr schwer mit dem neuzeitlichen Freiheitsbewußtsein verständigen kann. Der Grund liegt nach Kaufmann vor allem in der starken Sakralisierung kirchlicher Organisationsstrukturen, die im 19. Jahrhundert vorgenommen wurde und noch heute weitgehend aufrechterhalten wird. Die Plausibilität für diese sakrale Legitimation einer bestimmten Organisationsform der Kirche beruht besonders auf einer geschichtlich bedingten Voraussetzung, die bis zum 2. Weltkrieg in vielen Ländern Europas gegeben war: daß nämlich der Katholizismus (als Abwehr gegen eine protestantische oder laizistische Mehrheit) eine in sich geschlossene, sich klar abgrenzende Teilgesellschaft innerhalb der profanen Gesellschaft bildete, in der die gemeinsame Konfession den ausschlaggebenden Faktor für fast alle Sozialbeziehungen bildete.

Diese gesellschaftliche Situation ist seit dem zweiten Weltkrieg nicht mehr gegeben; die Pluralität der modernen Gesellschaft hat auch den Katholizismus eingeholt, was sich deutlich im II. Vatikanischen Konzil und in der nachkonziliaren Entwicklung manifestiert hat. Deswegen steht heute die Theologie vor der Aufgabe, eine Begründung kirchlicher Strukturen zu bieten, die nicht eine bestimmte zeitbedingte Sozialform verewigt, sondern den Blick für neue, der Überlieferung des Glaubens heute angemessene Institutionen öffnet. Daß hierbei gerade der Subjekthaftigkeit des Menschen ein größeres Recht eingeräumt werden muß, liegt angesichts ihrer Bedrohung durch die „nachbürgerliche Organsisationsgesellschaft" auf der Hand[18].

---

[17] *Kaufmann; ders.*, Kirchliche Institutionen und Gegenwartsgesellschaft, in: *G. Alberigo – Y. Congar – H. J. Pottmeyer* (Hg.), Kirche im Wandel. Eine kritische Zwischenbilanz nach dem 2. Vatikanum. Düsseldorf 1982, 67.
[18] *Kaufmann* (s. Anm. 17) 69 f.

§ 3. *Theologische Institutionstheorien*

Die nachkonziliare Ekklesiologie hat diesen neuzeitlichen Problemhorizont aufgegriffen und versucht, ihn mit einer theologischen Sinngebung des institutionellen Charakters der Kirche zu vermitteln. Erkannte man doch immer deutlicher, daß die *traditionelle Begründung* weder exegetisch noch fundamentaltheologisch hinreicht. Diese Begründung stützte sich einfach auf bestimmte Schriftstellen (z. B. Mt 16,18; 18,18; 28,16-20; Joh 20,21-23) und las aus ihnen eine „Stiftung" (lat.: institutio) der Kirche durch den irdischen und (ohne besondere Unterscheidung) den auferstandenen Herrn heraus. In der ein für allemal gültigen „Stiftung" und heilsvermittelnden Beauftragung durch Jesus liegt – nach dieser Sicht – der theologische Sinngehalt der Kirche als Institution im ganzen und in ihren einzelnen institutionellen Vollzügen.

Diese Deutung wird *zum einen* den neueren exegetischen Erkenntnissen nicht mehr gerecht, die ja eine bestimmte Gemeindesituation (auch mit allmählich gewachsenen kirchlichen Strukturen) als Voraussetzung der Evangelienüberlieferung annimmt, welche deshalb nicht einfach naiv als historischer Bericht über die Gründung der Kirche durch Jesus gelesen werden darf. Die Situation Jesu, der das andrängende Reich Gottes verkündete, und die Situation der jungen Kirche, die in der Hoffnung auf die Wiederkunft Jesu die Botschaft von Tod und Auferstehung verkündete, sind eben zu verschieden, als daß hier ein bruchloser Übergang vom „kirchenstiftenden Willen" Jesu zu der sich institutionalisierenden Kirche konstruiert werden könnte[19]. *Zum anderen* verliert eine derart positivistische Begründung des Institutionellen heute ihre Überzeugungskraft; man erkennt die geschichtliche Bedingtheit auch der kirchlichen Strukturen und gibt sich deswegen nicht mehr einfach mit dem Hinweis auf ihre gottgewollte, unveränderliche Faktizität zufrieden. Auch in der Kirche verlangt die schöpferisch-gestaltende und zugleich kritische Subjektivität der Glaubenden ihr Recht.

Die Theologie der letzten Jahrzehnte hat sich deswegen um eine Sinngebung bemüht, die sowohl theologisch überzeugender ist wie auch der neuzeitlichen Sozialgeschichte mehr gerecht wird. Diese Institutionstheorien lassen sich unter drei Gesichtspunkte einordnen:

1. *Das Institutionelle als Zeichen der „Vorgegebenheit" des Heils*

In der neueren Amtstheologie wird heute sehr häufig so argumentiert: Die Institution des kirchlichen Amtes in all seinen amtlich-verbindlichen Vollzügen dient dazu, in der sakramentalen Dimension der Kirche zeichenhaft darzustellen, daß Kirche nicht aus sich selbst heraus lebt, sondern aus der bleibenden Vor-gabe des Heilsgeschehens in Jesus Christus und dem Geschenk seines Geistes. Weil das Institutionelle von sich her bereits den Charakter einer objektiv

---

[19] Vgl. *G. Lohfink*, Hat Jesus eine Kirche gestiftet?, in: ThQ 161 (1981) 81–97.

gegebenen Form hat, welche die einzelnen Subjekte sowohl entlastet und trägt als auch ihrer subjektiv-beliebigen Eigenmächtigkeit sich wirksam widersetzt, kann es im Bereich des Glaubens die theologische Funktion übernehmen, die einzelnen Glaubenden und die Kirche im ganzen vor den selbstzerstörerischen Möglichkeiten einer schwärmerischen Charismatik zu bewahren; es bezieht den persönlichen Glauben ständig auf die unverfügbare Vorgegebenheit des Heils in Jesus Christus und hält darin das konstitutive Gegenüber von Christus und Kirche auch strukturell offen[20].

2. Das Institutionelle als Beschränkung der Freiheit des Glaubens

In vielen institutionskritischen Veröffentlichungen der letzten Jahre zeigt sich deutlich der Einfluß der „kritischen Theorie" der Frankfurter Schule. Danach fällt auch in der Kirche das Institutionelle unter das Verdikt, Repression und Manipulation der glaubenden Freiheit zu sein. Im Interesse einer von Christus „befreiten Freiheit" muß der formal-institutionelle Charakter kirchlichen Handelns mehr und mehr abgebaut werden, insofern sich gerade in ihm der sündige Wille zur Macht darstellt[21]. Im Ideal einer „herrschaftsfreien Kirche" wird demgegenüber das Bild einer brüderlich-schwesterlichen Gemeinschaft in fundamentaler Gleichheit und Freiheit aller entworfen, das allein dem Vorbild des Jüngerkreises und der Urgemeinde gerecht werden kann[22]. Wenn die kirchlichen Institutionen überhaupt einen Sinn haben, dann eben den, durch eine schrittweise Selbstumwandlung und -aufhebung der persönlichen Glaubensfreiheit des einzelnen und seinen primären, personal vollziehbaren Glaubensgemeinschaften zu dienen.

3. Das Institutionelle als Ermöglichung kritischer Freiheit

In seinen Frühschriften zur „politischen Theologie" hat J. B. Metz versucht, Ansätze von H. Schelsky und der Frankfurter Schule miteinander zu verknüpfen[23]. Institutionen sind demnach Objektivationen der Freiheit, durch die diese überhaupt erst frei wird von naturhaft vorgegebenen Zwängen und zugleich fähig wird, in kritischer Weise gesellschaftlich wirksam zu werden. Institutionen sind insofern legitim, als sie die Bedingung der Möglichkeit kritischer Freiheit und kritischen Bewußtseins sind. Dies gilt gerade für kirchliche

---

[20] Vgl. zu diesem Punkt besonders: *K. Rahner*, Über das Ja zur konkreten Kirche, in: Schriften 9 (1970) 479–497; *O. Semmelroth*, Vom Sinn der Sakramente. Frankfurt 1960, bes. 111; *H. Küng*, Die Kirche. Freiburg ⁴1973, 155; *W. Kasper*, Glaube und Geschichte. Mainz 1970, 388–414; *H. J. Pottmeyer*, Das Bleibende an Amt und Sendung des Presbyters, in: LS 21 (1970) 39–48; *H. U. v. Balthasar*, Klarstellungen. Freiburg 1971, 183–190; *G. Greshake*, Priestersein. Freiburg ⁴1985.
[21] Vgl. *K. Rahner*, Freiheit und Manipulation in Gesellschaft und Kirche. München 1970.
[22] Vgl. *G. Hasenhüttl*, Herrschaftsfreie Kirche. Düsseldorf 1974; siehe die Auseinandersetzung damit in *Kehl* 99–105.
[23] *J. B. Metz*, Zur Theologie der Welt. Mainz 1968; *H. Peukert* (Hg.), Diskussion zur „politischen Theologie". Mainz 1969; *Metz – Moltmann – Oelmüller* (s. Anm. 3); *Rahner* 1972.

Institutionen, die ja wegen des „eschatologischen Vorbehaltes", unter dem ihre Existenz steht, in besonderer Weise Träger kritischer Freiheit innerhalb der menschlichen Gesellschaft sein können. Der theologische Sinn des Kirchlich-Institutionellen liegt darin, im Dienst der Verkündigung des Reiches Gottes gegen alle Verabsolutierungen und Vergötzungen gesellschaftlicher Systeme auf deren Vorläufigkeit zu insistieren und damit der Institutionalisierung gesellschaftskritischer Freiheit zu dienen. Ob allerdings das Selbstverständnis kirchlicher Institutionen mit dieser Konzeption in Einklang gebracht werden kann, bezweifelt Metz selber; ist doch gerade die institutionelle Kirche immer noch zu sehr in einer Defensiv-Stellung gegenüber der neuzeitlichen Freiheitsgeschichte befangen, als daß sie auf breiter Ebene in eine „kritisch-schöpferische Assimilation" mit ihr eintreten könnte.

Wenn heute viele Christen auf vergleichbare Weise den kirchlichen Institutionen und ihren theologischen Begründungen kritisch gegenüberstehen, berufen sie sich weniger auf die Erkenntnisse der Religionssoziologie oder -kritik. Der schärfste Einspruch stammt vielmehr aus dem Inneren des christlichen Glaubens selbst; kann er doch auf das kritische Verhältnis zwischen Jesus und den religiösen Institutionen seiner Zeit hinweisen oder auf die „charismatische Gemeinde" des Paulus oder auf die jederzeit lebendige christliche Utopie einer von allem Formal-Institutionellen befreiten „Kirche des Geistes" usw. (vgl. Kap. 2). Wie kann sich demgegenüber eine theologische Begründung des institutionellen Charakters der Kirche bewähren, ohne sich sogleich dem Verdacht einer unzeitgemäßen Apologie oder einer ideologischen Legitimation auszusetzen?

§ 4. Sinn und Methode einer theologischen Begründung des institutionellen Charakters der Kirche

Der *Sinn* einer theologischen Begründung liegt darin, die verschiedenen Momente der Glaubensgemeinschaft, also auch ihre institutionellen Vollzüge, in einen sinnvoll-verstehbaren Zusammenhang zu *integrieren,* so daß sie für die Glaubenden grundsätzlich annehmbar und vollziehbar sind[24]. Und zwar geht es hier um den umfassenden Sinnzusammenhang des *Glaubens,* in den auch die institutionelle Dimension der Kirche einbezogen werden muß. Wird diese Integration theologisch nicht geleistet, dann verliert die institutionelle Kirche allmählich ihre Plausibilität für den Glauben; sie wandert aus dem glaubenden Selbstverständnis aus und wird als zweitrangiges, allein für Historiker, Soziologen und Politiker interessantes Phänomen eingestuft. Dies aber widerspricht sowohl dem faktischen Gewicht des Institutionellen in der Kirche als auch dem traditionellen Glaubensbewußtsein der Kirche. Hat sie doch von Anfang an ihren Tauf-, Glaubens- und Bekenntnisformeln, ihren sakramentalen Vollzügen,

---

[24] Vgl. *Kehl* 106–113; *Berger – Luckmann.*

ihrer verbindlichen Verkündigung und ihren amtlichen Strukturen einen theologischen Stellenwert zuerkannt, der wesentlich ist für die Glaubensgemeinschaft.

Die *Methode* einer solchen theologischen Sinngebung besteht in zwei Schritten: Sie geht *zunächst* einmal den Weg der geschichtlichen Vergewisserung. Kirche gründet in dem geschichtlich ergangenen Ruf in die Nachfolge Jesu um des Reiches Gottes willen; die Geschichte Jesu und der von ihm zur Nachfolge Berufenen bleibt der einmalige und ein für allemal tragende Grund jeder späteren Gestalt von Kirche. Deswegen hat der „Lebensstil" der gemeinsamen kirchlichen Nachfolge im „Lebensstil" Jesu Christi und der ihm unmittelbar Nachfolgenden sein normatives Maß. Nur in Übereinstimmung mit diesem ursprünglichen, im Dienst des nahen Reiches Gottes stehenden Maßstab kann sich eine spätere Form der Nachfolge als *christliche* Nachfolge legitimieren.

Dieser Begründungsschritt wird im 3. Kapitel dieses Traktats geleistet. Er tritt heute – in hermeneutisch und exegetisch verantwortbarer Weise – an die Stelle jener traditionellen, oft allzu äußerlich-formalen Legitimation der kirchlichen Institutionen, insofern diese als eine ausdrückliche „Stiftung" und „Einsetzung" Jesu Christi hinreichend gerechtfertigt zu sein schienen. Ein solcher Rückbezug auf Jesus überzeugt jedoch nicht; statt dessen wird methodisch ein Vorgehen gefordert, das eine *strukturelle Kontinuität* (nicht einen bruchlosen Übergang!) zwischen der Reich-Gottes-Verkündigung Jesu und der institutionalisierten Kirche aufzeigt. Das bedeutet: Wie können Jesu gemeinschaftsbildende Zeichen des nahe gekommenen Reiches Gottes als Vor-formen der sich nachösterlich zunehmend institutionalisierenden Kirche verstanden werden? Läßt sich zwischen der Form und dem Sinngehalt dieser Zeichen einerseits und den nachösterlichen Institutionen andererseits ein solcher Zusammenhang nachweisen, der die letzteren als eine begründete Konsequenz der Kirche unter ihren veränderten geschichtlich-strukturellen Bedingungen ausweist? Beispiele einer solchen strukturellen Kontinuität sehen wir etwa darin, daß Jesus 1) primär das ganze „Volk Gottes" als Adressat seiner Verkündigung vom „Reich Gottes" anspricht und nur *in* ihm und *für* es einzelne zur besonderen Nachfolge aufruft; in institutionalisierter Form tritt diese „Struktur" dann als relative Vorgabe der Gemeinschaft vor den einzelnen Glaubenden in Erscheinung (sichtbar vor allem im frühkirchlichen Taufgeschehen mit seinen Glaubens- und Bekenntnisformeln, in denen der einzelne den Glauben der Kirche „empfängt"). Oder auch darin 2), daß Jesus bestimmte Jünger zur vollmächtigen Sendung „gegenüber" der Gesamtheit der Glaubenden beruft, wie es sich in der frühkirchlichen Struktur des Apostels und dann des kirchlichen Amtes niederschlägt. Oder auch darin 3), daß das „partikuläre" Volk Gottes in der prophetischen Perspektive Jesu eine „universale" Bestimmung zum Heil aller erhält, was institutionell in der Dialektik von partikulärer und universaler Kirche (als dem sichtbaren Sakrament des universalen Heilswillens Gottes) dargestellt wird. Und schließlich darin 4), daß die Mahlgemeinschaft Jesu mit den Jüngern, mit den Sündern und anderen gesellschaftlich Geächteten ein entscheidendes Identifikationszeichen für die „wahre" Gemeinde des Reiches Gottes bedeutet; dies spiegelt sich später dann in der kirchlich-bischöflichen Eucharistiefeier als dem ausschlaggebenden Kriterium der „wahren" Kirche Jesu Christi gegenüber allen häretischen Abspaltungen strukturell wieder usw. (zur detaillierten Begründung vgl. Kap. 3).

Dieser Aufweis des geschichtlichen Zusammenhangs bildet das Fundament für den *zweiten* methodischen Schritt einer theologischen Begründung des Institutionellen in der Kirche: nämlich für den Nachweis, daß dieses auch inhaltlich-sachlich in Jesus Christus seinen bleibenden Grund findet. Denn Jesus ist für die Kirche ja nicht nur eine historische Gründergestalt, mit der sie irgendwie in struktureller und intentionaler Kontinuität stehen muß. Viel entscheidender noch liegt in ihm der ständig präsente, gleichsam „ontologische" Wahrheitsgrund der Kirche, insofern sie bleibend in seinem Geist und in seinem „wirkenden Wort" gründet.

Daraus folgt: Über die geschichtliche Legitimierung hinaus muß die Theologie nach der „sachlichen" Wahrheit des Institutionellen in der Kirche fragen. Als theologisch wahr können Selbstverständnis, Praxis und Lebensordnung der Kirche aber nur dann gelten, wenn sie – über die strukturelle Kontinuität hinaus – in einem bleibend wirksamen „Sinnzusammenhang" mit dem Geschehen der Selbstmitteilung Gottes in Jesus Christus und seiner Gegenwart im Geist stehen. Konkret liegt dieser „Sinnzusammenhang" der Kirche darin, daß sie als soziale Gestalt der im Heiligen Geist uns übereigneten Liebe zwischen Vater und Sohn diese Liebe bleibend zu vergegenwärtigen und zum Heil aller Menschen zu vermitteln hat. Kirche als „universales Sakrament des Heils" (LG 48) – das ist der theologische Sinn von Kirche; darin findet sie zu ihrer Wahrheit.

In dem Maße nun, als auch bestimmte institutionelle Strukturen diesen Sinngehalt zum Ausdruck bringen, also der im Heiligen Geist gegenwärtigen Liebe Gottes zu ihrer geschichtlich-gesellschaftlichen Wirksamkeit verhelfen, teilen sie die grundlegende Wahrheit von Kirche; denn dann „stimmen" sie, weil sie in Übereinstimmung stehen mit der bleibenden Bedeutsamkeit des Christusgeschehens.

Inwiefern dies auf die institutionelle Dimension der Kirche zutrifft, wollen wir im folgenden aufzeigen. Dabei werden wir bewußt einen „pneumatologischen" Ansatz wählen; denn die Entstehungsgeschichte der sich nachösterlich institutionalisierenden Kirche zeigt deutlich, daß die Sammlung des „wahren" Israel inmitten eines sich verweigernden Gesamt-Israel entscheidend mit der pfingstlichen Geisterfahrung der Jünger zusammenhängt: Gott gießt seinen Geist, der zugleich der Geist des Auferstandenen ist, jetzt endgültig über das ganze umkehrwillige Volk aus und sammelt sich so das Volk der Endzeit, seine „Ekklesia". In dieser Sammlung durch den Geist konstituiert sich Kirche als *Gemeinschaft* im Glauben.

Als „communio" in Gott [25] ist der Heilige Geist der ermöglichende Grund der

---

[25] Vgl. *Balthasar* 201–135; *J. Ratzinger*, Der Heilige Geist als communio, in: *C. Heitmann – H. Müh-*

kirchlichen „communio"; dadurch unterscheidet sich Kirche grundlegend von allen anderen menschlichen Gemeinschaftsformen. Denn die relative Vorgabe der Gemeinschaft und der gemeinsamen Lebensform des Glaubens vor den einzelnen (vgl. § 1) beruht nicht nur auf den gesellschaftlich objektivierten Äußerungen des Glaubens in Sprache, Kultur, Symbolen, Normen usw., sondern primär auf der vorweg gegebenen Gabe des Geistes; genauer: auf der Teilhabe an der Gemeinsamkeit in Gott. Erst die Teilhabe an der Liebe zwischen Vater und Sohn, an dem einenden „Wir" in Gott, eint die vielen *ursprünglich* (und nicht nachträglich) so, daß dadurch die Kirche in ihrer relativen Eigenständigkeit als *Gemeinschaft* im Glauben („Wir") gegenüber den einzelnen Glaubenden entstehen kann. In diesem Sinn wird Kirche auch als „Sakrament des Geistes" verstanden: nämlich als darstellendes und vermittelndes Zeichen der Gemeinschaft in Gott selbst.

Läßt sich dies so ohne weiteres auch von der *institutionalisierten* Gestalt der Gemeinschaft im Glauben sagen? Sind nicht vielmehr gerade die formalisierten und objektivierten Weisen des gemeinsamen Glaubens (also die kirchlichen Institutionen) der Ort in der Kirche, wo wir am ehesten der Versuchung erliegen, „den Geist auszulöschen" und in einer selbstherrlichen Geist-losigkeit allein auf die Mittel kirchlicher Selbsterhaltung zu schauen?

§ 5. Das Institutionelle als Zeichen der identifizierenden Kraft des Geistes

„Identifizierend" meint hier: Der Geist verhilft der Kirche immer neu zur Identifizierung mit der ursprünglichen Botschaft des Evangeliums und damit zu ihrer eigenen Identität als Gemeinde Jesu Christi; dazu bedient er sich vornehmlich der institutionalisierten Strukturen der Kirche.

Dies läßt sich bereits vom Anfang der Kirche an beobachten: Gegen alle enthusiastischen und gnostischen Tendenzen in der Urkirche hält die Verkündigung der Kirche daran fest, daß der Geist, den der Auferstandene verleiht und in dem er selbst gegenwärtig ist, der Geist des *geschichtlichen* und *gekreuzigten* Jesus von Nazaret ist. Dieser Geist des Auferstandenen erlöst deswegen die Glaubenden nicht *aus* der Geschichte in ein Jenseits hinein, das frei von allen irdischen Bindungen und Gesetzen wäre; er befreit vielmehr *die* Geschichte selbst, indem er Menschen in den Weg der gekreuzigten Liebe Jesu einweist. Der Auferstandene *ist* der Gekreuzigte: erst in dieser Identifizierung findet der Glaube an den Auferstandenen seine eigentlich christliche Identität.

Diese Identitätsfindung geschieht aber durch den Dienst der Kirche; z. B. durch das „Wort vom Kreuz", das der Apostel unnachgiebig und ausschließlich auszurichten hat (1 Kor 1, 23; 2, 2); oder durch die Taufe, die uns in den Tod

---

len (Hg.), Erfahrung und Theologie des Heiligen Geistes. Hamburg 1974, 223–238; *M. Kehl*, Kirche – Sakrament des Geistes, in: *W. Kasper* (Hg.), Gegenwart des Geistes. Freiburg 1979, 155–180; *H. Mühlen*, Der Heilige Geist als Person. Münster ³1968; *ders.*, Una mystica persona. Paderborn ³1968; *M. Kehl*, Hinführung zum christlichen Glauben. Mainz 1984, 136 ff.

Jesu hineinbegraben sein läßt (Röm 6, 3 f); oder durch das Herrenmahl, in dem wir „den Tod des Herrn verkünden, bis er wiederkommt" (1 Kor 11, 26); oder durch die konkreten Weisungen des Apostels, „im Geist" zu leben und so das Gesetz Christi zu erfüllen, nämlich einander die Lasten zu tragen (Gal 6, 2). In all diesen Formen kirchlichen Lebens führt der Geist die Kirche zu ihrer Identität als Gemeinde des auferstandenen Gekreuzigten, dessen erlösenden Weg sie in der Geschichte nachzugehen hat.

Diese Funktion hört auch dann nicht auf, wenn die Formen sich allmählich stärker „formalisieren" und institutionalisieren: z. B. in Gestalt fester Glaubens- und Bekenntnisformeln, eines apostolischen Leitungsamtes, einer kultisch-gottesdienstlichen Eucharistiefeier, eines (nachbiblischen) Bischofs- und Petrusamtes, einer universalkirchlichen Kommuniongemeinschaft, eines normativen Schriftkanons, eines dogmatischen Glaubensbekenntnisses, einer liturgischen und rechtlichen Kirchenordnung usw. Die Kirche gibt sich gerade im Gehorsam dem Geist gegenüber von Anfang an solche institutionalisierte Formen, um mit ihrer Hilfe die Botschaft vom Heil allein durch den gekreuzigten und auferstandenen Jesus Christus unverfälscht in den verschiedenen Zeiten und Räumen der Geschichte zu verkünden. Um der *inhaltlichen* Identität des „Wortes vom Kreuz" im Wechsel der Geschichte willen vollzieht sich die Sendung der Kirche schon sehr früh in bestimmten objektiven und *formalisierten* Weisen; denn dadurch wird das Wort der Verkündigung weitgehend der subjektiven Verkündigungsmacht sowohl des Verkünders selbst wie auch der hörenden Gemeinde entzogen. In dieser bleibenden Identität des Wortes Gottes gründet aber ganz entscheidend die Identität der Gemeinde selbst, die sich im gemeinsamen Glauben an dieses Wort versammelt und erst so sich selbst findet. Im Dienst an dieser jeweils neu zu vollziehenden Selbstidentifizierung der Gemeinde durch ihre Identifizierung mit der überlieferten Botschaft vom Heil erfüllt sich der Sinn alles kirchlich Institutionellen.

Zugleich liegt hier auch ein *Kriterium,* um den geistgetragenen „identifizierenden" Dienst von einem geisttötenden „konservierenden" Dienst der Institutionen zu unterscheiden. Die identifizierende Kraft des Geistes erweist sich eben darin, daß sich die Kirche mit ihrer Botschaft angstfrei in wirklich neue geschichtliche Situationen hineinbegeben und *darin* (nicht davor oder darüber) ihre jeweils neue Identität im gemeinsamen Glauben finden kann. Indem sie die Übereinstimmung der neuen Weise, die Botschaft des Glaubens zu verstehen und kirchlich zu leben, mit den überlieferten Weisen feststellt und in dieser Übereinstimmung das Neue mit dem Alten identifiziert, bleibt sie als pilgerndes Volk Gottes auf dem Weg zu ihrer endgültig gelingenden Identität im Reich Gottes. Eine konservierende Tendenz des Institutionellen verharrt demgegenüber unbeweglich auf dem Immer-schon-Gewesenen und läßt damit das Evangelium gerade nicht in der neuen geschichtlichen Situation seine heilende, eben *diese* Situation betreffende und befreiende Wirkung entfalten. In der Angst vor dem Neuen und vor der Veränderung versteift sich eine solche Institution auf sich selbst und den Buchstaben der Botschaft und verhindert dadurch das wirklich neue Zur-Sprache-Kommen desselben Evangeliums. Genau das aber zerstört jede Identitätsfindung der Kirche in der Geschichte. Denn zu einer *geschichtlichen* Identität, die also der verbindlichen Vorgabe ihres Ursprungs treu bleibt und zugleich der jeweiligen Situation ganz gerecht wird, findet die Kirche nicht durch ein archivarisches Behüten des Ursprungs, sondern nur durch die mutige Über-gabe (traditio!) dieses Ursprungs an das jeweils Neue und Andere der Geschichte. Die angstfreie Hoffnung auf den Heiligen Geist, der die Kirche dabei vor einem „Identitätsverlust" bewahrt, weist die institutionellen Formen als geistgemäße Werkzeuge dieses identifizierenden Geistes aus[26].

§ 6. *Das Institutionelle als Zeichen der integrierenden Kraft des Geistes*

„Integrierend" meint hier: Der Geist fügt die einzelnen Glaubenden und die verschiedenen Kirchen in die ursprüngliche Einheit der universalen Kirche ein; er bedient sich dazu vornehmlich der institutionalisierten Strukturen der Kirche.

Während im vorigen Aspekt stärker die „diachronische" Kontinuität der Kirche mit dem Ursprung ihres Glaubens im Vordergrund stand, geht es jetzt mehr um den „synchronischen" Zusammenhang mit der Gegenwart des Glaubens in der einen, universalen Kirche. Auch dies gilt von Anfang an als ein Werk des sammelnden Geistes Gottes: Er ist es, der die unausschöpfliche Vielfalt der „Charismen" bewirkt und sie zugleich als dienende Glieder in die vorgegebene Einheit des Leibes Christi einfügt (vgl. 1 Kor 12, 1–31; Röm 12, 4–8 und die ganzen Kapitel 14 und 15). Jede geistgemäße Gabe in der Kirche dient dieser Einheit. Aber schon in neutestamentlicher Zeit hat sich – über das Amt des Apostels und seiner Mitarbeiter – die besondere Verantwortung des institutionalisierten Leitungsamtes für die Einheit der Gemeinde herausgebildet. Vor allem dann in der formellen Verbindung mit dem Vorsitz bei der Eucharistiefeier, dem hervorgehobenen Zeichen der Einheit des Leibes Christi, sind Strukturen entstanden, die der Integration einer immer größeren Vielfalt von Glaubensweisen in die Einheit der universalen Kirche dienen sollten: die Leitungsdienste des Bischofsamtes, des Bischofskollegiums, der Konzilien und des Petrusamtes; aber auch solche Institutionen wie das Glaubensbekenntnis als Zeichen des existentiellen Eins-Seins im Glauben an Gott; oder das Dogma als Zeichen der Übereinstimmung in diesem Glauben bei aller Vielfalt seiner Interpretationsweisen; oder das Recht als Zeichen des gemeinsamen Gehorsams gegenüber dem einen Herrn der Kirche usw. Dabei geht es immer um das gleiche: Wie innerhalb einer Gemeinde die einzelnen Charismen sich durch den Dienst des Leitungsamtes auf die größere, vom Geist vorgegebene Einheit der Gemeinde

---

[26] Vgl. *M. Kehl*, Kirche in der Sorge um ihre Identität oder Kirche für die anderen?, in: LS 32 (1981) 57–65.

hin öffnen und „ausweiten" lassen, so werden die verschiedenen Gemeinden und Ortskirchen durch solche gesamtkirchlichen Institutionen in die allumfassende („katholische") Einheit der einen Kirche integriert. Dies ist keineswegs nur ein soziologischer, sondern primär ein theologischer Dienst: geht es doch darum, die vom Geist bewirkte Einheit des Leibes Christi als eucharistische Gemeinschaft der *vielen* Gemeinden und Kirchen in der *einen* Kirche gesellschaftlich greifbar darzustellen. Daß sich der Geist dazu gerade auch der institutionellen Strukturen in der Kirche bedient, liegt darin begründet, daß diese durch ihre objektive und in gewissem Maß formalisierte Gestalt grundsätzlich die Gewähr bieten, einer auf sich selbst bezogenen, in sich kreisenden und die größere Einheit mißachtenden „charismatischen" Selbstgenügsamkeit (einzelner oder ganzer Gemeinden und Kirchen) zu wehren.

Mit diesem Dienst an der „Ausweitung" und Selbstüberschreitung aller partikulären Glaubensweisen auf die universale Einheit der einen Glaubensgemeinschaft hin ist wiederum zugleich ein *Kriterium* gegeben, mit dem sich ein geistgemäßes Integrieren von einem geistfeindlichen Uniformieren oder Harmonisieren unterscheiden läßt. Denn nicht die unterschiedslose Einerleiheit im gemeinsamen Glaubensbewußtsein (nach Art eines erdrückenden „kirchlichen Milieus"), nicht das nivellierend-beruhigende Überspielen von Konflikten, auch nicht das Messen nach fixen Schablonen und Formeln ist das Ideal einer vom Geist gewirkten kirchlichen Einheit. Das Unterscheidungsmerkmal einer geistgemäßen Einheit liegt deswegen darin, ob sie auf dem Weg der *Integration durch Differenzierung* erreicht wird. Dies geschieht dann, wenn bei aller Einfügung in die größere Einheit der Kirche auch die Differenzen (im Glaubensbewußtsein, im Lebensstil, in der Gestalt der institutionellen Kirchlichkeit usw.) zu ihrer vollen Geltung kommen können – allerdings im Maß der jeweiligen Bereitschaft, sich *in* all diesen Unterschieden zu einer lebens- und handlungsfähigen Einheit zusammenführen zu lassen. Das erfordert eine gegenseitige Offenheit: der institutionellen Kirche zum Geltenlassen der legitimen Differenzen einerseits, der einzelnen Glaubens- und Lebensweisen zur Anerkennung der größeren Einheit andererseits. In diesem wechselseitigen Sich-zueinander-Öffnen erweist sich die integrierende Kraft des Geistes, der – innertrinitarisch und geschichtlich – *eint*, indem er die personalen Unterschiede (zwischen Vater und Sohn, zwischen Christus und den Christen, zwischen den Christen untereinander) wahrt und profiliert. Allein in einer solchen Integration durch Differenzierung behält die institutionelle Kirche auch ihren theologischen Charakter als ein (zum Geist hin) „offenes System" (K. Rahner); denn auf diese Weise erreicht sie ihre Einheit nicht durch eine perfekte Organisation oder einen allseits geschlossenen Integralismus, sondern sie läßt sie sich immer neu als Gabe des Geistes Gottes schenken.

„Befreiend" meint hier: Der Geist befreit die Glaubenden von dem Zwang, sich das Heil selbst „schaffen" zu müssen; dazu bedient er sich im besonderen auch der institutionellen Strukturen der Kirche.

Die Gabe des Geistes Jesu Christi hat wesentlich mit Freiheit und Befreiung zu tun: „Wo der Geist wirkt, da ist Freiheit" (2 Kor 3, 17). Eben jene Freiheit der Kinder Gottes, die im Geist des Sohnes „Abba, lieber Vater" (Gal 4, 6; Röm 8, 15) rufen können und von daher keiner Macht der Erde mehr untertan sind[27].

Diese Befreiung geschieht aber nicht unvermittelt in der je individuellen Heiligung des einzelnen, sondern gerade in der kirchlichen Vermittlung. Dies spricht sich in einem symbolischen Kirchenverständnis des Galaterbriefes aus: „Das himmlische Jerusalem aber ist frei, und dieses Jerusalem ist unsere Mutter ... Ihr aber, Brüder, seid Kinder der Verheißung wie Isaak ... – nicht Kinder der Sklavin, sondern Kinder der Freien" (Gal 4, 26.28.31). Wenn die Kirche sich als das innergeschichtliche Symbol des eschatologischen Jerusalem, der „neuen Stadt Gottes" verstehen darf, dann ist sie auf diese zeichenhaft-vorwegnehmende Weise bereits die „Mutter der Freien": nämlich die „ihren Kindern" vorgegebene und vermittelnde Form der Freiheit Jesu Christi. Durch das zur Freiheit rufende Wort der Verkündigung (Gal 5, 13) und durch die in das befreite Leben des Auferstandenen hineinführenden Sakramente der Taufe und der Eucharistie (Röm 6, 1–23; 1 Kor 10, 16–22; 11, 20–34) leistet die Kirche vornehmlich diesen vermittelnden Dienst an der befreienden Macht des Geistes.

Entgegen aller oft so verfälschenden Praxis trägt nun gerade auch die institutionelle Form der Kirche in sich die Berufung, Mittel und Werkzeug dieser Befreiung zu sein. Und zwar gerade durch den ihr zu eigenen Dienst des Identifizierens und des Integrierens; *darin* soll sich das befreiende Wirken des Geistes erweisen.

Denn das *Identifizieren* jeder neuen Situation des Glaubens mit seinem Ursprung und seiner ganzen Tradition befreit die Glaubensgemeinschaft von dem Zwang, sich ihre Identität gleichsam „eigenhändig", in jedem geschichtlichen Augenblick völlig neu, je nach dem gerade wirksamen „Zeitgeist" entwerfen zu müssen. Konkrete, institutionell-verbindliche Bindung an die eigene Geschichte der Glaubensgemeinschaft kann den Glauben von einem geschichtslosen, dem Augenblick preisgegebenen und ihn jeweils zur letztgültigen Norm erhebenden Bewußtsein befreien. Durch den „langen Atem" der kirchlich-institutionalisierten Glaubenstradition wird jede Gegenwart des Glaubens relativiert, indem sie in das geschichtlich-soziale Kontinuum des Glaubens eingebunden und darin vor jeder Absolutsetzung bewahrt wird.

---

[27] Vgl. *H. Schürmann*, Die Freiheitsbotschaft des Paulus – Mitte des Evangeliums?, in: Cath(M) 25 (1971) 22–62; *H. Schlier*, Herkunft, Ankunft und Wirkung des Heiligen Geistes im Neuen Testament, in: *Heitmann – Mühlen* (s. Anm. 25) 118–230; *Kasper – Sauter*.

Ähnliches gilt von dem *integrierenden* Dienst des Institutionellen: Das Öffnen auf den einen und universalen Glauben der Kirche hin befreit die Glaubenden von dem Zwang, sich ihre soziale Einheit jeweils nur aus den eigenen, meist recht beschränkten Glaubenserfahrungen oder denen der eigenen, gleichgesinnten Gruppierungen aufzubauen. Konkrete, institutionell-verbindliche Bindung an den universal-gemeinsamen Glauben der Kirche kann den Glauben der einzelnen und ihrer primären Gemeinschaften von der Gefahr einer subjektiven Enge und Formlosigkeit befreien, die nur das als „authentischen" Ausdruck des Glaubens gelten läßt, was sie selbst gerade „vollziehen" kann. Ein solches Glaubensbewußtsein setzt sich mit der Zeit das „Maß des Glaubens" selbst; es findet immer weniger eine gesellschaftlich greifbare Form dafür, daß der Glaube entgegengenommen werden muß, daß er eben „vom Hören kommt" (Röm 10, 17). Dagegen kann die institutionell geformte Einfügung in die umgreifende Einheit und Allgemeinheit des Glaubens zu einem sehr konkreten, oft auch schmerzlich spürbaren Zeichen der Vorgegebenheit, ja der Gnadenhaftigkeit des christlichen Glaubens werden.

Auch hier ist wiederum ein *Kriterium* zu benennen, mit dem man das befreiende Wirken von einem „bemutternden Entlasten" unterscheiden kann. Institutionelle Vollzüge „entlasten" häufig so sehr den Glauben von der eigenen „Anstrengung" der freien Glaubensentscheidung und Glaubensaneignung, daß sich der einzelne nicht mehr als verantwortliches „Subjekt" des Glaubens und der Glaubensgemeinschaft erfahren kann. Das alte Bild der „Mutter Kirche" kann leicht zu solchem Mißverständnis führen; wenn es aber auf seinen biblischen Ursprung, eben auf das neue Jerusalem als „Mutter der Freien" zurückgeführt wird, kann sein Sinn nicht in der entlastenden Geborgenheit unmündiger Kinder im Schoß einer allsorgenden Mutter sein, sondern allein die befreiende Befähigung zur eigenen Verantwortung im Glauben. Dabei geht es nicht um eine „Emanzipation" von der Kirche (so etwas kann es im christlichen Glaubensverständnis nicht geben), sondern um das Einräumen eines solchen gemeinsamen Lebensraums des Glaubens, in dem die einzelnen sich als Subjekt im Glauben und nicht als bloßes Objekt institutioneller Heilssorge erfahren können.

Ein handhabbares Kriterium der Unterscheidung liegt deswegen in der Möglichkeit zur aktiven, mitverantwortlichen *Partizipation* der Glaubenden an allen Lebensäußerungen der Kirche[28]. In den nachkonziliaren synodalen und kollegialen Strukturen ist deswegen bereits den möglichen Tendenzen einer freiheitserstickenden „Entlastung" der einzelnen durch die Institution Kirche ein institutionelles Gegengewicht erwachsen, das für das „Subjekt-Sein" der Glaubenden in der gegenwärtigen Situation des Glaubens entscheidend ist. Je mutiger die Kirche auf diesem mühsamen und noch in den Anfängen steckenden

[28] Vgl. *H. J. Pottmeyer,* Theologie der synodalen Strukturen, in: *A. Exeler* (Hg.), Fragen der Kirche heute. Würzburg 1971, 164–182; *W. Kasper,* Kollegiale Strukturen in der Kirche, in: *ders.* (s. Anm. 20) 355–370; *M. Kehl,* Die Kirche – das Zeichen der Liebe Gottes unter den Menschen. Theologie im Fernkurs (Grundkurs). Lehrbrief 17. Würzburg 1982.

Weg voranschreitet, je mehr sie z. B. eine öffentliche, auch kontroverse Diskussion entscheidender Fragen des kirchlichen Lebens ermöglicht; je mehr sie z. B. eine Entflechtung der vielen Funktionen und Verantwortungen fördert, die im Laufe der Zeit alle dem einen geistlichen Amt auf Kosten der anderen Charismen zugewachsen sind; je mehr sie z. B. zu einer mitentscheidenden (und nicht nur mitberatenden) Rolle der verschiedenen geistlichen Begabungen (Charismen) hinfindet, um so eher wird sie von den Glaubenden als eine Gemeinschaft der verdankten und befreiten Freiheit Jesu Christi erfahren. Die unverzichtbare Besonderheit alles amtlich-institutionellen Handelns in der Kirche, nämlich auf identifizierende und integrierende Weise der befreienden Gegenwart des Geistes zu dienen, drückt sich eben keineswegs in einem allsorgenden und allzuständigen Entlasten aus, sondern in der Fähigkeit, alle (dazu willigen und fähigen) Glaubenden verantwortlich an der Gestaltung der Gemeinschaft im Glauben teilhaben zu lassen.

LITERATUR

Balthasar, H. U. v., Pneuma und Institution. Einsiedeln 1974.
Berger, P. L. – Luckmann, Th., Die gesellschaftliche Konstruktion der Wirklichkeit. Frankfurt 1970.
Bühlmann, W., Weltkirche: neue Dimensionen. Modell für das Jahr 2001. Graz 1984.
Höhn, H. J., Kirche und kommunikatives Handeln. Frankfurt 1985.
Bonhoeffer, D., Sanctorum Communio. Eine dogmatische Untersuchung zur Soziologie der Kirche. München [4]1969.
Kasper, W. – Sauter, G., Kirche – Ort des Geistes. Freiburg 1976.
Kaufmann, F. X., Kirche begreifen. Freiburg 1979.
Kehl, M., Kirche als Institution. Frankfurt [2]1978.
Rahner, K., Das Dynamische in der Kirche. Freiburg 1958.
–, Institution und Freiheit, in: Schriften 10 (1972) 115–132.

8. KAPITEL

DER URSPRUNG DER KIRCHE AUS GOTTES WORT UND GOTTES GEIST

Gerhard Sauter

§ 1. Ursprung oder Anfang der Kirche?

Nach dem Ursprung der Kirche *theologisch fundamental* fragen heißt: nach dem Grund der Kirche fragen, heißt danach fragen, was schlechthin konstitutiv für die Existenz der Kirche ist. Darauf hat, im heftigen Streit mit den Korinthern um die Grundlagen ihrer Gemeinde, der Apostel Paulus geantwortet: „Einen anderen Grund kann niemand legen außer dem, der gelegt ist, welcher ist Jesus Christus" (1 Kor 3,11). Jesus Christus der Grund der Kirche – das bedeutet offensichtlich nicht, daß Jesus von Nazaret die Kirche gegründet hat wie ein Religionsstifter oder wie eine bedeutungsvolle Gestalt mit überpersönlichem Wirkungskreis, aus dem sich eine religiöse Gemeinschaft bilden konnte. Im Unterschied zu einer historischen Fragestellung (vgl. Kap. 3) setzen wir mit dem Bekenntnis ein, daß Jesus Christus das *von Gott* errichtete Fundament der Kirche ist. Nach dem Ursprung der Kirche fragen heißt deshalb: nach Gottes Handeln an und durch Jesus Christus fragen, das die Kirche begründet.

Diese Frage nach der *Gründung und Einrichtung der Kirche* ist Ausdruck des Staunens, das jedenfalls die neutestamentlichen Äußerungen über die Anfänge der Gemeindebildung einmütig durchzieht: das Staunen über das Wunder der Erwählung von Juden und Heiden zum neuen Gottesvolk. Sie sind berufen zu Zeugen der Offenbarung des Heils, das im Kreuzestod und in der Auferweckung Jesu Gestalt wurde, sie sind einbezogen in den Bund Gottes und vereinigt zum Leib Christi, freigesprochen vom Todesschicksal und begabt mit dem Geist, der sie Jesus als Messias und Herrn ihres Lebens bekennen läßt. So und nicht anders ist die Kirche geschaffen und beschaffen. Von dieser Konstitution der Kirche aus kommt der „Bestand" der Kirche in den Blick, denn daran, ob die Kirche auf dem rechten Fundament steht, entscheidet es sich, ob sie „steht oder fällt". So hat es Martin Luther gemeint, als er in einer seiner reformatorischen Frühschriften sagte, die Kirche sei aus dem „Wort der Wahrheit" geboren. Er rief eine Synode auf, „treue Mitarbeiter Gottes zu werden beim Werk der göttlichen Geburt", und begründete dies so: „Stat fixa sententia, ecclesiam non nasci nec subsistere in natura sua, nisi verbo Dei. ‚Genuit', inquit, ‚nos verbo veritatis'" (Jak 1,18)[1]. Und im Disput über den augustinischen Satz von

---

[1] *M. Luther*, Sermo praescriptus praeposito in Litzka (1512): WA 1,13,38–40.

der Kirche als Voraussetzung des Glaubens[2] bejahte er die Notwendigkeit der Kirche, sofern sie sich als „creatura Euangelii" versteht, sich dem Evangelium unterstellt und deshalb nicht Letztberufungsinstanz sein will[3].

Die Feststellung des geschichtlichen Bedingungsgefüges, aus dem heraus die Kirche entstanden ist, liefert demgegenüber keine normativen Gesichtspunkte für die Bestimmung dessen, was „Kirche" ist. Ebensowenig darf sich heutiges theologisches Nachdenken über das „Wesen" der Kirche auf die geschichtliche Gestalt der Kirche in einer bestimmten Epoche der Vergangenheit fixieren oder auf eine innergeschichtliche Zweckbestimmung berufen.

Die fundamentaltheologische Frage nach der Konstitution der Kirche kann sich demnach nicht mit den Ergebnissen einer historischen Betrachtungsweise begnügen, die den gegenwärtigen Zustand der Kirche aus der Entwicklung seit ihren Anfängen zu begreifen sucht[4]. Sie läßt sich auch nicht von einer religionssoziologischen Sicht leiten, die rekonstruiert, wie religiöse Gruppen sich bilden und ihr Profil durch die Auseinandersetzung mit Tradition und Umwelt gewinnen. Der Rekurs auf die historischen Randbedingungen der Anfänge christlicher Kirche gelangt vielleicht zu der Auskunft, die erste Gemeinde sei eine jüdische Sekte gewesen; ihre Ausbreitung zunächst in der jüdischen Diaspora, dann über sie hinaus lasse sich teils aus dem Zusammenbruch des jüdischen Kultus erklären, teils aus einem produktiven Mißverständnis des Bemühens Jesu um eine ganz dem bevorstehenden Weltende zugewandte Kommunität. Der Schock der Krise dieses prophetischen Aufbruchs in der Hinrichtung Jesu und die Enttäuschung über das Ausbleiben der weltgeschichtlichen Katastrophe, die das Reich Gottes hervorbringen sollte, hätten die Jünger Jesu zu einer neuartigen Erlösungserfahrung sublimiert; um den Preis der anfänglichen Reich-Gottes-Hoffnung habe sich dieses Heilsverständnis rasch auszubreiten vermocht: aus ihm sei die weltgeschichtliche Mission des neuen Glaubens erwachsen.

Dergleichen Theorien über die Entstehung des Christentums kann in der fundamentaltheologischen Argumentation keine eigentlich theologisch begründende Rolle zugestanden werden. Sie sind jedoch nicht belanglos, sofern sie die Annahme problematisieren, die christliche Kirche sei so etwas wie der direkte Ausfluß des Willens Jesu und die ungebrochene Fortsetzung seines Wirkens, ja die fortdauernde und unerschöpfliche Repräsentation seines Lebenswerkes. Solch eine positivistische Ableitung ist nicht nur äußerst anfällig für historische Kritik. Sie ist auch theologisch fragwürdig. Das zeigt z. B. der folgende Passus aus dem Antimodernisteneid: „Fest glaube ich, daß die Kirche, die Hüterin und Lehrerin des geoffenbarten Wortes, durch den wahren und

---

[2] *Augustinus*, Contra Epistolam Manichaei V 6 PL 42, 176: „Ego vero Evangelio non crederem, nisi me catholicae Ecclesiae commoveret auctoritas."
[3] Resolutiones Lutherianae super propositionibus suis Lipsiae disputatis (1519): WA 2, 430, 6–8: „Ecclesia enim creatura est Euangelii, incomparabiliter minor ipso, sicut ait Jacobus: voluntarie genuit nos verbo veritatis suae, et Paulus: per Euangelium ego vos genui" (vgl. 1 Kor 4, 15).
[4] Vgl. dazu *H. Küng*, Die Kirche. Freiburg 1967, 88–99; *Heinz; Lohfink*.

historischen Christus selbst, während seines Lebens unter uns, unmittelbar und direkt eingesetzt, und daß sie auf Petrus, den Fürsten der apostolischen Hierarchie, und auf seine steten Nachfolger gebaut wurde" (DS 3540; Nr. 67). Aber wird nicht durch eine solche Formulierung die Gefahr erst heraufbeschworen, die vermieden werden soll? Die Kirche will hier ihre Legitimität historisch behaupten – sie kann dies jedoch augenscheinlich nur tun, indem sie das Wort Gottes quasi als Stiftungsurkunde beansprucht und behauptet, sie allein könne dieses Statut rechtmäßig auslegen. – Es ist außerdem und vor allem theologisch bedenklich, will man das „Wesen" der Kirche aus ihrer historischen Gründung erheben, indem man sie auf einen ebenso unzweifelhaft göttlichen wie historisch fixierbaren initiatorischen Akt zurückführt, welcher der Kirche in ihrer Geschichte Identität und Glaubwürdigkeit verleihen soll (vgl. dazu ergänzend Kap. 3).

Die neutestamentlichen Zeugnisse sprechen jedoch – trotz Mt 16,18 – eine deutlich andere Sprache. Sie geben zu erkennen, daß der Karfreitag die geschichtliche Kontinuität von Jesu Wirken unterbrochen hat (vgl. 2 Kor 5, 16). Erst im Glauben an seine Erhöhung zur Rechten Gottes durch die Kraft des Geistes wird die Identität des Irdischen mit dem Auferstandenen und Erhöhten neu verstanden (Röm 1, 3 f); der gekreuzigte Auferstandene ist der Herr und das Haupt der Kirche, der sie durch sein Wort im Geist schafft und erhält.

Der geschichtliche Zusammenhang zwischen Jesus von Nazaret, seiner Verkündigung des Reiches Gottes, seiner Sündenvergebung, der Mahlgemeinschaft, der Geistsendung und der Kirche beruht demnach auf der neuschaffenden Tat Gottes an Jesus, durch welche bestätigt und vollendet wurde, was Jesus gesagt und getan, vor allem: was er erlitten hatte. In diesem Geschehen hat die Kirche ihren *Ursprung*[5], und aus ihm empfängt sie immer neu ihr Dasein. Sie ist an Jesus Christus gewiesen: an den, in dem sich Gottes rettendes Gericht in vollkommener Weise verkörpert hat. Jesus lieferte sich diesem Gericht aus, und derselbe Jesus wurde von Gott auferweckt und erhöht. Nicht eine historisch rekonstruierte Genealogie, sondern dieses Geschehen begründet die Identität, auf die sich die Kirche verlassen soll, die Christi Namen trägt.

§ 2. Pneumatologische Begründung

Wird die Frage nach dem Ursprung der Kirche so verstanden als Frage nach dem die Kirche konstituierenden Handeln Gottes an und durch Jesus Christus in seiner Einheit als Davidssohn und Gottessohn (Röm 1, 3 f), dann müssen wir weiterfragen nach der gegenwärtigen Wirksamkeit dieses erhöhten Herrn. Eine einseitig auf geschichtliche Anfänge ausgerichtete Betrachtungsweise verliert

---

[5] In diesem Sinne hat die Kirchenkonstitution des Vaticanum II (LG 2–5) den Antimodernisteneid revidiert.

dagegen den erhöhten Christus aus dem Blick, der allein der gegenwärtig wirksame ist.

Zwar ist die Kirche creatura *verbi*, nämlich des Wortes, das Fleisch geworden ist (Joh 1, 14). Von hier aus dachte weitgehend die abendländische Theologie. Die dogmatische Folge war indessen eine exklusiv christologische – um nicht zu sagen: christomonistische – Auffassung von der Kirche, deren verhängnisvoll praktische Konsequenzen gleich zu nennen sind. Daß sie auf Symptome einer falschen Grundeinstellung hinweisen, zeigt sich, wenn die fundamentaltheologische Frage mit dem ihr eigenen Gewicht zur Geltung gebracht wird.

Daß „Kirche" existiert und eine Geschichte hat, ist so wenig selbstverständlich wie die Tatsache, daß es überhaupt eine Geschichte „nach Christus" gibt. Warum ist die Menschheitsgeschichte nicht mit dem Kommen Jesu Christi an ihr Ende gelangt, wenn Christus wirklich das endgültige Heil für alle Welt gebracht hat? Schließen nicht der weitere Verlauf der Geschichte und der Anbruch der Heilszeit einander aus?

Diese Frage mußte die Kirche seit ihren Anfängen bewegen, denn sie gehört zu ihrer eigenen Botschaft und Sendung. Die Kirche weiß sich ja in eine Geschichte hineingestellt, die gleichsam über dem geschlossenen Grab Christi zur Tagesordnung übergegangen war. In der anscheinend unverändert fortlaufenden Geschichte ist ihr aufgetragen, auf dieses Grab und das Kreuz daneben als die offene Wunde der Menschheit hinzuweisen, an der sie zugrunde gehen muß, wenn sie nicht daran Heilung findet. Mit Christus ist die Schöpfung neu geworden. Sie ist weder zerstört noch bloß auf eine andere Entwicklungsstufe gebracht. Gott hat sie, als er in sie einging, umgeschaffen zum Raum der vollen und ungeteilten Gemeinschaft mit ihm. Deshalb tritt die Kirche aus dem Flusse einer sich selbst fortbewegenden Geschichte heraus, ohne geschichtslos zu werden. Was sie mit der Geschichte verbindet, ist Gottes Handeln, das an ihr so geschieht, daß Gottes Wille für die ganze Welt wahrgenommen werden kann.

Der Grund der Kirche ist, daß Gott sie will, um sein Recht und seinen liebenden Willen an der Schöpfung zum Siege zu bringen. Als Zeichen für Gottes Herrschaft über alle Welt erfährt sie an sich selber das rettende Gericht über menschliche Gottlosigkeit (1 Petr 4, 17). Darum hängt ihre gesamte Existenz davon ab, wie diese Herrschaft beschaffen ist, ausgeübt wird und zum Ziel gelangt. Ihr Blick richtet sich deshalb auf das Handeln Gottes in und durch Jesus Christus nicht nur als ein vergangenes, sondern als ein gegenwärtiges, auf *Gottes Präsenz*. Sie fragt, wenn sie wirklich nach ihrem Ursprung fragt und sich nicht bloß nach ihren Anfängen erkundigt, nach Gott selbst und nach der Art und Weise seines Wirkens, seines Gegenwärtig-Werdens. Mit anderen Worten, mit den biblischen Bezeichnungen für die Weise der Gegenwart Gottes gesagt: Gott ist gegenwärtig in seinem Wort, in Jesus Christus und in seinem Evangelium, wie in seinem Geist, der uns Jesus als den Herrn erkennen und bekennen läßt (1 Kor 12, 3). So handelt Gott in seiner unergründlichen Freiheit und in seiner Hoffnung erweckenden Macht. Geist und Wort sind die Antwort, Gottes lebendige Antwort auf die Frage nach dem Ursprung der Kirche – eine Antwort freilich, die zu neuem Fragen nötigt, das auch die Kirche in Frage stellt.

Die Parakletsprüche des Johannesevangeliums helfen, dieses Fragen zu entfalten[6]. In seinen „Abschiedsreden" verheißt Jesus den Geist als Wegbegleiter des Werkes Gottes in der Welt. Der Paraklet wird die Jünger an die Worte Jesu „erinnern", aber dieses Gedenken unterweist zugleich und weist den Weg. Der Geist führt die Offenbarungserkenntnis weiter: Er wird „in alle Wahrheit leiten" (16, 13), das Kommende sehen lehren und melden (16, 14), die Welt ihrer Sünde überführen und damit zu Gott bringen (16, 8). Der Paraklet ist demnach nicht Jesus in anderer, womöglich „geistiger" Gestalt. So wenig Jesus und Geist im Blick auf ihre Sendung, nämlich Gott in der Welt zu offenbaren, verschieden sind, so deutlich sind sie doch unterschieden. Der Auftrag des Geistes zeigt, was es seit Jesus – nicht nur „nach Jesus" – zu tun gibt, um Gott allein zu Gehör zu bringen, um der Welt die Augen für ihn zu öffnen und ihm die Ehre zu geben. Was Jesus zu sagen hatte, übersteigt die Fassungskraft seiner Jünger (16, 12). Gott muß sich weiter mitteilen, damit Christus und seine Sendung allererst voll und ganz verstanden werden können. Darum entfaltet der Geist nicht nur Wort und Werk Jesu Christi, sondern er offenbart die unerschöpfliche Wahrheit, die den Weg Jesu vom Vater her und zu ihm hin umfaßt und erschließt. Er setzt das Werk Jesu nicht bloß fort und geht auch nicht nur der unabgegoltenen „Bedeutung" Jesu nach. Er vollbringt und vollendet das Werk Gottes, das kein anderes ist als Gottes Handeln in und an Jesus Christus, das uns aber nicht in der gleichen Weise begegnet.

Die johanneischen Ansätze zum Reden von Gottes Geist, der in Person das Werk Gottes zum Ziel führt, lassen in ursprünglicher Weise nach der Geschichte fragen. Sie zeigt sich nicht als ein Zusammenhang von Fakten, die von menschlichem Wirken übriggeblieben sind – auch nicht vom Leben Jesu. Die Geschichte des Geistes ist vielmehr konstituiert als die Zeitspanne, die Gott zwischen der endgültigen Offenbarung seiner Herrlichkeit in seinem Sohn und seiner vollen, umfassenden Verherrlichung an und in der Welt gesetzt hat, auf daß er „alles in allem" werde, wie es bei Paulus heißt (1 Kor 15, 28). Gottes Geist bewirkt Gottes Verherrlichung, mehr noch: er zieht uns in diese Geschichte hinein und schließt uns mit dem Tun Gottes zusammen. So bewirkt er communio mit Gott, mit den Menschen, ja mit dem gesamten Kosmos.

Die Frage nach dem Ursprung der Kirche darf sich also nicht in einem Gedenken Jesu erschöpfen. Christus selbst verbietet dies. Indem er den Geist verheißt und mitteilt (Joh 20, 22), richtet er die Erwartung der Seinen auf das weitergehende Wirken und eschatologische Kommen Gottes.

---

[6] Siehe zum folgenden auch *W. Stählin*, Das johanneische Denken. Witten 1954, 42–46; *Congar* 65–69.

§ 3. *Kontinuität und Innovation in der Kirche*

Auf Gottes Kommen im Geist hoffen bedeutet: aus dem Flusse der Kirchengeschichte heraustreten, um die in ihr lautgewordenen Geister zu unterscheiden (vgl. 1 Kor 12, 10) und sie zu prüfen, ob sie von Gott sind (1 Joh 4, 1) – statt sich von den im Laufe der Geschichte entstandenen Strömungen mitreißen zu lassen.

Manche dieser Strömungen sind, wie schon erwähnt, daraus entstanden, daß das *Verhältnis Jesu Christi zur Kirche* falsch oder zumindest einseitig bestimmt worden ist. Schon die geläufige Bezeichnung „Kirche Jesu Christi" kann mißverständlich sein: wenn nämlich die Kirche als Stiftung aufgefaßt wird, mit der Jesus seine Sache über seinen Tod hinaus fortsetzen wollte. Im Neuen Testament dagegen heißt die Kirche nur in Röm 16, 16 „Kirche Christi", sonst meistens „Kirche Gottes" (1 Kor 1, 2; 10, 32; 11, 16.22; 15, 9 u. ö.). Natürlich soll damit kein Gegensatz aufgerichtet werden, wie Paulus denn auch eine Gemeinde anreden kann als „in Gott, dem Vater, und dem Herrn Jesus Christus" existierend (1 Thess 1, 1). Aber der paulinische Sprachgebrauch weist doch darauf hin, daß „Kirche" die Versammlung der eigens von Gott Berufenen ist. Sie ist das Volk, das Gott gehört (wie es 1 Petr 2, 9 im Anklang an Ex 19, 5 genannt wird), um seine Heilstaten zu verkündigen. Kirche existiert als ein *Bestandteil des Heilshandelns Gottes*, in das Jesus sein eigenes Leben und Sterben eingeschrieben hat. Gott beruft in sein Volk hinein, das ja keine Stammes- oder Volksreligion ist (in die jeder hineingeboren wird). Er ruft sein Volk zusammen, um ihm seinen Auftrag mitzuteilen und es mit dem auszurüsten, was es zur Erfüllung dieses Auftrages braucht. Dieser Ruf ergeht immer wieder neu. Ohne Gottes berufendes und bevollmächtigendes Wort wäre die Kirche ein religiöser Traditionsverband, der sich die eigenen Statuten vergegenwärtigt, um sich seiner Existenzberechtigung zu versichern.

Wird dieser Daseinsgrund der Kirche übersehen oder auch nur nicht deutlich genug gesehen, dann stellen sich allzu leicht fatale Akzentverschiebungen ein. So hat die in der katholischen Kirche bis zum II. Vatikanischen Konzil einflußreiche traditionalistische Ekklesiologie gemeint, Jesus habe die Kirche ein für allemal so eingerichtet, wie sie heute erscheint, und ihren Fortbestand durch die Einsetzung der Hierarchie gesichert. Das führte unter Berufung auf Mt 16, 18 zur Anschauung vom Papst als dem Stellvertreter Christi auf Erden, durch dessen Vollmacht die Stabilität der Kirche verbürgt sei.

Oder: Das organologische Mißverständnis der Metapher „Kirche als Leib Christi" sah die Kirche als einen in sich geschlossenen Funktionszusammenhang, der in allen Lebensäußerungen primär mit dem Überleben des Organismus beschäftigt ist. Damit verband sich die Vorstellung von der Kirche als dem auf Erden fortlebenden Christus, die zu einer triumphalistischen Ineinssetzung von Christus und Kirche bzw. der Hierarchie neigte.

Auswirkungen auf kirchliche Gestaltung und Praxis blieben nicht aus: Die hierarchische Institution gewann das Übergewicht gegenüber dem „Kirchen-

volk", die amtliche Autorität und Funktionsfähigkeit wurde gegenüber genu-
iner Glaubensäußerung und glaubwürdiger Praxis bevorzugt. Dies hat die
Kritik der östlich orthodoxen Theologie an dem „westlichen" Kirchenbegriff
hervorgehoben und dabei auf die exklusive Ableitung der Kirche aus der Christologie verwiesen: ein „Christozentrismus" als Gefahr sowohl der römisch-katholischen Ämterkirche wie der freien Gemeindebildung im Protestantismus,
die sich auf die Unmittelbarkeit der Christusgegenwart in charismatischen Füh-
rergestalten berufen. „Der Westen war fortan in der Gefahr, sein theologisches
Gleichgewicht zu verlieren, weil sich zwei radikale, entgegengesetzte Formen
des Christozentrismus entwickelten. Einerseits begann man vom sakralen Charakter der Hierarchie und der Institution im ontologischen Sinne zu sprechen,
und andererseits wurde die Emanzipation gepredigt, die ein Sektierertum zur
Folge hat."[7]

Diese beiden Vorstellungen scheinen einander genau entgegengesetzt zu
sein. Die eine legt alles Gewicht auf die Kontinuität, die es ermöglicht, Gottes
Heil wie einen Schatz zu verwalten und auszuteilen. Die zweite dagegen verläßt
sich ganz auf die Erneuerung, welche das Althergebrachte und Gewohnte
durchbricht und gegen institutionelle Erstarrung durchgesetzt werden muß[8].
Religionssoziologisch gesehen, ist dies eine klare Alternative, die in der Kirchengeschichte immer wieder belegt werden kann[9]. Sie läßt sich auch ekklesiologisch abbilden: Institutionelles Kirchentum beruft sich auf Gottes Wort, das
ihm übertragen worden ist, um Heil mitzuteilen, aber auch um seine Glieder in
der Zucht des Glaubens zu bewahren – bei freien Gemeindebildungen wissen
sich die einzelnen unmittelbar von Gott angesprochen, sein Wort und die eigene beseligende Erfahrung gehen so ineinander über, daß sich kein Fremder,
auch kein kirchlicher Amtsträger, dazwischenstellen kann. Fundamentaltheologisch geurteilt, haben jedoch beide Konzeptionen einen gemeinsamen Nenner: den Geistbesitz. Christus ist ganz und gar Geist geworden, der sich völlig
vermittelt, sei es in einer institutionellen Körperschaft, sei es in begeisterten
einzelnen.

Die Verschmelzung von Gott und Mensch „im Geist": der Aufstieg des Menschen in den Raum göttlicher, weltüberlegener Freiheit und das Eingehen Gottes in die gesteigerte Fassungskraft des Menschen – das ist von christlicher
Theologie häufig als „Enthusiasmus" gebrandmarkt worden. Meistens geschah
dies in der Abwehr ungesteuerter Bewegungen, die kirchliche Ordnungen ins

---

[7] *N. A. Nissiotis*, Die Theologie der Ostkirche im ökumenischen Dialog. Stuttgart 1968, 65. Zur
Auseinandersetzung damit vgl. *Y. Congar*, Pneumatologie ou „Christomonisme" dans la tradition
latine?, in: Ecclesia a spiritu sancto edocta. Gembloux 1970, 41–63.
[8] Diese zweite Auffassung begegnet modifiziert auch dort, wo in einer überbetonten Kompetenz
aller Kirchenglieder, ausgelegt als Gestaltungsfreiheit, die Gewähr für eine ständige Erneuerung der
Kirche gesehen wird: einer „Kirche von unten" als Gegenspielerin kirchlicher Hierarchie. Vgl. dazu
H. J. Pottmeyer, Die zwiespältige Ekklesiologie des Zweiten Vaticanums – Ursache nachkonziliarer
Konflikte, in: TThZ 92 (1983) 272–283.
[9] Idealtypisch hat dies *E. Troeltsch* nachgewiesen: Die Soziallehren der christlichen Kirchen und
Gruppen. Tübingen 1912.

Wanken zu bringen drohten, indem sie im Namen des Geistes die Erneuerung gegen Tradition und kirchliches Amt ausspielten[10]. Schon Paulus hat sich im 1. Korintherbrief mit Geistbegabten auseinandersetzen müssen, die sich im Vollgefühl ihrer Erlöstheit nur noch um ihre Selbstdarstellung kümmerten, in der Meinung, dadurch Christus am deutlichsten zu repräsentieren. Aber solche Enthusiasten tauchen nicht nur „links" von der Großkirche auf. Jede letzte Identifikation eines Sprechers der Kirche mit Gottes Wort ist im Grunde enthusiastisch[11]: das Wort, das der Kirche anvertraut ist, wird zum Modus ihrer Selbstdarstellung verkehrt. Gewiß: Christus hat sich den Seinen versprochen, er überliefert sich selber in seinen Gaben, in Wort und Sakrament, in denen uns das Leben des Geistes mitgeteilt wird. Doch weil der Geist diejenigen beherrscht, die er begabt, kann er nicht zu ihrem Besitz werden. Indem er ihnen zuteil wird und sie ganz erfüllt, weist er über sie hinaus auf Gott selbst, der hier gegenwärtig geworden ist, um seine Zukunft zu eröffnen. Seine Treue schafft *die* geschichtliche Kontinuität, welche nicht das Werk menschlichen Beharrungsvermögens ist. *Die Kontinuität aufgrund der Treue Gottes widerspricht auch nicht der Innovation, denn sie ist fortwährende Erneuerung im eigentlich theologischen Sinne dieses Wortes.* Das Neue entsteht nicht aus dem Widerspruch gegen das Alte, sondern aus der Schöpfertreue Gottes, der das Geschaffene bewahrt, indem er es an seine Seite ruft und in der Gemeinschaft mit ihm verwandelt.

Die Kontinuität der Treue Gottes in seiner Verheißung verleiht der Kirche Beständigkeit. Sie sieht sich nicht mehr als Verlängerung des Lebens Jesu, sondern in der Nachfolge ihres Herrn und seines Geschicks. Daher ist nicht jede Beharrlichkeit von Übel, im Gegenteil: sie kann Zeichen des Bleibens bei Gottes Wort sein. Dieses Bleiben bedeutet aber keinesfalls, daß die Kirche in sich selbst verharrt. In der Erwartung des Handelns Gottes an der Welt sucht sie je neu den Ort, wo sie sich Gott zuwenden und sich zu ihm bekennen kann.

So ist unbeirrt die fundamentaltheologische Frage wachzuhalten: Warum muß es überhaupt „Kirche" geben – trotz ihrer offenkundigen Schwächen und Fehler, trotz des vielfältigen Widerspruchs zwischen dem, was sie sagt, und dem, was sie tut? Die Antwort muß den Irrweg des Enthusiasmus im Auge behalten, der „Kirche" (in welcher sozialen Gestalt auch immer) unter Verwechslung historischer und theologischer Begründung rechtfertigen will, sei es durch eine rekonstruierte lückenlose Amtsfolge von Anfang an, sei es durch spontane Gemeindebildung. Fundamentaltheologisch ist dagegen zu sagen, daß die Kirche kraft der Kontingenz des Handelns Gottes im Geist existiert; „Kontingenz" bedeutet: Es könnte auch anders sein, aber es ist nun einmal so – weil und sofern Gott es will. Daß er es will, hat Christus mit der Verheißung seiner Gegenwart (Mt 16,18c; 28,20b) ausgesprochen, die der Kirche so „gegeben"

---

[10] Zusammenfassend: *W. Kasper,* Die Kirche als Sakrament des Geistes, in: *Kasper – Sauter* 13–55, hier: 16 f. 19 f. Zu „Reformation und Schwärmer" *I. Lønning* und *J. H. Yoder,* in: Conc(D) 15 (1979) 515–522. Zum Thema „Amt und Geist": *B. Mondin, H. Häring* und *H. Meyer* ebd. 529–544.

[11] Vgl. die Kritik *K. Barths* an einem bis zum Vaticanum II vorherrschenden Verständnis der päpstlichen Unfehlbarkeit: KD I/2 (⁶1975) 630–634.

ist, daß sie sich daran halten kann. Die Verheißung umreißt den Erwartungs-
raum, der über die bisher entstandene Kirche und ihre Geschichte hinausgeht
(1 Kor 15, 28). Indem die Fundamentaltheologie auf diese Verheißung aufmerksam macht, wird sie weder zum Sprachrohr eines sich in sich selbst ver-
schließenden kirchlichen Selbstbewußtseins, noch verläßt sie die Kirche, um
von einer Außenposition aus die Notwendigkeit der Kirche nachzuweisen. Sie
hat vielmehr aus der Wesensmitte der Kirche heraus die Frage einzuschärfen:
Warum und woraus lebt Kirche? – im Blick auf die gegebene Antwort: Sie wird
aus Gottes Wort geboren, daraus lebt sie, und gebaut und gestaltet wird sie
durch Gottes Geist.

§ 4. Kirche als Geschöpf des Wortes

Dem Enthusiasmus in beiderlei Gestalt wehrt das Wort Gottes, das die Kirche
von außen trifft, das über ihr steht und ihr vorangeht. Es ruft sie ins Leben und
gibt ihr alles, was sie zum Leben und Wirken braucht. So hat Augustin von der
Geburt der Kirche aus dem Gotteswort und davon gesprochen, wie sie ernährt,
aufgezogen und ausgestattet wird durch dieses Wort[12]. Luther nimmt dieses
Bild auf[13], spürt aber offensichtlich, daß das Wort als eine Art Lebenselixier
mißdeutet werden könnte, das der Kirche eingegeben ist. „Wort" kann ja auch
der „Ausdruck" eines sprachbegabten Lebewesens sein, und die Kirche mag
sich als Sozialkörper aussprechen und ihre Selbstverständigung artikulieren
wollen. Aber dann wäre „Wort Gottes" die Äußerung des Innenlebens einer
religiösen Gemeinschaft, nicht das *verkündigte Wort*, das der Kirche gegenübertritt, auch wenn es in ihr und aus ihr heraus gesagt wird. Darum prägt
Luther ein, daß Kirche nicht ohne das Wort existieren kann, weil Gottes Wort
nie ohne seine Kirche ist: „Denn Gottes wort kan nicht on Gottes Volck sein,
widerumb Gottes Volck kan nicht on Gottes wort sein, Wer wolts sonst predigen oder predigen hören, wo kein Volck Gottes da were? Und was kündte oder
wolte Gottes Volck gleuben, wo Gottes wort nicht da were?"[14] Die Kirche lebt
aus Gottes Wort – ebenso wie das Wort des Volkes Gottes bedarf, um zu voll-
bringen, wozu es ausgesprochen und ausgesandt ist (Jes 55, 11).

Das Wort Gottes macht die Kirche zum *wandernden Gottesvolk*. So schildern
sie, im Eingedenken an die Versuchung und Bewahrung Israels in der Wüsten-
wanderungszeit, Paulus (1 Kor 10, 1–13) und zumal der Hebräerbrief

---

[12] „Ecclesia verbo Dei generatur, alitur, nutritur, roboratur", zitiert bei *M. Luther*, Von den Konzi-
liis und Kirchen (1539): WA 50, 630, 18.
[13] *M. Luther*, Ad librum eximii Magistri Nostri Magistri Ambrosii Catharini ... responsio (1521):
WA 7, 721, 10–14: „... cum per solum Euangelium concipiatur, formetur, alatur, generetur, educetur,
pascatur, vestiatur, ornetur, roboretur, armetur, servetur, breviter, tota vita et substantia Ecclesiae
est in verbo dei, sicut Christus dicit ‚In omni verbo quod procedit de ore dei vivit homo'."
[14] *Luther* (s. Anm. 12) 629, 34–630, 2.

(3,7–4,13; 10,19–13,17). Diese Metapher macht mehr als andere Umschreibungen darauf aufmerksam, daß *der Ursprung der Kirche verheißungsvoll* ist und daß sie *durch ihr Ziel konstituiert* wird, also von vorn her[15]. Als wanderndes Volk ist die Kirche, schon allein durch ihr Dasein, eine „sprechende Tatsache" für die Welt. Gottes Verheißung hat die Kirche auf den Weg gebracht und bringt sie von allen Abirrungen und Holzwegen oder allzu ausgedehnten Ruhepausen wieder auf den Weg zurück. Diese *Verheißung ist ergangen*, sie ist also keine Aussicht, keine Projektion von Sehnsüchten oder gar eine Fata Morgana religiöser Bedürfnisse. In Jesus Christus hat Gott das, was er in der Geschichte Israels zugesagt hat, bekräftigt und bestätigt (2 Kor 1,20) und sich in seinem Sohn endgültig mitgeteilt (Hebr 1,2). An diese Endgültigkeit darf und soll sich die Kirche halten, gerade weil sie nicht die Geschichte des Geistes abschließt, sondern sie im Gegenteil eröffnet. Beharrt die Kirche bei dieser Verheißung, dann bleibt sie auf dem Wege, bleibt nicht etwa auf ihm stehen, es sei denn, sie müßte innehalten, um sich nicht von Irrlichtern verlocken zu lassen.

An die Verheißung sieht sich die Kirche gewiesen als an Gottes *ausgesprochenes Wort*. Deshalb ist sie etwas Bestimmtes, ohne verfügbar zu sein. Wer sich der Verheißung bemächtigen will, dem entgleitet sie. Im Wort kommt Gott zu uns, ohne sich dabei seiner Freiheit zu entäußern. Er verspricht das, was er an Welt und Mensch tun und für sie sein will, ja er verspricht sich selber, seine Treue – er tut dies, indem er seine Verheißungen wahrnehmen läßt, wie er sie im Geschick Jesu für endgültig erklärt hat. Menschen dürfen sich an dieses Wort halten; es ist also keine freischwebende, nur diesem oder jenem ausgezeichneten Menschen zugängliche Bedeutung. Doch niemand kann dieses Wort für sich behalten, um sich an ihm zu berauschen und es in sich zu versenken.

Weil Gottes Verheißung endgültig ist, *bindet sich Gottes Geist an das Wort*: „Wort" und „Geist" sind im biblischen Sprachgebrauch oft nur schwer zu unterscheiden, wenn sie Gottes Kommen zu den Menschen bezeichnen. Gottes Wort kann nie derart „geistlos" sein, daß es bloße Information und reine Feststellung wäre. Es ist vielmehr Tat-Wort und Wort-Tat: es bewirkt, was es ausspricht. Und Gottes Geist bleibt keine unpersönliche, namen- und wortlose Kraft, sondern er geht in menschliche Sprache ein. Er wird in alltäglichen Wörtern vernehmbar, ja er wird geradezu zum Wort, das die Kommunikation von Menschen prägt, indem es das menschliche Reden zu Gott und von Gott begründet und aufbaut. Wie Jesus Christus, das Wort Gottes, Fleisch geworden ist, um unter Menschen zu wohnen, so wird der Geist Wort, um Gemeinschaft

---

[15] Diese Perspektive wird in der katholischen Ekklesiologie seit dem Vaticanum II stärker als früher hervorgehoben. Siehe dazu bes. die Beiträge v. *Y. Congar*, Erneuerung des Geistes und Reform der Institution, in: Conc(D) 8 (1972) 171–177; Der Heilige Geist 147–153; Die christologischen und pneumatologischen Implikationen der Ekklesiologie des II. Vatikanums, in: *G. Alberigo* – *Y. Congar* – *H. J. Pottmeyer* (Hg.), Kirche im Wandel. Düsseldorf 1982, 111–123.

zu stiften zwischen Gott und Mensch wie zwischen Menschen, ja auch zwischen Menschen und der Welt, die ebenfalls der Erlösung zum Leben bedarf[16].

Daß der Geist wort-gebunden ist, also nicht als anonyme Potenz Menschen überfällt oder aus ihnen entspringt, hat besonders die reformatorische Theologie betont[17]. Ohne das Wahrheitsmoment dieser (anti-enthusiastischen) Regel zu verkennen, muß aber ebenso deutlich gesagt werden, daß *das verkündigte Wort*, aus dem die Kirche lebt und dem sie dient, *geistgegeben und geisterfüllt ist*[18]. Gottes Geist ist der Überfluß der Liebe Gottes, die Gestalt, in der Gott aus sich heraustritt, sich ein Gegenüber schafft und mit ihm Gemeinschaft hält[19]. Darum ist der Geist die Voraus-setzung jeder Interpersonalität, jeder von Gottes Leben erfüllten und bestimmten Gemeinschaft.

§ 5. Kirche als Gestalt des Geistes

Dieses Wirken des Geistes geht weit über die Kirche hinaus, aber es bildet die Kirche als zeichenhafte Gestalt aus, an der immer wieder erkennbar wird, was Gottes Geist gibt und erwarten läßt[20]: Gottes Leben – im rettenden Gericht Gottes, wie es am Kreuz Jesu Christi offenbar geworden ist; Gottes Freiheit – im Bund Gottes, der Treue gewährt und Vertrauen erweckt; Gottes Liebe – in der Versöhnung, die Frieden stiftet und neuen Lebensraum schafft. Gestaltet wird die Kirche durch den Geist, indem sie sich sagen läßt, was sie sich nicht selber sagen kann: Gottes Wort; indem sie empfängt, was sie nicht selber geben kann: das Sakrament; indem sie den Dienst annimmt, den sie sich nicht selber zuschreiben kann: das Amt der versöhnenden Predigt (2 Kor 5, 18).

Von hier aus sind die Geistvorstellungen unter die Lupe zu nehmen, die auch die Anschauungen der Kirche bestimmen[21]. Geist wird oft als Prinzip des Lebendigen (gegenüber allem schon Gestalteten) gesehen, gleichsam als ein anarchischer Luftzug, der die Fenster und Türen des alten Gebäudes „Kirche" aufreißt, von dem man aber nicht weiß, ob er nicht dieses hinfällige Gebäude

---

[16] Gemeinschaftserfahrungen mancher Art, etwa in „charismatischen Bewegungen", bilden eine Quelle für die „Wiederentdeckung des Geistes" in jüngster Zeit, die auch eine veränderte Wahrnehmung der Kirche und ihrer Grenzen anzeigt. Vgl. dazu: Wiederentdeckung des Heiligen Geistes. Frankfurt 1974; *C. Heitmann – H. Mühlen* (Hg.), Erfahrung und Theologie des Heiligen Geistes. Hamburg 1974; *O. A. Dilschneider* (Hg.), Theologie des Geistes. Gütersloh 1980; mehrere Artikel in Conc(D) 15 (1979) 545–556; *Congar* 271–300. Bei dieser Neubesinnung kommen auch religions- und sozialphilosophische Einsichten zum Tragen; vgl. außer in den genannten Sammelwerken: *H. Mühlen*, Der Heilige Geist als Person. Münster ²1966; Una mystica Persona. Paderborn ³1968; *P. Tillich*, Systematische Theologie 3. Stuttgart 1966; *H. U. v. Balthasar*, Spiritus Creator. Einsiedeln 1967; *K. Rahner*, Theologie aus Erfahrung des Geistes = Schriften 12 (1975).
[17] Vgl. *H. Beintker*, Wort – Geist – Kirche, in: KuD 11 (1965) 277–307; *A. Ganoczy*, Wort und Geist in der katholischen Tradition, in: Conc(D) 15 (1979) 523–528.
[18] *G. Sauter*, Die Kirche in der Krisis des Geistes, in: Kasper – Sauter 58–106, bes. 90–94.
[19] *W. Kasper* ebd. 33f.
[20] Nur insofern ist es berechtigt, wenn *Irenäus* (Adv.haer. III 24, 1: SC 211, 474) sagt: „Ubi enim Ecclesia, ibi et Spiritus Dei; et ubi Spiritus Dei, illic Ecclesia et omnis gratia."
[21] Vgl. *G. Sauter*, Kirche als Gestalt des Geistes, in: EvTh 38 (1978) 358–369.

zum Einsturz bringt. Oder: Der Geist ist das Symbol der Unberechenbarkeit. Wie der Wind weht der Geist, wo er will. Darum – so wird gefolgert – sollten wir auf „Bewegungen" in Geschichte und Gesellschaft achten, die sich als Dynamik des Lebens identifizieren lassen. Ein drittes Vorstellungsmotiv ist „Geist" als unmittelbare Gemeinsamkeit, als unvermittelte Beziehung zwischen Mensch und Mensch, Mensch und Welt (Geist hier als Gegensatz zur Vermittlung der Weltbeziehung durch den Logos, der die Welt zusammenhält und rational erfaßt werden kann) und schließlich auch von Mensch und Gott (als individuelle Unmittelbarkeit zu Gott jenseits aller sozialen und traditionalen Bindungen). Zusammengenommen ist „Geist" in diesen Vorstellungskreisen der Inbegriff ungestalteter Dynamik. Daß der Geist als Widerspruch gegen alles von Menschen Gestaltete und Überlieferte von Gott kommt, erscheint diesen Vorstellungen plausibel. Der „Erweis des Geistes und der Kraft" (1 Kor 2, 4) wird in der Aufsprengung von verhärteten Traditionen und immobil gewordenen Institutionen gesucht und, mit gehöriger eigener geistiger Mitwirkung, auch gefunden.

Gottes Geist ist aber nach übereinstimmendem Zeugnis der Bibel nicht das Prinzip der anarchischen Gestaltlosigkeit, sondern *die Gestaltungsmacht Gottes.* Die maßgebende Gestalt des Geistes ist Gottes schöpferisches Wort selber, das ja keine Information über die vorhandene Welt ist, sondern das die Schöpfung bewirkt, indem es aus dem Nichts ins Sein ruft. Gestalt des Geistes ist ebenso das „Wort der Versöhnung", die Urgestalt der Institution des neuen Seins in Christus (2 Kor 5, 17–21). Das Wort von der Versöhnung ist „aufgerichtet" (damit ist „Institution" umschrieben: dieses Wort ist in die Erde eingepflanzt, ja geradezu eingerammt durch das Kreuz von Golgota). Als das „Amt der Versöhnung" prägt das Wort der Versöhnung die, die es auszusprechen haben. Dadurch ist die Institutionalität von Glauben und Bekenntnis als Kirche begründet. Das Versöhnungsgeschehen ist auch der Real- und Erkenntnisgrund dafür, daß die Kirche zum Ort des Geistes wird: Gott hat sich in seiner Freiheit an die Kirche gebunden, keinesfalls um damit sein Wirken außerhalb der Kirche auszuschließen, sondern um den Ort anzugeben, an dem er erkannt werden will. Dieses Geschehen wird auch immer wieder zum Gericht an der Kirche werden. Daß Gott im Geist gegenwärtig ist, besagt, daß er unserem Reden von ihm und unserem Handeln unter Berufung auf ihn immer schon zuvorkommt, daß wir seine Wirklichkeit in der Welt nicht hervorbringen, sondern auf sie zugehen. Darum kann sich die Kirche nie in sich selbst verschließen, auch nicht in der Form, daß sie *sich selbst* „auszubreiten" und auszuweiten bemüht, womit sie sich der Herrschaft ihres Herrn in den Weg stellen würde, der sie eigentlich dienen müßte.

§ 6. Die Aufgabe der Einheit

Die Kirche lebt aus der Versöhnung der Welt mit Gott, in ihr verkörpert sich die Gemeinschaft des Lebens mit Gott, unter der Verheißung der Erlösung nimmt sie am Geschick der Welt teil, die „objektiv" von der Sehnsucht nach Gottes Heil geprägt ist (Röm 8, 22). Aus der communio mit Gott stammt die communicatio mit der seufzenden, leidenden Schöpfung. In dieser doppelten Relation ist der Kirche die eschatologische Gabe des Gottesfriedens zugesagt, der die Einheit der Kirche hervorbringt. So wird die Gemeinschaft der Glaubenden und Hoffenden geschaffen, so ist sie auch beschaffen: nicht als Einverständnis von Gesinnungsfreunden, nicht als Sympathie derer, die „eines Geistes" sind, sondern als gegenseitiges Angewiesensein derer, die ohne eigene Voraussetzungen zur Verherrlichung Gottes zusammengeführt sind und immer wieder vereint werden.

Die Kirche ist dazu berufen, „die Einigkeit im Geist durch das Band des Friedens" zu bewahren (Eph 4, 3), also in der Einheit zu *bleiben*, die Gott ihr gewährt hat.

Die Einheit der Kirche ist Hinweis auf den einen Gott als Herrn aller Menschen und der ganzen Welt (Eph 4, 6). Wie kommt die Bezeugung dieser Einheit in der Gestaltung der Kirche zum Zuge? Hier meldet sich heute erneut die Kritik an der kirchlichen Hierarchie als sozialer Analogie zum Monotheismus zu Wort, der eine trinitarische Struktur der Kirche als brüderliche Gemeinschaft (ins Politische übersetzt: demokratische Partizipation und „kollegiale" Gleichberechtigung aller Glieder der Kirche)[22] entgegengesetzt wird. Das würde aber nur eine Sozialform, die für uns heute eine größere Plausibilität besitzt als eine frühere, für verbindlich erklären, indem man sie auf dogmatische Formulierungen zurückführt, die jedoch nur eine Gemeinschaftsvorstellung abbilden. Eine solche Interpretation der Trinitätslehre ist irreführend, denn die theologische Aussage über die Dreieinigkeit Gottes (als immanente Trinität) spricht von Gottes Willen zum Gegenüber seiner selbst und (als ökonomische Trinität) von Gottes Heraustreten in eine Welt außer ihm selbst in Schöpfung, Versöhnung und Vollendung. Inwiefern daraus Sozialformen abgeleitet und die Gestaltung der Kirche geprüft werden können, ist eine andere, eine ethische Frage; sie verhilft zu „Modellen", die dem „Bleiben" in der Einheit des Gottesfriedens entsprechen, ohne diesen Frieden selbst in einer idealen Sozialform verwirklichen zu können. Es kommt also nicht darauf an, die Kirche von nun an „von unten" aufbauen zu wollen, während sie bisher „von oben" regiert wurde. Die Einheit der Kirche zeigt sich vielmehr in der Einstimmung aller Glaubenden in das Werk und den Willen Gottes, die aus der Freiheit des Geistes geboren ist. Der Konsensus des Glaubens entspricht darum ethisch der

---

[22] Diese Deutung vertritt exponiert *J. Moltmann*, zuletzt in: Trinität und Reich Gottes. München 1980, 144–239.

verheißenen und in der Gabe des Geistes Gestalt gewinnenden Einheit der Kirche[23].

§ 7. Das Handeln der Kirche als Reden von Gott

Die Einheit des Geistes zeigt sich – so hat es besonders Paulus ausgeführt – in der Vielfalt der Geistesgaben (besonders 1 Kor 12 und 14). Diese Vielfalt ist ein Vorgeschmack des eschatologischen „Alles in allem" Gottes (1 Kor 15, 28): nicht eine Apotheose der Pluralität, keine Verherrlichung der Vielseitigkeit menschlicher Möglichkeiten, die nur als Ganzes der menschlichen Gemeinschaft zur Vollkommenheit verhelfen. Paulus meint vielmehr: Gott will in der Vielfalt menschlicher Äußerungen selbst so zu Worte kommen, daß alles, was Menschen aus seinem Geist sagen und tun, auf ihn selber hinweist. Gott soll in der Einheit seines Handelns in der Verschiedenheit menschlichen Tuns und menschlicher Erfahrung erkannt werden, Menschen sollen aneinander Gottes Handeln so wahrnehmen, daß sie zur Einheit des Lebens mit ihm geführt werden. Dies spricht gegen eine Fixierung der communio als „Prinzip zwischenmenschlicher Kommunikation" derart, daß aus dem unabsehbaren wechselseitigen Austausch menschlicher Lebensäußerungen und Rezeptionen von Wirklichkeit sich ein Gesamtzusammenhang von menschlicher Wirklichkeit und von Wirklichkeit für den Menschen herausbilden könnte. Das, was die Gaben des Geistes zum Ausdruck bringen, verweist statt dessen auf die Wirklichkeit, die nicht nur jenseits jeder konkreten menschlichen Gemeinschaft, sondern auch jenseits ihres sprachlichen Ausdrucksvermögens liegt, weil der Geist nicht anders als worthaft zu uns kommt, sich aber in keinem Wort und seiner Fähigkeit zur Repräsentation von Wirklichkeit erschöpft. So weist die Vielfalt der Geistesgaben auf den Ursprung der Kirche hoffend voraus.

LITERATUR

Balthasar, H.U. v., Pneuma und Institution. Einsiedeln 1974.
Congar, Y., Der Heilige Geist. Freiburg 1982.
Heinz, G., Das Problem der Kirchenentstehung in der deutschen protestantischen Theologie des 20. Jahrhunderts. Mainz 1974.
Kasper, W. (Hg.), Gegenwart des Geistes. Aspekte der Peumatologie. Freiburg 1979.
Kasper, W. – Sauter, G., Kirche – Ort des Geistes. Freiburg 1976.
Lohfink, G., Hat Jesus eine Kirche gestiftet?, in: ThQ 161 (1981) 81–97.
Sauter, G., Kirche als Gestalt des Geistes, in: EvTh 38 (1978) 358–369.

---

[23] *G. Sauter*, Hypothesen in der theologischen Ethik – erläutert an der Frage nach der Einheit der Kirche, in: EvTh 40 (1980) 285–302.

9. KAPITEL

DIE FRAGE NACH DER WAHREN KIRCHE

Hermann Josef Pottmeyer

§ 1. Das Problem der wahren Kirche als fundamentaltheologische Aufgabe

Herausgefordert durch wechselnde Situationen begleitet ein intensives theologisches Ringen um ihr gottgewolltes wahres Wesen den Werdeprozeß der Kirche. Kirche Gottes in Jesus Christus – so verstehen sich die ersten Gemeinden im Blick auf Israel (vgl. 1 Thess 2,14); dieses Verständnis wird in zahlreichen bildhaften Wendungen entfaltet. „Aufgebaut auf dem Grund der Apostel und Propheten" (Eph 2,20): das wird wichtig, als die ersten Irrlehren aufkommen. Worin gründet die Kirche Gottes und ihre Wahrheit und wie bleibt sie in dieser Wahrheit? – diese fundamental-theologische Fragestellung beschäftigt die Kirche von Anfang an.

Als die westliche Kirche sich infolge der Reformation in die vielen Kirchentümer spaltete, die einander bis aufs Blut bekämpften, veränderte sich die Fragestellung. Sie spitzte sich zu der Frage zu: Wer und wo ist die wahre Kirche? Diese Frage hat die katholischen Theologen wie die Reformatoren gleichermaßen beschäftigt. Von der katholischen Theologie wurde sie – nach einigen Vorübungen im 12. Jahrhundert in der Auseinandersetzung mit den Katharern und Waldensern[1] und im 15. Jahrhundert in der Auseinandersetzung mit den Hussiten[2] – systematisch seit dem 16. Jahrhundert zur *demonstratio catholica* entfaltet[3]. Sie ist damit die Ausgangsfrage der neuzeitlichen ekklesiologischen Apologetik. Solange die Trennung der Kirchen fortdauert, besteht zwar auch diese Fragestellung noch. Sie tritt indes zunehmend zurück, und früheren Argumentationsweisen wurde der Boden entzogen. Das Fortschreiten der historischen Erkenntnis hat frühere Vorstellungen von der Kirchengründung durch Jesus fraglich werden lassen. Angesichts der wesenhaften Geschichtlichkeit der Kirche und der Vielfalt der Entwicklung ihrer Gestaltungen genügt weder die Berufung auf eine einzelne Phase der neutestamentlichen Entwicklung noch auf die heutige Gestalt der Kirche als den endgültigen Ausdruck göttlicher Ver-

---

[1] Vgl. *Y. Congar,* Die Lehre von der Kirche. Von Augustinus bis zum Abendländischen Schisma (HDG 3/3 c). Freiburg 1971, 133 f.
[2] Vgl. *Y. Congar,* Die Lehre von der Kirche. Vom Abendländischen Schisma bis zur Gegenwart (HDG 3/3 d). Freiburg 1971, 24–34.
[3] Vgl. ebd. 45–127 passim.

fügung. Vor allem aber ist es das Aufgeben der exklusiven Selbst- und Wahrheitsbehauptung seitens der Kirchen, das die apologetische Fragestellung zurücktreten läßt. Das gemeinsame Suchen nach den wahren Zügen der von Gott gewollten Kirche lenkt zu der ursprünglichen fundamentaltheologischen Frage zurück: Wie ist und wird Kirche wahr?

Außer den genannten Veränderungen führt zu einer Ablösung der apologetischen Fragestellung aber auch die *Folgenlosigkeit* der konfessionellen Apologetik, die bestenfalls die Mitglieder der eigenen Kirche in ihrer Überzeugung oder Beharrung bestärkte. Sie übersah, „daß der Christ – gleichgültig welcher Konfession er angehört – innerhalb dieses bestimmten konfessionellen Christentums Erfahrungen christlichen Daseins… macht, …die er durchaus mit Recht als aus seinem konkreten Christentum herkommend erfährt"[4] und die für ihn vor jeder rationalen Begründung die Rechtmäßigkeit seines kirchlichen Standorts begründen. Niemand kann zugemutet werden, „gleichsam aus der Geschichtlichkeit seiner Daseinssituation herauszutreten", um sein konkretes Dasein erst „in einer totalen Reflexion" zu begründen[5]. Es gibt deshalb für den einzelnen Christen aufgrund solcher Erfahrungen das Recht der *Präsumtion*, Glied der wahren Kirche zu sein, und das Recht, an diesem Standpunkt solange festhalten zu können, bis das Gegenteil erwiesen ist[6].

Der Fundamentaltheologe hat sowohl bei sich wie bei seinen Adressaten mit solchen Erfahrungen und der darauf gründenden Präsumtion zu rechnen. Erfahrungsgemäß macht sich der Einfluß auch auf der Ebene theologischer Reflexion bemerkbar. Bei der Feststellung dessen, was zur wahren Kirche nach dem Willen Gottes gehört, und nicht zuletzt bei der Bewertung der eigenen Kirche wie des Kircheseins der anderen Konfessionen spielen die Perspektive des eigenen Ausgangspunktes und die zugrunde liegenden geschichtlichen Erfahrungen nachweisbar eine nicht geringe Rolle.

Hier bieten die oben genannten Veränderungen, die an allen sich bisher absolut und exklusiv setzenden Standpunkten gerüttelt haben, eine Chance. Statt, wie es die konfessionelle Apologetik tat, überscharf das Unterscheidende und Trennende herauszustellen, richtet sich das Augenmerk zunehmend auf das Gemeinsame und Verbindende in Vergangenheit und Gegenwart. Verbindend ist vor allem die ursprüngliche fundamentaltheologische Grundfrage nach den gottgewollten Zügen der wahren Kirche, die geeignet ist, die Enge der konfessionell-apologetischen Fragestellung zu sprengen, und die ein gemeinsames Suchen erlaubt und fordert.

Sind jene Züge festgestellt, die nach dem Wort und Willen Gottes die wahre Kirche auszeichnen und von allen Christen als verbindlich anerkannt werden können, sind auch die Kriterien gewonnen, an denen das Kirchesein aller christlichen Gemeinschaften zu messen ist, die sich Kirchen nennen. Bei der

---

[4] *Rahner* 340.
[5] Ebd.
[6] Ebd. 339.

konkreten Prüfung und Bewertung des Kircheseins, des eigenen und des der anderen, kommen indes jene erfahrungsbedingten unterschiedlichen Perspektiven ins Spiel, die in Gestalt der Präsumtion für die eigene Legitimität und des Vorurteils über die Mängel der anderen eine Verständigung zu blockieren drohen. Dem ist dadurch zu begegnen, daß wir uns in lebendiger Begegnung und Wechselrede den Gründen und Gegengründen der anderen stellen und durch solche Begegnung sowohl die geschichtlichen Erfahrungen und darauf begründeten Wertvorzüge der anderen wie die Bedingtheit des eigenen Standorts und seiner Perspektive wahrnehmen. Diese Möglichkeit ist heute gegeben, da alle Kirchen in einem mehr oder weniger intensiven Gespräch miteinander stehen.

Für die hier zu wählende fundamentaltheologische Methode bedeutet das, daß sich weder ein konfessionell-apologetischer oder konfessionell-dogmatischer Ausgangspunkt noch ein rein rational-historischer Aufweis empfiehlt, sondern ein empirisch-kritischer Zugang, der im folgenden begründet werden soll.

§ 2. Der empirisch-kritische Zugang der Fundamentaltheologie in der Frage der wahren Kirche

Das Verfahren der *demonstratio catholica* hat sich im Lauf seiner Entwicklung gewandelt. Solange es mit den protestantischen Adressaten nach eben erst vollzogener Trennung noch eine gemeinsame Verständigungsbasis gab, nämlich die Verbindlichkeit der Heiligen Schrift und der altkirchlichen Glaubensbekenntnisse und deren Interpretation im Rahmen einer noch nachwirkenden gemeinsamen Tradition, wurde der Nachweis der römisch-katholischen Kirche als der wahren von Gott gewollten Kirche allein mit Argumenten aus Schrift und Tradition geführt. Mit zunehmender Entfremdung und dem Aufkommen des Rationalismus und später des Historismus wurde die Verständigungsbasis brüchig, und der Adressat wandelte sich. Als Verständigungsebene diente nun die als gemeinsam angenommene Vernunft in ihrem damaligen Selbstverständnis; auf dieser Ebene wurde ein rein *rationales* Begründungsverfahren ausgearbeitet, das sich vor allem historischer und sozialphilosophischer Argumente bediente.

Mit dem Rationalismus und Historismus hatte sich aber zugleich eine neue apologetische Front aufgetan, bei der es um den göttlichen Ursprung nicht mehr nur der Kirche, sondern der christlichen Offenbarung ging. Innerhalb der *demonstratio christiana* erhielt das Thema Kirche eine neue Funktion. Im Zuge des von der *demonstratio christiana* entwickelten Wunderbeweises – Wunder als Durchbrechung der Gesetze der physischen und sozialen Natur verstanden – wurde die sichtbare Gestalt der katholischen Kirche zum selbstevidenten Zeichen für die Göttlichkeit der christlichen Offenbarung. Die Kirche als moralisches Wunder war damit in die Thematik der *demonstratio christiana* eingerückt. Dieses als *via empirica* bezeichnete Beweisverfahren konnte allerdings insofern auch der *demonstratio catholica* in ihrer zweiten, antirationalistischen Phase zugerechnet werden, als damit zugleich der göttliche Ursprung der Kirche aufgewiesen werden sollte, die als Sachwalterin der göttlichen Offenbarung dafür von Gott mit den entsprechenden Kennzeichen ausgestattet sei. Jedenfalls fand auf diese Weise der Wunderbeweis als angeblich rationales Begründungsverfahren Aufnahme in die *demonstratio catholica*.

Die zwei Phasen der *demonstratio catholica* wirken sich bis in heutige Handbücher der Fundamentaltheologie[7] dadurch aus, daß deren kirchenbegründende Argumente sich sowohl an den Nichtchristen wie an den nichtkatholischen Christen richten sollen. Die damit gegebene Beschränkung auf eine rein rationale Begründung hat zwar den Vorzug, keine Inhalte oder Vorstellungen einführen zu wollen, die unter Christen strittig sind. Abgesehen von der Problematik des Wunderbeweises beachtet sie aber nicht, daß eine rein rationale Argumentation sich nicht gegenüber den oben genannten christlichen Erfahrungen des Heils durchsetzen kann, welche auch für den nichtkatholischen Christen die Präsumtion der Legitimität seiner Kirche begründen. Deshalb empfiehlt es sich, die Behandlung der Frage nach der wahren Kirche nicht am nichtchristlichen Adressaten, sondern am nichtkatholischen christlichen Gesprächspartner auszurichten und dabei von jener gemeinsamen Verständigungsbasis auszugehen, die sich inzwischen zunehmend zwischen der katholischen Kirche und den im Ökumenischen Rat zusammenarbeitenden Kirchen abzeichnet. Rationale Begründungsverfahren – wie etwa die historisch-kritische Methode – spielen allerdings bei der innerchristlichen Verständigung eine große Rolle.

Die Rolle der historisch-kritischen Methode in der *demonstratio catholica* verdient besondere Aufmerksamkeit. Solange man noch von der Voraussetzungslosigkeit dieser Methode überzeugt war, neigte man dazu, ihre Überzeugungsleistung zu überschätzen. Hinzu kam, daß sich die katholische Apologetik zum Aufweis der Wahrheit der katholischen Kirche lange darauf beschränkte, den historischen Zusammenhang zwischen Jesus, der Kirche des Neuen Testaments und der heutigen katholischen Kirche, besonders in Gestalt der apostolischen Sukzession des Bischofs- und Papstamtes, nachzuweisen, wobei der historischen Untersuchung in der Tat die entscheidende Rolle zufällt. Im Gespräch vor allem mit den Protestanten verfängt der Aufweis des historischen Zusammenhangs („via historica") allein jedoch nicht. Nicht der historisch beschreibbare Zusammenhang steht hier zur Frage, sondern die Bewertung, die Legitimität jener Entwicklung, die zur heutigen Gestalt der katholischen Kirche führte.

Die Kirchen der Reformation appellierten von Anbeginn an eine höhere Legitimität als die bloß geschichtlich-institutionelle Kontinuität, nämlich an die Treue zum Evangelium Jesu Christi; es geht also um den Aufweis der inhaltlichen („evangelischen") und nicht nur der institutionellen Kontinuität bzw. Apostolizität. Bei diesem Aufweis ist die Verbindlichkeit der Heiligen Schrift nicht strittig und kann argumentativ vorausgesetzt werden; umstritten ist aber deren Interpretation. Zur rechten Auslegung der Heiligen Schrift kann heute die historisch-kritische Exegese helfen. Wer sich aber im ökumenischen Ge-

---

[7] Vgl. *A. Kolping*, Fundamentaltheologie 3/1. Münster 1983, 3.

spräch auf sie allein beschränkt, hat kaum Aussicht auf Verständigung und gerät in Gefahr, die Ergebnisse der historisch-kritischen Exegese als solche zur Norm des Glaubens zu machen. Als Basis der Argumentation sollte deshalb neben der Heiligen Schrift jene wachsende Zahl von ökumenischen Konsens-, Konvergenz- und anderen Erklärungen dienen, in denen eine zunehmende Übereinstimmung in Glaubensinhalten zum Ausdruck kommt, nicht zuletzt durch die Rückbesinnung auf die Glaubensbekenntnisse der noch ungeteilten Alten Kirche, die uns auch mit den orthodoxen Kirchen verbinden. Bei der Erörterung der Frage der wahren Kirche kommt der historisch-kritischen Methode also eine zwar wichtige, aber dienende Funktion zu. Entscheidender ist, daß wir auch ein inhaltliches Kriterium gewinnen, mit dessen Hilfe die inhaltliche oder Glaubenskontinuität und damit auch die Legitimität der historischen Entwicklung beurteilt werden kann.

Daß der Aufweis der geschichtlichen Kontinuität der Kirche in Gestalt des Bischofs- und Papstamtes allein nicht genügt, hat seinen Grund nicht zuletzt in der *unterschiedlichen Ursprungssituation* der katholischen und der reformierten Kirchen, die diese bis heute prägt. Die katholische Auffassung lebt von der Erfahrung, daß sich das Bischofsamt von Anfang der Kirche an trotz des Versagens nicht weniger seiner Inhaber in seiner Aufgabe der Bewahrung des Glaubens bewährte; das verstärkte ihre im übrigen biblisch begründete Überzeugung, daß die *successio apostolica* des Bischofsamtes Ausdruck und gottgewolltes Mittel auch der inhaltlichen oder Glaubenskontinuität der Kirche sei. Die Kirchen der Reformation haben demgegenüber ihren Ursprung außer in der persönlichen Glaubenserfahrung Luthers und anderer Reformatoren in deren Meinung, daß sich die damals notwendige Reform der Kirche nur gegen Papst und Bischöfe durchsetzen lasse, woraus sie schließen, daß die *successio apostolica* dieser Ämter nicht zur Wahrung der inhaltlichen Kontinuität, der Treue zum Evangelium, ausreiche. Die unterschiedlichen Ursprungserfahrungen begründen demnach unterschiedliche Wertvorzüge, die auch bei der Bewertung rationaler Argumente wirksam sind: auf der einen Seite ein Vertrauen in kirchliche Kontinuität und Institution, auch die Kontinuität des Glaubens sicherzustellen, auf der anderen Seite ein Mißtrauen gegenüber einer als bloß äußerlich gewerteten institutionellen Kontinuität von Kirche, was ein je neues subjektives Sichstellen auf das Evangelium fordert. Mit Blick auf die konkret erfahrbare Sünde in der Kirche steht die protestantische Ekklesiologie betont unter dem Wort vom Kreuz, die katholische mit Blick auf die bleibende Kontinuität eher unter dem Wort von der Menschwerdung. Was die katholische Apologetik übersah, war die Tatsache, daß die katholische Ekklesiologie in gegenreformatorischer Reaktion ihrerseits in eine Engführung geriet, indem sie aus der geschichtlichen Amtskontinuität einen formalen Autoritätsanspruch der Amtsträger solcher Art ableitete, daß das Wort Gottes als primäre Norm von Glaube und Lehramt unterbewertet zu werden drohte.

Trotz aller Konfessionalisierung und gegenseitigen Entfremdung der Kirchen dürfen wir indes nicht übersehen, daß es gerade der Streit um die wahre Kirche und die wechselseitige Bestreitung des Kircheseins waren, in denen eine gemeinsame Überzeugung wirksam blieb – die Überzeugung, daß nur *eine* wahre Kirche sei und diese in sich einig sein müsse. In der Fragestellung nach der wahren Kirche gilt es deshalb, die bereits gegebene Einheit inmitten der gespaltenen Christenheit wiederzuentdecken, um von da aus auf eine größere Einigkeit auszugreifen.

Bezugspunkt der fundamentaltheologischen Erörterung der Frage nach der wahren Kirche ist demnach weder ein konfessionalistisch geprägter Begriff von Kirche noch die Kirche als Ergebnis historischer Rekonstruktion. Sie bezieht sich vielmehr auf die Kirche bzw. die Kirchen in ihrer konkreten Vorfindlichkeit als *„äußerer lebendiger Erscheinung"*[8]. Zu ihr gehört an erster Stelle ihr *Bekenntnis* zu Jesus Christus, dem Wort Gottes, und von der nach dem Willen Gottes einen, heiligen, katholischen und apostolischen Kirche, wie es sich in der Heiligen Schrift, in den gemeinsamen altkirchlichen Glaubensbekenntnissen, in den Bekenntnisschriften und dogmatischen Erklärungen der einzelnen Kirchen wie in den ökumenischen Dokumenten niedergeschlagen hat. Damit kommt zwar ein normatives Moment ins Spiel, aber als ein vorfindliches, empirisch zugängliches kritisches Maß, dem sich die Kirchen selber im Glauben und Handeln unterstellen. Je ausdrücklicher sich ein Element und Verständnis dieses Bekenntnisses auf Jesus Christus und seine für alle verbindliche Bezeugung beziehen kann und je allgemeiner es bekannt wird, desto geeigneter ist es, in dem hier gewählten Verfahren als Mittel zur Verständigung und als Maßstab kritischer Prüfung zu dienen. Zur empirisch zugänglichen Erscheinung der Kirchen gehören ferner ihre *institutionelle Gestaltung* und die *Praxis ihrer Glieder*, mit und in denen die Kirchen Jesus Christus als ihren Herrn und Heiland und ihren Willen zur einen, heiligen, katholischen und apostolischen Kirche in Geschichte und Gegenwart bezeugen. Je größer die Kongruenz ihres gelebten und lebendigen Zeugnisses mit diesem Maßstab ist, desto mehr wird die jeweilige Kirche zur wahren Kirche[9]. In diesem Sinn können wir von einem *empirisch-kritischen Zugang* der Fundamentaltheologie in der Frage der wahren Kirche sprechen.

Der Argumentationsgang, dem wir hier folgen, umfaßt deshalb zwei Schritte: Zuerst wird die fundamentaltheologische Frage nach den gottgewollten Zügen der wahren Kirche beantwortet (§ 4), sodann geschieht die Prüfung des konkreten Kircheseins an den so gewonnenen Kriterien (§ 5). Dabei beschränken wir uns auf die Prüfung der katholischen Kirche. Die Beschränkung auf eine kritische Selbstprüfung geschieht nicht nur aus Raumgründen, sondern aus der Einsicht, daß für eine wechselseitige Beurteilung das lebendige Gespräch vorzuziehen ist. Zuvor soll jedoch das gewählte Verfahren in die Geschichte der *demonstratio catholica* eingeordnet und vor allem der traditionellen *via notarum* zugeordnet werden.

---

[8] *Drey* 157.
[9] Vgl. ebd. An die Stelle der Kongruenz mit der „Idee" bei J. S. Drey tritt bei uns die Kongruenz mit der biblischen Reich-Gottes-Botschaft und dem Bekenntnis zur Kirche als Zeichen des Reiches Gottes in den konziliaren und ökumenischen Dokumenten.

§ 3. Die Kennzeichen der wahren Kirche

1. Eine mögliche kriteriologische Verständigung

Die Frage nach der wahren Kirche bedingt die Frage: Woran ist die wahre Kirche zu erkennen? – die Frage nach den Kennzeichen der wahren Kirche (*notae ecclesiae).* Der Möglichkeit solcher Kennzeichen, die in einem kriteriologischen Sinn brauchbar sind, stehen zwei Schwierigkeiten entgegen, die eine mehr von protestantischer, die andere von katholischer Seite.

Die erste Schwierigkeit ergibt sich aus der Unterscheidung der Reformatoren zwischen der wahren, aber unsichtbaren Kirche und der äußerlich sichtbaren kirchlichen Gemeinschaft, die in unterschiedlicher Weise der ersteren zugeordnet wird[10]. Der reformatorischen Rede von der *Unsichtbarkeit* der wahren Kirche setzte die katholische Kirche gegenreformatorisch eine einseitige Betonung ihrer *Sichtbarkeit* in Gestalt des hierarchischen Amtes entgegen. Obwohl auf protestantischer Seite „die Problematik des doppelten Kirchenbegriffs ... weiterhin virulent" bleibt[11], bekennen sich die im Ökumenischen Rat (ÖRK) vertretenen Kirchen seit ihrer dritten Vollversammlung 1961 in Neu Delhi zum „Ziel sichtbarer Einheit" der Kirche[12], für welche auch Kennzeichen angegeben werden. Ihrerseits spricht die katholische Kirche im Vaticanum II vom „Geheimnis" der Kirche, die „sichtbare Versammlung und geistliche Gemeinschaft" zugleich ist und auch solche Glieder umfaßt, die „zwar ‚dem Leibe', aber nicht ‚dem Herzen' nach" zur Kirche gehören (LG 8.14). Trotz weiterbestehender Unklarheiten ist in dieser Frage also eine Verständigung näher gerückt.

Die zweite Schwierigkeit liegt darin, daß die katholische Apologetik – von einer allseitigen und ausschließlichen *Identifikation* der wahren Kirche mit der römisch-katholischen Kirche ausgehend – häufig die Merkmale der wahren Kirche an der Gestalt der nachtridentinischen Kirche ablas, was einen kritischen Gebrauch der Merkmale gegenüber der eigenen Kirche zu einer bloßen Fiktion werden ließ. Auch wenn die katholische mit der orthodoxen Kirche[13] daran festhält, wahre Kirche geblieben zu sein, hat das Vaticanum II eine Wende der ekklesiologischen Perspektive vollzogen. Es geht von der nach dem Willen Gottes einen, heiligen, katholischen und apostolischen Kirche Christi aus, von der gesagt wird, daß sie in der katholischen Kirche subsistiere (*subsistit in)* (LG 8). Mit diesem Ausdruck, der das „*ist*" der vorhergehenden Textentwürfe ersetzt[14], ist der frühere Ausschließlichkeitsanspruch der römisch-katho-

---

[10] Vgl. *Dantine* 22–58; *Steinacker* 102–142.

[11] *U. Kühn,* Kirche. Gütersloh 1980, 165.

[12] *H. Krüger – W. Müller-Römheld* (Hg.), Bericht aus Nairobi 1975. Frankfurt 1976; vgl. das Stichwort: Kirche, Sichtbarkeit, in: *Meyer* u. a. 707.

[13] Vgl. *L. Vischer* (Hg.), Die Einheit der Kirche. Material der Ökumenischen Bewegung. München 1965, 156–159.

[14] Vgl. *G. Alberigo – F. Magistretti* (Hg.), Constitutionis Dogmaticae Synopsis Historica. Bologna 1975, 38.

lischen Kirche insofern relativiert, als „außerhalb ihres Gefüges vielfältige Elemente der Heiligung und der Wahrheit zu finden sind, die als der Kirche Christi eigene Gaben auf die katholische Einheit hindrängen" (LG 8). Damit werden die Kennzeichen der „einen und einzigen Kirche Christi" nicht mehr an ihrer epochalen Verwirklichungsgestalt in der nachtridentinischen Kirche abgelesen, sondern am Wort und Willen Gottes; ihre Kennzeichen erhalten eine vollere und normativ-kritische Bedeutung, an der die wahre Kirchlichkeit auch der katholischen Kirche zu verifizieren ist. Wahre Kirche zu sein ist auch für die katholische Kirche Gabe *und* Aufgabe.

Nachdem grundsätzlich eine Übereinkunft unter den Beteiligten darüber möglich ist, daß es sichtbare Kennzeichen der wahren Kirche geben kann, spitzt sich die Frage darauf zu, was denn der Wille Gottes für seine Kirche ist und welches ihre Merkmale sind und ob auch darüber eine Übereinstimmung zu erzielen ist. Dafür bieten sich *zwei Wege* der Prüfung und Verständigung an, die in jüngster Zeit im ökumenischen Gespräch an Bedeutung gewinnen.

2. Die wahre Kirche – Zeichen des Reiches Gottes

Der erste Weg sei mit dem Stichwort „*Kirche als Zeichen des Reiches Gottes*" gekennzeichnet. Er geht davon aus, daß das eschatologische Gottesreich die Mitte der Verkündigung und Praxis Jesu bildet. In der Absicht Jesu soll das Reich Gottes sichtbar in Erscheinung treten vor allem in dem Volk Gottes, in Israel, zu dessen eschatologischer Sammlung Jesus tätig wird. Dieses Volk Gottes soll selbst zum Zeichen des anbrechenden Reiches Gottes als des universalen Heils für alle Völker werden. Nach der Verweigerung Israels übernimmt es die Jüngergemeinde Jesu, die Kirche aus Juden und Heiden, als neues Gottesvolk den bleibenden Anspruch Jesu auf ganz Israel geltend zu machen und das Kommen des Reiches Gottes vor den Völkern zu bezeugen.

Das Reich Gottes, wie es in der Verkündigung und Praxis Jesu und in seiner Jüngergemeinde biblisch bezeugt anbricht, ist also Sach- und Sinngrund von Kirche und somit Norm und Kriterium der wahren Kirche, an dem sich die heutigen Kirchen messen lassen müssen. Reich Gottes als Sachgrund von Kirche bedeutet, daß Kirche sich nach dem Willen Gottes ausrichten und gestalten muß, wie er sich in den Form- und Inhaltsgesetzen des in Jesus Christus anbrechenden Reiches Gottes kundgibt. Reich Gottes als Sinngrund von Kirche bedeutet, daß Kirche nicht Selbstzweck, sondern dazu bestimmt ist, den Anbruch des Reiches Gottes zu bezeugen und seiner Vollendung, die allein Gott wirkt, zu dienen. In dem Maße, in dem eine Kirche Zeichen des Reiches Gottes ist und wird, ist sie wahre Kirche.

„Kirche als Zeichen des Reiches Gottes" ist ein zentrales Thema des Vaticanum II. Seit 1968 erscheint es in zunehmendem Maß auch in ökumenischen Dokumenten. Außer der damit gegebenen gemeinsamen Verständigungsbasis hat dieser Prüfungsweg einen weiteren Vorzug. Die Prüfung der gegenwärtigen Kirchen an der biblischen Reich-Gottes-Botschaft entspricht der in der Reformation in aller Schärfe aufgebrochenen Frage der wahren Kirche, die nicht allein durch den Aufweis des geschichtlich-institutionellen Zusammenhangs, sondern durch den der sachlichen Entsprechung zu beantworten ist. Schließlich hat das vorgeschlagene Verfahren einen dritten Vorzug. Es dient nicht nur der innerchristlichen Verständigung und Prüfung, die dadurch möglich ist, daß alle Christen die biblische Reich-Gottes-Botschaft als normativ anerkennen. Der Inhalt dieser Botschaft kann darüber hinaus als Modell einer in Freiheit und unbedingter gegenseitiger Achtung einigen Menschheit auch der nichtgläubigen Vernunft im Blick auf die immer auswegloseren Probleme zukünftiger Weltgestaltung überzeugend dargetan werden – zugleich mit dem Dienst, den die Kirche, sofern sie ihrer Bestimmung entspricht, in dieser Hinsicht leistet. Eine solche Glaubwürdigkeitsbegründung der christlichen Offenbarung und Kirche spielt in den Dokumenten des Vaticanum II und des ÖRK eine erhebliche Rolle.

Das hier vorgeschlagene Verfahren erfordert (in § 4) zwei Schritte: Zuerst soll die ökumenische Verständigungsbasis erarbeitet werden: Kirche als Zeichen des Reiches Gottes. Sodann werden aus der biblischen Reich-Gottes-Botschaft die Kennzeichen wahrer Kirche gewonnen.

Die Begründung von Kirche in der Reich-Gottes-Botschaft und die Prüfung der Kirchen an dieser findet sich im Anschluß an protestantische Theologen des 18. Jahrhunderts bei katholischen Theologen zu Beginn des 19. Jahrhunderts, so auch in der 1819 erschienenen „Kurzen Einleitung in das Studium der Theologie" des Tübinger Theologen *J. S. Drey.* Er sieht in der „Idee eines Reiches Gottes" die „oberste ... Idee des Christentums, die alle andern in sich trägt und aus sich hervorgehen läßt"[15]. „Der Grundbegriff der christlichen Kirche ist" es, daß in ihrer „Erscheinung die religiöse Grundanschauung des Christentums – Reich Gottes – empirische Wirklichkeit und objektive Bedeutung gewinnt"[16]. „Die verschiedenen Kirchenparteien, die auf dem Gebiet des Christentums selbst in Gegensatz mit der katholischen Kirche getreten sind", müssen „als Abfall oder als Zurückbleiben" hinter die genannten Grundbegriffe von Christentum und Kirche betrachtet werden[17]. Als vernunftgemäß erweist sie sich „durch die absolute Notwendigkeit und Wahrheit, die die Idee eines Reiches Gottes vor der Vernunft hat", desgleichen „auch alle Erscheinungen desselben in der Geschichte der Menschheit"[18].

Von der Reich-Gottes-Botschaft her bestimmt auch der „Vater des Modernismus" genannte französische Theologe *A. Loisy* die Kirche. Sein berühmtes Wort aus seiner 1902 erschienenen Schrift „L'Évangile et l'Église": „Jesus verkündigte das Reich Gottes – und gekommen ist die Kirche", ist nicht antikirchlich gerichtet, als welches es oft zitiert wird. Es will vielmehr die katholische Kirche und ihre Geschichte als Wirkungsgeschichte des Reiches Gottes und als antizipierendes Zeichen des eschatologischen Reiches Gottes darstellen[19].

Den Nachweis der Vereinbarkeit der Erscheinung der Kirche mit der Reich-Gottes-Botschaft Jesu hat schließlich auch *A. Lang* seiner Kirchenbegründung zugrunde gelegt[20].

---

[15] *Drey* 19; zur Reich-Gottes-Theologie des frühen 19. Jahrhunderts vgl. *J. R. Geiselmann,* Die Katholische Tübinger Schule. Freiburg 1964, 191–279; *E. Klinger,* Ekklesiologie der Neuzeit. Freiburg 1978, 118–202; *M. Seckler,* Reich Gottes als Thema des Denkens, in: *H. Gauly* u. a. (Hg.), Im Gespräch: der Mensch. Düsseldorf 1981, 53–62.
[16] *Drey* 181.   [17] Ebd. 164.   [18] Ebd. 41.
[19] A. Loisy, L'Évangile et l'Église. Bellevue ²1903, 155; vgl. *G. Heinz,* Das Problem der Kirchenentstehung in der deutschen protestantischen Theologie des 20. Jahrhunderts. Mainz 1974, 122–139.
[20] Vgl. *A. Lang,* Fundamentaltheologie 2: Der Auftrag der Kirche. München 1954, 24–47.

Mit der *via empirica*, wie sie im 19. Jahrhundert von *V. A. Dechamps* ausgearbeitet und in abgekürzter Form vom Vaticanum I aufgegriffen wurde, verbinden das hier vorgeschlagene Verfahren der Gedanke der „Kirche als Zeichen" und der Bezug auf die empirische Erscheinung der Kirche; es unterscheidet sich von ihr, weil es statt des Wunderkriteriums das Kriterium der biblischen Reich-Gottes-Botschaft in Ansatz bringt.

3. Einheit, Heiligkeit, Katholizität und Apostolizität – Kennzeichen der wahren Kirche

Überraschender als die Gemeinsamkeit im Gedanken der „Kirche als Zeichen des Reiches Gottes" ist die neuerliche ökumenische Erörterung der Frage der wahren Kirche anhand jener vier Merkmale *„Einheit, Heiligkeit, Katholizität, Apostolizität"*, die zusammen mit dem Prüfungsverfahren der *via notarum* bisher als typisch katholisch galten. Die Brauchbarkeit der traditionellen Form der *via notarum* ist in den letzten Jahrzehnten auch auf katholischer Seite zunehmend skeptischer beurteilt worden. Umstritten ist weder auf protestantischer noch auf katholischer Seite, daß es sich dabei um vier Wesenseigenschaften *(proprietates)* der wahren Kirche handelt, wohl aber ihre Anwendbarkeit als Kennzeichen *(notae)* in der traditionellen Apologetik, besonders in der neuscholastischen Form der *via notarum*. Die neuerliche Beschäftigung mit den vier Merkmalen der Kirche im Rahmen der ökumenischen Bewegung läßt sich so erklären: Einmal läßt das Ringen um die sichtbare Einheit auch die Frage nach den drei anderen Merkmalen stellen. Zum andern sind diese Merkmale Inhalt des Glaubensbekenntnisses der Alten Kirche, das als gemeinsame Grundlage aller christlichen Kirchen immer größere Aufmerksamkeit findet. Schließlich wird die Brauchbarkeit jener Kennzeichen, die die Reformatoren aufstellten, auch protestantischerseits zunehmend kritisch beurteilt. So werden die vier Merkmale heute nicht nur in ökumenischen Dokumenten ausdrücklich behandelt, sie werden auch zum Gegenstand wissenschaftlicher Untersuchungen durch protestantische Theologen[21].

Für *Luther* ist die Konzentration auf das wahre Evangelium als des „einzigen, immerwährenden und unfehlbaren Merkmals der Kirche" charakteristisch[22]. Entsprechend stellt der Artikel VII der *Confessio Augustana* aus der Feder *Melanchthons* den traditionellen Kennzeichen, besonders der hierarchischen Verfassung, sein „es ist genug" gegenüber: „Denn dies ist genug zu wahrer Einigkeit der christlichen Kirchen, daß da einträchtiglich nach reinem Verstand das Evangelium gepredigt und die Sakramente dem göttlichen Wort gemäß gereicht werden."[23] Oder in der Fassung der *Apologie* der *Confessio Augustana*: „... habet externas notas, ut agnosci possit, videlicet puram evangelii doctrinam et administrationem sacramentorum consentaneam evangelio Christi."[24] Wenn

---

[21] Vgl. *Dantine; Steinacker.*
[22] *M. Luther,* WA 25, 97, 32.
[23] Bekenntnisschriften der evangelisch-lutherischen Kirche. Göttingen ⁵1963, 61.
[24] Ebd. 234.

Luther, Melanchthon und *Calvin* auch noch andere Kennzeichen, besonders das Predigt-amt, nennen, bleibt es doch bei der Konzentration auf das wahre Evangelium[25].

Die katholischen Theologen haben im Anschluß an *R. Bellarmin* die von den Reforma-toren genannten Kennzeichen kritisiert; sie würden mehr kundtun, „ubi lateat ecclesia quam quae sit"[26]. Der antihierarchischen Bestimmung der Kirche durch die Reformato-ren stellte *R. Bellarmin* jene berühmte Kirchendefinition entgegen, die durch mehrere Jahrhunderte die katholische Ekklesiologie prägte: „Nostra autem sententia est, Eccle-siam ... esse coetum hominum ejusdem Christianae fidei professione, et eorumdem Sacramentorum communione colligatum, sub regimine legitimorum pastorum, ac praeci-pue unius Christi in terris Vicarii Romani Pontificis."[27] Unübersehbar wird hier den protestantischen Kennzeichen des rechten Glaubens und des rechten Sakramente der Gehorsam gegenüber den Bischöfen und besonders gegenüber dem Papst an die Seite gestellt. Diese antireformatorische Kennzeichnung der Kirche führte in der Folgezeit zu einer weitgehenden Einengung der *via notarum* auf die *via primatus* und zur Betonung der *romanitas* als dem wichtigsten Kennzeichen der wahren Kirche.

Wie die Bellarminsche Kirchendefinition zeigt, hatte die katholische Theolo-gie gegen die protestantischen Kennzeichen positiv nichts einzuwenden; sie werden sogar ausdrücklich übernommen[28], allerdings mit der bezeichnenden Akzentverschiebung, daß auf die Einheit des Bekenntnisses und der Sakramen-tenspendung abgehoben wird. Bestritten wurde den protestantischen Kennzei-chen vor allem ihre Eignung, als unterscheidende Kriterien zu dienen. Behaupteten nicht alle Parteien, das rechte Verständnis des Evangeliums zu vertreten? Die Eignung der reformatorischen Kennzeichen wird heute auch protestantischerseits kritisiert: „Das Kirche von Sekte unterscheidende Krite-rium der reinen Lehre und des rechten Sakramentsgebrauchs hat heute ange-sichts der Pluralität und Relativität der Theologien seine Eindeutigkeit und seinen deskriptiven Wert verloren."[29] Festzuhalten bleibt, daß unter Christen die Treue zum Evangelium das oberste Kriterium für Glaube und Kirche bildet; doch was im einzelnen in bezug auf unsere Fragestellung dazu gehört, darüber besteht noch keine volle Einigkeit, und solange bleibt die Frage nach der wah-ren Kirche und ihren Kennzeichen virulent.

Die Problematik der reformatorischen wie der gegenreformatorischen Kennzeichen führte die katholischen Theologen dazu, nach kriteriologisch brauchbaren Kennzeichen Ausschau zu halten. Man einigte sich schließlich auf jene vier Merkmale der Einheit, Heiligkeit, Katholizität und Apostolizität, die das Symbolum des I. Konzils von Konstantinopel (381) nennt. Heute beginnt sich eine ökumenische Übereinstimmung darüber abzuzeichnen, daß eine Erör-terung unserer Frage anhand der vier Merkmale möglich ist. Sie widersprechen

---

[25] Vgl. *Dantine* 22–58; *Steinacker* 102–142.

[26] *R. Bellarmin*, Controversiarum de conciliis IV 2: Opera (ed. J. Fèvre) 2. Paris 1870 (unv. Nach-druck Frankfurt 1965), 362.

[27] *Bellarmin* (s. Anm. 26) III 2: ebd. 317.

[28] So nennt der katholische Gegner Luthers *J. Eck* als Kennzeichen der wahren Kirche: sana doc-trina, rectus sacramentorum usus, vinculum caritatis et pacis, catholicitas; vgl. *St. Frankl*, Doctrina Hosii de notis Ecclesiae. Rom 1934, 69.

[29] *W. Pannenberg*, Thesen zur Theologie der Kirche. München 1970, 21; vgl. *Steinacker* 20.

nicht reformatorischen Anliegen und gründen jenseits der katholisch-prote-
stantischen Kontroverse um die Kennzeichen wahrer Kirche auf einer umfassenderen, in das Neue Testament und die frühe Kirche zurückreichenden
Verständigungsgrundlage.

Das kann indes keine bloße Fortführung der traditionellen *via notarum* bedeuten. In
seinem Werk über ihre Geschichte kommt der katholische Theologe G. *Thils* 1937 zu
dem Urteil: „So, wie diese Lehre im 20. Jahrhundert vorgebracht wird, ist sie komplex
und verworren. ... So ist es nicht erstaunlich zu hören , die via notarum sei eine Beweisführung, die inopportun oder gegenwärtig unwirksam und in jedem Fall überflüssig
sei."[30] Will man der *via notarum* heute eine überzeugendere Gestalt geben, ist es notwendig, daß die einzelnen Kennzeichen biblisch fundiert und sie insgesamt in den Kontext
der biblischen Reich-Gottes-Botschaft gestellt werden. Sie setzt deshalb jenes Begründungsverfahren voraus, das wir mit dem Stichwort „Kirche als Zeichen des Reiches Gottes" bezeichnet haben. Dieser Grund und Raummangel rechtfertigen es, daß wir in
diesem Kapitel die *via notarum* nicht als eigenen Weg aufweisen. Wir beschränken uns
darauf, den Ansatz für die einzelnen Kennzeichen in der Reich-Gottes-Botschaft aufzuweisen; für das Kennzeichen der Einheit sei auf das folgende Kapitel verwiesen.

Exkurs: Zur Geschichte und Gestalt der via notarum

Als ein Hauptverfahren der *demonstratio catholica* wird die *via notarum* seit dem 16. Jahrhundert ausgebildet. Ihre Entwicklung wird durch das Bestreben vorangetrieben, sie zu
einem logisch zwingenden Beweisverfahren auszubauen. Das zeigt sich an dem Bemühen, Begriff, Bedingungen und Zahl der Notae einzugrenzen und die Methode festzule-
gen.

Was den *Begriff* betrifft, unterscheidet man anfangs noch nicht zwischen *proprietas*
(Wesenseigenschaft), *nota* (Kennzeichen) und *signum* (Zeichen). Ihre zunehmende Unterscheidung erfolgt im Zuge der Differenzierung von dogmatischer und apologetischer
Methode. Diese wiederum wird notwendig, weil sich der Adressat der *via notarum* wan-
delt. Ist dieser Adressat zuerst die evangelische Theologie, mit der man durch die gemeinsame Grundlage der Heiligen Schrift und der alten Glaubensbekenntnisse
verbunden ist, tritt an ihre Stelle seit dem 17. Jahrhundert der Rationalismus, dem gegenüber nur eine entsprechende Beweisführung möglich war. Während die Behandlung der
proprietates der Dogmatik überlassen wird und als *signa* die Wunder im apologetischen
Wunderbeweis bezeichnet werden, werden als *notae* nur jene proprietates genommen,
die geeignet sind, in einem rationalen apologetischen Beweisverfahren als unterscheidende Kennzeichen zu dienen.

Dazu müssen sie folgende vier *Bedingungen* erfüllen: Sie müssen 1. leichter erkennbar
sein als die Kirche selber (*notior ecclesia*), 2. allen, auch den einfacheren Menschen, zugänglich sein (*obviae omnibus etiam rudioribus*), 3. allein der wahren Kirche zukommen
(*propriae*) und 4. von der wahren Kirche nicht zu trennen sein (*inseparabiles ab ecclesia*).

Um der Bündigkeit des Beweises willen schränkt man auch die *Zahl* der Kennzeichen
ein. Schwankt diese zuerst zwischen vier und hundert, setzt sich allmählich die Vierzahl
anhand des Glaubensbekenntnisses durch. Da man sie aber nicht mehr unter Berufung
auf das Glaubensbekenntnis begründen kann, versucht man diese Zahl als apriorische
Notwendigkeit entweder anhand des aristotelischen Kausalitätsschemas oder aus dem
Begriff einer von Gott eingesetzten religiösen Gesellschaft oder aber historisch abzuleiten.

---

[30] *Thils* 342 f.

Die eingeschlagene *Methode* stellt sich in folgendem Syllogismus dar:

Obersatz: Christus hat seine Kirche mit vier Kennzeichen ausgestattet *(quaestio iuris)*.

Untersatz: Diese Kennzeichen finden sich allein an der katholischen Kirche *(quaestio facti)*.

Schlußsatz: Folglich ist die katholische Kirche die alleinige wahre Kirche Christi.

Während der Obersatz historisch aus dem Neuen Testament zu erweisen ist, ist der Untersatz empirisch festzustellen, was entweder positiv durch den Aufweis der Verwirklichung der Kennzeichen in der katholischen Kirche oder negativ durch den Aufweis ihres Fehlens bei anderen Kirchen oder komparativ durch den Vergleich der Kirchen untereinander geschehen kann.

Da dieser zweistufige Beweisgang der *via notarum* logisch, empirisch und historisch hohe Ansprüche stellt und deshalb nicht die Bedingung erfüllt, auch von Menschen mit einfacherer Bildung vollziehbar zu sein, ersetzt ihn *V.-A. Dechamps* im 19. Jahrhundert, ähnliche Vorschläge aufgreifend, durch die einstufige *via empirica*, die sich als Aufweis eines unmittelbar und für alle einsichtigen moralischen Wunders darstellt[31]. In verkürzter Form wird die als „Methode der Vorsehung" bezeichnete *via empirica* vom Vaticanum I aufgenommen. Dort heißt es, daß die katholische Kirche solche Zeichen aufweise, die nur aus einem wunderbaren Einwirken Gottes erklärbar seien, so daß die katholische Kirche von Gott selbst als die wahre Kirche bezeugt werde. Im einzelnen werden genannt „ihre wunderbare Fortpflanzung, ihre hervorragende Heiligkeit und unerschöpfliche Fruchtbarkeit in allem Guten, ihre katholische Einheit und unbesiegbare Beständigkeit" (DS 3013). Deshalb erscheine – unter Hinweis auf Jes 11,12 – die katholische Kirche als von Gott begründetes *„signum levatum in nationes"* (DS 3014).

Der Hauch des Triumphalismus, den dieser Text atmet, weil er alle Schattenseiten ausspart, und seine Verknüpfung mit der Problematik des Wunderbeweises haben diesem durchaus bemerkenswerten Ansatz nicht die Wirkung verschafft, die er verdient hätte.

4. Die Vorschläge von Y. Congar und K. Rahner

Unter den neueren katholischen Vorschlägen zu einer *via notarum* und *via empirica* verdienen zwei besondere Erwähnung[32].

   Y. Congar nimmt das Anliegen der *via empirica* auf und will an die Stelle einer beweisenden eine aufzeigende Apologetik stellen[33]. Sein Vorschlag konzentriert sich darauf, die Heiligkeit der Kirche aufzudecken, denn diese lasse sich bei allem Eingeständnis der Schattenseiten der Kirche am wenigsten in Abrede stellen und sei am unmittelbarsten wahrzunehmen. Dabei gehe es um das erlebnismäßige „Aufgehen einer Wertwelt" auf der Ebene globaler Sinnenthüllung, um geistliche Erfahrung. „Es handelt sich darum, ein Nahen Gottes in Jesus Christus und in der Kirche aufzuzeigen, das dem Verlangen und tiefen Bedürfnis der Menschen antwortet und mit aller Kraft zum Glauben aufruft. Das Wunder wird hier nicht mehr als Wirkung der Macht Gottes gesehen, welche

---

[31] Vgl. *B. Hidber*, Glaube-Natur-Übernatur. Studien zur „Methode der Vorsehung" von Kardinal Dechamps. Frankfurt 1978.

[32] Über evangelische Ansätze berichten *Dantine* 59–84 und *Steinacker* 26–47.

[33] *Congar* 366f.476f.

zwingt, auf die Wirkursache zurückzuschließen, sondern es wird als Zeichen der Anwesenheit und des Anrufes Gottes verstanden, der uns zur Umkehr einlädt. Die Kirche ist hier eine ‚Hagiophanie‘; sie offenbart die Existenz einer andern Welt, in die man durch eine neue Geburt eintreten kann."[34] Ohne daß die Zeichen der wirksamen Anwesenheit Gottes außerhalb der katholischen Kirche verkannt werden dürften, erscheine das Christentum „als Fülle der heiligenden Anwesenheit Gottes in der katholischen Kirche" und diese „als das dynamische Zeichen und damit als Sakrament der aktiven und heilbringenden vollen Anwesenheit Gottes"[35].

Der andere Vorschlag findet sich im „Grundkurs des Glaubens" von *K. Rahner*[36] und zeichnet sich durch „ökumenische Offenheit"[37] aus. Angesichts der Schwierigkeit der wissenschaftlich verfahrenden *demonstratio catholica* und unter Berücksichtigung der Tatsache, daß jeder Christ erst einmal von der Präsumtion der Wahrheit seiner eigenen Kirche ausgeht, versucht er, „einen indirekten Weg einzuschlagen, indirekt gegenüber den geschichtlichen Nachweisen der Identität der jetzigen Kirche mit der Kirche Jesu Christi. Dieser indirekte Weg ist auf der anderen Seite der direktere, weil er unmittelbarer von unserem eigenen, konkreten, gelebten Christentum ausgeht."[38] Indem er sich im wesentlichen auf das Kennzeichen der Apostolizität bezieht, die auch in der klassischen Apologetik das entscheidende Kriterium ist, nennt er zuerst drei formale Prinzipien und prüft an ihnen die katholische Kirche.

Das erste Kriterium ist die „Kontinuität zum Ursprung": „daß wir dort am ehesten die Kirche Jesu Christi finden, wo sie die dichteste, die einfachste, greifbarste Kontinuität mit dem Urchristentum und der Kirche des Urchristentums hat"[39]. Das zweite Kriterium ist die „Bewahrung der Grundsubstanz des Christentums": „daß die Grundsubstanz des Christentums, dasjenige, was man auch selbst in seiner religiösen Existenz als gnadenhaft erfahren hat, in dieser konkreten Kirche nicht grundsätzlich verleugnet werden darf"[40]. Das dritte Kriterium ist das der „objektiven Autorität": „daß offenbar die religiöse Gemeinschaft Kirche sein muß als eine von meiner Subjektivität unabhängige Größe"[41]. Er zeigt sodann auf, daß alle drei Kriterien auf die katholische Kirche zutreffen und zudem die protestantischen Prinzipien *„sola gratia, sola fide, sola scriptura"* innerhalb der katholischen Kirche ihren Platz finden.

Das Vorgehen K. Rahners ist ein überzeugender Vorschlag, da es sowohl die Anliegen der klassischen demonstratio catholica aufnimmt, wie der ökumenischen Situation entspricht. Es kann allerdings eine genauere historische und theologisch vergleichende Prüfung der institutionellen und der Glaubenskontinuität nicht ersetzen, ja es fordert diese, worauf Rahner selbst hinweist[42].

---

[34] Ebd. 476 f.   [35] Ebd. 476.
[36] Vgl. *Rahner* 336–357.
[37] *Dantine* 17.
[38] *Rahner* 336.
[39] Ebd. 343.   [40] Ebd.   [41] Ebd. 344.
[42] Vgl. ebd. 341.

§ 4. Kirche als Zeichen des Reiches Gottes

1. Eine ökumenische Verständigungsbasis

Die seit 1968 wachsende Bedeutung dieses Themas in der ökumenischen Diskussion kommt nicht von ungefähr. Der Einfluß der Texte des Vaticanum II ist nicht zu verkennen[43]. Das Vaticanum II seinerseits hat damit ein Thema des Vaticanum I aufgegriffen, das eine ausgesprochen fundamentaltheologische Zielsetzung hatte.

a) Daß das *I. Vatikanische Konzil* in Anknüpfung an die *via empirica* von der Kirche als Zeichen spricht, wurde bereits erwähnt. Das Konzil erklärt, daß die katholische Kirche wegen der genannten Kennzeichen an sich *(per se ipsa)* ein mächtiges und dauerndes Glaubwürdigkeitsmotiv *(magnum quoddam et perpetuum motivum credibilitatis)* darstelle; sie sei wie ein ragendes Zeichen unter den Völkern *(veluti signum levatum in nationes)* für ihre Wahrheit und die des Glaubens (DS 3013 f)[44].

Die Kirche trägt demnach die Merkmale zwar *an* sich selbst *(per se ipsa);* sie hat diese indes nicht *aus* sich selbst, sondern aus ihrer Verbindung mit Christus und den Aposteln *(in eius manifesta connexione cum Christo et apostolis),* wie es in der Erläuterung des Konzils heißt[45]. So begründet das Konzil die Zeichenhaftigkeit der Kirche in der Zeichenhaftigkeit Christi selbst, mit dem sie in enger Verbindung stehe und der ihre Zeichenhaftigkeit in der Kraft des Heiligen Geistes bewirke. In diesem Sinne sei die Kirche – so der offizielle Kommentator – eine *„quasi concreta divina revelatio"* für das jeweilige Hier und Heute[46]. Daß diese Zeichenhaftigkeit der Kirche ohne jede Schwierigkeit einsichtig sei, hat das Konzil nicht behaupten wollen; auf die Einwendung einiger Konzilsväter hin wurde das *facile* aus dem Text gestrichen[47].

Diese genauere Bestimmung der Zeichenhaftigkeit von Kirche ist in dreifacher Hinsicht wichtig. *Erstens* erweist sie sich als christologisch und pneumatologisch begründet. *Zweitens* läßt sie deren fundamentaltheologische Hinweisfunktion genauer einschätzen. Wie das Konzil durch die Streichung von *facile* zu erkennen gibt, ist die Zeichenhaftigkeit der Kirche nicht der Zweideutigkeit entzogen. Auch wenn das, was Gott an der Kirche wirkt, die Aufmerksamkeit schon des ungläubigen Menschen erregen und sich der Vernunft als erklärungs-

---

[43] Vgl. *G. Gassmann*, Kirche als Sakrament, Zeichen und Werkzeug. Die Rezeption dieser ekklesiologischen Perspektive in der ökumenischen Diskussion, in: *Johann-Adam-Möhler-Institut* 173.

[44] Zur Textgeschichte und -bedeutung vgl. *H. J. Pottmeyer,* Der Glaube vor dem Anspruch der Wissenschaft. Freiburg 1968, 318–332.

[45] Mansi 50, 92: „Omnia namque motiva credibilitatis quibus Christus salvator ipsemet et quibus apostoli virtute Spiritus sancti suam praedicationem collustrarunt, ad ecclesiam catholicam in eius manifesta connexione cum Christo et apostolis et ad eam solam, ad nullam vero aliam religionis communionem protenduntur."

[46] Mansi 51, 314.

[47] Vgl. *Pottmeyer* (s. Anm. 44) 325 f.

bedürftig aufdrängen mag, geht es als Wirkung Gottes doch erst in dem Maße auf, als einer zum Glauben kommt. *Drittens* ist sie im Blick auf die ökumenische Verständigung notwendig. Zweifellos wird die Zeichenhaftigkeit der Kirche in der ökumenischen Diskussion nicht immer im gleichen Sinn verstanden. Ein Einverständnis ist indes möglich, wenn die oben genannte christologisch-pneumatologische Begründung zum Zuge kommt. Um es mit dem protestantischen Theologen *E. Jüngel* zu sagen, ist Kirche dann Zeichen, wenn sie zu erkennen gibt, „daß es Jesus Christus ist, der sich Menschen als Kirche zur Entsprechung bringt. So daß man – mit Schleiermacher – geradezu von einer Selbstdarstellung Jesu Christi sprechen kann, die sich im kirchlichen Handeln vollzieht"[48]. *Selbstdarstellung Jesu Christi* ist genau das, was eine Rede von der Kirche als Zeichen des Reiches Gottes meint, die sich bewußt ist, daß Jesus Christus selbst das wahre Zeichen des Reiches Gottes ist, an dem Kirche sich messen muß, und daß ihre eigene Zeichenhaftigkeit sich ihm verdankt.

b) Das *II. Vatikanische Konzil* hat den Gedanken von der Kirche als Zeichen aufgegriffen und in dessen Vertiefung als wirksames Zeichen, als Zeichen und Werkzeug oder als Sakrament, zum Schlüsselbegriff der Ekklesiologie gemacht. Nicht weniger bedeutsam ist es, daß das Konzil ihn zugleich mit dem Gedanken des Reiches Gottes und dem der Einheitsstiftung für die Menschheit verbunden hat[49].

Das Reich Gottes ist der *Seinsgrund* von Kirche, und sein eigentliches Zeichen ist Jesus Christus selbst. „Denn der Herr Jesus machte den Anfang seiner Kirche, indem er frohe Botschaft verkündigte, die Ankunft nämlich des Reiches Gottes. ... Dieses Reich aber leuchtet im Wort, im Werk und in der Gegenwart Christi den Menschen auf" (LG 5). Aufgrund der Geistsendung wird auch die Kirche zum Heilszeichen: „Auferstanden von den Toten, hat er, Christus, seinen lebendigmachenden Geist den Jüngern mitgeteilt und durch ihn seinen Leib, die Kirche, zum allumfassenden Sakrament des Heils gemacht" (LG 48). Deshalb kann von ihr gesagt werden: „Von daher empfängt die Kirche, die mit den Gaben ihres Stifters ausgestattet ist und seine Gebote der Liebe, der Demut und der Selbstverleugnung treulich hält, die Sendung, das Reich Christi und Gottes anzukündigen und in allen Völkern zu begründen. So stellt sie Keim und Anfang dieses Reiches auf Erden dar. Während sie allmählich wächst, streckt sie sich verlangend aus nach dem vollendeten Reich" (LG 5). So gilt: „Die Kirche, das heißt das im Mysterium schon gegenwärtige Reich Christi, wächst durch die Kraft Gottes sichtbar in der Welt" (LG 3). Denn „die Kirche ist ja in Christus gleichsam das Sakrament, das heißt Zeichen und Werkzeug für die innigste Vereinigung mit Gott wie für die Einheit der ganzen Menschheit" (LG 1). Somit ist das Reich Gottes auch der *Sinngrund*, die „Bestimmung" (LG 9) der Kirche als das, was größer ist als die Kirche selbst.

Die geistgewirkte Bezogenheit der Kirche einerseits auf Jesus Christus und das in ihm aufleuchtende Reich Gottes als Seinsgrund, andererseits auf das vollendete Reich Gottes als Sinngrund hin kann kaum entschiedener unterstrichen werden. Damit ist fundamentaltheologisch eine kriteriologische Position in

---

[48] *E. Jüngel*, Die Kirche als Sakrament, in: ZThK 80 (1983) 450.
[49] Vgl. *J. Ratzinger*, Theologische Prinzipienlehre. München 1982, 45–56.

doppelter Hinsicht begründet: Reich Gottes als Seinsgrund ist Erkenntnisgrund für das, was wahre Kirche *ist;* Reich Gottes als Sinngrund ist Erkenntnisgrund für das, wie wahre Kirche *handeln* soll.

Nicht weniger bedeutsam ist, daß das Konzil nicht nur die Kirche als ganze „das sichtbare Heilszeichen" (LG 9) nennt. Das könnte noch im Sinne der traditionellen Apologetik als einseitige Hervorhebung der amtlichen Institutionalität von Kirche verstanden werden. Die Zeichenhaftigkeit wird auch den einzelnen Subjekten *in* der Kirche zugesprochen. So werden die Laien als „Zeichen des lebendigen Gottes" (LG 38) und ihr christliches Lebenszeugnis ein „unseren Zeiten höchst gemäßes Zeichen, Christus ... sichtbar zu machen", genannt (AA 16). Entsprechendes wird von Bischöfen, Priestern und Ordensleuten gesagt (LG 21.28.46). Schließlich sind die Heiligen „Zeichen seines Reiches" (LG 50).

Dabei ist sich das Konzil bewußt, daß die Zeichenhaftigkeit der Kirche und ihrer Glieder durch *Sünde* und Versagen beeinträchtigt wird. So kann es auf der einen Seite erklären, daß „die katholische Kirche mit dem ganzen Reichtum der von Gott geoffenbarten Wahrheit und der Gnadenmittel beschenkt ist" (UR 4) und „in Kraft des Heiligen Geistes die treue Braut des Herrn geblieben ist und niemals aufgehört hat, das Zeichen des Heils in der Welt zu sein" (GS 43), und auf der anderen Seite eingestehen, „daß ihre Glieder nicht mit der entsprechenden Glut daraus leben, so daß das Antlitz der Kirche den von uns getrennten Brüdern und der ganzen Welt nicht recht aufleuchtet und das Wachstum des Reiches Gottes verzögert wird" (UR 4). Darin kommt die ganze Spannung zum Ausdruck, welche die Rede von der Kirche als Zeichen bestimmt und die es auszuhalten gilt, um nicht einerseits ihre Zeichenhaftigkeit durch die Rede von der wesentlichen Verborgenheit der wahren Kirche wieder aufzuheben oder anderseits sie so wirksam und apologetisch aufweisbar zu sehen, daß sie nur böswilligerweise abgestritten werden könnte. Das Konzil weiß, daß die Kirche die Merkmale ihrer Wahrheit nicht „ohne Makel und Runzeln" (UR 4) und nur „in der Schwachheit des Fleisches" (LG 9) an sich trägt. Sie *hat* die Merkmale ihrer Wahrheit also nicht wie einen Besitz, über den sie verfügen oder den sie vorführen könnte, vielmehr stehen diese je neu, was ihre überzeugende Sichtbarkeit angeht, im Handeln ihrer Glieder auf dem Spiel, ohne daß diese die bleibende Ausstattung der Kirche mit den Merkmalen ihrer Wahrheit aufheben könnten, da sie als Gaben in der bleibenden Treue Christi zur Kirche gründen.

Wegen dieser letztlichen Unzerstörbarkeit der Kirche und im Hinblick darauf, daß es mißlich und kaum möglich ist, die Fruchtbarkeit an Werken der Liebe gegenseitig aufzurechnen, hatte sich die katholische Schulapologetik teilweise darauf beschränkt, die Wahrheit der katholischen Kirche allein aus ihrer *objektiven Heiligkeit* aufgrund ihrer institutionellen Vollkommenheit zu begründen. So richtig das Motiv dieser Beschränkung ist, vertrat sie damit doch nur die halbe Wahrheit. Denn die in ihren Kennzeichen zutage tretende Wahrheit einer Kirche hat eben doch eine doppelte Dimension, eine *objektive* und eine *subjektive,* die auf der Ebene der Zeichenhaftigkeit beide zu beachten sind.

Es genügt deshalb nicht, auf die apostolische Legitimität der eigenen Sakramente und der eigenen Ämter zu verweisen unter Absehung davon, ob sie sich im Leben der Kirche und ihrer Glieder als taugliche Zeichen und Werkzeuge des Reiches Gottes erweisen. Nur durch das Handeln der Kirchenglieder vermittelt, werden die Institutionen der Kirche wie die Kirche selbst zum überzeugenden und gewinnenden Zeichen des Reiches Gottes[50].

Im Gegenzug zu einer einseitigen Betonung der objektiven Elemente sind heute nicht wenige der Meinung, daß es überhaupt nicht auf Sakramente, Amt und Ordnung einer Kirche ankomme, sondern allein auf das christliche *Lebenszeugnis* ihrer Glieder. Wer so denkt, verkennt, daß es innerhalb der Kirche der Zeichen bedarf, die uns vergegenwärtigen, daß es allein Gott durch Christus im Heiligen Geist ist und nicht wir selber, durch den sein Reich kommt und Kirche zum wirksamen und überzeugenden Zeichen seines Reiches wird. Dem dienen nach dem Willen Gottes ja auf ihre Weise Sakramente, Amt und Ordnung der Kirche[51].

Das Konzil hat dort, wo es die Bedeutung der tätigen *Liebe* zu den Armen und Kranken als von Christus selbst gesetztes Zeichen der wahren Jünger Jesu hervorhebt, auf die Verbindung von Lebenszeugnis und Sakrament in der frühen Kirche aufmerksam gemacht. „Wie darum die heilige Kirche schon in ihrer Frühzeit die Feier der Agape mit dem eucharistischen Mahl verband und so, als ganze durch das Band der Liebe um Christus geeint, in Erscheinung trat, wird sie zu allen Zeiten an diesem Zeichen der Liebe erkannt" (AA 8). Das Zeichen tätiger Nächstenliebe um Christi willen kommt nur dann als Zeichen des Reiches Gottes zu voller Ausdrücklichkeit, wenn auch sein Gewirktsein durch Christus zeichenhaft-sakramental sichtbar wird, d. h. wenn Agape und Eucharistie miteinander verbunden sind.

Das hat kriteriologische Konsequenzen: So kann eine Kirche im Blick auf das christliche Lebenszeugnis ihrer Glieder zwar alle Kennzeichen der Wahrheit an sich tragen, in ihrer Institutionalität aber jene volle Ausdrücklichkeit vermissen lassen, die im Laufe der Geschichte ausgebildet wurde, um die Kirche als Zeichen des Reiches Gottes zur Erscheinung zu bringen. Umgekehrt kann eine Kirche in ihren Institutionen zwar eine volle Zeichenhaftigkeit aufweisen; weil ihr aber das Lebenszeugnis ihrer Glieder fehlt, bleiben ihre Institutionen trotz ihrer Wahrheit tote Zeichen, die kein Leben wecken und deshalb auch nicht überzeugend wirken. Als Zeichen des Reiches Gottes sind sie dann weniger Zeichen der Gnade als Zeichen des Gerichts. Denn die Sakramente und Ämter der Kirche sind nicht Selbstzweck, sondern haben als Zeichen des Reiches Gottes ihren Daseinssinn darin, daß durch sie das Reich Gottes sichtbar und überzeugend Gestalt gewinnt.

Wie ist es dem Konzil möglich, trotz seines Versuchs, das objektive und subjektive Moment gleichgewichtig zu werten, und trotz seines Eingeständnisses,

---

[50] Vgl. ebd. 49.
[51] Vgl. das „Kriterium objektiver Autorität" bei *Rahner* 344 f.

die Sünde ihrer Glieder habe die Zeichenhaftigkeit der katholischen Kirche verdunkelt, daran festzuhalten, daß die katholische Kirche niemals aufgehört habe, das Zeichen des Heils in der Welt zu sein? Diese Gewißheit beruht auf dem Vertrauen, daß sich die sieghafte Verheißung Christi, immer bei seiner Kirche zu bleiben, auf jene Kirche bezieht, die in sichtbarer und historisch greifbarer Kontinuität mit „dem Apostelkollegium, an dessen Spitze Petrus steht" (UR 3), verbunden ist. Die Bindung der Wahrheit der Kirche an deren geschichtliche Kontinuität wiederum beruht darauf, daß das Konzil die Kirche „in Analogie zum Mysterium des fleischgewordenen Wortes" sieht. „Wie nämlich die angenommene Natur dem göttlichen Wort als lebendiges, ihm unlöslich geeintes Heilsorgan dient, so dient auf eine ganz ähnliche Weise das gesellschaftliche Gefüge der Kirche dem Geist Christi, der es belebt, zum Wachstum seines Leibes" (LG 8).

Auf die Gefahren einer einseitigen inkarnationstheologischen Ekklesiologie, in der die christomonistische Tendenz der westlichen Ekklesiologie ihre besondere katholische Ausprägung fand, hat das Konzil deutlich reagiert. Für diese Zusammenhänge sei auf die dogmatische Ekklesiologie verwiesen. Hier seien nur jene Hinweise gegeben, die für das ökumenische Gespräch besondere Bedeutung haben. Das Konzil hat 1) den bloß analogischen Charakter des Vergleichs zwischen der Fleischwerdung des Wortes Gottes und der Kirche hervorgehoben. Diese Analogie besagt im Anschluß an die Definition des IV. Laterankonzils (DS 806) eine Ähnlichkeit bei größerer Unähnlichkeit, so daß eine Identifikation der Kirche mit Christus und die Vorstellung von der Kirche als einer fortdauernden Inkarnation des Wortes Gottes ausgeschlossen sind. Das Konzil betont 2) wiederholt die pneumatische Vermittlung der Christuspräsenz in der Kirche (LG 8.48) und begründet die communio der Kirche trinitarisch (LG 4; UR 2); damit nimmt es ein Anliegen der ostkirchlichen Ekklesiologie auf. Ein protestantisches Anliegen aufgreifend, ergänzt das Konzil 3) den inkarnatorischen Aspekt durch den kreuzestheologischen mit dem Hinweis, daß die Kirche gerade wegen dieser Analogie auch „die Niedrigkeit und das Todesleiden Christi an ihrem Leib trägt" (UR 4) und nur „durch das Kreuz zum Licht gelangt, das keinen Untergang kennt" (LG 9). Gegen jeden kirchlichen Triumphalismus und eine ecclesiologia gloriae gewendet, verweist das Konzil 4) auf den endzeitlichen Charakter der pilgernden Kirche: Diese trägt „in ihren Sakramenten und Einrichtungen, die noch zu dieser Weltzeit gehören, die Gestalt dieser Welt, die vergeht, und zählt sich selbst zu der Schöpfung, die bis jetzt noch seufzt und in Wehen liegt und die Offenbarung der Kinder Gottes erwartet (vgl. Röm 8, 19–22)" (LG 48). Schließlich ist es 5) die Ergänzung der Metapher „Leib Christi" durch andere biblische Bilder, nicht zuletzt durch die Bezeichnung der Kirche als „Sakrament", die einerseits einer platten Identitifzierung der empirischen Wirklichkeit der Institution Kirche und der Heilsrealität wehrt und andererseits die einzigartige Berufung der Kirche zum Ausdruck bringt (vgl. Kap. 8)[52].

Im Vaticánum II wie in den ökumenischen Dokumenten erscheint die Bezeichnung der Kirche als Zeichen häufig in der Verbindung von „Zeichen und Werkzeug", womit die Kirche als „Sakrament" bezeichnet werden soll. Die

---

[52] Vgl. *Y. Congar,* Der Heilige Geist. Freiburg 1982; *L. Boff,* Die Kirche als Sakrament im Horizont der Welterfahrung. Paderborn 1972; *W. Kasper* – *G. Sauter,* Kirche – Ort des Geistes. Freiburg 1976; *Joh.-Adam-Möhler-Institut; H. J. Pottmeyer,* Der Heilige Geist und die Kirche. Von einer christomonistischen zu einer trinitarischen Ekklesiologie, in: Tutzinger Studien 2/1981, 45–55.

weiteren Fragen der Sakramentalität der Kirche mögen der Dogmatik überlassen bleiben. Fundamentaltheologisch bedeutet die zusätzliche Bestimmung der Kirche als Werkzeug des Reiches Gottes eine kriteriologische Anschärfung, da sie den Praxisaspekt noch hervorhebt: Kirche als überzeugendes Zeichen und als taugliches Werkzeug des Reiches Gottes.

c) Im *ökumenischen Gespräch* findet die sakramentale Ekklesiologie seit den 60er Jahren zunehmend Beachtung und Zustimmung. Ihre Wurzeln liegen in vielen der beteiligten Kirchen aber früher. Der ostkirchlichen Tradition mit ihrer eucharistisch und pneumatisch geprägten Ekklesiologie war sie nie fremd. Ausdrückliche Ansätze finden sich in der protestantischen Theologie seit den 20er Jahren und in der katholischen Theologie des 19. Jahrhunderts. Ihre verstärkte Aufnahme ist nicht zuletzt eine Frucht der in allen Kirchen im Zuge der biblischen und patristischen Studien sich durchsetzenden Wiederentdeckung der heilsgeschichtlichen Perspektive[53].

In deutlichem Anklang an das Vaticanum II erklärt die Vierte Vollversammlung des ÖRK 1968 in Uppsala: „Die Kirche wagt es, von sich selbst als dem Zeichen der zukünftigen Einheit der Menschheit zu sprechen."[54] Vor allem die Kommission für Glauben und Kirchenverfassung des ÖRK entwickelte im Anschluß an Uppsala diese Perspektive weiter. Bei ihrer Sitzung 1974 in Accra erklärt sie: „Die Kirche hat den Auftrag, ein sichtbares Zeichen der Gegenwart Christi zu sein, der, verborgen und doch dem Glauben offenbar, die Entfremdung der Menschen in der Gemeinschaft derer, die ihm anhängen, versöhnt und heilt."[55]

In ihrem Sitzungsbericht von Bangalore 1978 heißt es: „Die Kirche ist Zeichen und Instrument der Mission Christi für die ganze Menschheit. Das Zeichen wird durch die gegenwärtigen Trennungen verdunkelt. Werden die Kirchen ... sich darum bemühen, ein verläßliches, vertrauenswürdiges Zeichen zu sein, nämlich ein Volk, das sich in gegenseitiger Vergebung und Versöhnung beständig vereint? ... Wenn man den Zeichencharakter der Kirche unterstreicht, lassen sich zwei Gefahren vermeiden. Zum einen der Gedanke, die Kirche könne berufen sein, das Reich Christi herbeizuführen und in ihre eigenen Hände zu nehmen, was Christus allein erfüllen kann. Die andere Gefahr wäre, die Berufung zu vergessen, die die sichtbare und greifbare Manifestation unseres Einsseins in Glaube und Hoffnung zum Inhalt hat."[56]

Im Blick auf die durch Sünde verdunkelte Zeichenhaftigkeit von Kirche heißt es in einem Vorbereitungsdokument für Löwen 1971: „Gott erfüllt seine Verheißung, wie sie von seinen Dienern verkündigt wurde. Gott macht die Kirche zum Zeichen beinahe gegen ihren eigenen Willen und trotz der menschlichen Sünde, die dieses Zeichen undeutlich macht. Dieses Zeichen zu sein und zu leben ist ihre einzige Daseinsberechtigung."[57]

Am ausdrücklichsten wird dieser Gedanke von der Weltkonferenz für Mission und Evangelisation 1980 in Melbourne entfaltet. In seinem einleitenden Referat führt E. Kä-

---

[53] Vgl. *W. Beinert,* Die Sakramentalität der Kirche im theologischen Gespräch, in: ThBer 9 (1980) 13–66; *Joh.-Adam-Möhler-Institut; K. Raiser,* Einheit der Kiche und Einheit der Menschheit. Überlegungen zum Thema ökumenischer Theologie, in: ÖR 35 (1986) 18–39.
[54] *N. Goodall – W. Müller-Römheld* (Hg.), Bericht aus Uppsala 1968. Genf 1968, 15.
[55] *G. Müller-Fahrenholz* (Hg.), Accra 1974. Sitzung der Kommission für Glauben und Kirchenverfassung. Stuttgart 1975, 45.
[56] *Ders.* (Hg.), Bangalore 1978. Sitzung der Kommission für Glauben und Kirchenverfassung. Frankfurt 1979, 230.
[57] Zit. *Gassmann* (s. Anm. 43) 179.

semann aus: „Wo unser irdischer Platz der Stand unter dem Kreuz bleibt und Gottesherrschaft in dieser Zeit nicht vom gekreuzigten Christus getrennt werden darf, sind alle Kirchen und Gläubigen bestenfalls Zeichen und Werkzeug für angebrochene Endzeit und für jene Vollendung, in welcher Gott allein über die Welt regieren wird, seine Konkurrenten und Feinde vernichtet sind. Zeichen und Werkzeuge dieses Endes sollen sie freilich sein, wenn Gott nicht selber als unglaubwürdig gelästert werden soll.“ [58]

In der Botschaft der Weltkonferenz heißt es: „Die gute Botschaft vom Reich Gottes soll der Welt durch die Kirche, den Leib Christi, das Sakrament des Reiches, an jedem Ort und zu jeder Zeit verkündigt werden.“ [59]

Das wird in den Berichten so erläutert: „Die besondere Aufgabe der Kirchen ist es, die endgültige Offenbarung in Jesus Christus zu enthüllen und so unter Mithilfe des Heiligen Geistes solche sichtbaren Zeichen des Reiches Gottes aufzurichten, die all denen neue Hoffnung bieten, die sich nach einer humaneren Welt sehnen.“ [60]

Zur Überschrift „Die Kirche bezeugt das Reich“ heißt es: „Diese Überschrift ist ein erschreckender Anspruch, aber auch eine wunderbare Realität. Sie ist erschreckend, weil sie jeden von uns veranlaßt, seine persönliche Erfahrung von der vorfindlichen Kirche zu überprüfen und zuzugeben, wie oft unser kirchliches Leben die Souveränität Gottes, des Vaters, den Jesus Christus bekanntmachte, eher verhüllt als offenbart hat. Und doch ist dies eine Wirklichkeit. Die ganze Kirche Gottes ist, an jedem Ort und zu jeder Zeit, ein Sakrament des Reiches, das in der Person Jesu Christi kam und in seiner Fülle kommen wird, wenn er in Herrlichkeit wiederkommt.“ [61]

In diesen Texten kommt wie in denen des Vaticanum II jene Spannung von bleibender Zeichenhaftigkeit der Kirche aufgrund der treuen Verheißung Christi und ihrer Verstellung durch die Sünde zum Ausdruck, die für die Rede von der Kirche als Zeichen angezeigt ist. Wenn gesagt wird, daß die Kirche dadurch Zeichen des Reiches ist, daß sie sichtbare Zeichen des Reiches Gottes aufrichtet, bedeutet dies fundamentaltheologisch, daß Kennzeichen der wahren Kirche jene Zeichen des Reiches Gottes sind, welche das Neue Testament für die Verkündigung und Praxis Jesu, der Apostel und der neutestamentlichen Gemeinden bezeugt. Damit wird die kriteriologische Position bestätigt, die wir bereits aus den Texten des Vaticanum II begründeten. Im Selbstverständnis der Kirchen finden wir also jenes Maß, dem sich diese Kirchen selbst unterstellen und an dem sie auch auf ihre Wahrheit hin zu messen sind.

2. Die Zeichen des Reiches Gottes als Kennzeichen wahrer Kirche

Für den *exegetischen Nachweis*, daß die Ankunft des Reiches Gottes die Mitte der Verkündigung und des Handelns Jesu und der Seins- und Sinngrund von Kirche ist, sei auf die Kapitel „Jesus, Künder des Reiches Gottes“ (Bd. 2, Kap. 7) und „Jesus und die Kirche“ (oben Kap. 3) verwiesen. Hier genügt es, jene Elemente zusammenzufassen, die als Kriterien in der Frage nach der wah-

---

[58] *M. Lehmann-Habeck* (Hg.), Dein Reich komme. Bericht der Weltkonferenz für Mission und Evangelisation in Melbourne 1980. Frankfurt 1980, 121 f.
[59] Ebd. 126.
[60] Ebd. 138.
[61] Ebd. 150.

ren Kirche dienen können. Zuerst seien die mehr strukturbezogenen (a), sodann die eher handlungsbezogenen Elemente (b) aufgeführt.

a) Der Primat des Handelns Gottes ist das wichtigste Moment der Reich-Gottes-Botschaft. Es ist Werk *Gottes.*

Das Kommen des endzeitlich-endgültigen Reiches Gottes geschieht schon jetzt, seine Vollendung steht aber noch aus. Die Sammlung zum Gottesreich steht in der Spannung von *schon* und *noch nicht.*

Das Kommen des Reiches Gottes geschieht *durch Jesus,* denn durch ihn handelt Gott. Jesus selbst, seine Person, seine Verkündigung und sein Handeln, sein Tod und seine Auferstehung sind das vollkommenste Zeichen des eschatologischen Reiches.

Dem Reich Gottes ist ein konkretes Volk zugeordnet, in dem es sichtbar in Erscheinung tritt und durch das es geschichtlich-gesellschaftlich vermittelt wird. Deshalb vollzieht sich sein Kommen als Sammlung des endzeitlichen Gottesvolkes. Dessen Kern ist in der Absicht Jesu zunächst Israel.

Nach der Verweigerung Israels und dem Sühnetod Jesu für das Volk, nach der Auferweckung und Erhöhung Jesu und der Geistsendung geht die Sammlung des Gottesvolkes unter christologischen Vorzeichen „im Namen Jesu Christi" weiter. Diese Sammlung geschieht durch den Heiligen *Geist* Gottes und seine Gaben. Die Jüngergemeinde Jesu, die *Kirche* secundum statum Novi Testamenti, versteht sich nun als das wahre Israel und Gottesvolk der Endzeit.

Daß Gott sich zum Kommen seines Reiches und zur Sammlung des Gottesvolkes menschlicher Vermittlung bedient, kommt zudem dadurch zum Ausdruck, daß Jesus bestimmte *Jünger* in seine besondere Nachfolge beruft, um sie als Boten des anbrechenden Reiches *auszusenden.*

Der Aposteldienst setzt sich in der nachösterlichen Gemeinde fort; in dessen fortdauernde Aufgaben treten das *Hirtenamt* und andere *Ämter* der frühen Kirche ein.

Als das dem Reich Gottes zugeordnete Volk wird die *Kirche selbst zum Zeichen seiner Wirklichkeit.* Die Verkündigung des Wortes Gottes macht sichtbar, daß Gott sein Volk ruft, die Sakramente, daß Gott sein Volk heiligt, die Ämter, daß Gott sein Volk leitet, die Diakonie, daß Gott uns zuerst geliebt hat, die Charismen, daß Gottes Geist uns treibt. Der Primat des Handelns Gottes kommt dadurch zum Ausdruck, daß die Kirche diese ihre wesentlichen Institutionen nicht im Auftrag der Gemeinde, sondern im Auftrag Christi begründet. Indem die Kirche aus der Kraft seines Geistes Zeichen des Reiches Gottes setzt, wird sie selbst zur „Stadt auf dem Berg", zum Zeichen des Reiches Gottes.

Zum Reich Gottes gehört auch, daß die *Sünder* in sein Kommen einbezogen werden; für sie bedeutet es das Angebot zur Umkehr. Die bevorzugten Adressaten der Reich-Gottes-Botschaft sind zudem die *Mühseligen und Beladenen,* denen sie die Hoffnung auf Befreiung eröffnet. Sie meint deshalb nicht nur eine Umkehr der Herzen, sondern zielt auch auf eine Veränderung der Gesellschaft, die zeichenhaft zuerst im Volk Gottes beginnt und durch ihre innere

Plausibilität die übrigen Menschen gewinnt. Zur Kirche als Zeichen des angebrochenen, aber noch nicht vollendeten Gottesreiches gehören deshalb Sünder, die umkehren wollen, der Dienst der Versöhnung mit Gott und untereinander sowie der Dienst an den Mühseligen und Beladenen.

Weder Israel noch die Kirche sind der Zielpunkt des Reiches Gottes. Es hat vielmehr *universalen* Charakter und verwirklicht sich in seiner Endgestalt als Einheit der Menschheit in Gott durch Jesus Christus. Als sichtbares Zeichen des Reiches Gottes ist Kirche dazu bestimmt, der Vollendung des Reiches in der Einheit der Menschheit zu dienen.

b) In ihrem *Handeln* wird die Kirche als Zeichen des Reiches Gottes dadurch sichtbar,

– daß sie eine *neue Familie* von Brüdern und Schwestern bildet, die sich gegenseitig als Kinder des einen Vaters achten und untereinander in Liebe verbunden sind;

– daß in ihr die *nationalen und sozialen Schranken* zwischen Juden und Griechen, Sklaven und Freien, Männern und Frauen, Reichen und Armen, Erwachsenen und Kindern aufgehoben sind;

– daß ihre Glieder unter Verzicht auf Herrschaft einander *dienen* und zu einer Gemeinschaft der Gläubigen *(communio fidelium)* und Gemeinschaft der Gemeinden und Ortskirchen *(communio ecclesiarum)* werden, in der es Raum zur Entfaltung vielfältiger *Charismen* gibt;

– daß sie ein Ort der *Versöhnung* ist, in der es zwar Sünder, aber die Bereitschaft zur Umkehr, Konflikte, aber das Mühen um Verständigung gibt, und sie in all dem auf Gewaltanwendung verzichtet;

– daß sie sich vor allem der *Mühseligen und Beladenen,* der Armen, Kranken und Ausgestoßenen annimmt und die *Gerechtigkeit* unter den Menschen befördert;

– daß sie wegen ihres Handelns in der Nachfolge Jesu auch gehaßt und *verfolgt* wird, das aber nicht mit Haß beantwortet;

– daß sie sich als ganze *missionarisch* dafür einsetzt, alle Völker für das Reich Gottes zu gewinnen, und es in ihr solche gibt, die in der *besonderen Nachfolge* Jesu unter Verzicht auf Familie und Besitz ihr Leben ganz für das Kommen des Reiches Gottes einsetzen;

– daß sie auch die übrigen *Früchte des Geistes* schätzt und fördert, nicht zuletzt die Freude, die mit dem Kommen des Reiches verbunden ist.

In all dem wird kein unerreichbares Idealbild von Kirche gezeichnet, vielmehr finden sich alle diese Zeichen im Leben Jesu und der Apostel, im Leben der neutestamentlichen Gemeinden und der Alten Kirche – der gemeinsamen Grundlage aller christlichen Kirchen – auf vielfältige Weise verwirklicht[62]. Als Zeichen des Reiches Gottes sind sie Kennzeichen der wahren Kirche des eschatologischen Gottesvolkes.

---

[62] Vgl. zum Ganzen *Lohfink; H. Merklein,* Jesu Botschaft von der Gottesherrschaft. Stuttgart 1983.

In der Zeit der noch ausstehenden Vollendung entfalten diese Zeichen nur für den Glaubenden ihre volle Hinweiskraft auf das Reich Gottes und sein Kommen. Dennoch fordern die Zeichen ob ihres Sinngehalts und -anspruchs auch den Nichtglaubenden zu Stellungnahme und Entscheidung heraus.

§ 5. Die katholische Kirche als Zeichen des Reiches Gottes – Gabe und Aufgabe

Um die *Wahrheit der römisch-katholischen Kirche* an den Kennzeichen des Reiches Gottes zu prüfen, wollen wir 1. ihren Wahrheitsanspruch selbst, 2. die Zeichenhaftigkeit ihrer strukturellen Erscheinung und 3. ihrer Praxis untersuchen.

1. Ihr grundsätzlicher Wahrheitsanspruch

Auch wenn die katholische Kirche im Vaticanum II eingesteht, „wie groß der Abstand ist zwischen der von ihr verkündeten Botschaft und der menschlichen Armseligkeit derer, denen das Evangelium anvertraut ist", besteht sie darauf, daß sie „in der Kraft des Heiligen Geistes die treue Braut des Herrn geblieben ist und niemals aufgehört hat, das Zeichen des Heils in der Welt zu sein" (GS 43). Dieser *grundsätzliche Anspruch* der katholischen Kirche, stets die wahre Kirche geblieben zu sein, ist eine Aussage des Glaubens, der auf die sieghafte Kraft göttlicher Heilszusage vertraut. Als Ausdruck menschlicher Selbstgerechtigkeit oder konfessionellen Triumphalismus wäre er mißverstanden.

Die katholische Kirche führt dafür vor allem zwei Gründe an. *Einmal* beruft sie sich auf die im Neuen Testament bezeugten Zusagen der bleibenden Gegenwart Christi in seiner Kirche (Mt 28, 20) und des fortwährenden Beistands des Heiligen Geistes (Joh 14, 16; 16, 13), die der Kirche Unzerstörbarkeit (Indefektibilität) verheißen (Mt 16, 18), so daß sie als „Kirche des lebendigen Gottes" und als „Säule und Grundfeste der Wahrheit" bezeichnet wird (1 Tim 3, 15). *Zum anderen* beruft sie sich auf die biblischen Bilder „Volk Gottes", „Tempel des Heiligen Geistes" und „Leib Christi", die die unlösbare Verbindung zwischen Gott, Jesus Christus und Heiligem Geist einerseits und der Kirche anderseits unterstreichen. Diese Verheißungen und Kennzeichnungen können sich nur auf jene konkrete Kirche beziehen, die in eins „die mit hierarchischen Organen ausgestattete Gesellschaft und der geheimnisvolle Leib Christi" ist (LG 8) und in der Kontinuität der katholischen Kirche geschichtlich greifbar in Erscheinung tritt, falls man nicht die antidonatistischen Entscheidungen der Alten Kirche im ekklesiologischen Bereich widerrufen will[63].

Da die Analogie von hypostatischer Union und Kirche auf protestantischer Seite auf Vorbehalte stößt, die an früheren katholischen Übertreibungen ihren Anhalt haben, sei der grundsätzliche Wahrheitsanspruch der katholischen Kirche zudem an der Reich-Gottes-Botschaft und deren kreuzestheologischer Auslegung geprüft.

---

[63] Vgl. *Congar* (s. Anm. 1) 3–10.

Der exegetische Befund ergibt, daß die neutestamentliche Botschaft vom Reich Gottes eine Wirklichkeit meint, die noch unvollendet, aber in sichtbarer und geschichtlich greifbarer Zeichenhaftigkeit in einem konkreten Gottesvolk zur Erscheinung kommt. Dabei kommt der Primat des Handelns Gottes – der Kern der Reich-Gottes-Botschaft – darin zum Ausdruck, daß es nun nicht mehr von Menschen, auch nicht von Israel, das sich versagt, abhängt, ob das Reich kommt. Gott sammelt unwiderruflich das Gottesvolk, um das Heil für alle zu vollenden.

Dieser Grundzug der Reich-Gottes-Botschaft ist bereits Grund genug, von einer unaufhebbaren Verbindung des Reich-Gottes-Willens Gottes und des durch die Geschichte pilgernden Gottesvolkes zu sprechen. Allerdings kann die Tatsache, daß Gott die Rolle, das Zeichen des Reiches Gottes zu sein, von dem sich verweigernden Israel wegnahm, die Frage veranlassen, ob eine solche Wegnahme nicht auch die Kirche bedrohe, welche dem Anspruch Gottes nicht gerecht wird. Hier hat sich durch den *Kreuzestod* Jesu eine grundstürzende Änderung ergeben, nämlich die *Umkehrung von Imperativ und Indikativ*. War von Israel noch als Vorbedingung seiner Heilsfunktion das Tun der besseren Gerechtigkeit gefordert worden (Mt 6,1.14), so kehrt nun die rettende Tat Gottes in der Lebenshingabe des Messias am Kreuz, der für die Schuldiggewordenen genugtut, die Bluttat an seinem Gesandten um in eine Setzung neuer und unwiderruflicher Treue zum Gottesvolk in der Rechtfertigung der Sünder. „Wurde die Forderung einer besseren Gerechtigkeit von seiten Israels nicht erfüllt, so war die Umkehrung von Imperativ und Indikativ, d. h. der Gang an das Kreuz, die einzig mögliche und adäquate Entsprechung zur vergebenden heilschaffenden Gerechtigkeit Gottes."[64]

Es ist deshalb die neutestamentliche Reich-Gottes-Botschaft und deren Bekräftigung durch den Sühnetod Jesu und die endgültige Bundeserneuerung, worauf die neutestamentlichen Verheißungen an die Kirche und der Wahrheitsanspruch der katholischen Kirche gründen. Die ungebrochene und unbrechbare Treue der Kirche ist nichts anderes als die unwiderrufliche Treue Gottes zum Volk des „neuen Bundes im Blut" seines Sohnes (1 Kor 11,25). Auch die Sünden ihrer Glieder können die Einsetzung der Kirche zum sichtbaren Zeichen des Reiches Gottes und des Neuen Bundes nicht mehr in Frage stellen – so furchtbar der Selbstwiderspruch ist, in den sich die Sünder zu ihrer Berufung, Zeichen des Reiches zu sein, setzen, indem sie durch ihr Versagen „das Wachstum des Reiches Gottes verzögern" (UR 4). Wenn die katholische Kirche auf der bleibenden Sichtbarkeit der wahren Kirche als Zeichen des Reiches Gottes besteht, die in geschichtlicher Kontinuität greifbar sein muß, rühmt sie sich nicht ihres Verdienstes in selbsteigenem Anspruch, sondern verweist auf den Reichs- und Bundeswillen Gottes. Rühmen kann sie sich höchstens ihrer Schwachheit (2 Kor 11,30), der gegenüber sich die Treue Gottes als größer er-

---

[64] *O. Betz,* Jesu Evangelium vom Gottesreich, in: *P. Stuhlmacher* (Hg.), Das Evangelium und die Evangelien. Tübingen 1983, 77; vgl. 67; vgl. *Lohfink* 37.

weist. „Denn die Gnade kommt in der Schwachheit zur Vollendung" (2 Kor 12, 9). Dieser Wahrheitsanspruch schließt Kritik, von innen und außen, an konkretem Versagen nicht aus, sondern ein. Entscheidend ist es deshalb, daß die katholische Kirche die Vertrauensgewißheit ihrer bleibenden Wahrheit nicht in der Weise konfessionalistischer Selbstbehauptung vorträgt, noch die getrennten Christen sie als solche verstehen. Denn wenn es wahr ist, daß „der Geist Christi sich gewürdigt hat, sie [die getrennten Kirchen und Gemeinschaften] als Mittel des Heils zu gebrauchen" (UR 3), und es den Katholiken aufgegeben ist, „die wahre Katholizität und Apostolizität der Kirche immer vollständiger zum Ausdruck zu bringen" (UR 4), begründet die göttliche Zusage keinen exklusiven Besitzstand, sondern bedeutet für alle – Katholiken wie Nichtkatholiken – Gnade und Gericht, das vor allem jene trifft, welche die „der katholischen Kirche anvertraute Fülle der Gnade und Wahrheit" (UR 3) den getrennten Mitchristen nicht gewinnend genug bezeugt haben und bezeugen. Es kann deshalb auch nicht bei der Feststellung und Begründung des grundsätzlichen Wahrheitsanspruchs bleiben, als ob dieser unterschiedslos alles an der katholischen Kirche abdecke, vielmehr bedarf es der kritischen Einzelprüfung kirchlicher Struktur und Praxis. Dabei lernt der Katholik, daß es nicht genügt, Katholik im Sinne konfessioneller Abgrenzung und Absolutsetzung zu bleiben, um als wahrhaft katholisch und apostolisch gelten zu können.

2. Die Zeichenhaftigkeit ihrer Struktur

Was Kirche ist und bewegt, kommt zu *objektiver Erscheinung* in ihren *schriftlichen Zeugnissen,* die – wie die Heilige Schrift – ihren Anfang in Fülle bezeugen oder in denen sich ihr Glaube und ihre Lehre niedergeschlagen haben, wie Glaubensbekenntnisse, Dogmen und andere Äußerungen des Lehramtes, liturgische, katechetische und theologische Bücher, aber auch in *mündlicher Verkündigung.* Die katholische Kirche nimmt für die Glaubensübereinstimmung der Gesamtkirche wie für alle unbedingt verpflichtenden Glaubenserklärungen des Lehramtes Unfehlbarkeit in Anspruch. Das Bleiben der Kirche in der Wahrheit des Evangeliums dort, wo der rechte Glaube und damit die Treue der Kirche auf dem Spiel stehen, weiß sie, wie oben ausgeführt, in der unwiderruflichen Treue Gottes zu seinem Volk begründet (vgl. Bd. 4, Kap. 6). Protestantische Bedenken aufnehmend, die katholische Kirche setze sich mit ihrem Anspruch auf Unfehlbarkeit an die Stelle des Wortes Gottes, hat das Vaticanum II die dienende Rolle der Überlieferung und des Lehramtes der Kirche betont: „Das Lehramt ist nicht über dem Wort Gottes, sondern dient ihm" (DV 10). In der Tat entspricht die Kirche nur dann ihrem Charakter als Zeichen des Reiches Gottes, wenn sie in Verkündigung und Lehre den Primat des Wortes Gottes wahrt. Ihrem Zeichencharakter entspricht aber auch, daß das Wort Gottes in der Kirche in getreuer und deshalb verbindlicher Auslegung zur Sprache kommt.

Kirche als Zeichen des Reiches Gottes kommt in besonderer Weise in der

Feier der *Sakramente* zur Erscheinung, welche die katholische Kirche reich aus-
gestaltet hat. Die Mitte ihres Gemeindelebens bildet die Feier der Eucharistie.
Im Sakrament der Buße wird deutlich, daß die Sünder zur Kirche gehören und
deren Glieder ständig der Umkehr und der Vergebung Gottes bedürfen. In allen Sakramenten wird zeichenhaft mit dem Primat des Handelns Gottes zugleich dargestellt, daß er das Volk des Neuen Bundes berufen hat, durch den
Vollzug seines gemeinsamen und amtlichen Priestertums dem Kommen des
Reiches zu dienen (LG 10.11). Das Vaticanum II hat die Katholiken daran erinnert, daß die Feier der Sakramente nicht Selbstzweck ist, sondern den Sakramenten als Zeichen des Reiches Gottes nur dann ihr theologisches Gewicht
zukommt, wenn sich in einem Leben aus dem Glauben „die gegenwärtige Wirk-
kraft des Gottesreiches" erweist (LG 35).

Kirche kommt sodann in ihren Ortskirchen, den Diözesen und deren Gemeinden, zur Erscheinung, die untereinander zu *einer universalen Gemeinschaft*
verbunden sind. In den vergangenen Jahrhunderten war die katholische Kirche
zunehmend nach Art eines zentralistisch geführten Verbandes gestaltet und
Einheitlichkeit als Stütze und Form der Einheit verstanden worden. Dadurch
drohten die Kennzeichen wahrer *Einheit* und *Katholizität* durch ihr Zerrbild
verdeckt zu werden. Im Gegenzug dazu hat das Vaticanum II auf die *communio*-Struktur der Alten Kirche zurückgegriffen, nach der die „Kirche Christi
wahrhaft in allen rechtmäßigen Ortsgemeinschaften der Gläubigen anwesend
ist" (LG 26); die Ortskirchen bilden in ihrer Gemeinschaft untereinander und
mit dem Papst die eine und universale Kirche, deren Einheit nicht im gesetzten
Kirchenrecht, sondern in der gemeinsamen Feier des einen Herrenmahls begründet ist (LG 26) und in der kollegialen Leitung der Kirche durch Papst und
Bischöfe sichtbar wird (LG 19.22); alle Gläubigen sind zur tätigen Mitverantwortung in der Kirche berufen und haben Anspruch darauf, daß ihre
vielfältigen Charismen zur Entfaltung kommen. Je mehr es der katholischen
Kirche im Zuge der nachkonziliaren Reform gelingt, diese *communio*-Struktur
wiederherzustellen und die „Vielfalt der Ortskirchen" in ihrer eigenen Gemeinschaft zuzulassen (LG 23), desto mehr kann sie unter den christlichen Kirchen
ob ihrer weltweiten Verbreitung und ihrer sichtbaren Einheit im Bischofskollegium unter dem Papst zu einem deutlichen Zeichen jenes Reiches Gottes werden, das auf Einheit und Universalität zielt. Solange allerdings die Spaltung der
Christenheit fortdauert, ist es auch der katholischen Kirche verwehrt, „die
Fülle der Katholizität unter jedem Aspekt in der Wirklichkeit des Lebens aus-
zuprägen" (UR 4).

Kirche wird sichtbar auch in ihren *Ämtern.* Die in sakramentaler Weihe über-
tragenen Ämter sollen zeichenhaft sichtbar machen, daß Gott durch Christus
im Heiligen Geist es ist, der selbst die Kirche leitet. Damit gehören sie zur Kirche als Zeichen des Reiches Gottes. Sie stellen zeichenhaft den Primat des Handelns Gottes dar. Sie sind in der Reich-Gottes-Praxis Jesu begründet, der
Jünger in seine besondere Nachfolge rief und sie aussandte, das Reich Gottes
anzusagen. Sie sind in der Praxis der Jüngergemeinde und der frühen Kirche

begründet, die das Hirtenamt ausbildete und dieses damit beauftragt sah, die apostolische Tradition, das Zeugnis von Jesus Christus und seinem Evangelium, zu wahren und zu vergegenwärtigen. In der apostolischen Sukzession des Bischofsamtes sieht die katholische Kirche ein wichtiges Zeichen der Einheit und der Kontinuität mit dem apostolischen Ursprung oder der *Apostolizität* der Kirche. Nachdem das Amt als Zeichen der Herrschaft Gottes über die Kirche durch Klerikalismus teilweise verdunkelt war und das Vaticanum II versucht hat, seine Zeichenhaftigkeit durch die Betonung des Dienstcharakters des Amtes wiederherzustellen, bahnt sich heute in der Frage der theologischen Bedeutung der apostolischen Sukzession eine ökumenische Verständigung an[65].

Die katholische Kirche sieht die apostolische Sukzession auch im *Petrusamt* des Papstes gegeben. Als Dienst an der Einheit der Gesamtkirche ist es in besonderer Weise berufen, Zeichen der kirchlichen Einheit, ihrer Katholizität und Apostolizität zu sein. Angesichts der geschichtlichen Belastungen, die dieses Zeichen verdunkelt haben, gibt es erst wenige Stimmen aus der Ökumene, die einem Petrusamt in evangeliumsgemäßer Ausübung zustimmen[66]. Ein ökumenisches Hindernis stellen besonders die Dogmen vom Jurisdiktionsprimat und der Unfehlbarkeit des Papstes dar, wie sie das Vaticanum I verkündigte, soweit es der katholischen Kirche noch nicht gelungen ist, diese Dogmen mit dem Gedanken der Kirche als *communio* überzeugend genug zu vermitteln.

Nicht zuletzt wird Kirche als Zeichen des Reiches Gottes in ihrer *Diakonie* sichtbar, zudem in ihrem *Mönchtum* und ihren *Ordensgemeinschaften* – Einrichtungen und Lebensformen, die von Anfang an die katholische Kirche kennzeichnen und von einer erstaunlichen Zahl solcher Christen getragen wurden und werden, die um des Reiches Gottes willen auf Familie und eigenen Besitz verzichten, um ganz der Anbetung Gottes, der Verkündigung des Evangeliums und den Armen und Kranken zu dienen. Im Kampf um soziale Gerechtigkeit hat die Diakonie in Gestalt kirchlicher Laienverbände und Basisgemeinschaften neue Formen angenommen. Das Zeugnis, das auf diese Weise für die Wahrheit der katholischen Kirche im Sinne der Reich-Gottes-Botschaft gegeben wird, wird aber dann verdunkelt, wenn es als Alibi benutzt wird, um das Versagen vieler Katholiken – Amtsträger und Laien – vergessen zu lassen.

Die Frage nach der wahren Kirche hat auf dem Hintergrund des Nord-Süd-Gefälles in der Verteilung von Macht und Reichtum in der Welt inzwischen eine neue Dimension erhalten, die zu einer nicht geringeren Herausforderung für alle Kirchen zu werden droht als die konfessionellen Differenzen. Bereits das Vaticanum II erklärte: „Wie aber Christus das Werk der Erlösung in Armut und Verfolgung vollbrachte, so ist auch die Kirche berufen, den gleichen Weg einzuschlagen, um die Heilsfrucht den Menschen mitzuteilen ... In den Armen und Leidenden erkennt sie das Bild dessen, der sie gegründet hat und der selbst

---

[65] Vgl. besonders das Lima-Dokument von 1982, in: *Meyer u. a.* 567–585; ferner das Stichwort: Apostolische Sukzession: ebd. 702.
[66] Vgl. zum Stichwort Papsttum/Primat ebd. 707.

ein Armer und Leidender war" (LG 8). Indem sie die Zeichen des Reiches Gottes und eine Analyse der sozialen Kontexte miteinander in Beziehung setzen,
stellen Theologen der Dritten Welt „Merkmale einer Kirche auf der Seite der
herrschenden Klasse" den „Merkmalen einer Kirche auf der Seite der unterpri-
vilegierten Klassen" einander gegenüber[67]. Schon heute tragen die Kirchen der
sogenannten Dritten Welt, aber auch die der sogenannten Schweigenden Kirche, manche Kennzeichen der wahren Kirche deutlicher an sich als die Kirchen
der sogenannten Ersten Welt.

3. Die Zeichenhaftigkeit ihrer Praxis

Wenn es richtig ist, daß zur Kirche als Zeichen des Reiches Gottes nicht nur die
Zeichenhaftigkeit ihrer Institutionen, sondern auch die des *Lebenszeugnisses* ihrer Glieder gehört, kann der Erweis der Wahrheit der Kirche durch die Praxis
nicht übergangen werden. Tatsächlich verstanden sich die frühen Gemeinden
als „Gemeinden der Heiligen" (2 Kor 14, 33) und erachteten sie ihr Zeugnis eines christlichen Lebens als Zeichen ihrer Wahrheit vor den Heiden[68]. So wurde
Heiligkeit sehr früh zu einem Kennzeichen der Kirche[69]. Man verstand unter
communio sanctorum die *communio* an den *sancta*, d. h. an den Sakramenten, wie
die *communio* der *sancti*, der durch die rettende Tat Gottes Geheiligten. Aus
dem Indikativ des durch Gott Geheiligtseins folgt der Imperativ eines heiligen
Lebens. In diesem Sinn ist die Heiligkeit der Kirche ein zentraler Inhalt der
Botschaft vom Reich Gottes, der sich ein heiliges Bundesvolk schafft (LG
39–47).

So gesehen eignet sich der Hinweis auf das christliche Lebenszeugnis eher
für den Aufweis der Wahrheit des Christentums vor Nichtglaubenden als für
den Vergleich der christlichen Kirchen untereinander, zumal in der Situation
zusammenwachsender Ökumene. Hier gilt es, die Mahnung des Vaticanum II
zu beherzigen, es sei „notwendig, daß die Katholiken die wahrhaft christlichen
Güter aus dem gemeinsamen Erbe mit Freude anerkennen und hochschätzen,
die sich bei den von uns getrennten Brüdern finden. Es ist billig und heilsam,
die Reichtümer Christi und das Wirken der Geisteskräfte im Leben der anderen
anzuerkennen, die für Christus Zeugnis geben, manchmal bis zur Hingabe des
Lebens" (UR 4). Dann aber darf sich der Katholik auch der unermeßlichen
Schar heiliger Frauen und Männer, der bekannten und unbekannten, freuen,
deren Leben in der Nachfolge Jesu die Wirksamkeit des Evangeliums und des
Geistes Gottes in seiner Kirche bezeugt.

In solchem Geist gegenseitiger Achtung und christlicher Brüderlichkeit, dem
es mehr um Gottes Willen als um die Rechtfertigung des eigenen Standpunktes
geht, kann auch das Gespräch unter den Kirchen darüber geführt werden, was
zur wahren Kirche Gottes gehört und was davon den einzelnen Kirchen fehlt.

---

[67] *L. Boff,* Die Neuentdeckung der Kirche. Basisgemeinden in Lateinamerika. Mainz 1980, 53–76.
[68] Vgl. *Lohfink* 171–208.   [69] Vgl. *Congar* 458–468.

LITERATUR

Congar, Y., Die Wesenseigenschaften der Kirche, in: MySal 4/1, 357–599.

Dantine, J., Die Kirche vor der Frage nach ihrer Wahrheit. Die reformatorische Lehre von den „notae ecclesiae" und der Versuch ihrer Entfaltung in der kirchlichen Situation der Gegenwart. Göttingen 1980.

Drey, J. S., Kurze Einleitung in das Studium der Theologie mit Rücksicht auf den wissenschaftlichen Standpunkt und das katholische System (Tübingen 1819). Hg. und eingel. v. F. Schupp. Darmstadt 1971.

Johann-Adam-Möhler-Institut (Hg.), Die Sakramentalität der Kirche in der ökumenischen Diskussion. Paderborn 1983.

Lohfink, G., Wie hat Jesus Gemeinde gewollt? Zur gesellschaftlichen Dimension des christlichen Glaubens. Freiburg ⁵1984.

Meyer, H. – Urban, H. J. – Vischer, L. (Hg.), Dokumente wachsender Übereinstimmung. Sämtliche Berichte und Konsenstexte interkonfessioneller Gespräche auf Weltebene 1931–1982. Paderborn 1983.

Rahner, K., Grundkurs des Glaubens. Einführung in den Begriff des Christentums. Freiburg ¹²1982.

Steinacker, P., Die Kennzeichen der Kirche. Eine Studie zu ihrer Einheit, Heiligkeit, Katholizität und Apostolizität. Berlin 1982.

Thils, G., Les notes de l'église dans l'apologétique catholique depuis la réforme. Gembloux 1937.

10. KAPITEL

ÖKUMENE – REALITÄT UND HOFFNUNG

Heinrich Döring

§ 1. Die Vielzahl von Kirchen

1. Legitime und illegitime Pluralität

Die Christenheit, die ungefähr ein Drittel der Weltbevölkerung ausmacht, besteht aus vielen Kirchen und kirchlichen Gemeinschaften. Eine Vielfalt von Kirchen bedeutet nicht von vornherein einen Widerspruch zur Einheit der Kirche. Bereits im Neuen Testament und in der frühen Kirche hat sich das eine apostolische Erbe in einer Vielzahl lehrmäßiger und liturgischer Formen dargestellt. Diese Vielfalt ergibt sich aus den unterschiedlichen kulturellen und politischen Gegebenheiten der Welt, aus denen heraus der Geist des Herrn Menschen beruft und in die hinein er sie sendet. Es gibt eine legitime Vielheit von Ortskirchen, „in denen und aus denen die eine und einzige katholische Kirche besteht" (LG 23). „Um die Fülle des Evangeliums und der Katholizität der Kirche willen ist Vielfalt nicht nur möglich, sondern sogar gefordert."[1]

Häufig jedoch ist die Pluralität der anzutreffenden Kirchen eine Verzerrung der Einheit und der Katholizität der Kirche. Eine illegitime Vielheit von Kirchen tritt dann ein, wenn einzelne Gruppen oder Epochen in der Kirche beanspruchen, die Norm für das Ganze der Kirche zu sein, und anderen das Recht absprechen, sich wahrhaft Kirche zu nennen. Dann handelt es sich keineswegs um eine Vielfalt in der Einheit, sondern um eine Vielheit aus Spaltungen und Trennungen, gegen den Willen des Herrn, letztlich aus Sünde (vgl. UR 1)[2].

2. Ursachen und Anlässe der Kirchenspaltung

1937 befaßte sich eine Weltkonferenz für Glauben und Kirchenverfassung in Edinburgh mit den Ursachen der Spaltungen unter den Christen. Sie nannte Faktoren, „die zum Teil theologisch oder kirchlich und zum Teil soziologisch oder politisch bedingt sind" (Provinzialismus, staatliche Bevormundung, Na-

---

[1] Der Synodenbeschluß „Pastorale Zusammenarbeit der Kirchen im Dienst an der christlichen Einheit" (s. Anm. 33) 322.
[2] Vgl. *Vischer* 150 ff.

tionalkirchentum). Eine große Rolle spielen dabei die geschichtlichen Faktoren „kulturellen Ursprungs"[3]. Die „Risse in der Christenheit" zeigen sich zumeist an den „Grenztälern der großen Kulturbereiche"[4], wenn nämlich die einer bestimmten Kultur angepaßte Missionierung den Zusammenhang mit der Gesamtkirche verliert[5].

Ein solcher Bruch drohte schon, als die judenchristliche Mission die Heiden erreichte; die dabei entstehende Spannung zeigt sich im Neuen Testament sehr deutlich. Am „Kulturgraben" zwischen der syrischen und der hellenistischen Welt kam es später zum ersten Bruch größeren Ausmaßes, nämlich zum Schisma zwischen der Großkirche und den nestorianischen und monophysitischen Kirchen des syrischen Kulturraumes. An der Grenze zwischen hellenistischer und lateinischer Kultur kam es zu einem weiteren Bruch, zum Schisma zwischen Ost- und Westkirche. Besonders radikal und folgenschwer war der Bruch an der Schwelle der Neuzeit: die Kirchenspaltung als Folge der Reformation.

§ 2. Die ökumenische Bewegung im 20. Jahrhundert

Es ist nicht das Ziel der ökumenischen Bewegung unseres Jahrhunderts, die wesenhafte Einheit der Kirche in Jesus Christus erst zu schaffen. Durch Gottes Heilshandeln ist diese Einheit der Kirche immer schon vorgegeben; sie kann nicht zerstört werden. Der ökumenischen Bewegung geht es um die Verwirklichung der zerbrochenen *sichtbaren* Einheit der Kirche. Um des glaubhaften Zeugnisses der Kirche willen muß ihr wesenhaftes Einssein, das eine Glaubenswirklichkeit und deshalb den Nichtglaubenden nicht zugänglich ist, vor der Welt sichtbar gemacht werden. Das ist das Ziel der ökumenischen Bewegung und zugleich auch ihre Problematik. Die sichtbare Gestalt der wesentlichen Einheit kann nicht dem freien Belieben der Christen und Kirchen überlassen bleiben, sondern hat sich am Willen des einheitsschaffenden Herrn der Kirche auszurichten. Die ökumenische Bewegung ist deshalb *das Ringen um die Elemente, die konstitutiv sind für die Darstellung der sichtbaren Einheit der Kirche.*

Die Frage nach den Konstitutivelementen der Einheit wird in den verschiedenen Kirchen unterschiedlich beantwortet. Gerade das macht die ökumenische Situation aus; denn dadurch kam es ja zur Trennung zwischen den verschiedenen kirchlichen Gemeinschaften. Bevor man also die sichtbare Einheit der Kirche verwirklichen kann, geht es um die von allen zu bejahende Einheitsvorstellung: Es müssen zunächst die konstitutiven Elemente und Einheitsprinzipien gemeinsam ausgemacht werden. Die verschiedenen Einheitsvorstellungen lassen sich jedoch nicht mosaikartig zusammenfügen. Auch darf man nicht eklek-

---

[3] Ebd. 75 ff.
[4] *M.-J. Le Guillou,* Sendung und Einheit der Kirche. Das Erfordernis einer Theologie der communio. Mainz 1964, 339.
[5] Ebd. 341.

tisch verfahren, indem man einfachhin alles Trennende um des Gemeinsamen willen beiseite läßt; das würde zum Substanzverlust führen, und die tiefer liegende Verschiedenheit würde sich alsbald wieder auswirken.

1. Der Aufbruch der nicht-katholischen Kirchen

Das ökumenische Problem ist gewiß nicht neu. Dennoch ist diese gegenwärtige ökumenische Bewegung ein typisches Phänomen des 20. Jahrhunderts. Nach außen hin erkennbar begann sie 1910 mit der Weltmissionskonferenz von Edinburgh. Diese selbst war zwar innerhalb der Bewegung der Missionskonferenzen nur eine Etappe, aber sie war dem Geist nach in besonderem Maße ökumenisch. Hier traf man auch gemeinsam die Feststellung, daß ein leidenschaftliches Interesse an der kirchlichen Einheit vorhanden sei. Die Teilnehmer der Konferenz standen unter dem Eindruck einer bereits gelebten Einheit. Obwohl man nicht über die Glaubensunterschiede, sondern über Missionsprobleme sprach, war die Frage der Einheit ständig spürbar. Am Schluß dieser Konferenz sprach der anglikanische Missionsbischof Charles Brent das entscheidende Wort: „Während der letzten Tage haben wir einen neuen Blick für die Dinge bekommen. Aber wenn Gott eine neue Einsicht schenkt, dann legt er uns auch neue Verantwortung auf. Und so werden Sie und ich, wenn wir diese Versammlung verlassen, neue Pflichten zu erfüllen haben."[6] Es entstand die Bewegung für *Glauben und Kirchenverfassung* (Faith and Order), die sich in besonderer Weise der erforderlichen Einheitskriterien und der notwendigen Konstitutivelemente annahm. Diese ausgesprochen theologisch-ekklesiologische Bewegung will dem angedeuteten Ziel der sichtbaren Darstellung der Einheit durch ein intensives Lehrgespräch näherkommen. Dieser inzwischen längst institutionalisierte Dialog der Kirchen auf theologischer Basis begann 1927 mit der Weltkonferenz für Glauben und Kirchenverfassung in Lausanne und setzte sich periodisch auf weiteren Konferenzen dieser Art bis in die jüngste Gegenwart hinein fort. Die großen Wegstationen sind die Konferenzen in Edinburgh 1937, in Lund 1952, in Montreal 1963, in Löwen 1971 und in Accra 1974, sowie – nach der Integration in den (1948 gegründeten) Ökumenischen Rat der Kirchen (ÖRK) – die Arbeit in den einschlägigen Sektionen der Vollversammlungen des ÖRK in Amsterdam 1948, in Evanston 1954, in Neu-Delhi 1961, in Uppsala 1968, in Nairobi 1975 und in Vancouver 1983.

Kaum weniger bedeutsam als die Bewegung für Glauben und Kirchenverfassung war die für *„Praktisches Christentum"* (Life and Work). Darin sollten die dogmatischen Fragen grundsätzlich beiseite gelassen werden zugunsten der unmittelbaren Ausrichtung auf praktische Ziele. Aber immer wieder verlangten viele Fragen eine Antwort aus christlicher Sicht, und so kam es 1948 schließlich zur Vereinigung der Bewegung für „Praktisches Christentum" mit jener für „Glauben und Kirchenverfassung" im ÖRK. Als Kommission, der heute auch

---

[6] *Rouse – Neill 2, 4.*

katholische Theologen angehören, befaßte sich „Glauben und Kirchenverfassung" auch weiterhin mit den Fragen der Lehre. „Praktisches Christentum" hingegen wurde aufgelöst, blieb jedoch mit seinen Impulsen in der neuen großen Organisation erhalten und wirkt sich vor allem im Engagement des ÖRK für Fragen von „Kirche und Gesellschaft" nach wie vor kräftig aus.

Die Zielsetzung der nicht-katholischen ökumenischen Bewegung ist die Verwirklichung der sichtbaren Einheit der Kirche. Darin sind sich vor allem die Kirchen des ÖRK grundsätzlich einig. Im Toronto-Statement, der offiziellen Erklärung des ÖRK über sich selbst und seine Bedeutung, gehen sie von der Voraussetzung aus, „daß die Kirche Christi eine ist"[7]. Sie glauben, daß sie aufgrund dieser Voraussetzung verpflichtet sind, „in ein ernstes Gespräch miteinander einzutreten; sie hoffen, daß diese Elemente der Wahrheit (d.h. Elemente der wahren Kirche in allen christlichen Kirchen) zu einer Erkenntnis der vollen Wahrheit und Einheit, die auf der vollen Wahrheit begründet ist, führen wird"[8]. Die Kirchen wissen, daß es der Herr der Kirche ist, der die Kirchen im ÖRK dazu nötigt, „die Einheit zu suchen, die sein Wille für seine Kirche hier und jetzt ist"[9]. Dies war und ist der Grundtenor der großen Weltkonferenzen des ÖRK bis auf den heutigen Tag. In Neu-Delhi fand man auch zu einer gemeinsamen Einheitsformel, die zwar noch sehr vage ist, nichtsdestoweniger aber die gemeinsame konkrete Zielsetzung zum Ausdruck bringen kann[10]. Schon jetzt soll also die *eine* Kirche, als die „eine Vorwegnahme des Reiches Gottes" verwirklicht, als „Neuschöpfung" sichtbar werden, denn „Christus will, daß seine Kirche jetzt schon ein Zeichen und die Ankündigung einer erneuerten menschlichen Gemeinschaft ist"[11].

Ein Überblick über den eigentlich theologischen Dialog, den die nicht-katholischen Kirchen auf den großen ökumenischen Weltkonferenzen miteinander geführt haben, vermittelt indes das Bild eines in Phasen ablaufenden Entwicklungs- und Integrationsprozesses (und entspricht somit der „unitatis redintegratio" des Ökumenismusdekrets der katholischen Kirche).

Zunächst wurde vorwiegend vergleichend-phänomenologisch eine Bestandsaufnahme der verschiedenen Auffassungen von der Kirche und ihren Grundstrukturen erarbeitet (Lausanne, Edinburgh, Amsterdam). Diese vergleichende Methode wird im ökumenischen Dialog auch weiterhin angewandt werden müssen. Bei der alleinigen Verwendung dieser Methode trat jedoch immer wieder die Versuchung zur additiven Union, zum Synkretismus und zum kleinsten gemeinsamen Nenner auf. Dringend bedurfte es einer Neuorientierung.

Mit dem Wechsel der Blickrichtung der Kirchen begann (in Lund) eine neue Phase im ökumenischen Entwicklungsprozeß: Die Kirchen schauen sich nun

---

[7] *Vischer* 256.
[8] Ebd. 258.
[9] Ebd. 159.
[10] Ebd. 159f.
[11] Botschaft der 4. Vollversammlung des Ökumenischen Rates der Kirchen, in: *N. Goodall* (Hg.), Bericht aus Uppsala 1968. Genf 1968, 1.

nicht mehr gegenseitig an, sondern blicken gemeinsam auf die Person und das Werk Jesu Christi.

Infolge der Wiederentdeckung der eschatologischen Perspektive der Kirche und ihrer Einheit (in Evanston) trat der ökumenische Integrationsprozeß sodann in eine weitere Phase, die mit der Betonung der sichtbaren Elemente und der Gestaltwerdung der kirchlichen Einheit (in Neu-Delhi) sich fortsetzte. Nachdem (zuerst in Lund und dann vor allem in Evanston) der so entscheidende eschatologische Aspekt der Kirche in das Bewußtsein gerückt war, konnte (in Neu-Delhi) das Augenmerk auf die sichtbar-eine Gestalt der Kirche gelenkt werden. Die Kirchen des ÖRK sehen darin immerhin eine „kurze Beschreibung" ihres Zieles, die, wenn auch noch vage, so doch konkret ist[12].

Waren auch nur die Konturen der sichtbar-einen Kirche erkennbar, so ließ doch die Phase der näheren Ausdeutung nicht mehr auf sich warten. Die Kirchen beschäftigten sich tatsächlich in der weiteren Phase der Entwicklung (in Montreal) konsequent mit der inhaltlichen Ausdeutung des rechten Verhältnisses von Innen und Außen, von Eschaton und äußeren Strukturen und Gestalten, von „Ereignis" und „Institution" und gelangten so zu unerwarteten Ergebnissen, deren Entwicklungslinien (in Uppsala 1968) weiter ausgezogen wurden. Hierbei kam es zu einer bedeutsamen Erweiterung des Einheitsmodells von Neu-Delhi: „So möchten wir der Betonung von ‚allen an jedem Ort' hier ein neues Verständnis der Einheit aller Christen an allen Orten hinzufügen. Das fordert die Kirchen an allen Orten zur Einsicht auf, daß sie zusammengehören und aufgerufen sind, gemeinsam zu handeln ... Die Mitgliedskirchen des Ökumenischen Rates der Kirchen, die einander verpflichtet sind, sollten auf die Zeit hinarbeiten, wenn ein wirklich universales Konzil wieder für alle Kirchen sprechen und den Weg in die Zukunft weisen kann."[13]

Bis auf diese Formulierung war der Ökumenische Rat der Kirchen freilich bis in die jüngste Zeit hinein sehr zurückhaltend in der Bestimmung der konkreten Gestalt der christlichen Einheit. Nicht zuletzt hängt dies damit zusammen, daß die Einheit zum Wesen der Kirche gehört und in der Konzeption von Einheit sich immer zugleich auch die Sicht der Kirche selbst manifestiert. Um so überraschender war es, daß es auf der Vollversammlung des ÖRK in Nairobi 1975 zur Formulierung eines Textes kam, der nicht, wie üblich, den Kirchen zum Studium empfohlen, sondern als Element der Verfassung des ÖRK für alle Mitgliedskirchen verbindlich gemacht wurde. Der ÖRK sieht es als seine Aufgabe an, „die Kirchen aufzurufen zu dem Ziel der sichtbaren Einheit im einen Glauben und der einen eucharistischen Gemeinschaft, die ihren Ausdruck im Gottesdienst und im gemeinsamen Leben in Christus findet, und auf diese Ein-

---

[12] In dem Dokumentarbericht über die dritte Vollversammlung des Ökumenischen Rates der Kirchen „Neu-Delhi 1961" (hg. v. *W. A. Visser't Hooft*. Stuttgart 1962) heißt es auf S. 130: „Wir glauben, daß die Einheit, die zugleich Gottes Wille und seine Gabe an seine Kirche ist, sichtbar gemacht wird, indem alle an jedem Ort, die in Jesus Christus getauft sind und ihn als Herrn und Heiland bekennen, durch den Heiligen Geist in eine völlig verpflichtete Gemeinschaft geführt werden."
[13] Bericht aus Uppsala 68. Offizieller Bericht. Genf 1968, 14.

heit zuzugehen, damit die Welt glaube" [14]. Das ist eine konkrete Zielvorstellung, der auch der Katholik beipflichten kann. Selbst der Einwand, auch dieser Text sei doch unterschiedlich interpretierbar, verliert an Schärfe, weil in dieser Konkretion eine neue Phase im Integrationsprozeß erreicht ist – ein Prozeß, der weitergehen wird, zumal drei Begriffe in die Mitte gerückt wurden, die eine gute Hilfe auf dem Weg sein werden: die „konziliare Gemeinschaft", die Korrelation Kirche – Einheit der Menschheit, die Grundstruktur „Einheit in Vielheit". Zumal der Begriff der Konziliarität „bringt in erster Linie die Einheit von Kirchen zum Ausdruck, die durch Raum, Kultur und Zeit voneinander getrennt sind, eine Einheit, die öffentlich dargestellt wird, wenn die Vertreter dieser Einzelkirchen zu einer gemeinsamen Versammlung zusammenkommen" [15].

Der Gang der ökumenischen Bewegung enthüllt sich also als ein umfassender Integrationsprozeß mit immer deutlicher werdender Herausbildung der sichtbar-einen Gestalt der Kirche. Somit erweist sich dieser Dialog der Kirchen mit all seinem Drängen und Zögern, seinen Anläufen und Rückfällen, seiner Dynamik und Dialektik als ein Weg unter steter Führung des Heiligen Geistes der Einheit der Kirche entgegen [16]. Das hebt gewiß nicht auf, daß häufig Doppeldeutigkeiten und manche unscharfe Formulierung zu Fragen Anlaß bieten. Es fehlen überdies nicht nur inhaltliche Ausdeutungen, sondern auch konkrete Aussagen über die Fülle und den „katholischen" Charakter der Wahrheit. Der Trend zur Einheit jedoch ist sichtbar geworden.

Der Ökumenische Rat selbst hat in diesem Integrationsprozeß auf die zu verwirklichende Einheit hin die Aufgabe, „Mittel", „Methode" und Werkzeug des Heiligen Geistes zu sein, um die gemeinsame Berufung, das gemeinsame Leben und Zeugnis der Kirchen, soweit sie bestehen, zur Darstellung zu bringen. Es ist nicht sein Ziel, zur Una Sancta auszuwachsen. Er kann nur in dem Sinn den Kirchen zu Diensten sein, als er die Wachstumsvorgänge zur Ganzheit, zur Katholizität der Kirche, die in den verschiedenen kirchlichen Gemeinschaften in Gang gekommen sind, zusammenfaßt und auf diese Weise die verschiedenen Schritte und Vorstöße zu einem großen Integrationsprozeß bündelt. Die Basisformel, auf die sich alle Mitgliedskirchen des ÖRK dabei verpflichten, lautet: „Der Ökumenische Rat der Kirchen ist eine Gemeinschaft von Kirchen, die den Herrn Jesus Christus gemäß der Heiligen Schrift als Gott und Heiland bekennen und darum gemeinsam zu erfüllen trachten, wozu sie berufen sind, zur Ehre Gottes, des Vaters, des Sohnes und des Heiligen Geistes." [17]

Der ÖRK ist infolgedessen mit „ekklesiologischen Begriffen" zu definieren, mit Kategorien, die so geartet sind, daß das Werkzeug, der ÖRK, nicht mit dem Erzeugnis der vollverwirklichten Einheit der Kirche verwechselt werden

---

[14] Satzung Nr. 2, in: *H. Krüger – W. Müller-Römheld,* Bericht aus Nairobi 1975. Frankfurt 1976, 327.
[15] Ebd. 27.
[16] Vgl. *Döring,* Kirchen – unterwegs zur Einheit, 472–481.563–579.
[17] Vgl. *W. Theurer,* Die trinitarische Basis des Ökumenischen Rates der Kirchen. Frankfurt 1967.

kann. Tatsächlich ist der ÖRK ein Organ der Kirchen eigener Art, aber dennoch eine kirchliche Wirklichkeit, die der Ausdeutung bedarf. Der frühere Generalsekretär des ÖRK, W. A. Visser't Hooft, schrieb: „Wo zwei oder drei Kirchen versammelt sind, da ist die Una Sancta mitten unter ihnen und verlangt danach, sich öffentlich darzustellen."[18] Das trifft zweifellos auf den ÖRK zu, und insofern ist er „die Manifestation der gegenwärtig unter den Kirchen vorhandenen und anerkannten Einheit"[19]. Er ist ohne jedes geschichtliche Vorbild. Deshalb läßt sich seine paradoxe Wirklichkeit auch so schwer bestimmen. Es eignet ihm eine eigentümliche Doppelgesichtigkeit. De jure und de facto ist er ein *Rat* von Kirchen. Aber es sind immerhin *Kirchen*, die dieser Institution das Gepräge geben und für ihre Existenz konstitutiv sind. Der ÖRK kann nach zwei Seiten hin deshalb mißverstanden werden, je nachdem, ob man den Akzent auf „Kirchen" oder auf „Rat" legt. Begreift man den ÖRK vornehmlich von den „Kirchen" her, dann sieht man in ihm eine die Einheit schon irgendwie zum Ausdruck bringende Körperschaft; versteht man ihn ausschließlich als „Rat", dann erkennt man in ihm ausdrücklich eine Organisation, die auf dem Wege der Verwirklichung der sichtbaren Einheit eine Hilfe darstellt, der man es aber versagt, auch nur in Vertretung der Una Sancta zu sprechen und zu handeln. Unverkennbar jedoch ist er ein Werkzeug des Heiligen Geistes. Ansonsten betont man im Toronto-Statement, in welchem die ekklesiologische Neutralität des ÖRK grundlegend geklärt ist, den Unterschied zwischen der Zugehörigkeit einer bestimmten Kirchengemeinschaft als ganzer zur wahren Kirche Christi *und* der Gliedschaft einzelner Christen in dieser einen Kirche. Andernfalls wäre man gezwungen, mit der Bejahung der Gliedschaft „extra muros" auch die Apostolizität der anderen Kirchen anzuerkennen. Überall dort, wo wahre Glieder am Leibe Christi sind, müßte dann notwendigerweise auch die wahre Kirche in ungebrochener Ganzheit auf dem Plane sein. Zu dieser Konsequenz zwingt die Toronto-Erklärung nicht, sondern hebt vielmehr hervor, daß keine der Mitgliedskirchen gehalten ist, die anderen Mitgliedskirchen als Kirchen im wahren und vollen Sinne zu betrachten. Im ÖRK ist Raum gegeben für die, die jede kirchliche Gemeinschaft als Manifestation der wahren Kirche ansehen, und auch für die, die sich von einem solchen Ansinnen distanzieren. Die Aufnahme lebendiger Beziehungen resultiert nicht aus der Erkenntnis, daß alle Kirchen als solche an der pneumatischen Realität vollen Anteil haben, sondern daraus, daß in allen christlichen Gemeinschaften wahre Gliedschaft am Leibe Christi möglich ist[20].

---

[18] Die Bedeutung des Oekumenischen Rates der Kirchen, in: Die Kirche in Gottes Heilsplan. Stuttgart 1948, 205.
[19] *H. Weissgerber*, Die Frage nach der wahren Kirche. Eine Untersuchung zu den ekklesiologischen Problemen der ökumenischen Bewegung. Essen 1963, 246.
[20] *Vischer* 250–261.

2. Der Aufbruch der römisch-katholischen Kirche

Es ist nicht zu leugnen, daß die offizielle katholische Kirche – Erklärungen und Anweisungen verschiedener Päpste belegen das – der ökumenischen Bewegung lange Zeit sehr abwartend gegenüberstand, bisweilen sogar eine äußerst ablehnende Haltung einnahm[21]. Von dieser Feststellung bleibt unberührt, daß es zu allen Zeiten Theologen, Bischöfe, Priester und Laien in der Kirche gegeben hat, die dem ökumenischen Geschehen mit großer Offenheit und Bereitschaft begegnet sind und längst in einen ausführlichen Dialog und in eine konkrete Mitarbeit eingetreten wären, wären ihnen nicht Zurückhaltung und Reserve geboten gewesen[22]. Ferner soll auch nicht in Abrede gestellt werden, daß auch schon immer ein eigengeprägter und dem bisherigen Verständnis der Kirche entsprechender Ökumenismus bestanden hat. Ihn muß man allerdings auf die kurze, wenig differenzierte und nicht dynamische Formel bringen: „Zurück nach Rom!"[23] Mit Papst Johannes XXIII. änderte sich das von Grund auf. Die ökumenische Bewegung wurde nun zu einem ernsten Anliegen nicht nur weniger theologischer Idealisten, sondern der obersten Kirchenleitung und der ganzen Kirche. Es kam auch in der katholischen Kirche zu einer ökumenischen Bewegung größeren Ausmaßes. Kräfte wurden entbunden, die lediglich auf das befreiende Wort des obersten Hirten gewartet hatten.

Das II. Vatikanische Konzil vollzog sich dann auch in einer Atmosphäre ökumenischer Offenheit. Nicht nur im einschlägigen Dekret über den Ökumenismus hat die neue ökumenische Einstellung der katholischen Kirche ihren Niederschlag gefunden, sondern auch alle weiteren Verlautbarungen dieses Konzils atmen ökumenischen Geist gegenüber anderen Christen und anderen christlichen Kirchen. In der Einleitung des Ökumenismusdekrets heißt es in diesem Sinn: „Dies alles erwägt die Heilige Synode freudigen Herzens und, nachdem sie die Lehre von der Kirche dargestellt hat, möchte sie, bewegt von dem Wunsch nach Wiederherstellung der Einheit unter allen Jüngern Christi, allen Katholiken Mittel und Wege nennen und die Weise aufzeigen, wie sie selber diesem göttlichen Ruf und dieser Gnade Gottes entsprechen können" (UR 1).

Zugleich wird die ökumenische Bewegung, die im ÖRK ihre feste institutionelle Gestalt gefunden hat, in aller Form von der katholischen Kirche anerkannt. Die außerkatholische ökumenische Bewegung wird damit nicht nur wahrgenommen, sondern für die weiteren Überlegungen vorausgesetzt. Sie ist eine Wirkung des Heiligen Geistes, dem sie nicht nur ihr Entstehen, sondern auch ihr stetiges Wachstum verdankt. Der Umkreis, in dem der Heilige Geist am Werke ist, ist somit auch die gesamte außerkatholische Christenheit mit ih-

---

[21] *F. Biot*, Von der Polemik zum Dialog. Steine auf dem Weg zur Einheit der Christen. Wien 1966, 61–109; *H.-G. Stobbe*, Lernprozeß einer Kirche. Notwendige Erinnerung an die fast vergessene Vorgeschichte des Ökumenismus-Dekrets, in: *Lengsfeld* 71–92.
[22] Vgl. *G. H. Tavard*, Geschichte der ökumenischen Bewegung. Mainz 1964, 53–81; *R. Kottge – B. Moeller* (Hg.), Ökumenische Kirchengeschichte 3: Neuzeit. Mainz 1974, 345–347; *Stobbe* (s. Anm. 21) 83–85.
[23] Vgl. *Tavard* (s. Anm. 22) 82–91; *Stobbe* (s. Anm. 21) 92–94.

ren Kirchen und kirchlichen Gemeinschaften. Die Worte, die dabei verwendet werden, erinnern deutlich an die Basisformel des ÖRK, der als „eine Gemeinschaft von Kirchen, die den Herrn Jesus Christus gemäß der Heiligen Schrift als Gott und Heiland bekennen ...", das Ziel verfolgt, die Einheit aller Christen wiederherzustellen. Damit wird nicht nur der ÖRK von der katholischen Kirche positiv bewertet, sondern auch seine Zielsetzung angenommen (UR 1). Der vorgefundenen ökumenischen Bewegung will also die katholische Kirche keine eigene entgegensetzen. Vielmehr will sie die umfassende ökumenische Bewegung mittragen und Mittel und Wege suchen, *wie* sie das bewerkstelligen kann. Wie aus dem Ökumenismusdekret, der „Magna Charta" des katholischen Ökumenismus, hervorgeht, ist auch das ökumenische Interesse der katholischen Kirche auf die „Wiederherstellung der Einheit unter allen Christen" (UR 1) gerichtet. Weil sich die Zielsetzungen decken, möchte die katholische Kirche auch nicht im Alleingang die zerbrochene Einheit unter den Kirchen wiederherstellen, sondern erblickt ihre Aufgabe in der „Förderung der Wiederherstellung der Einheit" (UR 1). Die Wiederherstellung der kirchlichen Einheit kann deshalb auch nicht als eine simpel verstandene Rückkehr nach Rom begriffen werden. „Unitatis redintegratio" bedeutet keine bedingungslose Kapitulation der im Glauben getrennten Christenheit vor Rom, nicht Sieg und Triumph auf der einen und Niederlage und Unterwerfung auf der anderen Seite. Erneuerung und Umgestaltung gehen nicht nur die Getrennten an, sondern auch die katholische Kirche. Beide Seiten haben sich am Worte Gottes auszurichten. Wie der Begriff schon zu erkennen gibt, ist damit ein Hineinwachsen in eine umfassende Fülle gemeint. Er schließt Integration und damit echte Pluralität ein, deren Möglichkeiten noch längst nicht ausgeschöpft sind. Gewiß hat die katholische Kirche festumrissene Vorstellungen, von denen sie nicht abgehen kann. Es ist ihr Glaube, daß die Struktur der kirchlichen Einheit vom Herrn der Kirche her vorgegeben ist. Ihrer Auffassung nach ist also das Ziel der ökumenischen Bewegung nur dann erreicht, wenn die Einheit des vollen Glaubensbekenntnisses, aller Sakramente und der in der apostolischen Sukzession stehenden Hierarchie voll verwirklicht ist. Alle diese Elemente haben ihrer Meinung nach ihren Ursprung in der Stiftung Christi. Diese sichtbar eine Kirche hat, obgleich das Ziel der Wiederherstellung der sichtbaren Einheit mit den getrennten Kirchen noch aussteht, freilich schon jetzt ihre konkrete Existenzform in der katholischen Kirche (LG 8). Wohl wird jede exklusive Gleichsetzung der Kirche Christi mit der katholischen Kirche vermieden und der Weg zur Anerkennung der Kirchlichkeit der übrigen Kirchen offengehalten, mit aller Entschiedenheit wird jedoch erklärt, daß die wahre und einzige Kirche schon in geschichtlicher Konkretheit da ist, und zwar in der römisch-katholischen Kirche. Weil aber nach dem Toronto-Statement auch die Kirchen des ÖRK ihre je eigene Auffassung von der Kirche nicht relativieren müssen und auch ihre je eigene Einheitsvorstellung beibehalten können[24], kann sich die ka-

---

[24] *Vischer* 254 f.

tholische Kirche trotz ihrer dezidierten Auffassung von der Einheit in die bestehende ökumenische Bewegung einfügen und muß darin durchaus nicht als ein störender Fremdkörper empfunden werden.

Auf den Weg zum Ziel der konkreten Verwirklichung der sichtbaren kirchlichen Einheit haben sich die großen Kirchen und auch die kleinen christlichen Gemeinschaften begeben. Sie sind einig darin, daß der *Dialog* zu diesem Weg gehört. Die Kirchen des ÖRK bringen dies auf den großen Konferenzen für Glauben und Kirchenverfassung deutlich zum Ausdruck: „Wir sind von unseren Kirchen ... entsandt worden, um gemeinsam zu untersuchen, wie groß die Einheit ist, die unter unseren Kirchen in Fragen des Glaubens, der Kirchenverfassung und des Gottesdienstes bereits besteht, und wie wir der volleren Einheit näherkommen können, die Gottes Wille für uns ist." [25]

In diesem Sinn will auch die katholische Kirche voll an diesem „ökumenischen Werk teilnehmen"; sie will selber in den „Dialog" eintreten (vgl. UR 4). Zur Zeit wird er auf verschiedenen Ebenen – auf internationaler, regionaler und örtlicher – geführt mit dem ÖRK insgesamt, mit den konfessionellen Weltbünden, nicht zuletzt jedoch mit den orthodoxen Kirchen des Ostens und dem Anglikanismus. Zumal in der Zeit nach 1970/71 sind eine ganze Reihe mehr oder weniger bedeutsamer theologischer Konsensdokumente entstanden, zum Teil ohne, zum Teil mit offiziellem kirchlichem Auftrag. Innerhalb des letzten Jahrzehnts wurden mehr als 280 interkonfessionelle Tagungen und Konferenzen gezählt [26].

Zu diesen Gesprächen muß bemerkt werden: Wenngleich die katholische Kirche hinsichtlich ihrer unmittelbaren ökumenischen Zielsetzung und auch hinsichtlich der Auffassung von den Mitteln und Methoden zur Erreichung dieses Ziels mit den anderen Kirchen übereinstimmt, so gibt es dennoch einen Unterschied zwischen dem katholischen und dem außerkatholischen Ökumenismus: den Unterschied des *Ausgangspunkts*. Die Situation ist für beide Seiten eine andere. Der Ökumenismus der katholischen Kirche und der des ÖRK bewegen sich von entgegengesetzten Punkten aus aufeinander zu. Der Weg der katholischen Kirche führt von einer zentralistischen und uniformen Einheit zur Gemeinschaft in der Mannigfaltigkeit, der Weg der Kirchen des ÖRK und der Weltbünde von einem nur schwach verbundenen Nebeneinander einer großen Mannigfaltigkeit zu einer geordneten Gemeinschaft. Die katholische Kirche geht von einer Einheit aus, die sie in sich selbst schon verwirklicht sieht. Der ÖRK muß, ehe die konkrete Verwirklichung der sichtbaren Einheit angegangen werden kann, die Einheitsvorstellung, an die man sich halten will, erst noch entdecken.

Wenn die katholische Kirche im übrigen bislang einer Mitgliedschaft im ÖRK andere Formen ökumenischer Zusammenarbeit vorzieht, hat das vor al-

---

[25] Ebd. 93.
[26] Vgl. *J. F. Puglisi*, A workbook of bibliographies for the study of interchurch dialogues. Rom 1978; vgl. *Meyer* u. a.

lem organisatorische Gründe, die freilich von theologischer Relevanz sind: ihre Größe, ihre Universalität, die Verbindlichkeit, die in ihr der geistlichen Autorität zukommt und die auch den Stil ihrer öffentlichen Verlautbarungen bestimmt, nicht zuletzt auch die völkerrechtliche Stellung des Heiligen Stuhls. „In einem viel größeren Ausmaß als andere Kirchen betrachtet sich die römisch-katholische Kirche als eine Einrichtung, in der eine universale Gemeinschaft mit einer universalen Mission und Struktur ein wesentliches Element ihrer Identität darstellt." [27] Auf regionaler und örtlicher Ebene freilich ist die katholische Kirche vielfach Mitglied von Christenräten und Arbeitsgemeinschaften christlicher Kirchen.

§ 3. Zielvorstellungen und Modelle der sichtbaren Einheit

Wie aber kann aus den getrennten Kirchen die *eine* Kirche der vielen vollverwirklichten Kirchen werden? Letzte Einigkeit besteht weder in der *Zielvorstellung* noch über die *Wege,* die zu diesem Ziel hinführen sollen. Die Schwierigkeit hinsichtlich der Zielvorstellungen hat ihren Grund vor allem darin, daß die Einheit der Kirche mit dem *Wesen* der Kirche selbst zu tun hat. Einheit ist nicht eine beliebige Eigenschaft der Kirche, in ihr bekommt man es mit der Kirche als Kirche zu tun. Der Weg zur Einheit dürfte nicht zuletzt auch deshalb beschwerlich werden, weil es ein Weg sein muß, der auf die *Besonderheiten* der verschiedenen Kirchen Rücksicht zu nehmen hat: nicht nur auf die Lehre, auf das Glaubensverständnis und die Kirchenstruktur, sondern auch auf die Mentalitäten, die „Plausibilitäten", auf die Liturgie, die Frömmigkeit, die Gewohnheit, die gesamte kirchliche Tradition. Mit alldem wird man freilich nicht nur theologisch zu Rande kommen, sondern man wird auch mit psychologischen und soziologischen Methoden, ja mit einer umfassenden Hermeneutik arbeiten müssen.

1. Ein neues Einheitsdenken

Bevor man an die Verwirklichung der sichtbaren Einheit herangeht, muß der „Einheitsbegriff" selbst grundsätzlich neu überdacht werden. (Natürlich ist es völlig unbestritten, daß diese Einheit der Gnade Gottes bedarf, was jedoch keineswegs aus-, vielmehr einschließt, daß die Menschen an diesem Einheitswerk mitarbeiten müssen.) Das ökumenische Bemühen darf nicht von einem „monolithischen Einheitsbild" beherrscht werden, welches keine Gegensätze zuläßt. Hinter einem solchen Einheitsideal steht zweifelsohne das Einheitsmodell der „totalen Institution": Alle haben dasselbe zu denken und zu tun. Einheit ist dagegen eine Grundkraft, „die die Vielen zusammenführt und zusammenhält über die Gegensätze hinweg, ja die gerade die Gegensätze miteinander verbin-

---

[27] *Krüger* (s. Anm. 15) 277.

det. Das gute alte Wort dafür lautet: *Gemeinschaft.* Gemeinschaft ist die Weise, in welcher Personen über alle möglichen sachlichen Gegensätze hinweg im Dienst an der einen, gemeinsamen Aufgabe sich zusammengehörig wissen"[28]. Dies schließt eine klare Einheitsbasis keineswegs aus; es bedeutet für die Kirche das Bekenntnis zum einen Herrn und zur Sache des Evangeliums. Gefährlich wird es indes, wenn „das Einheitskriterium immer weiter nach außen, in die Peripherie wandert ..., in die Details, so daß immer schon an der Peripherie die Stolperdrähte der Einheit gespannt werden"[29]. Das geschieht in der Tat im Verhältnis zwischen den Kirchen und Konfessionen bis auf den heutigen Tag.

2. Unterschiedliche Einheitsmodelle

Selbst wenn man davon ausgeht, daß die verschiedenen Kirchen Träger einer legitimen Vielfalt in der einen Kirche werden könnten, bleibt die Frage nach der konkreten Gestalt der einen Kirche offen. Welche Einheit soll erreicht werden: eine föderative, eine korporative, eine organisatorische, eine organische Einheit? Abgesehen von denen, die Einheit als ein rein geistliches Gut, als eine innere, unsichtbare Wirklichkeit verstehen wollen und dabei auf organische Formen und die institutionelle Seite wenig Wert legen (sie wollen es letzten Endes bei dem derzeitigen Stand der Dinge belassen), lassen sich die in der Diskussion befindlichen Einheitsmodelle auf fünf Grundtypen zurückführen:

a) Die je neue *Aktionsgemeinschaft:* Dabei bleiben die einzelnen Gemeinden in ihrer Verschiedenheit. Sie erhalten ihre Selbständigkeit, verbinden sich aber zu bestimmten gemeinschaftlichen Unternehmungen. Diese Einheit zielt ihrem Wesen nach von vornherein nicht auf die Gesamtheit der Gemeinschaft ab.

b) Die längerfristige *Föderation* von Gemeinschaften: Dabei kommt es zu einem Bund bzw. Rat verschiedener Kirchen, die jedoch selbständig bleiben. Unter Beibehaltung des eigenen Namens, der eigenen Identität und Freiheit wird lediglich im begrenzten Bereich eine übergreifende Einheit vereinbart. Jedem Mitglied bleibt es unbenommen, zu jeder Zeit die Assoziation wieder aufzukündigen.

c) Die Gemeinschaft in gegenseitiger und voller Anerkennung *unterschiedlich* bleibender Gemeinschaften: In einer solchen Gemeinschaft gegenseitiger Annahme ist die gemeinsame Feier der Eucharistie, die Wahrnehmung der Funktion der Amtsträger in verschiedenen Kirchen möglich. Die verschiedenen Partner einer Kirchengemeinschaft verstehen sich vorbehaltlos als legitime Kirche Jesu Christi.

d) Die *korporative* Wiedervereinigung: Diese ist nicht identisch mit einer kirchlichen Union; denn in einer korporativen Vereinigung bleiben die Glied-

---

[28] *M. Seckler,* Im Spannungsfeld von Wissenschaft und Kirche. Freiburg 1980, 96 f.
[29] Ebd. 97 f; *P. Lengsfeld,* Ökumenische Spiritualität als Voraussetzung von Rezeption, in: *ders. – H. G. Stobbe,* Theologischer Konsens und Kirchenspaltung. Stuttgart 1982, 130 f.

gemeinschaften in vieler Hinsicht selbständig. Dennoch handelt es sich um eine klar strukturierte Gemeinschaft, die in den Grundelementen und Grundvollzügen zur Einheit hinfindet.

e) Die *organische* Union: Sie wäre der Höchstfall kirchlicher Einheit; in ihr schließen sich die getrennten Kirchen zu einer völlig neuen Gemeinschaft in neuer Identität zusammen mit einem gemeinsamen Glaubensbekenntnis, mit einem gemeinsamen Verständnis der Sakramente und des Amtes, in einer organisatorischen Struktur[30].

3. Stufenpläne auf dem Weg zur sichtbaren Einheit

Um die Einheit, die „in ihren Anfängen *bereits verwirklicht*"[31] ist, auf Dauer sichtbar zu machen, ist ihre Verwirklichung auf der Basis einer bloßen gemeinsamen Aktion ungenügend. Deshalb ist eine Wahl zu treffen zwischen den Modellen der „Konkordiengemeinschaft" (etwa im Sinne der sog. Leuenberger Konkordie), die dem an dritter Stelle genannten Typus entspricht, der „korporativen Wiedervereinigung" und der „organischen Union". Es müssen freilich die erwähnten Modelle keineswegs nur als bloße Alternativen betrachtet werden, sie könnten auch im Sinne eines Stufenplanes einander zugeordnet werden. Das hieße konkret:

a) Würde die Arbeit der Theologen ergeben, daß die verbindlichen Glaubensaussagen in den Kirchen einander nicht widersprechen, die ehemals formulierten gegenseitigen Verwerfungen gegenstandslos geworden sind, die verschiedenen Gestalten und Formulierungen lediglich Antworten auf unterschiedliche Fragestellungen darstellen, die einander ergänzen und bereichern können, dann wäre als ein erster Schritt möglich, daß sich die Kirchen gegenseitig als *Schwesterkirchen* erkennen, daß seitens der Kirchenleitungen gegenseitig die Exkommunikationen zurückgenommen werden und so auf Dauer jedem deutlich wird, daß es keine entscheidenden Hindernisse auf dem Weg zu einer Kirchengemeinschaft mehr gibt.

b) Von diesem Boden aus ließe sich der Einigungsprozeß noch weiter treiben; denn: „Nicht die Einheit bedarf der Rechtfertigung, sondern die Trennung"[32], auch die dann noch verbleibenden Trennungen. So würde also das Modell „Schwesterkirchen" mit innerer Dynamik zur *versöhnten Verschiedenheit* hin drängen, zu einer Gemeinschaft von Kirchen, die organisatorisch selbständig bleiben und ihre jeweiligen Traditionen bewahren (die Konfessionskirchen wären „Riten" vergleichbar, wie es sie in der katholischen Kirche selbst gibt). Hierbei handelt es sich durchaus um eine Zielvorstellung, die ihren Niederschlag bereits im Beschluß „Pastorale Zusammenarbeit der Kirchen im

---

[30] Vgl. *P. W. Scheele*, Nairobi, Genf, Rom. Paderborn 1976, 163–191.

[31] *Gemeinsame römisch-katholische / evangelisch-lutherische Kommission*, Wege zur Gemeinschaft. Frankfurt – Paderborn 1980, 10.

[32] *J. Ratzinger*, Prognosen für die Zukunft des Ökumenismus, in: Ökumene – Konzil – Unfehlbarkeit. Innsbruck 1979, 213.

Dienst an der christlichen Einheit" der Gemeinsamen Synode der Bistümer in der Bundesrepublik Deutschland gefunden hat: „Die Synode hofft auf eine Entwicklung, in der bisher kirchentrennende Gegensätze abgebaut und überwunden und bisher getrennte Kirchen und kirchliche Gemeinschaften zu Trägern solcher Vielfalt der einen Kirche Jesu Christi werden."[33]

c) Möglicherweise geht der Integrationsprozeß noch einmal weiter auf das zu, was allgemein die *organische Union* genannt wird, in einen Zustand also, in dem die Konfessionen „ihre gesonderten Traditionen nicht mehr gesondert fortsetzen, sondern beginnen, eine gemeinsame Tradition zu leben" – wie es der ÖRK angedeutet hat. Alles in allem muß es ein Weg sein, der Einheit durch Einigung real werden läßt, ein Weg, der auch manches vom eigenen Selbstverständnis und von dem vielen Liebgewordenen in Frage stellt, auf dem unter Umständen auch viel an Konfessionsspezifischem bereit sein muß zu sterben, also der Weg eines „geistlichen Ökumenismus".

Da jedoch der ökumenische Integrationsprozeß ein geschichtlich-dynamischer ist, ist das Endziel nicht genau angebbar. Schritte, die heute schon möglich sind, sind die nächsten Schritte, möglicherweise kleine praktische Schritte, die ganz vage in weitere nächste Schritte einmünden. So sind also Überlegungen zu den Zielvorstellungen durchaus nötig, sie machen jedoch keine längerfristige Planung möglich. Stets hat die konkrete Umsetzung des ökumenisch *Erreichbaren* als Nahziel zu gelten. Den Kirchen obliegt es in dieser Stunde, Versöhnung herbeizuführen und die überkommenen Traditionen in ein größeres Ganzes einzubringen. Vielleicht wird daraus einmal eine neue gemeinsame Tradition, in der sich alle Traditionen wiederfinden. Das soll keine „dritte Konfession" auf dem kleinsten gemeinsamen Nenner, auf der Basis des Minimalkonsenses sein. Eine wahrhaft ökumenische Integration beinhaltet vielmehr, daß alle Traditionen mit ihrem besonderen Reichtum aufgenommen werden, um, gereinigt von Einseitigkeiten, zu einer umfassenden gemeinsamen Tradition zusammenzuwachsen. Dies jedoch ist ein weiter Weg mit vielen kleinen, verantwortbaren, aber eben beharrlichen Schritten nach vorn, ohne daß es zu einem Bruch mit der Vergangenheit kommt. Es muß dieser Integrationsprozeß zudem nicht bei allen kirchlichen Gruppen und in allen Regionen der Welt *gleichzeitig* stattfinden. Was diachron in Phasen abläuft, kann auch regional unterschiedlich verlaufen und muß nicht notwendigerweise einer allgemeinen Regelung unterliegen.

§ 4. *Hoffnung auf den Herrn der Kirche*

Die ökumenische Diskussion ist mittlerweile in vielen Punkten so nahe an einen Konsens herangekommen, daß sich die Frage nicht mehr verdrängen läßt, wie lange die notwendige Rezeption der inzwischen erreichten Übereinstimmun-

---

[33] Gemeinsame Synode der Bistümer in der Bundesrepublik Deutschland. Freiburg 1976, 785.

255

gen noch auf sich warten läßt. Steht denn der Rezeptionsprozeß nicht unter der Wirkung des Heiligen Geistes? Verschiedene Barrieren stellen sich allerdings dem Rezeptionsprozeß entgegen.

1. Der Hauptfaktor ist der gefürchtete totale Identitätsverlust der je eigenen Konfession. Mit ihm wäre konsequenterweise auch eine Auflösung der konkreten Sozialgestalt der Kirche verbunden. Diese mit zunehmendem Konsens entstehende Identitätskrise läßt sich nur lösen, wenn man den Mut zu einer neuen Identität ohne konfessionellen Gegensatz aufbringt.

2. Ein weiteres Hindernis stellt die bislang geübte Methode des ökumenischen Gesprächs dar, die im wesentlichen die komparative Methode war, jedoch im Laufe der Zeit abgelöst wurde durch die sogenannte Konvergenzmethode, die aber selbst wieder ein großes Defizit aufweist: Mit der Konzentration auf die gemeinsame „Mitte" des Glaubens geht sehr häufig ein methodisches Ausklammern anderer Glaubenswahrheiten einher.

3. Verbunden damit sind das hermeneutische Problem und die Erfahrung, daß ein Konsenstext im unterschiedlichen konfessionellen Kontext anders gelesen werden und zu anderen Konsequenzen führen kann.

4. Nicht zuletzt erweisen sich die Konsensdokumente deshalb für den Rezeptionsvorschlag hinderlich, weil sie für das tägliche Leben der Glaubenden zu wenig an pragmatischen Elementen und zu viel an theologischen Legitimationen enthalten.

5. Eine allgemeinere Problematik ist, daß die Konsensdokumente, Resultate des ökumenischen Dialogs, gewissermaßen als voreilende theologische Legitimation einer künftig-einen Kirche, nicht nur etwas Nachgeordnetes, sondern im Umkreis der nachgeordneten Legitimation noch einmal mehr ein sekundärer Vorgang sind. Man verhält sich gegenüber den vorliegenden Konsenstexten deshalb abwartend, ja skeptisch, weil sich diese wie ein „Überbau" ausnehmen über einem „Unterbau", der konkret-sichtbar noch gar nicht vorhanden ist. Ihre Schwäche besteht also in der Hauptsache darin, daß ihnen in der erfahrbaren kirchlich-gesellschaftlichen Wirklichkeit keine Realität entspricht. Es müßte solchen Konsensdokumenten auch die konkrete Umsetzung – wenn auch in kleinen Schritten – stets auf dem Fuße folgen.

6. Es hat sich mehr und mehr herausgestellt, daß die theologischen Gründe der Verwirklichung der sichtbaren Einheit der Kirche weit weniger entgegenstehen als die nichttheologischen (die Faktoren der Rasse, der Klasse, der Nationalität, der Kultur bis hin zu denen der Selbstzufriedenheit und Selbstgenügsamkeit). Solche nicht-theologischen Faktoren überschneiden sich an sehr gewichtigen Punkten mit den theologischen und wirken sich trennend aus.

7. Vor allem ist jedoch nicht zu übersehen, daß der Rezeptionsvorgang, soll er gelingen, eine größere Sensibilität für das Wirken des Heiligen Geistes nötig macht, d. h. eine Spiritualität, die ein Leben aus dem Geist für die Kirchen der Ökumene und die gesamte Theologie bedeutet. Möglicherweise haben die offiziellen Vertreter der Kirchen und ihre Theologen noch nicht genug darauf gehört, „was der Geist den Kirchen sagt" (Offb 2,7)[34].

Wird es angesichts dieser und anderer Schwierigkeiten die anvisierte eine, alle Kirchen umfassende Kirche jemals geben? Oder wird sie eine bloße Idee bleiben? Oder wird Einheit am Ende nur möglich sein in einem konfessionslosen, kirchenlosen Christentum, wie manche meinen? Der Überblick über die

---

[34] Vgl. *H. Döring*, Steine auf dem Weg zur Einheit. Überlegungen zur Rezeption ökumenischer Konsensdokumente, in: *Neuner – Wolfinger* 138–163.

ökumenische Bewegung zeigt, daß solch ein Pessimismus keineswegs gerechtfertigt ist. Die Kirchen befinden sich bereits in einem echten Integrationsprozeß und sind auf dem Wege zu der konkreten Verwirklichung der Einheit.

Ein Kreis umfängt sie alle schon, der nicht etwas Unwirkliches ist: Sie alle bil-
den die *Christenheit*. Auch die Theologie müßte in ihrem Denken von dieser
Realität ausgehen. Sicherlich ist die „Christenheit" nicht so etwas wie eine
Überkirche, aber nichtsdestoweniger der Raum, in dem sich die Kirchen auf ihrem Weg zur Einheit hin bewegen. In ihm hat sich die Katholizität schon ein
Stück Wirklichkeit geschaffen, das erst noch theologisch bedacht werden muß.
„Oder sollte die Christenheit als ganze, wie sie sich heute darstellt, nur miß-
glücktes Christentum sein? Sollte der, nach dessen Namen sich alle Christen
nennen, am Eigensinn seiner Glieder einfach gescheitert sein?"[35] Gerade in der
Ökumene müßte diese Sichtweise verbinden. In ihr erfahren sich die verschiedenen Gemeinschaften in erster Linie als die eine Christenheit, sie erfahren damit bereits ein Stück der „katholischen" Kirche; hier werden sie aber auch in
konzentrischen Kreisen von ihrem Herrn zusammengeführt in jenen zentralen
Kreis, in dem alle Kirchen die eine, heilige, katholische und apostolische Kirche
bilden.

Damit verbindet sich eine andere unübersehbare Tatsache: Es lockert sich
zur Stunde die Identifikation von Christus und Kirche; während das Interesse
an Jesus steigt, nimmt das an der Kirche ab. Viele Menschen wollen sich durchaus noch mit dem Uranliegen Jesu identifizieren, zeigen jedoch zugleich wenig
Lust, die Kirche zu lieben. Liegt nicht am Ende auch in dieser Verarmung der
Liebe zur Kirche eine Chance für die Ökumene selbst? Möglicherweise muß
um eines deutlichen Erstarkens der Verbundenheit mit Jesus Christus willen die
Identifikation mit der Kirche zunächst einmal abnehmen, „sterben" (wenn man
so will); dies ist vielleicht nötig, damit allen klar wird, daß Jesu Liebe allen gleichermaßen gilt, daß er das Band der Einheit für alle ist und sein will, daß von
ihm gewissermaßen alle Konfessionsgrenzen schon überwunden *sind*.

„Je mehr die Kirche sich auf sich selbst konzentriert und um ihr Prestige besorgt
bleibt, um so weniger entspricht sie ihrem Ursprungsgeheimnis. Dieses ist ganz im Herrn
begründet. Die Kirche ist mit ihrem Zentrum gar nicht in sich als eine Organisation, sondern ,außer sich' in Jesus Christus, der sie erzeugt und trägt ... Die Kirche darf im
Grunde nichts anderes sein als reine Beziehung auf Christus ... Eine Kirche, die nach
innen sich selbst stets auf den Kyrios überschreitet und sich ihm übergibt, muß sich gerade deswegen nach außen in die Welt hinein drangeben. Hier liegt das tiefste Geheimnis
der Kirche und darum eben auch der Christen: Kirche muß sich, will sie die innere Form

---

[35] *M. Seckler,* Hoffnungsversuche. Freiburg 1972, 137. Vgl. ebd. 137 f: „Wenn eines Tages das Phänomen Christenheit auch theologisch etwas bedeutet, wird man wieder wissen, was ,katholisch'
heißt. Katholizität wäre dann nicht mehr nur der Anspruch einer Kirche oder verschiedener Kirchen,
sondern eine Feststellung, in der das, was im Phänomen Christenheit schon da ist, theologisch aufgenommen und bejaht würde. Das braucht keineswegs auf eine Anerkennung der Kirchenspaltungen
hinauslaufen, sondern es könnte sich darum handeln, eine konkrete geschichtliche Problematik zu
würdigen und die Situation der Christenheit von dem her zu interpretieren, der die Geschicke seiner
Herde auch in den letzten neunhundert Jahren gelenkt haben dürfte."

Jesu Christi bewahren, bis in den Tod am Kreuz selbst verleugnen und sich bis zum Äußersten radikal für das Heil der Welt entäußern." [36]

Das schließt in sich, daß mit der „kirchlichen Verarmung" auch so etwas wie ein *„kairos"* gegeben sein kann, eine Stunde der Hoffnung, daß alle in Jesus Christus selber leichter zusammenfinden. Weil also der *Herr* der Kirche selber Zukunft hat, wird es auch die Ökumene haben, die Ökumene in den *Kirchen.* Mit dem damit angedeuteten „Sterben" des Konfessionsspezifischen ist keineswegs gemeint, daß nun aller Reichtum in den Konfessionskirchen untergehen müsse; im Gegenteil: Wenn es ein solches „Sterben" und „Arm-Werden" wirklich geben sollte, dann so, daß aller „Reichtum" in den getrennten Konfessionen, der auf Abgrenzung, Unterscheidung und Gegensatz beruht, verschwindet zugunsten einer alle umfassenden Fülle. Es ist also um der Ökumene willen kein Nein zur Kirche, auch nicht zur konkreten geschichtlich-geprägten Ortskirche mit ihren Beziehungsmöglichkeiten ausgesprochen, sondern eher das Gegenteil. Denn zweifelsohne hat man erfahrungsgemäß ohne die Kirche auch Christus nicht.

Manches ist mittlerweile bereits gewachsen. Karl Rahner sah schon vor Jahren „keine unüberwindlichen dogmatischen Kontroverspunkte mehr, keine Gegensätze, in denen die Lehren der faktischen Kirchen sich einfach deutlich kontradiktorisch gegenüberstehen" [37]. Es gibt eine reale Möglichkeit der Einigung [38]. Zumindest zeichnen sich überraschende Konvergenzen ab, die bislang niemand für möglich hielt. Gewiß ist der sich anbahnende Konsens der Theologen noch längst nicht der Konsens der Kirchenleitungen. Aber es sollte der Umsetzung des theologisch Erreichten in die konkrete Praxis auch nicht die *Angst* vor dem möglichen Neuen entgegenstehen. Angst ist keine christliche Tugend und außerdem ein schlechter Ratgeber; sie verführt zur Passivität. Gerade weil das „Neue" durchaus eine christliche Möglichkeit darstellt, sollte man im Blick auf den ökumenischen Dialog und Integrationsprozeß die Angst vor dem Neuen nicht aufkommen lassen.

Hoffnungslosigkeit ist somit nicht am Platze. Und: „Gegen die Hoffnung handelt, wer den jetzigen Status der Ökumene für so schlecht hält, daß keine entscheidende Verbesserung nötig ist. In beiden Fällen wird mit der Hoffnung auch die Einheit beeinträchtigt." [39]

---

[36] *K. Lehmann* in: *ders.– J. Ratzinger,* Mit der Kirche leben. Freiburg 1977, 58 f.
[37] Schriften 13 (1978) 67.
[38] *Fries – Rahner.*
[39] Gemeinsame ... Kommission (s. Anm. 31) Nr. 28.

LITERATUR

Algermissen, K., Konfessionskunde. Paderborn ⁸1969.

Degenhardt, J. J. – Tenhumberg, H. – Thimme, H., Kirchen auf gemeinsamem Wege. Bielefeld 1977.

Döring, H., Kirchen – unterwegs zur Einheit. Das Ringen um die sichtbare Einheit der Kirchen in den Dokumenten der Weltkirchenkonferenzen. München 1969.

–, Grundkurs ökumenischer Information, in: US 33 (1978) 95–148.

Fey, H. E. (Hg.), Geschichte der ökumenischen Bewegung 1948–1968 (dt. Ausg. hg. v. G. Gassmann). Göttingen 1974.

Fries, H. – Rahner, K., Einigung der Kirchen – reale Möglichkeit. Freiburg ⁵1983.

Heyer, F., Konfessionskunde. Berlin 1977.

Ivánka, E. v. – Tyciak, J. – Wirtz, P. (Hg.), Handbuch der Ostkirchenkunde. Düsseldorf 1971.

Lengsfeld, P. (Hg.), Ökumenische Theologie. Stuttgart 1980.

Meyer, H. – Urban, H. J. – Vischer, L. (Hg.), Dokumente wachsender Übereinstimmung. Sämtliche Berichte und Konsenstexte interkonfessioneller Gespräche auf Weltebene 1 (1931–1981). Frankfurt – Paderborn 1983.

Neuner, P. – Wolfinger, F. (Hg.), Auf Wegen der Versöhnung. Beiträge zum ökumenischen Gespräch. Frankfurt 1982.

Rouse, R. – Neill, S., Geschichte der ökumenischen Bewegung 1517–1948. 2 Bde. Göttingen 1957/58.

Vischer, L. (Hg.), Die Einheit der Kirche. Material der ökumenischen Bewegung. München 1965.

11. KAPITEL

KIRCHE UND WELT

Giuseppe Ruggieri

§ 1. Welt als theologischer Begriff im Sendungsbewußtsein der Kirche

Der Begriff „Welt" als eine von der Kirche unterschiedene Größe taucht im Neuen Testament zusammen mit dem Sendungsbewußtsein der Kirche auf. Dieses wiederum bildet sich im Zusammenhang mit den vielfältigen Deutungen des Christusereignisses heraus.

Zum besseren Verständnis dieser zwei Behauptungen wird man auf den Ausgangspunkt zurückgreifen müssen, von dem aus sowohl das Verhalten der Urgemeinde wie die verschiedenen neutestamentlichen Aussagen über die sie umgebende Welt, die durch die Ablehnung der Heilsbotschaft die Glaubensgemeinschaft bedrohe, erst begreiflich werden[1]. Es ist die Ostererfahrung, mit der das Neue Testament das Christentum beginnen sieht. Was sich vorher ereignet hat, wird aus der neuen Sicht der Ostererfahrung erzählt. Die ganze weitere Entwicklung ist bereits keimhaft in der Ostererfahrung enthalten. Daher nehmen die ältesten Texte des Neuen Testament die Erscheinungen des Auferstandenen in ihre Glaubensbekenntnisse auf[2]. Da die ersten Jünger die umstürzende Bedeutung des Ostereignisses im Rahmen biblisch-apokalyptischer Vorstellungen begreifen[3], wird das Schicksal Jesu mit seiner Wiederkunft am Ende der Zeiten in Zusammenhang gebracht: Das Christusereignis bedeutet irgendwie das Ende dieser Welt[4].

Mag die Ostererfahrung auch anfänglich als die eschatologische Verwirklichung der Einheit aller Dinge in Christus erlebt worden sein, so mußte sie doch späterhin unweigerlich mit der Erfahrung des In-der-Welt-Bleibens zusam-

---

[1] Vgl. *N. Brox*, Art. Welt, biblisch, in: HThG 2, 813–822.
[2] *H. Grass*, Ostergeschehen und Osterbericht. Göttingen ³1964, 94–106; *J. Kremer*, Das älteste Zeugnis von der Auferstehung Christi. Stuttgart ³1970; *W. Marxsen*, Die Auferstehung Jesu von Nazareth. Gütersloh 1968, 83–100.
[3] Vgl. die Hauptergebnisse der Untersuchung von *P. Grélot*, La résurrection de Jésus et son arrière-plan biblique et juif, in: La résurrection du Christ et l'éxegèse moderne. Paris 1969, 17–53.
[4] *H. U. v. Balthasar*, Mysterium Paschale, in: MySal 3/2, 263: „Es gibt deshalb in den ältesten Schichten der Auferstehungsberichte so etwas ... wie eine Erfahrung schlechthinniger Gegenwart des letzten Handelns Gottes, wohinter nichts Weiteres mehr zu erwarten steht. Erst die Reflexion darauf, daß die Zeugen dieses Ereignisses ja noch weiterhin in der Zeitlichkeit weilten, zerlegte das eschatologische Präsens erneut in ein Jetzt und ein Später ..."

menprallen, die nunmehr – trotz der Osterereignisse – das Leben der Jünger prägte. Genau aus diesem Zusammenprall, der die eschatologische Gegenwart in ein „Jetzt" und ein „Später", in ein „Schon" und ein „Noch-nicht" spaltet, entsteht im Rahmen der Ostererfahrung der Raum und das Gespür für einen Sendungsauftrag: Da einerseits das Osterereignis das eschatologische „Ende dieser Welt" bedeutet und anderseits die Welt zu bestehen fortfährt, kommt es zur Mission. Denn die Endgültigkeit dieses Ereignisses ist denen zu bezeugen, die sie noch nicht erfahren haben. Deshalb besteht eine wesentliche und unlösbare Verbindung zwischen den Erscheinungen des Auferstandenen und der Sendung der Jünger[5], und deshalb gehört es zum „Apostel", Zeuge der Auferstehung zu sein[6].

Daß die Ostererfahrung Mission freisetzt, wird auch an der Öffnung gegenüber den Heiden deutlich, wie sie in der Apostelgeschichte geschildert wird. Obwohl Paulus der Apostel der Heiden ist, läßt Lukas die Verkündigung des Wortes Gottes an die Heiden mit Petrus, dem ersten Zeugen des Auferstandenen, beginnen. Indem Lukas das Pfingstwunder sich an den Heiden wiederholen läßt, wird besiegelt, daß die Bekehrung der Heiden ebenso konstitutiv ist für die Kirche wie das erste Pfingstereignis. Die Kirche ist Kirche aus Juden und Heiden. Das besagt, daß sie in einem ständigen „Übergang" auf die anderen hin missionarisch unterwegs ist. Das Zugehen auf und Sich-Öffnen für die anderen, die Christus noch nicht kennen, konstituiert ursprünglich und bleibend das Christentum.

Von daher ergibt sich die „theologische" Dimension der Welt. Um sie zu begreifen, darf man nicht von jenen Weltbildern ausgehen, die die ersten Christen sowohl vom Judentum als vom Hellenismus übernommen haben. In christlicher Perspektive ist Welt das, was noch nicht an der Ostererfahrung Anteil hat und doch von jeher zur Teilhabe daran berufen ist. Welt wird hier als eschatologische Differenz begriffen, als der noch nicht versöhnte Teil der Menschheit. Welt wird damit für Kirche zur Herausforderung, sich ständig zu überschreiten. Aufgrund der Ostererfahrung ausgesandt in die Welt, wird ihr In-der-Welt-Sein zu einem Dasein-für-die-Welt.

Dabei kommen zwei Grundaspekte des Christusereignisses zur Auswirkung.

Erstens: Als charakteristischer Zug des Lebens Jesu erweist sich sein Seinfür-andere, seine Fähigkeit zur radikalen Gemeinschaft mit allen Menschen, auch denen, die am fernsten stehen. In Jesus Christus hat der Vater sein letztgültiges Ja zum Menschen gesprochen (2 Kor 1,19f). Auch wenn Jesus sich während seines Erdenlebens nur an die verlorenen Schafe des Hauses Israel gesandt weiß, bedeutet das keine Einschränkung des eschatologischen Heilsangebotes, das der Vater durch ihn und in ihm allen Menschen macht und das der

---

[5] *W. Marxsen*, Die Auferstehung Jesu als historisches und theologisches Problem. Gütersloh ²1965, und – noch nuancierter – *ders.* 1968 (s.Anm.2).

[6] Zu diesem Problem vgl. die Untersuchungsergebnisse von *J. Roloff*, Art. Apostel/Apostolat/Apostolizität, in: TRE 3, 430–445.

sterbende Jesus im vollen Bewußtsein seines Daseins-für-die-anderen vollzieht. Dieser auf Universalität zielende Zug der Sendung Jesu wird geschichtlich wirksam, als die Kirche durch ihre Hinwendung zu den Heiden beginnt, außerjüdische religiöse Vorstellungen zu übernehmen[7].

Zweitens: Wenn Kirche sich durch die Annahme der anderen – und zwar nicht als Fremder, sondern als Tischgenossen (Apg 11, 3) – ständig erneuert, ist das je Neuschöpfung des Geistes Gottes[8]. Denn die Kirche kann nur insoweit die beruhigte Geborgenheit der kleinen Gruppe, der Sekte, verlassen und sich – das Unversöhnte wahrnehmend – missionarisch in die Welt begeben, als sie über ein erstes Verständnis der Ostererfahrung hinaus jene eschatologische Differenz von Auferstehung und Wiederkunft Jesu erkennt, die Mission freisetzt. Das ist keine schlichte „Ergebung" in die „Verzögerung" dieser Wiederkunft, sondern Frucht des Geistwirkens. Im Geist sollen nun die Christen die Versöhnung der treulosen Vergangenheit (die Vollendung des Geschickes Israels: Röm 9–11) und die Versöhnung alles Künftigen erwarten. Diese Versöhnung wird unter der Führung des Geistes als „Frieden" eintreten, als ein Niederreißen der Scheidezäune: Der Fernste wird der Nächste dank dem Blut Christi, der unser Friede ist; dank ihm können wir alle in einem Geist vor den Vater hintreten (vgl. Eph 2, 13–20).

Diese theologische Auffassung von der „Welt" und ihrer eschatologischen Differenz, die zur Mission anstiftet, übersieht nicht die „Eigenständigkeit" der Welt und leugnet nicht die „Notwendigkeit" ihres Andersseins. Im Gegenteil gestattet und fordert sie geradezu, die Eigenständigkeit und Andersartigkeit der Welt gegenüber der Kirche als *Problem der Einheit der Geschichte* wahrzunehmen und zu bewältigen. Dieses Problem taucht schon im Urchristentum auf. Wenn das Osterereignis es nämlich nicht vermag, die gesamte Geschichte in einen einzigen Augenblick eschatologischer Versöhnung zusammenzudrängen, wenn man also den eschatologischen Augenblick in ein Jetzt und ein Später „aufspalten" muß, stellt sich das Problem der Teilung und der Einheit der Geschichte. Da die Mächte dieser Welt, wenn auch „gebunden", noch nicht „vernichtet" sind, bleibt in der Geschichte eine Differenz[9]. Die Dinge, ihr eigentlicher Sinn und Wert, bleiben noch verschleiert, und auch dem, der schon Anteil an der christlichen Versöhnung hat, wird angesichts der Komplexität der Geschichte noch kein letzter Durchblick, keine endgültige Versöhnung zuteil.

So sind Kirche und Welt zwei Gestalten des Weges der Geschichte zu ihrer Einheit. Der Zusammenhang zwischen Welt und Kirche besteht theologisch demnach nicht nur in deren Gegenüberstellung als zweier Aspekte der geschichtlichen Wirklichkeit, sondern auch in ihrer gemeinsamen Ausrichtung auf die eschatologische Einheit hin, die allein Gott herstellen kann.

---

[7] Vgl. *W. Pannenberg*, Dogmatische Thesen zur Lehre von der Offenbarung, in: *ders.*, Offenbarung als Geschichte. Göttingen 1961, 109–111.

[8] Vgl. *E. Peterson*, Die Kirche (1929), in: *ders.*, Theologische Traktate. München 1951, 409–429.

[9] *O. Cullmann*, Christus und die Zeit. Zürich ³1962, 84–94; vgl. auch *H. Schlier*, Mächte und Gewalten im Neuen Testament. Freiburg 1958.

Es gibt mehrere theologische Erklärungen für die Gespaltenheit der Geschichte und die „Verzögerung" ihrer Einheit. Eine erste begründet sie in der metaphysischen Unterscheidung zwischen Natur und Übernatur. Im Rahmen einer solchen Erklärung werden die Unterscheidung zwischen Kirche und Welt und das Problem ihrer Einheit vorwiegend auf der Ebene des Seins behandelt. Das andere Extrem bildet jene Erklärung, wonach der Grund der Verzögerung in der Sünde des Menschen zu suchen ist, der sich Gott und seiner Offenbarung in Jesus Christus verschließt. Obwohl beide Erklärungen sicherlich gute Ansatzpunkte bieten, reichen sie doch nicht aus, das Problem von Gespaltenheit und Einheit der Geschichte befriedigend zu lösen. Als gegen Ende der neutestamentlichen Epoche (aber schon in Röm 9–11) die „Verzögerung" (*bradytēs*: 2 Petr 3, 9)[10] zum Hauptproblem für jene wird, die wegen ihrer Hoffnung verspottet werden, zeichnet sich eine Lösung ab, die die noch ausstehende Versöhnung der Dinge in ein radikal „theologisches" Licht rückt: Gott „zögert" nicht, sondern er ist „langmütig" (*makrothymei*), weil er nicht will, daß jemand verlorengehe, sondern daß alle sich bekehren (2 Petr 3, 8–10). Die Textstelle scheint darauf hinzuweisen, daß andernfalls – bei einer vorzeitigen Aufhebung der Gespaltenheit – ein Verlust, ein Ausschluß eintreten würde.

Ist demnach das Reich Gottes, die Versöhnung der ganzen Welt, und nicht die Kirche das Ziel der von Gott getriebenen Geschichte, verbietet sich jeder Versuch, die Kirche zum Maßstab des Sinns der Geschichte zu machen, verbietet sich jeglicher Kirchenzentrismus sowie die Gleichsetzung von Kirche und Reich Gottes. Die Geschichte mit ihrer Gespaltenheit und zugleich ihrer Sehnsucht nach Einheit erscheint als der einzig mögliche Horizont von Kirche und Welt vor Gott. Inmitten einer noch nicht versöhnten Umwelt stellt die Kirche die Anfangserfahrung der Versöhnung dar. Die Kirche ist *in* der Welt als deren vorweggenommene versöhnte Zukunft; aber eben als eine Vorwegnahme, als ein Zeichen und ein Sakrament für die Einheit der ganzen Menschheit (LG 1), nicht aber als die schon voll erreichte Wirklichkeit dieser Versöhnung. Selbst die in der Kirche bereits erfahrene Versöhnung bleibt bruchstückhaft und aufgespalten in ein Vorher und Nachher, weil ja weiterhin auch in der Kirche Sündhaftigkeit zu finden ist.

Kirche und Welt lassen sich demnach nicht wie in sich abgeschlossene, nebeneinanderstehende Wirklichkeiten, wie zwei „Gesellschaften" miteinander vergleichen. Ebensowenig kann man von einer „organischen" Verbindung des kirchlichen Bereichs mit dem weltlichen sprechen, wobei etwa dem kirchlichen Bereich bestimmte Komplementärfunktionen in bezug auf den weltlichen Bereich zugedacht wären. Die sakramentale Analogie, von der das Vaticanum II immer wieder treffend Gebrauch macht[11], legt vielmehr nahe, die Beziehung

---

[10] Das Verb *bradynō* und das Abstraktum *bradytēs* kommen im NT höchst selten vor. Ersteres ist außer in 2 Petr 3, 9 nur noch in 1 Tim 3, 15 zu finden, letzteres überhaupt nur in 2 Petr 3, 9.

[11] Vgl. besonders SC 5.26; LG 1.9.48; AG 1.5; GS 42.45. Die grundlegenden vorkonziliaren Beiträge von *O. Semmelroth, P. Smulders, E. Schillebeeckx* und *K. Rahner* wurden von *P. Smulders* zusammengestellt: Die Kirche als Sakrament des Heils, in: *G. Baraúna* (Hg.), De Ecclesia 1. Freiburg 1966,

zwischen kirchlicher und weltlicher Seinsweise als die Beziehung zwischen Symbol und geschichtlicher Existenz zu verstehen[12].

§ 2. Das Verhältnis von Kirche und Welt in der Geschichte

Der von uns herausgearbeitete Begriff von Welt ist weder der einzige, der sich aus dem Neuen Testament ableiten läßt, noch der einzige theologisch denkbare. So gibt es z. B. eine klassische Unterscheidung, wonach „Welt" dreierlei bedeuten kann: a) „die Gesamtheit der Schöpfung als Einheit (in Ursprung, Schicksal und Ziel, durchgängigen Strukturen, gegenseitiger Abhängigkeit jedes von jedem) entweder mit Einschluß des Menschen oder von ihm unterschieden als seine ‚Umwelt', als von Gott vorgegebene Situation seiner Heilsgeschichte"; b) „die Gesamtheit der gottfeindlichen ‚Gewalten und Mächte' " und c) „die sündige Welt, [die] als solche doch noch die von Gott geliebte, der Erlösung bedürftige, aber auch fähige, schon durch die Gnade Gottes trotz und in ihrer Schuld umfaßte [ist], deren Geschichte im Reich Gottes enden wird"[13].

Wir bevorzugen hier die dritte Bedeutung, jene der Gott noch fernen, aber dennoch von ihm geliebten Welt. Eine solche Auffassung ist aber nur deshalb möglich, weil es ein historisches Subjekt gibt, das der Welt jene Liebe Gottes vermittelt. Diese historische Vermittlung geschieht durch Jesus und sein Kreuz, das seine ganze Existenz, sein radikales Annehmen des anderen, sein Für-die-anderen-Sein zusammenfaßt, und in seiner Nachfolge durch die Kirche, insofern und insoweit sie sich „heiligt" (1 Petr 1, 13–22).

Von daher ist es durchaus einleuchtend, daß sich zwischen Kirche und Welt im Laufe der Geschichte immer wieder neue und verschiedenartige Beziehungen herausbilden, die theologisch an dem von Jesus vorgelegten Modell seiner Beziehung zur Welt gemessen werden müssen. Dementsprechend müssen wir bei dem hier unternommenen Versuch, die rechte Beziehung zwischen Kirche und Welt zu umreißen, allen bisherigen geschichtlichen Ausformungen einer solchen Beziehung Rechnung tragen. Die heute „hergestellte" Vermittlung hat immer vergangene Vermittlungsweisen zur Voraussetzung, so daß es zu ihrer heutigen theoretisch-praktischen Bestimmung unerläßlich ist, auf ihre geschichtlichen Wurzeln zurückzugreifen. „Unser Bild von den Beziehungen beider zueinander bedarf dringend einer Erneuerung, haben wir damit doch ein jahrhundertealtes Erbe von Unzulänglichkeiten, wenn nicht gar ausgesprochenen

---

289–312; ausführlich behandelt das Thema der Sakramentalität der Kirche in Hinblick auf die heutige Welterfahrung *Boff. K. Rahner* (Überlegungen zum personalen Vollzug des sakramentalen Geschehens, in: Schriften 10 [1972] 405–429) hat darüber hinaus versucht, den Zusammenhang zwischen sakramentaler Dimension und Welterfahrung etwas weniger extrinsezistisch zu sehen; in jüngster Zeit hat *W. Kasper* (Die Kirche als universales Sakrament des Heils, in: *E. Klinger – K. Wittstadt* [Hg.], Glaube im Prozeß. Freiburg ²1984, 221–239) eine Korrektur der Rahnerschen Auffassung gefordert, wobei er insbesondere die Einführung einer apokalyptischen Perspektive befürwortet.
[12] Vgl. § 4.   [13] *Rahner* 1337 f.

Fehlern übernommen."[14] Im Rahmen dieses Kapitels ist es allerdings nicht möglich, den ganzen Bogen der Beziehungsmodelle zwischen Kirche und Welt, wie sie sich im Laufe der Geschichte entwickelt haben, abzuschreiten, ja, es ist hier nicht einmal möglich, das ganze zweite Jahrtausend der christlichen Geschichte zu durchlaufen. Es scheint daher sinnvoller, nur einen Aspekt der Beziehung Kirche–Welt herauszugreifen, der sich in der Neuzeit herausgebildet hat und heute noch von entscheidender Relevanz ist.

Bis ins späte Mittelalter hinein schien es – zumindest in einer Idealvorstellung – denkbar, daß die Kirche zum entscheidenden Faktor für eine Zusammenführung der menschlichen Gesellschaft werden könnte. Ausgeklammert aus dem Einigungskonzept blieben im wesentlichen die „Türken" – doch schien dies die Christenheit nicht sonderlich zu stören[15]. Selbst Erasmus stellte in seiner „Querela pacis" (1517) den Krieg gegen die Türken als das geringere Übel auf eine grundsätzlich andere Ebene als den Krieg zwischen Christen, den er mit der Botschaft des Evangeliums in jedem Fall für unvereinbar hielt. Das zeigt, daß sogar das Ideal der geschichtlichen Einheit, die sich die Christen zur Aufgabe machten, im Grunde nur auf die gesonderte Geschichte des christlichen Abendlandes begrenzt blieb. Doch auch die Realisierung eines solchen Ideals erwies sich als undurchführbar angesichts der geschichtlichen Lage, in die das Europa des 16. Jahrhunderts durch die Spaltung der christlichen Kirchen versetzt wurde: Epochal gesehen gelang es dem christlichen Glauben nicht, die symbolische Vermittlung der geschichtlichen Einheit in die Tat umzusetzen, weshalb die Welt anderweitig – d. h. unter Ausschluß der Kirchen – eine einigende Basis für ihr Zusammenleben suchte. Dies um so mehr, als gerade innerhalb der Christenheit, wie sie sich im 16. Jahrhundert darbietet, der Same der Zwietracht aufkeimte: Die Christen bekriegten sich untereinander, so daß der christliche Glaube nicht mehr als Einigungsfaktor gelten konnte. Wollte man also Frieden finden, mußte man das christlich-konfessionelle Identitätsverständnis vorerst beiseite schieben und nach einem anderen gemeinsamen Nenner suchen. Dieser Prozeß ging auf verschiedenen Ebenen vonstatten. Es war zunächst der Staat, der sich, religiöser Gewissensbindungen ledig, „absolut" setzte[16]. Doch stellte sich bald noch viel allgemeiner die Notwendigkeit heraus, eine (um den in bezug auf jene Epoche vielleicht etwas mißverständlichen Ausdruck zu gebrauchen) säkularisierte Basis für das Zusammenleben zu errichten, und sei es aufgrund der „verbrecherischen Annahme, daß es keinen Gott gebe – etsi Deus non daretur". Grotius war zwar nicht der Erfinder dieser

---

[14] *Y. Congar,* Kirche und Welt, in: *J. B. Metz* (Hg.), Weltverständnis im Glauben. Mainz 1965, 102.
[15] Irgendwie wird aber auch, außer den Türken, das östliche Christentum aus dem christlichen Einheitsbestreben ausgeschlossen. Vgl. dazu die Ausführungen von *J. v. Laarhoven,* Chrétienté et croisade. Une tentative terminologique, in: CrStor 6 (1985) 27–43. Zur Problematik einer Ekklesiologie der „Christenheit", die nach ihren Vorstellungen des Verhältnisses Kirche–Welt eine Hegemonie der Kirche über die Gesellschaft zu verfestigen sucht, vgl. die Beiträge von *G. Alberigo, N. Nissiotis, D. Menozzi, J. Zizioulas, G. Ruggieri, J. P. Jossua* in: CrStor 5 (1984).
[16] Vgl. *R. Koselleck,* Kritik und Krise. Ein Beitrag zur Pathogenese der bürgerlichen Welt. Freiburg-München 1959, 11–39.

Formel, deren Wurzeln ins Spätmittelalter hineinreichen[17], aber durch ihn, der unter den verhängnisvollen Folgen der Religionskriege zu leiden hatte, erlangte sie eine epochemachende Wirkung. Im 18. Jahrhundert konnte dann Voltaires Ironie in der sechsten seiner „Lettres philosophiques" (1734) die Londoner Börse als den Einigungspunkt für alle Nationen dieser Erde bezeichnen; sie sei dafür besser geeignet als jegliche der bestehenden Religionen.

Die Weltsicht der Neuzeit entwickelte sich also in zunehmendem Maße abseits der Kirche, und dies gerade in Hinblick auf jenes Element, das für den christlichen Glauben ein zentrales ist: auf die Fähigkeit nämlich, die die Kirche besitzen sollte, der Welt den Weg zu ihrer endgültigen Versöhnung zu weisen. Es wäre allzu einfach, den Grund für diese Entwicklung nur in der Spaltung der Kirche zu suchen. Sicher ist jedoch, daß die steigende Bewußtseinsbildung der westlichen Welt (erkennbar am Ansteigen eines unabhängigen wissenschaftlichen Denkens, an der Verfestigung nationaler Selbständigkeit, am Auftauchen neuer nichtchristlicher Völker, am Umsturz der mittelalterlichen ordines und der Entstehung neuer Gesellschaftsschichten infolge neuer wirtschaftlicher Gegebenheiten) auf eine letztlich unvorbereitete Kirche traf, die einem im Grunde bereits untergegangenen Ideal einer als Christenheit geeinten Welt nachhing[18].

Angesichts dieses ihres Ausschlusses reagierten bestimmte, immer mehr sich durchsetzende Strömungen in den christlichen Kirchen und vorab in der katholischen Kirche mit feindseliger Apologetik, die nichts mehr mit der „klösterlichen Weltflucht" vergangener Jahrhunderte zu tun hatte. Diese erhob keine Ansprüche an die Welt, während die moderne Weltfeindlichkeit der Kirche gegenüber der Welt ganz darauf ausgerichtet war, der Kirche jene privilegierte Stellung in der Welt zurückzuerobern, die durch die Religionskriege bereits in den Grundfesten erschüttert worden war und von der Französischen Revolution unter den Trümmern des ancien régime begraben wurde[19].

Fortan kam eine Apologie zum Zuge, die im 19. Jahrhundert zu einer „Ekklesiologie im Zeichen des Machtanspruchs"[20] entwickelt wurde. Der Kirche ging es um die Wiederherstellung jenes Einflusses auf die Gesellschaft, der ihr

---

[17] Zur mittelalterlichen Vorgeschichte dieses Motivs siehe *H. Welzel*, Naturrecht und materiale Gerechtigkeit. Göttingen ⁴1962, 93–107 (besonders den hier zitierten Text von Gregor von Rimini).
[18] Wir lassen hier die Diskussion über die These von *H. Blumenberg*, Die Legitimität der Neuzeit. Frankfurt 1966 (= eine Grundvoraussetzung des modernen Freiheitsbegriffes ist die Loslösung von der christlichen Lebensauffassung), einmal beiseite und verweisen nur auf die kritische Rezension von *W. Pannenberg* in: ders., Gottesgedanke und menschliche Freiheit. Göttingen 1972, 114–128. Auf jeden Fall trifft es zu, daß in der Epoche der Restauration bis herauf in unsere Tage der mittelalterliche „Mythos der Christenheit" als Gegensatz zur Armseligkeit der modernen Kultur wieder auftaucht; siehe u. a. *R. Manselli*, Il Medioevo come „christianitas": una scoperta romantica, in: *V. Branca*, Concetto, storia, miti e immagini del Medioevo. Venedig 1973, 51–89; *J.-R. Derré* u. a., Civilisation chrétienne. Approche historique d'une idéologie. XVIIIᵉ–XXᵉ siècle. Paris 1975.
[19] Vgl. *G. Ruggieri*, Teologia e società. Momenti di un confronto sul finire del '700 in riferimento all'opera di Nicola Spedalieri, in: CrStor 2 (1981) 437–486; *ders.*, Per una storia dell'apologia in epoca moderna: ebd. 4 (1983) 33–58.
[20] *Y. Congar*, L'ecclésiologie de la Révolution française au Concile du Vatican ..., in: L'ecclésiologie au XIXᵉ siècle. Paris 1960, 77–114; siehe auch *H. J. Pottmeyer*, Unfehlbarkeit und Souveränität. Mainz 1975.

durch die moderne Bewußtseinsentfaltung immer mehr bestritten wurde. Sie sah ihren Anspruch als gerechtfertigt an, weil ihrer Meinung nach eine der Obhut der Religion entzogene Welt einer Katastrophe zusteuern würde: ohne den Halt einer christlich-religiösen Bindung werde die Gesellschaft unweigerlich in der Gewaltherrschaft und im Verlust jeglicher authentischer Rechtsordnung enden[21]. Auch wenn es wahr sei, daß die bürgerliche Gesellschaft ihre eigenen Ziele und die geeigneten Mittel, diese zu erreichen, besitze, so sei es ebenso wahr, daß allein das übernatürliche Ziel, das die „societas perfecta" Kirche besitze, die wesenseigene Unzulänglichkeit der Weltwirklichkeit „heilen" könne[22].

Zwar gab es in Kirche und Theologie des 19. und 20. Jahrhunderts auch andere Positionen, die nicht von Feindseligkeit und Machtansprüchen geprägt waren[23]. Doch gelang es ihnen nicht, sich durchzusetzen. Erst nach dem Zweiten Weltkrieg kamen auch im theologischen Bereich mehrfach Interpretationen der Weltwirklichkeit zum Tragen, die das Verhältnis zwischen Kirche und Welt nicht nur als ein konfliktgeladenes begriffen. Man wollte alle jene Elemente des christlich-philosophischen Gedankengutes verwerten, die eine rechtmäßige Autonomie der Weltwirklichkeit hervorheben[24], oder bemühte sich um eine „wohlwollende" Interpretation des Säkularisierungsprozesses[25]: Sei ein solcher Prozeß eigentlich nicht ganz im Sinne des Christentums selbst? Schon die Dialektische Theologie hatte die religiöse Funktion des christlichen Glaubens als Rechtfertigung der weltlichen Ordnung angezweifelt[26]. Doch waren es dann besonders Gogarten und Bonhoeffer, die – auf verschiedenen Wegen – nahezu einen Konsens bezüglich des im Grunde genommen „christlichen" Charakters der säkularisierten Welt erreichten[27].

---

[21] Bezeichnend in diesem Zusammenhang das „Quanta cura" von Pius IX. (DS 2890); aber Pius IX. steht nicht allein da: Man beachte die Meinungen der Bischöfe in den Vorbereitungsarbeiten für das Vaticanum I, gesammelt in: Mansi 49, und – noch allgemeiner – die in Anm. 20 erwähnten Untersuchungen von *Congar* und *Pottmeyer*.

[22] Zur Figur der „societas perfecta", die hauptsächlich zur Bestimmung des Verhältnisses Kirche–Staat herangezogen wurde, siehe *T. M. Parker*, The Medieval Origins of the Idea of the Church as a ‚Societas Perfecta‘, in: Miscellanea historiae ecclesiasticae (Stockholm Congress). Löwen 1961, 23–31; *K. Walf*, Die katholische Kirche – eine ‚societas perfecta‘?, in: ThQ 157 (1977) 107–118; *J. Listl*, Kirche und Staat in der neueren katholischen Kirchenrechtswissenschaft. Berlin 1978; *M. Zimmermann*, Structure sociale et église. Straßburg 1981; *P. Granfield*, Aufkommen und Verschwinden des Begriffs „societas perfecta", in: Conc(D) 18 (1982) 460–464.

[23] Als „klassisches" Beispiel für eine solche andersartige Beziehung im 19. Jahrhundert mag die Rede von *I. v. Döllinger* bei der Gelehrtenversammlung in München 1863 gelten, jetzt in: *J. Finsterhölzl*, Ignaz von Döllinger. Graz 1969, 227–263. Dieses Treffen kann als eine echte Wende in der Geschichte der Theologie und als das letzte Aufbegehren gegen die Restaurationstheologie angesehen werden; vgl. *R. Aubert*, Le pontificat de Pie IX, in: *A. Fliche – V. Martin*, Histoire de l'Eglise 21. Paris 1952, 193–211. Neue Untersuchungsergebnisse: *J. P. Boyle*, The ‚Ordinary Magisterium‘, in: HeyJ 20 (1979) 380–398; 21 (1980) 14–29; *J. Hoffmann*, Théologie, Magistère et opinion publique, in: RSR 71 (1983) 245–258.

[24] Vgl. *Thils*.

[25] Vgl. den Sammelband von *H.-H. Schrey* (Hg.), Säkularisierung. Darmstadt 1981, bes. die Bibliographie von G. Anders 415–437.

[26] Immer aktuell und wichtig die Lektüre von *K. Barth*, Der Römerbrief (²1922).

[27] *F. Gogarten*, Der Mensch zwischen Gott und Welt. Heidelberg 1952; *ders.* Verhängnis und Hoffnung der Neuzeit. Die Säkularisation als theologisches Problem. Stuttgart 1953; *D. Bonhoeffer*, Wi-

Dennoch machten auch sie wie andere nach ihnen auf die Gefahr aufmerksam, daß eine immer mehr und ausschließlich auf den Menschen bezogene (hominisierte) Welt weniger menschlich zu werden drohe[28]. Ihre Bedenken bestätigte der weitere Verlauf des Säkularisierungsprozesses, der allenthalben die Grundwerte der gesamten Gesellschaft gefährdet. Und läuft eine Kirche, die eine säkularisierte Welt einfach zur Kenntnis nimmt und ihr eigenes Verhalten dieser Gegebenheit anzupassen sucht, nicht Gefahr, die Handlangerin einer solchen Welt zu werden, deren Entscheidungen zu rechtfertigen und selber nicht mehr in der Lage zu sein, die eschatologische Differenz aufzuzeigen, die doch allem irdischen Dasein zugrunde liegt?

Die heutige Theologie ist deshalb bemüht, andere Modelle für die Anwesenheit von Kirche in der Welt herauszuarbeiten: angefangen von der „neuen" politischen Theologie bis hin zu den verschiedenen Formen der Befreiungstheologie[29]. Vieles in Kirche und Theologie scheint derzeit in Fluß zu sein und ein Stadium der Unsicherheit durchzumachen, wenn es darum geht, die angemessene Beziehung zwischen der christlichen Glaubenserfahrung und „dieser" Welt näher zu bestimmen. Vielleicht ist dieses In-Fluß-Sein seinerseits eine Folge des Vaticanum II, das frühere Vorstellungen von der Beziehung Kirche–Welt aufgesprengt hat[30].

Einerseits hat das Konzil nämlich jene Wende in der Einstellung zur Geschichte aufgenommen, die in der Eröffnungsansprache Johannes' XXIII. zum Ausdruck kommt. Sie signalisiert von offizieller Seite die Aufhebung des Verdammungsurteils über die moderne Welt und Geschichte, durch das die Haltung des römischen Lehramtes von Gregor XVI. bis zu Pius XII.[31] gekenn-

---

derstand und Ergebung. München 1970. Auch *Tillich* müßte genannt werden wegen seines Einflusses auf die nordamerikanische protestantische Theologie; von den Katholiken z. B. *K. Rahner* (Theologische Reflexionen zum Problem der Säkularisation, in: Schriften 8 [1967] 637–666) und *J. B. Metz* (Die Zukunft des Glaubens in einer hominisierten Welt, in: *ders.*, Weltverständis im Glauben. Mainz 1965, 45–62).

[28] Vgl. die Perplexität von Metz im erwähnten Artikel. Für eine umfassende Wertung s. *L. Gilkey*: Naming the Whirlwind. Indianapolis-New York 1969; Society and Sacred. New York 1981; Art. Secolarizzazione, in: Enciclopedia del Novecento 6. Rom 1982, 415–430.

[29] Für den deutschen Bereich genüge der Hinweis auf *Metz*: 1968; 1977; Jenseits bürgerlicher Religion. München-Mainz 1980. Für den lateinamerikanischen Bereich: *G. Gutiérrez*, Theologie der Befreiung. München ²1976; *R. Gibellini* (Hg.), La nuova frontiera delle teologia in America Latina. Brescia 1975; innerhalb des französischen Bereichs sei vor allem *M. D. Chenu*, La Parole de Dieu 2: L'évangile dans le temps. Paris 1964, genannt.

[30] Es fehlt noch eine befriedigende Interpretation des Vaticanum II, die seine tatsächliche Bedeutung vom geschichtlichen Standpunkt aus untersucht. Einen ersten Versuch in diese Richtung bietet *G. Alberigo*, L'esperienza conciliare di un vescovo, in: *G. Lercaro*, Per la forza dello Spirito. Discorsi conciliari. Bologna 1984, 7–62. Die „theologischen" Auslegungen (für den deutschen Sprachraum siehe u. a. *J. Ratzinger*, Weltoffene Kirche? Überlegungen zur Struktur des Zweiten Vatikanischen Konzils, in: *Th. Filthaut*, Umkehr und Erneuerung. Kirche nach dem Konzil. Mainz 1966, 273–291; *A. Grillmeier*, Kirche und Welt. Zum IV. Kapitel der Pastoralkonstitution „Gaudium et spes" des Vaticanum II, in: ThPh 43 [1968] 18–34. 161–190), die unmittelbar nach dem Konzil haufenweise unternommen wurden, bleiben verständlicherweise doch zu sehr an den Text der Dokumente gebunden und lassen daher die Eigendynamik des Konzilsereignisses – mit ihren Widersprüchen und ihren Stärken – noch zu wenig erkennen.

[31] Vgl. *G. Alberigo*, Dal bastone alla misericordia. Il magistero nell cattolicesimo contemporaneo (1830–1980), in: CrStor 2 (1981) 487–521; *G. Alberigo – A. Melloni*, L'allocuzione „Gaudet mater ec-

zeichnet war. Anderseits – und dies wird in der Konstitution „Gaudium et spes"
deutlich – kann sich auch das positive Urteil über Welt und Geschichte nicht
ganz von kulturellen Denkmustern lösen, die der prophetischen Sichtweise des
Evangeliums fremd sind, das *eine erlösende Annahme der Geschichte mit der Auf-*
deckung ihrer noch bestehenden Ferne zum Reiche Gottes verbindet[32].

Das Grundproblem der Beziehung Kirche–Welt liegt tatsächlich in der Fähigkeit, Annahme und Abgrenzung miteinander zu verbinden. In Jesu Verhalten ist es genau die Annahme selbst, die die Ferne enthüllt. Indem sich Jesus mit
den Sündern zu Tisch setzt, enthüllt er die Sünde jener, die mit dieser Versöhnung nicht einverstanden sind, sei es ein Pharisäer oder der Bruder im Gleichnis vom verlorenen Sohn (Lk 7, 39–47; 15, 25–32). Für den Gott Jesu Christi ist
das Urteil auch schon die Vergebung, so daß für den Menschen sich zu bekehren nichts anderes heißt, als die von Gott schon seit jeher gewährte Verzeihung
entgegenzunehmen[33].

Das Vaticanum II hat die Periode der Feindseligkeit zwischen Kirche und
säkularisierter Welt beendet. Die Christen stehen vor der theoretisch-praktischen Aufgabe, „Bilder" und „Zeichen" zu setzen, die vom erlösenden Kommen des Reiches Gottes sprechen und jene eschatologische Einheit erahnen
lassen, die die innerste Sehnsucht der Geschichte selbst ist.

§ 3. Die Kirche – Lenkerin der Welt?

Die Kirche wird nur dann fähig sein, „Zeichen und Wunder" der endgültigen
Versöhnung der Geschichte zu setzen, wenn sie in treuer Nachfolge den Weg
Jesu von Nazaret beschreitet, der in die Niederungen der menschlichen Existenz herabgestiegen und inmitten von Sündern gekreuzigt worden ist. Die
theologische Bestimmung der Fähigkeit der Kirche, Zeichen der Versöhnung
zu setzen, ist nur der theoretische Reflex der praktischen „Heiligung". Im folgenden werden wir versuchen, ein Modell der Beziehungen zwischen Kirche
und Welt in einer säkularisierten Epoche zu zeichnen, wobei auch jene theoretisch-praktischen Erfahrungen berücksichtigt werden, die in jüngster Zeit dazu
geführt haben, die Kirche zunehmend für ihre eigentliche Aufgabe frei zu machen, Zeugin der Frohbotschaft von der Hoffnung für alle Menschen zu sein.

Wenn die Welt auch einer (geschichtlich) unüberwindbaren eschatologischen Differenz unterliegt, so gibt es doch keine Heilsgeschichte neben der von
Menschen gestalteten Geschichte. In Jesus Christus hat Gott der Vater diese
unsere Geschichte, diese unsere konkrete Welt als ganze angenommen, nicht

---

clesia", in: Fede Tradizione Profezia. Studi su Giovanni XXIII e sul Vaticano II. Brescia 1984,
185–283.
[32] Vgl. *G. Lercaro*, Chiesa e cultura, in: *ders.* (s.Anm.30) 225–230.
[33] Davon ausgehend muß man sich fragen, ob die Figur jener Dialektik, die in der zeitgenössischen
Theologie solchen Erfolg hatte, in genügender Weise geeignet ist, jene Vermittlung der Einheit der
Geschichte zu unterstreichen, die die Kirche der Welt vergegenwärtigen soll; vgl. *I. Mancini –*
G. Ruggieri, Fede e cultura. 1979, 47–83.105–121.

nur ein Stück von ihr. Das ist allgemeine Überzeugung der heutigen Theologie[34].

Trotz ihrer eschatologischen Gespaltenheit gibt es nur eine Geschichte, die Geschichte des Heils, und Welt und Kirche sind nur zwei verschiedene Momente dieser einzigen Geschichte. So ist auch derjenige, der außerhalb der Kirche steht, selbst der Ungläubige, nicht einfach aus dem göttlichen Heilsplan ausgeschlossen. Paulus verdeutlicht dies am Beispiel der Ungläubigkeit des jüdischen Volkes: Auch wenn die Juden „im Hinblick auf das Evangelium Feinde" sind, so sind sie doch „geliebt" um jener Geschichte der Auserwählung willen, die von Gott nicht bereut wird (Röm 11, 28 f). Und innerhalb der Kirche zu stehen bewahrt die Gläubigen nicht vor Sündhaftigkeit, weil auch ihre Bekehrung geschichtlich noch nicht vollendet ist. So befindet sich also die Kirche in der Welt, aber auch die Welt in der Kirche.

Die spezifische Aufgabe der Kirche gegenüber der Welt und ihrer Geschichte besteht somit nicht darin, die Beschaffenheit der Welt zu verneinen, sondern ein über sie hinausragendes Zeichen zu sein, dessen die Menschheit bedarf, *um ihre eschatologische Gespaltenheit in Hoffnung zu leben.* Dieses Zeichen kann den eigenen Weg der Welt auf ihre Versöhnung hin nicht ersetzen, es soll ihn aber begleiten. Die Welt mit ihrer Geschichte ist durch die Existenz der Kirche nicht ihres eigenen Subjektseins beraubt. Sie ist ja in Jesus Christus vom Vater ein für allemal angenommen, der *in* der Welt durch seinen Geist wirksam ist. Die Welt bleibt daher ein auf Heil ausgerichtetes Subjekt ihrer eigenen Geschichte. Sie wird durch das Aufrichten des Zeichens Kirche in ihrer Mitte nicht für null und nichtig erklärt, vielmehr leuchtet ihr von diesem Zeichen her das Licht ihrer Erlösung auf.

Diese Ausführungen können wir als theologisch allgemein anerkannt betrachten[35]. Trotz ihrer Ergänzungsbedürftigkeit dürften sie hinreichen, zwei geschichtlich bedeutsame Ausbildungen des Verhältnisses Kirche–Welt kritisch zu überprüfen und – im folgenden Paragraphen – ein drittes Modell dieser Beziehung zu entwerfen, das in der Kirchen- und Glaubensgeschichte seit jeher mitenthalten ist, aber von den modernen theologischen Denkversuchen vielleicht noch zu wenig beachtet wurde.

1. Das erste Modell einer Verhältnisbestimmung von Kirche und Welt liegt jenem großangelegten Versuch einer Vermittlung zwischen Kirche und Welt zugrunde, die wir die metaphysisch-religiöse nennen können. Das Problem, das sich jeder Vermittlung zwischen Welt und Kirche stellt, wird vom Johannesevangelium in höchst dramatischer Weise formuliert. Einerseits heißt es, das Wort (Logos) „kam in sein Eigentum, und die Seinigen nahmen ihn nicht auf"

---

[34] Vgl. die geglückte Formulierung von *W. Kasper*, Die Welt als Ort des Evangeliums, in: *ders.*, Glaube und Geschichte. Mainz 1970, 209–223.
[35] Vgl. *Ruggieri*: 1973; La compagnia della fede. Linee di teologia fondamentale. Turin 1980; La necessità dell'inutile: sul rapporto tra fatto cristiano e politica, in: La necessità dell'inutile. Casale Monferrato 1982, 7–43.

(1,11), und anderseits: „Wenn ihr von der Welt wäret, würde die Welt das Ihre lieben" (15,19 a). Damit wird uns gesagt, daß das Wort und die Welt durch das Band einer inneren Zugehörigkeit miteinander verbunden sind, aber jene, die dem Wort folgen, nicht von dieser Welt sind. Die Welt ist des Wortes und nimmt es nicht auf, und sie nimmt die Jünger des Wortes nicht auf, weil sie nicht von der Welt sind.

Indem die Welt sich nicht als dem Wort zugehörig anerkennen will, versucht sie, sich als autonomer Selbstbesitz zu konstituieren. Das ist es, was R. Bultmann in seinem Kommentar zu Joh 1, 11 feststellt: „Durch die Heilsgeschichte sind die *idioi* gefragt, ob sie sich als die ihrem Schöpfer Zugehörigen wissen wollen. Verweigern sie es, so geben sie sich damit einen anderen Ursprung, gehören der Welt zu eigen (15, 19); der Teufel ist dann ihr Vater (8, 44). Als die *idioi* gelten, die an ihn glauben (10, 3 f;13, 1)."[36]

Die geschichtlich reale Welt ist demnach durch den Versuch der Selbstbegründung bestimmt, selbst wenn sie ihrer Selbstrechtfertigung einen religiösen Ausdruck gibt; auch Religion wird dann zur Projektion. Angesichts dieser Tatsache stellt sich die Frage, ob es den Jüngern des Wortes nicht gelingen könnte, der Welt ihr eigentliches Begründetsein im Wort aufzuzeigen. Genau dieses Anliegen hat jene große historische Denkfigur einer metaphysisch-religiösen Vermittlung zwischen dem Wort und der Welt von seiten der Kirche hervorgebracht. Dieser Versuch beginnt bereits mit den frühen Apologeten, er gewinnt mit dem Konstantinischen Friedensschluß eine soziopolitische Dimension, wirkt in allen Formen der antideistischen Apologetik fort und erreicht in moderner Gestalt seinen Höhepunkt in der neuen Immanenzapologetik. Es handelt sich dabei nicht nur um eine „kosmologische Reduktion" des Christentums, da auch den verschiedenen Formen einer „anthropologischen Reduktion" diese Vermittlungsfigur zugrunde liegt[37].

Wenn sich auch beide Wege einer Glaubensbegründung darin unterscheiden, daß der eine von der Natur, der andere aber von der menschlichen Existenz ausgeht, kommen beide doch darin überein, auf eine Bewegung der „Selbsttranszendenz" zu setzen (sei es in den „klassischen" Gottesbeweisen, um den infiniten Regreß auf Ursachen derselben Ordnung zu vermeiden, sei es in der neueren Immanenzapologetik, die von der der menschlichen Geistigkeit eigenen Dynamik ausgeht)[38]. Der auf diese Weise aufgewiesene, der Welt inhärente

---

[36] Das Evangelium des Johannes. Göttingen [18]1964, 35.

[37] Zu diesen beiden theologischen Formen der Reduktion siehe *H. U. v. Balthasar*, Glaubhaft ist nur Liebe. Einsiedeln 1963, 8–32.

[38] Die Notwendigkeit, über die Zweitursachen hinauszugelangen, wird bei Thomas mit der intentionalen Dynamik der Vernunft begründet; vgl. *J. Maréchal*, Le point de départ de la métaphysique 5: Le Thomisme devant la philosophie critique. Brüssel-Paris [2]1949, 424–438. Ebenso gehen zwei „klassische" Beispiele einer Immanenzapologetik von dieser Intentionalität des menschlichen Geistes aus: *M. Blondel*, L'action (1893), und *K. Rahner*, Hörer des Wortes (1941). Offen bleibt ein Problem, auf das wir hier nicht näher eingehen können: Die metaphysisch-religiöse Vermittlung läßt sich sowohl mit einer Ekklesiologie der Christenheit vereinen, die darauf ausgerichtet ist, der Kirche die Führungsrolle in der Gesellschaft zuzusprechen, als auch mit einer Ekklesiologie, die das „anonyme Christentum" anerkennt.

Logos ist nun aber nichts anderes als der fleischgewordene Logos der christlichen Botschaft, so daß die Welt nicht umhin kann, ihr Fundament als ein christliches anzuerkennen. Insofern es aber die Kirche ist, die jenen kennt, den die Welt „anbetet, ohne ihn zu kennen" (Apg 17, 23), fällt ihr die Aufgabe zu, die Strukturen der Welt religiös zu begründen und zu rechtfertigen. So wird das Christentum zur Religion schlechthin der Gesellschaft.

Was nun an dieser großen historischen Vermittlungsfigur heute – nach der Periode der Religionskritik (Feuerbach, Marx, Nietzsche, Freud u. a.) und nach der theologischen Rezeption dieser Kritik (Barth, Bonhoeffer u. a.) – problematisch erscheint, ist die Weise, in der diese Vermittlung auf eine gesellschaftliche Stellung des Christentums und damit auf eine bestimmte Verhältnisbestimmung von Kirche und Welt hinausläuft, die es in den ersten Jahrhunderten nicht gab und auf die man dort, wo sich heute noch eine bestimmte Religion und ein bestimmtes Volk kulturell miteinander identifizieren, verzichten sollte. Dieses Problem wurde schon von einem der bedeutendsten Vertreter der metaphysisch-religiösen Vermittlung, von Nikolaus von Kues, erkannt. Er vertrat die Meinung, daß es für ein Volk unmöglich sei, jene Religion aufzugeben, für die seine Gründerväter ihr Blut vergossen haben; er versucht, der Schwierigkeit dadurch Herr zu werden, daß er den christlichen Glauben als die „Voraussetzung" jeder Religion und nicht als deren Verneinung vorstellt[39].

Jeder Versuch einer metaphysisch-religiösen Vermittlung muß sich zweier Gefahren bewußt sein. Einmal würde er die eschatologische Differenz zwischen der Welt in ihrem Jetztzustand und dem Reich Gottes aufheben, wenn er den menschgewordenen Logos einfachhin zum Fundament der Welt erklären würde, so wie sie konkret geschichtlich existiert. Was sodann die gesellschaftliche Stellung der Kirche angeht, die man lange Zeit mit diesem Vermittlungsversuch verbunden hat, würde er die Welt dann ihres Subjektseins auf ihrem Weg zum Heil berauben, wenn er die Kirche – bei aller formalen Anerkennung der Autonomie von Staat und Gesellschaft – zur eigentlichen Lenkerin der gesellschaftlich-politischen Entwicklung erklären wollte[40]. Die Gefahr ist keineswegs eine bloß theoretische; geschichtlich erweist sie sich darin, daß hier die Wurzel der kirchlichen Intoleranz gegenüber allen anderen Religionen und der kirchlichen Bestrebungen liegt, mit besonderen Privilegien innerhalb der westlichen Gesellschaft ausgestattet zu bleiben[41].

---

[39] *Nicolai de Cusa* Opera omnia 7: De pace fidei (ed. Klibansky – Bascour). Hamburg 1959, 11. Cusanus greift das biblisch-patristische Motiv der „Engel der Nationen" auf, das den religiös-nationalen Identitäten eine positive heilsgeschichtliche Funktion zuschreibt: vgl. die Anm. S. 67.

[40] Die entsprechende Ideologie wurde besonders im Mittelalter herausgearbeitet: *H. X. Arquillière*, L'augustinisme politique. Essai sur la formation des théories politiques au moyen âge. Paris ²1956; doch der politische Augustinismus deckt sich nicht mit der Position des Augustinus, der – wie Origenes – die „Einheit der Nationen" dem eschatologischen Moment anvertraute: *J. Ratzinger*, Die Einheit der Nationen. Eine Vision der Kirchenväter. München 1971.

[41] Infolgedessen bleibt der Bekenntnisstaat die „These" und die Religionsfreiheit die „Hypothese", wenigstens bis zum Vaticanum II, vgl. *Listl* (s. Anm.22) 182–186.

2. Die zweite große Denkfigur für die Beziehung Kirche–Welt ist die der „ethischen" Vermittlung. Sie hängt zwar mit der metaphysisch-religiösen zusammen, muß aber doch von ihr unterschieden werden, weil sie zuweilen von ihr getrennt auftritt oder auf andere Beweggründe zurückgeht.

Wie wir schon angedeutet haben, hat die Kirche angesichts der fortschreitenden Verweltlichung der westlichen Gesellschaft ihr Recht auf geistige, ethische und religiöse Führerschaft mit der Behauptung beansprucht, daß eine nicht mehr christlich-religiös begründete Gesellschaft unfähig werde, sich ausreichend zu legitimieren[42]: nur die Kirche sei deshalb in der Lage, das authentische Ziel des menschlichen Zusammenlebens vollkommen darzulegen. Das ist das Leitmotiv der kirchlichen Soziallehre. Im Laufe des 19. und 20. Jahrhunderts bis herauf in unsere Tage hat sich daher eine theologische Denkfigur entwikkelt, die dazu neigt, die moralische Aussage der Kirche über den Menschen als Glied der Gesellschaft als wichtigen Beitrag der Kirche einer inzwischen verweltlichten Gesellschaft anzubieten. Nun mag man zugeben, daß in den letzten zwei Jahrhunderten die Sozialethik tatsächlich jener Beitrag war, den die Kirche der Welt gegenüber geleistet hat[43]. Doch droht bei dieser ethischen Vermittlung die bleibende eschatologische Gespaltenheit der Welt nicht genügend bewußt zu bleiben. Da die Ethik dazu neigt, sich in Gesetzen auszudrükken, scheidet sie die Welt in Gut und Böse; während sie dem gesetzestreuen Bereich eine rettende Zukunft eröffnet, überläßt sie den anderen dem Geschick seiner Verdammung.

Nun benötigt jede Gesellschaft eine sittliche Grundlage und ein dementsprechendes Gesetz – und sei es das eines modernen Gesellschaftsvertrages –, um sich vor inneren und äußeren Feinden zu schützen. Mag eine solche Gesetzgebung auch eine innerweltliche Notwendigkeit darstellen, so ist das Gesetz im Sinne der christlichen Botschaft und der verheißenen Versöhnung der Geschichte doch ganz anders zu verstehen. Hier zeigt sich die ganze Tiefgründigkeit der Paulinischen Auslegung des „Gesetzes": Dieses ist erst *nach* der Verheißung gekommen, ist also nicht Ausdruck des *ursprünglichen* und des *letztgültigen* Planes Gottes mit der Welt. Das „Gesetz" ist diesem Erstplan Gottes gegenüber zweitrangig, es ist erst danach – unter geänderten Voraussetzungen – als eine vorläufige Lösung entstanden, die wegen der Zerrissenheit der menschlichen Natur allerdings erforderlich war. Das „Gesetz" verkündet also zwar vorläufig den Willen Gottes, ist aber außerstande, die Gespaltenheit der menschlichen Situation zu überwinden, weil es zur Aufhebung dieser Gespaltenheit Leistung fordert, den Menschen also auf sich selbst zurückwirft, auf seine Selbstrechtfertigung, auf seine eigene Gerechtigkeit, die er sich in Unkenntnis von Gottes Gerechtigkeit selbst zurechnet. Gottes Gerechtigkeit wird

---

[42] Diese Behauptung wurde zwar in ihren Grundzügen von der antideistischen Apologetik aufgestellt, steht aber auch im Mittelpunkt der katholischen „Soziallehre"; vgl. *M. -D. Chenu*, La „doctrine sociale" de l'Eglise comme idéologie. Paris 1979, 11–93.

[43] Dieser Beitrag geschah im Bewußtsein der Krise der liberalen Ideale, vgl. *A. Acerbi*, La chiesa nel tempo. Milano 1979, 11–93.

nur durch das Evangelium geoffenbart, in der Verkündigung von Gottes unein-
geschränkter Liebe für den *noch* sündigen Menschen. Das Evangelium betrifft –
vorläufig zu dessen Situation der Gespaltenheit – den ganzen Menschen, so wie
er sich in dieser Situation befindet. Das Evangelium ist alles andere als das
Gesetz, das zur Sünde führt, aber es berücksichtigt die Situation des Menschen
unter dem Gesetz, gerade weil es dem Menschen als dem Gefangenen des Gesetzes verkündet wird[44].

Das Evangelium soll dem Menschen nicht als der *Ursprung* des Gesetzes,
sondern als dessen *Ziel* und Überwindung verkündet werden. Sofern nun die
ethische Vermittlung des Evangeliums darauf ausgerichtet ist, die Kirche in
eine autoritative Stellung gegenüber der Gesellschaft zu bringen, läuft sie Gefahr, das Evangelium zu verfehlen. Wenn nämlich Gott nicht als das Prinzip
des Guten dem Prinzip des Bösen manichäisch entgegengestellt werden darf,
wenn der Neue Bund nicht der Bund einer dem Gesetz gegenübergestellten
Liebe ist, sondern der einer Liebe, die *vor* und *nach* jeglichem Gesetz (das für
das Zusammenleben gegenwärtig noch so unentbehrlich sein mag) besteht, so
muß sich das Evangelium *in* die Gesetzesgeschichte hineinstellen: nicht um das
Gesetz zu rechtfertigen, sondern um in liebender Geduld und Langmut darauf
zu warten und hinzuwirken, daß sich der Mensch aus den Fesseln des Gesetzes
befreit und der Gnade öffnet.

Gibt die Kirche jenen Weg einer ethischen Vermittlung, der sich als absolute
Rechtfertigung von Moral und Gesetz versteht, im Blick auf den radikal geschichtlichen Stellenwert des Gesetzes innerhalb der Heilsgeschichte auf, dann
verzichtet sie auf einen sehr gewichtigen Anrechtstitel auf soziales Ansehen.
Das mag vielleicht als eine allzu harte Anforderung erscheinen, zumal es heute
gerade säkularisierte gesellschaftliche Gruppen sind, die – angesichts der
schweren Entscheidungen, die auf die Welt zukommen – von der Kirche Bei-
stand und Rechtfertigung zu erwarten scheinen[45]. Trotzdem müssen wir uns
fragen, und das allein kann als Norm für den Glauben und die Theologie gelten, ob es eine andere als Jesu Weise gibt, das Evangelium zu verkünden. Keiner
der Evangeliumsberichte stellt ihn als einen „Moralprediger" hin; er selbst wei-
gert sich, als „Richter und Schlichter" bei unseren Rechtsstreitigkeiten aufzu-
treten (Lk 12,14), weil er etwas Tiefergreifendes zu verkünden hat, das auch
die menschliche Gerechtigkeit radikal in Frage stellt.

---

[44] Eine genauere Untersuchung der Beziehungen zwischen Ethik und Evangelium in Hinblick auf
das Verhältnis Kirche–Welt bietet *Ruggieri*: 1973, 157–160; 1980 (s. Anm. 35) 157–160.
[45] Vgl. *G. Ruggieri* (Hg.), Una nuova pace costantiniana? Religione e politica negli anni '80. Casale
Monferrato 1985.

1. Um die Denkfigur des Verhältnisses Kirche–Welt positiv zu umreißen, werden wir uns der Kategorien „Symbol" und „Metapher" bedienen[46]. Unter „Symbol" verstehen wir jene Dimension des Seienden, durch die – im Seienden und durch das Seiende – etwas in Erscheinung tritt, was das Seiende selbst nicht umfaßt und enthält. Unter „Metapher" verstehen wir – in Anlehnung an Ricœur – nicht die Übertragung des Eigennamens eines Objekts auf ein anderes, sondern eine „semantische Neuschöpfung": „Die Eigentümlichkeit der Innovation, der Neuschöpfung von Sinn zeigt sich nur dann, wenn man die Metapher statt in die Denomination in die Attribution, besser gesagt, in die Prädikation verlegt. ‚Die Natur ist ein Tempel, in dem lebende Stützpfeiler . . .' – der ganze Satz bildet hier die Metapher. Diese besteht in einer *bizarren Aussage*, in der Ausdrücke, die nach der üblichen Klassifizierung als unvereinbar gelten, miteinander in Verbindung gebracht werden und dadurch eine noch nicht dagewesene Bedeutung hervorbringen."[47]

Die Metapher ist daher die geeignete Form, das Ungewöhnliche des Symbols zu enthüllen. Dieses sprengt die gewohnte Logik der Dinge, die der Mensch beherrscht, und ist imstande, auf etwas hinzuweisen, das der Mensch nicht „hat". Dennoch weist es nicht auf Nicht-Seiendes hin, sondern auf die Wirklichkeit selbst, die von der Metapher in ihrer symbolischen Dimension erhellt wird. Wenn eine Metapher entsteht, wenn in einer ungewöhnlichen Behauptung oder einer ungewöhnlichen Geste (und in der Erzählung vom Gelähmten, dem seine Sünden vergeben werden – Mk 2, 1–12 –, findet sich die Metapher sowohl in einem gesprochenen Satz als in einer Geste: in den ungewöhnlichen Worten eines Menschen, der Gottes Vergebung zuspricht, und in der ungewöhnlichen Heilung eines Gelähmten) der eigentliche Sinn der Existenz sich neu darstellt, dann braucht man sich nicht „vom Bannkreis des Daseins" zu lösen, um „alle Dinge so zu betrachten, wie sie vom Standpunkt der Erlösung aus sich darstellen"[48].

Die Metapher ist der „semantische Kern" des Symbols, die Verdeutlichung, die es erhellt und seinen Gehalt aufleuchten läßt. Unter Zuhilfenahme dieser Kategorien können wir also sagen, daß die Kirche das Symbol der Einheit der Geschichte und der Welt ist und daß sie aufgrund ihrer Befähigung, in Welt und Geschichte Metaphern der Versöhnung zu setzen, dieser ihrer Symbolfunktion gerecht werden kann.

---

[46] Wir begnügen uns mit den Hinweisen auf *J. Splett*, Symbol, in: SM 4, 784–789 (mit Bibliographie); *P. Ricœur*, La métaphore vive. Paris 1975; *P. Ricœur – E. Jüngel*, Metapher. Zur Hermeneutik religiöser Sprache. München 1974.

[47] *P. Ricœur* in: *B. Lauret – F. Refoulé* (Hg.), Initiation à la pratique de la théologie 1. Paris 1982, 48.

[48] *Th. W. Adorno*, Minima Moralia. Frankfurt 1951, 333 f.

2. Jesus von Nazaret, das fleischgewordene Wort, ist das „absolute, mit dem Symbolisierten, nämlich Gott selbst, erfüllte Symbol"[49]. Die Kirche hingegen ist Symbol in bezug auf Christus, der sie nicht nur durch sein irdisches Wirken und seinen Kreuzestod ein für allemal mit sich verbunden hat, sondern auch heute noch durch den unaufhörlich über sie ausgegossenen Geist leitet. Das bedeutet aber, daß ihr der Geist heute gegeben ist, damit sie in einer von der Geschichte ständig geforderten semantischen Innovation der heutigen Welt jene Metapher deuten kann, die Christus selbst durch sein Erdenleben gesetzt hat. Christus war das absolute Symbol der Versöhnung der Welt, Vorwegnahme jener endgültigen Versöhnung, von der die Welt zwar noch weit entfernt ist, die aber dennoch schon in ihr Gestalt gewinnt. Seine Taten und Worte, die die Glaubenstradition weitergibt, seine Geburt aus einer Frau, seine Taufe inmitten von Sündern, sein Zu-Tische-Sitzen mit den Jüngern und den Sündern, die Zeichen und Wunder, die eine versöhnte Welt vor Augen führen, der bereitwillig angenommene Tod, die Ankündigung des Reiches und alle anderen Gesten und Worte sind Elemente einer einzigen Metapher, durch die das Symbol seinen Gehalt geoffenbart hat: daß die Geschichte schon angenommen ist, daß Gott nicht vorhat, sie zu verdammen, sondern daß er den Weg dieser Geschichte mit seiner Langmut begleitet, daß er ihr ihren eigenen Lauf zuerkennt, aber sein Erbarmen und seine Treue in sie einfließen läßt. Es gibt nichts, was besser als das Kreuz die Ungewöhnlichkeit des Symbols aufzeigen könnte: Das Kreuz ist etwas ganz Weltliches, und zugleich ist in ihm gegenwärtig, was die Welt nicht fassen kann, das aber die Welt umfaßt. Als weltliches Ereignis fällt das Kreuz unter die Alltäglichkeit politischer und religiöser Unterdrückung, durch die die Herrschenden in einer bestimmten Gesellschaft jene Elemente zu beseitigen suchen, die den einheitlichen Konsens gefährden. Und Gott unternimmt nichts, dieses Ereignis weniger banal und selbstverständlich erscheinen zu lassen. Dabei ist gerade dieses Geschehen randvoll von seiner Barmherzigkeit, die selbst die Verfolger umfaßt wie auch jede Gottesferne und Erfahrung seiner Abwesenheit („Mein Gott, mein Gott, warum hast du mich verlassen?"). Das Opfer unserer Erlösung wird in Schmach und Schande vollzogen, außerhalb des Heiligtums (Hebr 13, 12 f). Christus ist der „metaphorische Priester" dieses Opfers, insofern es ihm gelingt, aus einer ganz gewöhnlich erscheinenden politisch-religiösen Repression eine semantische Neuschöpfung zu machen. Er nimmt dem Geschehen nichts von seiner Alltäglichkeit, bringt aber Gottes Treue und Langmut ein und verwandelt es so ein für allemal in das Ereignis unserer Versöhnung.

Eine der besten neuen Formulierungen der Beziehung Kirche–Welt bietet deshalb Artikel 8 der Konstitution „Lumen gentium" des Vaticanum II:

„Wie aber Christus das Werk der Erlösung in Armut und Verfolgung vollbrachte, so ist auch die Kirche berufen, den gleichen Weg einzuschlagen, um die Heilsfrucht den Menschen mitzuteilen. Christus Jesus hat, ‚obwohl er doch in Gottesgestalt war, ... sich

---

[49] *F. Mayr*, Art. Symbol II. Theologisch, in: LThK 9, 1207.

selbst entäußert und Knechtsgestalt angenommen' (Phil 2, 6); um unseretwillen ‚ist er arm geworden, obgleich er doch reich war' (2 Kor 8, 9). So ist die Kirche, auch wenn sie zur Erfüllung ihrer Sendung menschlicher Mittel bedarf, nicht gegründet, um irdische Herrlichkeit zu suchen, sondern um Demut und Selbstverleugnung auch durch ihr Beispiel auszubreiten. Christus wurde vom Vater gesandt, ‚den Armen frohe Botschaft zu bringen, zu heilen, die bedrückten Herzens sind' (Lk 4, 18), ‚zu suchen und zu retten, was verloren war' (Lk 19, 10). In ähnlicher Weise umgibt die Kirche alle mit ihrer Liebe, die von menschlicher Schwachheit angefochten sind, ja in den Armen und Leidenden erkennt sie das Bild dessen, der sie gegründet hat und selbst ein Armer und Leidender war. Sie müht sich, deren Not zu erleichtern, und sucht Christus in ihnen zu dienen. Während aber Christus heilig, schuldlos, unbefleckt war (Hebr 7, 26) und Sünde nicht kannte (2 Kor 5, 21), sondern allein die Sünden des Volkes zu sühnen gekommen ist (vgl. Hebr 2, 17), umfaßt die Kirche Sünder in ihrem eigenen Schoße. Sie ist zugleich heilig und stets der Reinigung bedürftig, sie geht immerfort den Weg der Buße und Erneuerung.

Die Kirche ‚schreitet zwischen den Verfolgungen der Welt und den Tröstungen Gottes auf ihrem Pilgerweg dahin' und verkündet das Kreuz und den Tod des Herrn, bis er wiederkommt (vgl. 1 Kor 11, 26). Von der Kraft des auferstandenen Herrn aber wird sie gestärkt, um ihre Trübsale und Mühen, innere gleichermaßen wie äußere, durch Geduld und Liebe zu besiegen und sein Mysterium, wenn auch schattenhaft, so doch getreu in der Welt zu enthüllen, bis es am Ende im vollen Lichte offenbar werden wird."[50]

3. In der christlichen Metapher wird die Geschichte der Welt zu der ihr eigenen Autonomie geführt. Doch ist diese weder als die metaphysische Autonomie der Natur gegenüber der Übernatur noch als ethische Autonomie zu verstehen. Gewiß gibt es eine „vorgegebene Situation der Heilsgeschichte" und anderseits eine Autonomie der Freiheit. Doch die Autonomie, die durch die christliche Versöhnungsmetapher enthüllt wird, reicht weiter und tiefer. Es ist jene – von Gott geduldete und ertragene[51] – Autonomie, durch die sich die Geschichte der menschlichen Freiheit fernab von der Anbetung Gottes als Geschichte des ständig scheiternden Versuchs der Selbstbegründung und Selbstrechtfertigung vollzieht. Die christliche Metapher hebt diese Geschichte der menschlichen Freiheit und ihr „Gesetz", die Erkenntnis von Gut und Böse, den dadurch ausgelösten Konflikt und seine unablässige Überwindung nicht auf. Sie gibt ihr nur den Sinn einer Prüfung, einer „Erziehung" (das Gesetz als Pädagoge zur Gnade), insofern sie das Ungewöhnliche der göttlichen Urliebe in sie einbringt, die nur angebetet werden kann.

Somit besteht die Sendungsaufgabe der Kirche in der Welt schlicht und einfach darin, der Geschichte der menschlichen Freiheit niemals das Zeugnis vorzuenthalten, das Jesus abgelegt hat – am Kreuz, in der Ankündigung des Reiches, in der Heilung derer, die eine Beute jener Macht geworden waren, die sich der Liebe widersetzt. Diese Aufgabe kann aber nur mittels einer geeigneten Metapher erfüllt werden: der Metapher der Armut dessen, der, obwohl reich, die Armut auf sich genommen hat; der Verzeihung, die immer schon im

---

[50] Zu diesem Text siehe *J. Dupont*, Die Kirche und die Armut, in: *Baraúna* (s. Anm. 11) 313–345.
[51] Vgl. die Anregungen von *J. Moltmann*, Trinität und Reich Gottes. München 1980, 123–127.230–239.

voraus gewährt wird; der Sanftmut des Gottesknechtes bei Jesaja, der sich wortlos seinen Verfolgern stellt. Durch diese Metapher wird die Geschichte dieser Welt, ohne daß sie ihre Unvermeidlichkeit verlöre, auf die Ebene der vorletzten Dinge gehoben und in ihrer eschatologischen Differenz vor Gott hingestellt. Und genau so – ohne Rechtfertigung – muß sie auch durchlaufen werden.

Wenn die Kirche diese Metapher nicht setzt, sondern sich der Welt gegenüber als besserwissende und überlegene Lehrmeisterin von Religion und Moral in der Weise aufdrängt, daß sie der Welt ihr Subjektsein nimmt, dann verhindert sie zwangsläufig, daß sich die Welt vor den Gott Jesu Christi hinstellt. Sie fördert so deren Illusion, sich der Verantwortung vor Gott entziehen und ihn als Fundament und Rechtfertigung der eigenen Entscheidungen in Anspruch nehmen zu können. Die Kirche sollte nicht so sehr dem Wunsche nachjagen, als Lenkerin der Geschichte auftreten zu können, und sei es auch von der religiösen Warte aus. Sie sollte sich vielmehr damit befassen, in treuer Kreuzesnachfolge jenes ungewöhnliche Verhalten in sie einzubringen, das ihre Heiligen immer wieder gezeigt haben: von einem Paulus von Tarsus bis zu einem Antonius dem Einsiedler, von einem Franziskus bis zu einem Vinzenz von Paul, auch von einem Pascal bis zu einem Charles de Foucauld.

4. Ausgehend von den hier nur skizzierten Gedankengängen sollte man versuchen, weitere Überlegungen über den Begriff der Heiligkeit und über die Sakramente der Kirche, besonders die Eucharistie, anzustellen. Es kommt nicht oft vor, daß man auf eine Auffassung der Eucharistie als einer wirksamen Vermittlung der Beziehung Kirche–Welt stößt. Und dennoch ist die Geschichte der Theologie, speziell der östlichen, voll von Hinweisen in diese Richtung[52]. Selten trifft man auch auf die Auffassung von Heiligkeit als Nachahmung dessen, der außerhalb des Heiligtums gestorben ist. Heilig sein hieße demnach, den Weg der Schmach zu gehen, den Christus, der Heilige Gottes, gegangen ist[53].

Die Tatsache, daß das, was mehr als alles andere zur Daseinsweise der Kirche gehört – ihre Sakramentalität und ihre Heiligkeit –, im Grunde genommen keinen Eingang gefunden hat in die großen theologischen Denkfiguren bezüglich der Beziehung Kirche–Welt, wie sie besonders nach der Französischen Revolution ausgearbeitet wurden, müßte eigentlich zu denken geben, hinsichtlich des Extrinsezismus nämlich eines allzu großen Teiles der Theologie (und der offiziellen Lehrverlautbarungen!).

Trotzdem gilt, daß die Kirche ihre Beziehung zur Welt nicht anders leben kann als in eschatologischer Vorwegnahme, als Gemeinschaft jener, die auf das Wort hören und vom gleichen Tische essen: in Frieden miteinander, im gegenseitigen Verzeihen, im Bekennen der eigenen Sünden. Und die Beziehung zu den „anderen" kann sich nicht unterscheiden von jener Beziehung, die Jesus zu

---

[52] Vgl. *J. Zizioulas*, L'être ecclésial. Genf 1981.
[53] Einige Anregungen in diesem Sinne gibt *J. B. Metz*, Zeit der Orden? Freiburg 1977.

den Zöllnern und Dirnen seiner Zeit hatte. Man wird wohl sagen müssen, daß die Blütezeit sowohl kirchlicher als theologischer Hybris noch nicht gänzlich vorbei ist[54].

Aus dem Italienischen von Teresa Kripp

LITERATUR

Boff, L., Die Kirche als Sakrament im Horizont der Welterfahrung. Paderborn 1972.
Metz, J. B., Zur Theologie der Welt. Mainz-München 1968.
–, Glaube in Geschichte und Gesellschaft. Mainz 1977.
Rahner, K., Kirche und Welt, in: SM 2, 1336–1357.
Ruggieri, G., Christliche Gemeinde und „politische Theologie". München 1973.
Strukturen der Präsenz der Kirche in der Welt von heute: Conc(D) 6 (1970) H. 10.
Thils, G., Theologie der irdischen Wirklichkeit. Salzburg o. J. [nach 1952].

---

[54] Deshalb wäre es wichtig, eine Hermeneutik der „Zeichen der Zeit" zu entwickeln. Die entsprechenden Versuche in der gegenwärtigen Theologie sind noch ungenügend. Zwei fundamentale Probleme müßten zu dem Zweck geklärt werden. An erster Stelle müßte man herausarbeiten, was es bedeutet, daß diese Kategorie gerade im heutigen Katholizismus auftaucht. Unseres Erachtens bezeichnet sie epochal den allgemeinsten Wandel, wie er sich besonders mit dem Pontifikat Johannes' XXIII. im praktischen Verhältnis gegenüber der Geschichte der modernen Zeit durchsetzt. Nach einer Epoche der Feindschaft setzt sich auch auf der Ebene des Lehramtes und nicht nur auf der einer theologischen Strömung ein Klima des Dialogs und der positiven Wertung der heutigen Geschichte des Menschen durch. Das zweite Problem ist ein wesentlich theologisch-hermeneutisches. Ist es möglich, die „Konklusionstheologie" radikal zu überwinden und bei der Geschichtsbetrachtung eine grundsätzlich induktive Methode anzuwenden? Über abstrakte Vorschläge hinaus könnte hier vielleicht die Wiederaufnahme der Konzeption der „Analogie" weiterhelfen, wie sie der englischen theologischen Tradition (von J. Butler bis zu Newman und I. T. Ramsey) eigen ist, oder noch mehr die Entwicklung der Logik der christlichen Metapher der Geschichte.

ABKÜRZUNGEN

Soweit nicht anders aufgeführt, richten sich die Abkürzungen nach: Theologische Realenzyklopädie. Abkürzungsverzeichnis. Zusammengestellt v. S. Schwertner. Berlin 1976.

AAS	Acta Apostolicae Sedis. Commentarium officiale. Rom 57 (1965).
ACO	Acta conciliorum oecumenicorum. Berlin 1914 ff.
AHC	Annuarium historiae conciliorum. Amsterdam 1 (1969).
ANRW	Aufstieg und Niedergang der römischen Welt. Berlin 1972 ff.
ARG	Archiv für Reformationsgeschichte. Berlin 41 (1959).
AS	Acta Synodalia Sacrosancti Concilii Oecumenici Secundi. 25 Bde. Rom 1970–1978.
BiLe	Bibel und Leben. Düsseldorf 1 (1960).
BiLi	Bibel und Liturgie. Klosterneuburg 16 (1949).
Bill.	*(H. L. Strack–) P. Billerbeck,* Kommentar zum Neuen Testament aus Talmud und Midrasch. 6 Bde. München 1922–1961.
BZ	Biblische Zeitschrift. Neue Folge. Paderborn 1 (1957).
BZNW	Beihefte zur Zeitschrift für die neutestamentliche Wissenschaft. Berlin 1 (1923).
Cath(M)	Catholica. Jahrbuch für Kontroverstheologie. Münster 9 (1952/53).
CChr	Corpus Christianorum. Series Latina. Bd. 1 ff. Turnhout 1953 ff.
CGG	Christlicher Glaube in moderner Gesellschaft. Enzyklopädische Bibliothek in 30 Teilbänden und 7 Quellenbänden. Hg. v. F. Böckle u. a. Freiburg 1980–1982 (Quellenbände 1983 ff).
Conc(D)	Concilium. Internationale Zeitschrift für Theologie. Einsiedeln 1 (1965).
CSEL	Corpus scriptorum ecclesiasticorum latinorum. Wien 1866 ff.
CrStor	Cristianesimo nella storia. Bologna 1 (1980).
DS	Enchiridion symbolorum, definitionum et declarationum de rebus fidei et morum. Hg. v. H. Denzinger – A. Schönmetzer. Barcelona [33]1965.
Diss.	Dissertation.
Diss. masch.	Dissertation maschinengeschrieben.
EKK	Evangelisch-katholischer Kommentar zum Neuen Testament. Neukirchen.
EKK.V	EKK-Vorarbeiten. Neukirchen 1969 ff.
ErgBd.	Ergänzungsband.
EvTh	Evangelische Theologie. Neue Folge. München 1 (1946/47).
EWNT	Exegetisches Wörterbuch zum Neuen Testament. Hg. v. H. R. Balz – G. Schneider. 3 Bde. Stuttgart 1980–1983.
FlorPatr	Florilegium Patristicum. Bonn 1 (1904) – 44 (1941).
FV	Foi et vie. Paris 43 (1945).
FS	Festschrift.
FVS	Die Fragmente der Vorsokratiker (ed. H. Diels). Berlin (1903) [11]1964.
FZPhTh	Freiburger Zeitschrift für Philosophie und Theologie. Vierte Folge. Freiburg/Schweiz 1 (1954).
GCS	Die griechischen christlichen Schriftsteller der ersten Jahrhunderte. Bd. 1 ff. Berlin 1897 ff.
Gr.	Gregorianum. Rom 1 (1920).
GS	Gesammelte Schriften.
GuL	Geist und Leben. Zeitschrift für Aszese und Mystik. Würzburg 20 (1947).

GW	Gesammelte Werke.
HDG	Handbuch der Dogmengeschichte. Freiburg 1951 ff.
HerKorr	Herder-Korrespondenz. Monatshefte für Gesellschaft und Religion. Freiburg 1 (1946).
HeyJ	The Heythrop journal. A quarterly review of philosophy and theology. Oxford 1 (1960).
HFTh	Handbuch der Fundamentaltheologie. Hg. v. W. Kern – H. J. Pottmeyer – M. Seckler. 4 Bde. Freiburg 1985–1987.
HKG(J)	Handbuch der Kirchengeschichte. Hg. v. H. Jedin. 7 Bde. Freiburg 1962–1979.
HO	Handbuch der Orientalistik. Leiden 1948 ff.
HPhG	Handbuch philosophischer Grundbegriffe. Hg. v. H. Krings – H. M. Baumgartner – C. Wild. 3 Bde. München 1973 f.
HS	Historische Studien. Hg. v. E. Ebering u. a. Berlin 1896 ff.
HThG	Handbuch theologischer Grundbegriffe. Hg. v. H. Fries. 2 Bde. München 1962 f.
HThK	Herders theologischer Kommentar zum Neuen Testament. Freiburg 1953 ff.
HWP	Historisches Wörterbuch der Philosophie. Basel 1971 ff.
IKaZ	Internationale katholische Zeitschrift Communio. Frankfurt 1 (1972).
JThS	Journal of theological studies. Neue Folge. Oxford 1 (1959).
KD	*K. Barth*, Die kirchliche Dogmatik. 4 Bde. Zürich 1932–1967.
KIG	Kirche in ihrer Geschichte. Göttingen 1 (1962).
KuD	Kerygma und Dogma. Göttingen 1 (1959).
LS	Lebendige Seelsorge. Freiburg 1 (1950).
LThK	Lexikon für Theologie und Kirche. 2. Auflage. Hg. v. J. Höfer – K. Rahner. 10 Bde. Freiburg 1957–1965.
LThK.E	Lexikon für Theologie und Kirche. 2. Auflage. Ergänzungsbände: Das Zweite Vatikanische Konzil. Dokumente und Kommentare. 3 Bde. Freiburg 1966–1968.
LThK¹	Lexikon für Theologie und Kirche. 1. Auflage. Hg. v. M. Buchberger. 10 Bde. Freiburg 1930–1938.
Mansi	Sacrorum conciliorum nova et amplissima collectio. Hg. v. J. D. Mansi u. a. 53 Bde. Florenz 1759–1827.
MEW	*K. Marx – F. Engels*, Werke. 39 Bde. Berlin 1961–1971.
MThZ	Münchener theologische Zeitschrift. München 1 (1950).
MySal	Mysterium salutis. Grundriß heilsgeschichtlicher Dogmatik Hg. v. J. Feiner – M. Löhrer. 5 Bde. Einsiedeln 1965–1976.
NHThG	Neues Handbuch theologischer Grundbegriffe. Hg. v. P. Eicher. 4 Bde. München 1984 f.
NR	Der Glaube der Kirche in den Urkunden der Lehrverkündigung. Bearb. v. J. Neuner – H. Roos – K. H. Weger. Regensburg ⁸1971.
NRTh	Nouvelle revue théologique. Louvain 77 (1945).
NTApo	Neutestamentliche Apokryphen in deutscher Übersetzung. Hg. v. E. Hennecke. 3. Auflage. Hg. v. W. Schneemelcher. 2 Bde. Tübingen ⁴1968 (1), ³1964 (2).
NTS	New Testament studies. Cambridge 1 (1954).
NZSTh	Neue Zeitschrift für systematische Theologie und Religionsphilosophie. Berlin 5 (1963).
ÖR	Ökumenische Rundschau. Stuttgart 1 (1952).
Orien.	Orientierung. Katholische Blätter für weltanschauliche Information. Zürich 11 (1947).
ÖTK	Ökumenischer Taschenbuchkommentar zum Neuen Testament. Gütersloh 1978 ff.
PG	Patrologiae cursus completus. Series Graeca. 161 Bde. Paris 1857–1866.
PL	Patrologiae cursus completus. Series Latina. Hg. v. J.-P. Migne. 217 Bde. Paris 1841–1855.
RAC	Reallexikon für Antike und Christentum. Stuttgart 1950 ff.
RB	Revue biblique. Paris 12 (1915).
RGG	Die Religion in Geschichte und Gegenwart. 3. Auflage. 6 Bde. Tübingen 1956–1962.
RHPhR	Revue d'histoire et de philosophie religieuses. Straßburg 1 (1921).
RöHM	Römische historische Mitteilungen. Graz 1 (1956–58).
RSR	Recherches de science religieuse. Paris 33 (1946).
SC	Sources chrétiennes. Paris 1941 ff.
S.c.g.	*Thomas v. Aquin*, Summa contra gentiles.

Schol.	Scholastik. Vierteljahresschrift für Theologie und Philosophie. Freiburg 1–40 (1926–1965).
Schriften	*K. Rahner*, Schriften zur Theologie. 16 Bde. Einsiedeln 1954–1984.
SM	Sacramentum Mundi. Theologisches Lexikon für die Praxis. 4 Bde. Freiburg 1967–1969.
S.th.	*Thomas v. Aquin*, Summa theologiae.
StTh	Studia theologica. Scandinavian journal of theology. Lund 1 (1948).
StZ	Stimmen der Zeit. Freiburg 139 (1946/47).
TGA	Theologie der Gegenwart in Auswahl. Bergen-Enkheim 3 (1960).
ThBer	Theologische Berichte (Chur-Luzern). Zürich 1 (1972).
ThLZ	Theologische Literaturzeitung. Leipzig 72 (1947).
ThPh	Theologie und Philosophie (früher: Scholastik). Freiburg 41 (1966).
ThPQ	Theologisch-praktische Quartalschrift. Linz/Donau 95 (1947).
ThQ	Theologische Quartalschrift. Tübingen 126 (1946).
ThR	Theologische Rundschau. Neue Serie. Tübingen 17 (1948/49).
ThRv	Theologische Revue. Münster 44 (1948).
ThWNT	Theologisches Wörterbuch zum Neuen Testament. Hg. v. G. Kittel u.a. 11 Bde. Stuttgart 1933–1979.
TRE	Theologische Realenzyklopädie, Hg. v. G. Krause – G. Müller. Berlin 1976 ff.
TThZ	Trierer Theologische Zeitschrift. Trier 56 (1967).
US	Una sancta. Rundbriefe für interkonfessionelle Begegnung. Meitingen 9 (1954).
WA	*M. Luther*, Werke. Kritische Gesamtausgabe. Weimar 1883 ff.
WA.B	*M. Luther*, Werke. Kritische Gesamtausgabe. Briefwechsel. Weimar 1930 ff.
WiWei	Wissenschaft und Weisheit. Zeitschrift für augustinisch-franziskanische Theologie und Philosophie in der Gegenwart. Düsseldorf 1 (1934).
WW	Werke.
ZKG	Zeitschrift für Kirchengeschichte. Stuttgart 63 (1950/51).
ZKTh	Zeitschrift für katholische Theologie. Wien 69 (1947).
ZNW	Zeitschrift für die neutestamentliche Wissenschaft und die Kunde der älteren Kirche. Berlin 42 (1949).
Zs.	Zeitschrift.
ZSTh	Zeitschrift für systematische Theologie. Berlin 1 (1923/24) – 24 (1955/57).
ZThK	Zeitschrift für Theologie und Kirche. Tübingen 47 (1950).

Berichtigung zu Band 1 dieses Handbuchs:

Seite 196, Zeile 12 von oben lautet richtig:

Das als Welt dem Ich konfrontierte Äußere-Andere erschien uns zunächst als *materielle Umwelt:*

DIE HERAUSGEBER UND MITARBEITER
DES BANDES

Kern, Walter, Dr. phil., Dr. theol., Prof. für Fundamentaltheologie an der Katholisch-Theologischen Fakultät der Universität Innsbruck.

Pottmeyer, Hermann Josef, Dr. theol., Prof. für Fundamentaltheologie an der Katholisch-Theologischen Fakultät der Universität Bochum.

Seckler, Max, Dr. theol., Prof. für Fundamentaltheologie an der Katholisch-Theologischen Fakultät der Universität Tübingen.

Conzemius, Victor, Dr. phil., em. Prof. für Kirchengeschichte an der Theologischen Fakultät Luzern.

Döring, Heinrich, Dr. theol., Prof. für Fundamentaltheologie und ökumenische Theologie an der Katholisch-Theologischen Fakultät der Universität München.

Fries, Heinrich, Dr. theol., em. Prof. für Fundamentaltheologie und ökumenische Theologie an der Katholisch-Theologischen Fakultät der Universität München.

Hünermann, Peter, Dr. theol., Prof. für Dogmatische Theologie an der Katholisch-Theologischen Fakultät der Universität Tübingen.

Kehl, Medard, Dr. theol., Prof. für Dogmatik und Fundamentaltheologie an der Philosophisch-Theologischen Hochschule St. Georgen in Frankfurt am Main.

Kertelge, Karl, Dr. theol., Prof. für Exegese des Neuen Testaments an der Katholisch-Theologischen Fakultät der Universität Münster.

Lohfink, Gerhard, Dr. theol., Prof. für Exegese des Neuen Testaments an der Katholisch-Theologischen Fakultät der Universität Tübingen.

Ruggieri, Giuseppe, Dr. theol., Prof. für Fundamentaltheologie an der Theologischen Hochschule San Paolo in Catania/Italien.

Sauter, Gerhard, Dr. theol., Prof. für Systematische Theologie und Direktor des Ökumenischen Instituts an der Evangelisch-Theologischen Fakultät der Universität Bonn.

Stockmeier, Peter, Dr. theol., Prof. für Kirchengeschichte und Patrologie an der Katholisch-Theologischen Fakultät der Universität München.

PERSONENREGISTER

Walf, K. 267
Walker, R. 53 55
Walter, N. 68
Watson, J. B. 154 175
Weber, H. 54
Weber, M. 110
Weber, W. 41
Weinzierl, E. 152
Weiser, A. 62f 81 101
Weissgerber, H. 248
Weizsäcker, C. F. v. 160 175

Welte, B. 157 175
Welzel, H. 266
Wendland, H.-D. 74
Werner, E. 143
Wernle, P. 93
Wilckens, U. 60f 66f 69
Wilhelm von Ockham 34
Windisch, H. 105
Wirtz, H. 41
Wirtz, P. 259
Wojtowytsch, M. 152

Wolf, E. 34
Wolfinger, F. 259

Yoder, J. H. 205

Zeeden, E. W. 152
Zeller, D. 66
Zimmermann, M. 267
Zingg, P. 63
Zizioulas, J. 265 278
Zwingli, H. 36

... von *Liesl Corazza*.